大学应用写作简明教程

主　编　宋铁全
副主编　梁桂芳　赵映环
　　　　蔡莹涓　景献力

中国教育出版传媒集团
高等教育出版社·北京

内容提要

本书充分体现学科最新发展成果和时代特色，注重应用文写作理论与实践相结合，在保持通识课教材内容经典性的同时，将工具性、人文性与价值观引领相贯通。本着贴近学生、联系实际的原则，本书以不同专业大学生学习、生活和工作所需为出发点，注重扩展学生的知识面，致力于培养学生的思辨意识、规范意识和大局意识。

全书共分五章，绪论首先介绍应用文写作的基础知识，使学生了解和熟悉应用文写作的基本原理和方法技巧。接着重点讲解大学生最常用和最需掌握的公务文书、事务文书、日常文书和毕业文书的写作知识和技巧。每种文体均从文种概述、行文结构、写作要求、例文评析等方面展开介绍。且在相应的知识点及案例中融入课程思政元素，致力于取得一举多得的育人效果。最后讲授了申论考试的相关知识，对大学生参加公务员考试有一定的帮助。

本书可作为高等院校的通识教育课程教材，也可作为社会各类人员的参考读物。

图书在版编目（CIP）数据

大学应用写作简明教程 / 宋铁全主编. -- 北京：高等教育出版社，2023.3（2024.1重印）

ISBN 978-7-04-059163-7

Ⅰ. ①大… Ⅱ. ①宋… Ⅲ. ①汉语 – 应用文 – 写作 – 高等学校 – 教材 Ⅳ. ① H152.3

中国版本图书馆 CIP 数据核字（2022）第 142604 号

Daxue Yingyong Xiezuo Jianming Jiaocheng

策划编辑 罗 京　　责任编辑 罗 京　　封面设计 李沛蓉　　版式设计 杨 树
责任校对 刁丽丽　　责任印制 田 甜

出版发行 高等教育出版社
社　　址 北京市西城区德外大街 4 号
邮政编码 100120
印　　刷 北京市白帆印务有限公司
开　　本 787mm × 960mm　1/16
印　　张 25.25
字　　数 420 千字
购书热线 010-58581118
咨询电话 400-810-0598
网　　址 http://www.hep.edu.cn
　　　　 http://www.hep.com.cn
网上订购 http://www.hepmall.com.cn
　　　　 http://www.hepmall.com
　　　　 http://www.hepmall.cn
版　　次 2023 年 3 月第 1 版
印　　次 2024 年 1 月第 2 次印刷
定　　价 52.00 元

物 料 号 59163-00

前　言

“大学应用写作”是一门综合性、实践性很强的通识教育课程，与大学生的学习、生活和工作紧密相关，近年来具有了更广阔的市场和专业需求。在当下提倡课程思政的时代背景下，部分现有教材知识点德育元素挖掘不够，对学生思想及价值观层面的引导不足。部分教材虽几经修改，但知识结构不合理，所选案例不够新颖，与学生实际状况脱节，不能适应新形势发展的需要。深入挖掘大学应用写作课程的育人要素，建设课程思政视阈下的大学应用写作教材，将知识传授与价值引领有机结合，是新时代大学应用写作教学亟需解决的重要课题。

本书紧贴新时代大学生应用文写作需求，兼顾文、理、工、经、管、法、艺等各专业特点，将应用文写作与思想政治教育有机结合，注重培养大学生运用应用文解决实际问题的能力，实现课程知识与课程育人的有机融合。本着新颖的指导思想和思路，本书适应目前大学生思维现状和知识储备，注重挖掘应用文案例背后的价值观念、文化因素与审美情感，使学生在学习知识、提高能力的同时，不断提升思想政治觉悟和道德修养，成为具体而生动的课程思政育人载体。

本书充分体现学科最新发展成果和时代特色，注重应用文写作理论与实践相结合。在体例编排上，首先介绍应用文写作的基础知识，使学生了解和掌握应用文写作的基本原理和方法技巧，认识当代应用文写作对优秀传统文化的传承情况，厚植爱国情怀，增强文化自信，为后续应用文体的学习打下坚实的基础。其次重点讲解大学生最常用和最需掌握的公务文书、事务文书、日常文书和毕业文书的写作知识和技巧，基本适应了高等院校各专业通识教育的需求。着力强化大学生的法律意识、规范意识和创新意识，提升自我教育、自我管理和自我服务的能力，增强社会责任感和团队协作意识，提高分析、解决日常问题的能力，坚持诚实守信的职业操守，树立实事求是、严谨扎实的文风，鼓励他们追求学术创新，遵守学术规范，恪守学术道德。此外，还讲授了申论考试的相关知识，引导大学生追踪时事热点，关注社会民生，传承优秀传统文化，培养社会责任感，对大学生毕业后参加公务员考试很有帮助。本书各章末还设置了一定数量的延伸学习练习题，且附有答题要点，将应用文写作理论和写作实践紧密结合，加强对学生自主学习、研究性学习能力的培养，更为有效地提升大学生的应用文体写作水平和能力。

本书是一套立体化的教材，包括纸版教材和电子资源等，多位一体，互相配合。在保持通识课教材内容经典性的同时，吸收近年来相关研究成果，将工具性、人文性与价值观引领相贯通，其特点主要体现在以下几个方面：

第一，体例模式新颖。本书注重充分调动学生的积极性和创造性，每种文体均从文种概述、行文结构、写作要求、例文评析等方面展开叙述。例文包括范文和病文两类，主要采用左例文右评析或文末点评的形式编排，例文评析重点对案例的标题、结构、遣词、格式规范等方面进行批注式剖析。所选范文具有明显的针对性、示范性和时代性，病文亦能直观显现该文种常见的缺点及错误。各章末均设病文改错、材料写作等延伸学习练习题及答题要点，强化技能培养。

第二，突出实用原则。本书本着贴近学生、联系实际的原则，以不同专业大学生学习、工作和生活所需为出发点，注重扩展学生知识面，引导学生思维的发散，加强文理渗透。本书纳入了大量来自工作一线的文种及例文，使应用文写作与职业岗位要求密切结合，具有极强的针对性。所选文种均是党政机关、企事业单位和个人在日常工作、学习和生活中使用的基本文种。所选例文力求案例的代表性和评析的朴实性，通过范文赏析和病文修改，巩固所学知识，提高学习效果。

第三，体现时代特色。本书注重吸收写作学理论与实践研究的最新成果，努力体现应用写作学科的最新发展和时代特色，基础性和研究性并重。所选例文绝大多数是在近两三年出现的，与人们的工作、学习和生活密切相关，突出经典性和新鲜感，具有浓厚的时代气息。本书致力于将习近平新时代中国特色社会主义思想贯穿于编写全过程，深入挖掘课程思政要素，努力实现人文素质、实践能力与课程思政的有机结合，充分发挥该门课程的育人导向作用。

本书参编者均是讲授“大学应用写作”课程的一线教师，均具有博士学位，承担过多项写作类高等教育教研教改项目，在写作学教学研究方面建树颇丰。本书由福州大学宋铁全副教授任主编，负责全书的体例设计、例文遴选、例文评析、习题编写和全书统稿。具体编写分工如下：绪论部分由梁桂芳、宋铁全撰写；公务文书部分由宋铁全、郑萍、卓希惠撰写；事务文书部分由赵映环、宋铁全撰写；日常文书部分由蔡莹涓、宋铁全撰写；毕业文书部分由宋铁全、上官文坤撰写；申论部分由景献力、宋铁全撰写。

本书为福州大学课程思政建设与研究重点项目（课程思政教材）、福州大学汉语言文学专业“一流专业”建设项目、福建省教育科学“十三五”规划2020年度项目（FJJKCG20-429）建设成果，特此说明。

本书在编写过程中，参阅了诸多同类的教材，援引了一些网站和报刊上的资料，在此特向有关作者表示感谢。由于能力有限，再加上时间仓促，书中不免存在疏漏之处，敬请同仁、读者批评指正。

编者

2022年2月10日

目　录

绪　论

第一章　公务文书

第二章　事务文书

第三章 日 常 文 书

第四章 毕 业 文 书

第五章 申 论

绪论

第一节　应用文概述

一、应用文的概念

应用文是人类在长期的社会实践活动中形成的一种文体，其发展源远流长。

“应用文”一词最早出现在北宋苏轼《答刘巨济书》中，其曰：“向在科场时，不得已作应用文，不幸为人传写，深为羞愧。”南宋张侃在《跋陈后山再任教官谢启》中云“骈四俪六，特应用文耳”，也使用了这一概念。“应用文”作为一个专用的文体概念，最早出现在清代刘熙载的《艺概·文概》中，其曰：“辞命体，推之即可为一切应用之文。应用文有上行，有平行，有下行。重其辞乃所以重其实也。”对应用文作出明确分类，指出应用文讲究实效的特点。20 世纪 20 年代末，学者徐望之在《尺牍通论》中进一步强调了应用文的礼仪交际作用，指出了应用文的使用范围。中国香港学者陈耀南教授在《应用文概说》中指出：“‘应用文’就是‘应’付生活、‘用’于实务的‘文’章。”①

今天，人们对应用文已形成了比较统一的认识，认为应用文即党政机关、企事业单位、社会团体和个人在日常工作、学习和生活中处理公私事务、交流

① 陈耀南：《应用文概说》，香港波文书局 1982 年版，第 1 页。

传递信息时所使用的具有直接实用价值和惯用格式的文章。

应用文与人们的学习、工作和生活关系十分密切。叶圣陶先生 1981 年 8 月在同《写作》杂志编辑人员谈话时指出："大学毕业生不一定要能写小说诗歌，但是一定要能写工作和生活中实用的文章，而且非写得既通顺又扎实不可。"可见，应用文写作是一项十分重要的基本技能。

二、应用文的产生和发展

1. 上古时期——应用文的发端期

应用文写作是社会发展的产物，源于实用的需求。随着人类社会文字的产生，古人就开始了应用文写作，应用文的诞生要早于纯粹审美性的文学作品。

我国目前已知最早的成熟文字体系——甲骨文，较为全面、真实地保存了商代社会的痕迹，其内容涉及世系、天象、祭祀、征伐、出行、畋猎等众多方面，可以说是我国最早出现的应用文。之后的金文盛行于周代，铸刻于钟鼎等青铜器之上，或用来记载国家的制度法令，或用来记载统治者的文德武功，或用来记载征战的胜利，或用来记载贵族间的商务活动等，这些也都属于应用文。

《尚书》是我国最古老的文书汇编，收录了虞、夏、商、周四个朝代的文献，是一部体例完备的应用文总集。它将文章分为"典、谟、训、诰、誓、命"6 种体式，"典"用来记述帝王言行，"谟"是记述君臣谋议国事的策论，"训"是记述训导的论说文，"诰"是帝王施政的文告，"誓"是临战勉励将士的誓词，"命"是帝王的诏令。这些文种和现代公文中的命令、决定、指示、公告、通报、报告等都有近似之处。

2. 秦汉时期——应用文的发展期

秦始皇统一中国后，公布的文书已经有了固定的名称和内涵，据《史记·秦始皇本纪》记载："命为'制'，令为'诏'，天子自称曰'朕'。"对应用文的体式也有了明确规定，在行文时凡提及"皇帝"等尊号要另起一行且顶格书写，一改之前文书一律直书、不提行、不空格等情况。秦代还制定了现在仍在沿用的抬头、用印等制度，标志着公文体式的初步完善。汉承秦制，并且有了下行文和上行文之分，皇帝颁发的下行文书有“制、诏、策、诫”等，臣僚启奏皇帝的上行文书有“章、奏、表、议”等。

3. 魏晋南北朝时期——应用文的成熟期

魏晋南北朝时期，人们对应用文的分类更为全面，在表达方式、篇章结构和撰写制度上也更为完善。这一时期出现了不少脍炙人口的名篇，公务应用文如曹操的《让县自明本志令》、诸葛亮的《出师表》等，私务应用文如嵇康的《与山巨源绝交书》、刘伶的《酒德颂》、曹植的《与吴季重书》等，以其鲜明的实用性和艺术性垂范后世。特别值得一提的是，这一时期古代应用文写作理论也基本形成。曹丕《典论·论文》认为文章是“经国之大业，不朽之盛事”，提升了应用文的地位。南朝刘勰的《文心雕龙》归纳、分析了各类应用文文体的功用、特点、写作规律等，奠定了我国古代应用文写作的理论基础。

4. 隋唐宋时期——应用文的高峰期

隋唐宋时期应用文的数量和质量大大超过前代，逐渐发展到高峰。这一时期应用文文体分类更为详细，格式也更为规范，如唐代皇帝的下行公文称作“册”“制”“敕”，且用法各不相同。一般的下行公文，唐代称为“符”，宋代称为“申状”。至于平行公文，唐代和宋代都把用于中央部门之间的称为“关”，把用于地方部门之间的称为“移”。应用文写作也成为科举考试的重要内容，受到统治者和广大士人的重视。这一时期的应用文名篇云集，几乎每一类应用文都有传世之作，如魏徵的《谏太宗十思疏》、骆宾王的《为徐敬业讨武曌檄》、韩愈的《祭十二郎文》、柳宗元的《段太尉逸事状》、刘禹锡的《陋室铭》、欧阳修的《朋党论》、王安石的《答司马谏议书》、苏辙的《上枢密韩太尉书》等。宋代宋绶、宋敏求父子编纂的《宋大诏令集》就选录了 3 700 多篇应用文。应用文体发展之完善，于《唐典》《宋史》中可见一斑。

5. 元明清时期——应用文的稳定期

元明清时期应用文的发展进入一个相对稳定期。这一时期的应用文体裁有所变化，如元代皇帝的制书、诏书、册书、敕书等改称“圣旨”，皇太子及诸王颁发的文书称为“令旨”，皇后颁发的文书称为“懿旨”。明代的公文文种又增加了“题本”“揭贴”“笺”等，应用文写作进一步制度化、规范化。清代应用文文体的分类更加具体和详细，体制也更为系统和完善。但是，不免存在文种杂滥，写作格式僵化等问题。

6. 辛亥革命至今——应用文的变革期

1912年，南京临时政府公布了第一个公文程式条例，废除了几千年来封建王朝所使用的“制、册、敕、章、表、奏、题本”等公文名称，规定采用“令、咨、呈、示、状”5种行政公文名称，揭开了中国文书史上新的一页。1927年，国民党政府又将公文文种扩大到“令、训令、指令、布告、任命状、呈、咨、公函、批、代电、手谕、告书、通告、函”等20余种。

中国共产党成立以后，公文体式发展迅速。中国共产党全国代表大会所产生的决议、纲领和宣言，就是第一批公文。1931年，瞿秋白代表党中央起草了《文件处理办法》。1942年，陕甘宁边区政府发布了《新公文程式》，规定了公文种类、行文关系及有关制度。这些都推进了公文的改革和发展。

1949年中华人民共和国成立以后，我国的公务文书工作进入了一个崭新的阶段。历经1951年、1981年、1987年、1993年、2000年、2012年六次修订，我国公文制度不断完善，各类公文日益规范。1951年9月29日，中央人民政府政务院颁布了《公文处理暂行办法》。1981年2月27日，国务院办公厅发布了《国家行政机关公文处理暂行办法》，规定行政公文的种类有9类15种。1987年2月18日，国务院办公厅正式发布《国家行政机关公文处理办法》，规定行政公文的种类有10类15种。1993年11月21日，国务院办公厅对此《办法》进行了修订，将行政公文的文种规定为12类13种。2000年8月24日，国务院发布《国家行政机关公文处理办法》，将行政公文的种类规定为13类13种。2012年4月16日，中共中央办公厅、国务院办公厅联合发布《党政机关公文处理工作条例》，首次将党政两个系统的公文统一起来，规定了公文的文种有15种，分别是：决议、决定、命令（令）、公报、公告、通告、意见、通知、通报、报告、请示、批复、议案、函和纪要。

除公务文书外，其他应用文如事务文书、经济文书、司法文书、传播文书、日常文书、科技文书等近几十年来也有很大的发展，成为人们社会生活中不可或缺的应用文体。

三、应用文的特点

应用文在当今社会生活中的作用越来越重要，与人们的学习、工作和生活关系越来越密切。与文学作品相比，应用文具有如下显著的特点。

1. 实用性

应用文最大的特点在于"实用"，实用性是其区别于文学作品的本质属性。文学作品主要用来表达人们的喜怒哀乐，抒发理想，反映现实，能给读者带来审美的享受，但很难立即解决现实生活中的实际问题。与文学创作"有感而发"不同，应用文写作是"有事而发"，应用文产生于人们社会生活的实际需要，直接为人们的学习、工作和生活服务，具有实际的使用价值。

2. 真实性

"真实"是应用文的生命。文学作品源于生活，却又高于生活，创作时可以虚构，进行艺术再加工。而应用文必须实事求是地反映问题，反映情况，所涉及的人、事、物等要素必须真实、客观，情节、数字等也不能虚构、矫饰。只有内容真实，应用文才具有说服力，才可能达到预期的效果，否则不仅不能解决实际问题，甚至会影响党和政府的威信，给社会带来不良影响。

3. 规范性

应用文对文体和格式有着特定的要求，具有程式化的特点。在长期的使用过程中，每一种应用文体都形成了独特而统一的体式，这些体式有的是在实践中约定俗成的，有的则是由有关部门统一制定的，具有相对稳定性，人们应严格遵守，不随意更改。而文学作品往往编排随意，讲究情节的曲折变化，表达什么内容、采取何种形式、语体风格如何均无法作出统一要求。

4. 时效性

应用文是为了及时处理学习、工作和生活中存在的实际问题而写作的，要求写作者在一定的时间内完成写作任务并进行传播，因此它具有明显的时效性。如果不能做到及时、准确、高效地行文，就无法发挥应用文应有的作用，甚至会贻误工作，造成严重后果。而文学作品（报告文学除外）一般不强调时效性，写作时可以“十年磨一剑”，慢慢琢磨，反复修改，精雕细琢。

5. 简明性

应用文注重实用，要求用最精练的文字准确地说明事项，表达方式以叙述、说明为主，尽量避免无谓的抒情，语言追求言简意赅、规范得体、平易朴实、明白晓畅的表达效果。应用文越是简约流畅、自然质朴，读者就越容易把握，不容易出现理解与执行上的偏差，从而提高办事效率。而文学作品讲究语言的生动形象、含蓄朦胧，多用积极修辞手法，以此取悦和打动读者。

6. 特定性

应用文的作者可以是一个集体，也可以是一个人，如公务文书是集体劳动的结晶，求职信、申请书的作者一般是个人，而文学作品的作者通常都是个人。应用文的行文对象也是明确而具体的，文种的选择、格式的安排、语言的运用等取决于特定的读者对象。而文学作品的读者对象具有普遍性和不确定性，一部作品出版发行以后，任何人都可以阅读，老少不分，雅俗共赏。

四、应用文的分类

应用文历史悠久，内容繁复，随着社会的发展而不断推陈出新。目前，对于应用文尚无权威、统一的分类体系。本书秉持宏观性、针对性两个原则，将应用文划分为四大类别。

1. 公务文书

公务文书是党政机关、企事业单位、社会团体用以实施领导、履行职责、处理公务、联络工作、传达信息的具有特定效力和规范体式的文书，包括报告、请示、批复、通知、通报、通告、函、纪要等 15 种文种。

2. 事务文书

事务文书是党政机关、企事业单位、社会团体以及个人在处理日常事务时广泛使用的用来沟通信息、指导工作、汇报任务、总结经验、规范行为的文书，主要包括计划、总结、讲话稿、述职报告、调查报告、简报等。

3. 日常文书

日常文书是人们在日常的工作、生活、学习中广泛使用的能起到迎来送往、交流思想、沟通情感、传递信息、联系工作、促进合作等作用的文书，主要包括求职信、申请书、倡议书、请柬、邀请函、启事、声明、条据等。

4. 专用文书

专用文书主要包括经济文书、法律文书、传播文书和科技文书等。经济文书是在经济领域内用来反映经济活动、处理经济事务、交流经济信息、研究经济问题的专用文书，主要包括合同、招标书、投标书、市场分析报告、市场预测报告等；法律文书是司法机关、公证机关、仲裁机构、当事人及诉讼参与人等依法制作的处理各类诉讼案件、非诉讼事件的具有法律效力或法律意义的专用文书，主要包括起诉状、上诉状、申诉状、答辩状、公证书等；传播文书是为了扩大政府、单位、人物、商品或某一事件的影响而向社会大众进行有目的的宣传时所使用的专用文书，主要包括消息、通讯、广告、说明书、新闻评论等；科技文书是在科学研究领域内用来反映实践性、观测性、理论性等方面的新成果和新进展的专用文书，主要包括科技报告、学术论文、实验报告、毕业实习报告、毕业论文（设计）等。

本书重点讲解大学生最常用和最需掌握的公务文书、事务文书、日常文书和毕业文书的写作知识和技巧。

五、应用文的作用

应用文的使用范围极为广泛，涉及人类社会生产、生活的方方面面，任何机关、团体和个人几乎都离不开它。概括起来，应用文主要有以下四个方面的作用。

1. 管理指挥

应用文自产生之时，就是进行社会管理的工具。应用文特别是公务文书，是机关单位作出科学决策、做好各项管理工作、实施权力行为的重要手段。比如，上级机关发布的决定、命令、批复等公文，下级机关必须遵照或参照执行；下级机关提交的请示、报告等公文，也为上级机关的决策和指导提供了依据。

2. 宣传教育

党和政府的路线、方针和政策，典型经验与先进事迹等，通常以应用文为载体进行传播，以供民众知晓、学习和执行。比如，上级机关通过命令、公告、通告、通知等公文向全国宣传党和政府的方针、政策；通过决定、通报等公文推广先进经验，表扬先进，批评错误，以此提高人们的觉悟，保障社会的安定。

3. 沟通协调

应用文是沟通上下的渠道，是联系左右的桥梁。在经济全球化、信息网络化的今天，应用文既有着信息的告知作用，又有着信息的交流作用。比如，上下级机关之间通过应用文上情下达、下情上报；各单位之间通过应用文传递信息、推广成果、交流思想、加强协作，从而实现共同发展，推动社会不断进步。

4. 凭证依据

应用文是各类事务推进和结束的有形载体，也是一种有效的见证。比如，决议、命令、决定等公文是下级机关开展工作的依据；请示、报告等公文是上级机关进行决策的依据；合同、条据等则是业务活动的凭证。公文也可作为“备忘录”立卷归档，作为文献资料随时供人们查考，长久地发挥凭证作用。

【练习】

一、结合下面一段话，谈一谈你对应用文的认识。

应用文是青菜黄米的家常便饭，文学文是个肥鱼大肉；应用文是“无事三十里”的随便走路，文学文是运动场上出风头的一英里赛跑。

（选自刘半农《应用文之教授》）

二、中国古代应用文写作产生了哪些名篇佳作？请你选择其中的一两篇进行赏析。

应用文概述练习答题要点

第二节 应用文的构成要素

应用文一般由主题、材料、结构、语言四个要素构成，这四个要素紧密结合，相互作用，共同构成了应用文的文本。

一、主题

主题是作者通过文章内容所表现出来的核心思想和主要意图，它是应用文的“灵魂”。主题的确立对于应用文来说至关重要，决定着材料的取舍，统领着文章的结构，制约着语言的运用。应用文的主题具有以下特点。

1. 正确

主题正确是应用文写作的基本要求。主题应反映事物的本质，符合客观规律，对社会发展起到积极作用，与党和国家的路线、方针、政策保持一致。不能主观臆断、歪曲事实，更不能违背政策法规、自行其是。

2. 鲜明

应用文的观点应清晰明确，直截了当，对问题的认识、对事物的评价，主张什么、反对什么，应该怎么做、不应该怎么做，要旗帜鲜明地表达出来。表述不能含糊笼统、模棱两可，而应清楚明白，以便于理解和执行。

3. 集中

应用文的主题要单一集中。一篇应用文一般只表达一个思想，沟通一种情况，解决一个问题，不能表达两个或更多的主题。材料的使用、通篇的布局以及遣词造句只能围绕一个统一的主题，都要为突出这个主题服务。

4. 深刻

应用文的主题应有深度和高度，能揭示事物的本质及客观规律，提出创造性的办法和主张，以指导实践。应恰如其分地表达发文者的意图，提升文章的理论高度，避免出现“文不逮意”以及“假、大、空”的情况。

二、材料

材料是作者为了撰写目的而搜集或积累的能够表现文章主题的事实根据和理论依据，它是应用文的“血肉”。材料包括写作前有意搜集或积累的原始素材，以及写入文章的用以支撑主题的文献资料。应用文的材料具有以下特点。

1. 真实

应用文的材料是处理和解决问题的依据，只有选择绝对真实的材料，才能得出可靠的结论。所有材料必须符合客观事物的实际情况，使用时均应反复核实，做到准确无误，绝不能使用虚构的、未经核实的材料。

2. 切题

应用文要围绕主题选择材料，根据主题需要来取舍材料，能够突出主题的材料就选取，不能说明观点的材料就舍弃，做到观点和材料的高度统一。如果材料不能紧扣文章主题，就可能“下笔千言，离题万里”。

3. 典型

应用文要选取那些最能反映事物的共性和特征、最能揭示事物本质和规律的典型材料。典型材料可以是具体事例，可以是具有说服力的数据，或者是带有普遍性的现象，只有典型的材料才能提炼出深刻的主题。

4. 新颖

应用文要选取那些能反映客观事物的发展趋势、能说明客观事物的最新面貌的材料，包括新政策、新事例、新数据、新做法等。新颖的材料符合时代发展的特点，更容易引起读者的共鸣，有利于解决实际问题。

三、结构

结构是指文章的内部构造，是作者对材料与观点、内容与形式进行组织安排的具体形式，它是应用文的“骨架”。结构包括文章的整体构思、大体框架，以及文章的开头和结尾、层次和段落、过渡和照应的具体设计。应用文的结构安排必须注意以下两点。

1. 言之有体

应用文的结构要符合规定体裁的应有程式，做到文面形式上有惯用的格式，内容构成上有固定的项目。各种应用文的结构不能混用、乱用或套用，必须选择符合自身文种特点的体式。

2. 言之有序

应用文的结构应严谨周全、层次分明、条理清晰，要按照一定的思路，将零散材料组织成一个有机整体，便于读者把握要领或贯彻执行，不能枝蔓交杂、主次不分，更不能牵强拼凑。

四、语言

语言是构成文章的基本材料，是文章思想内容的具体体现。在长期的实践过程中，应用文形成了自身独特的语言风格，特别讲究“有真意，去粉饰，少做作，勿卖弄”，整体呈现出准确、简洁、平实、得体的基本特征。

1. 准确

应用文对语言准确性的要求非常高，所写内容、所用语句、所列事例和数据等都必须准确而恰当。语言表述应符合客观实际与逻辑，符合语法和修辞规范，十分讲究分寸感，只有这样，才能准确地记载和传递信息。

2. 简洁

应用文的语言在准确的基础上，还要求简洁畅达、精练明快。这就要求作者以最少的文字表达尽可能多的内容，经常使用一些习惯用语和专用词语，做到言简意赅，文约事丰，从而提高行文的效率，处理更多的信息。

3. 平实

应用文的语言讲究标准规范、通俗易懂与朴实自然，一般不追求辞藻华丽，避免使用冷僻深奥的字词，少用描写、抒情等表现手法，不用含蓄、虚构等写作技巧，摈弃套话、空话、过头话，做到文实相符，文如其事。

4. 得体

应用文的语言必须适合特定的题旨和语境，应和作者身份、读者对象、行文目的相一致，行文要符合国家有关规定，做到庄严持重，适度得体。应用文的语言讲什么和怎样讲，都必须准确把握，才能取得预期的效果。

【练习】

一、请根据应用文的语言特点，评析下文。

回首去年，我的英语取得了辉煌成绩，以优异成绩考过四级，学校英语演讲比赛二等奖，家长和老师对此喜上眉梢。为了取得更好成绩，我制订下半年英语学习计划，希望英语成绩能芝麻开花节节高。

二、指出下列两篇文章在文体风格及写作手法上的区别。

少年中国说（节选）

故今日之责任，不在他人，而全在我少年。少年智则国智，少年富则国富，少年强则国强，少年独立则国独立，少年自由则国自由，少年进步则国进步，少年胜于欧洲则国胜于欧洲，少年雄于地球则国雄于地球。红日初升，其道大光；河出伏流，一泻汪洋；潜龙腾渊，鳞爪飞扬；乳虎啸谷，百兽震惶；鹰隼试翼，风尘吸张；奇花初胎，矞矞皇皇；干将发硎，有作其芒；天戴其苍，地履其黄；纵有千古，横有八荒；前途似海，来日方长。美哉，我少年中国，与天不老！壮哉，我中国少年，与国无疆！

（选自梁启超《少年中国说》）

教育部关于印发《革命传统进中小学课程教材指南》《中华优秀传统文化进中小学课程教材指南》的通知

各省、自治区、直辖市教育厅（教委），新疆生产建设兵团教育局：

为深入贯彻习近平总书记关于教育的重要论述和全国教育大会精神，全面贯彻党的教育方针，指导中小学课程教材系统、全面落实革命传统、中华优秀传统文化教育，我部制定了《革命传统进中小学课程教材指南》《中华优秀传统文化进中小学课程教材指南》，现印发给你们，请在课程教材、教育教学等育人环节认真贯彻落实。

附件：1. 革命传统进中小学课程教材指南

2. 中华优秀传统文化进中小学课程教材指南

印章

教育部

2021年1月8日

（录自中国政府网，收录时有改动）

应用文的构成要素练习答题要点

第三节　应用文的写作过程

一、吃透意图，选定文种

普通写作中的“选择理论”认为，写作是一系列的选择行为，而在所有选择中，“意图”的选择是最主要的。因此，撰写应用文，在下笔之前必须先吃透意图。应用文写作，或是出于行政管理的需要，或是出于业务处理的需要，或是出于人际交流的需要等。这些具体各异的需要，既是应用文写作的起因和前提，也制约着写作的全过程。总之，必须明确需要，形成写作意图，并在写作过程中准确地把握这一意图。应用文的文种区分度高，一种文种一般只能满足一种需要，所以，撰写人应根据写作意图，认真、仔细地辨别每种需要的差别，选择最恰当的文种。

二、深入调研，择取材料

应用文是依靠材料来说话、来体现观点的，占有材料是应用文写作的前提。材料包括事实材料、政策材料、情报材料等，可以通过多种渠道搜集或积累，调查研究就是获取各类材料的重要途径。应用文的作者在动笔撰稿之前，必须围绕要说明的问题，充分掌握实际情况，进行周密的调查研究。应用文是使机关、团体或个人顺利开展工作的重要工具，调查研究做得是否充分，往往决定了应用文写作的成败。因此，在获取材料之后，写作者要对材料进行整理和分析，并根据文章的主题、文种的需要等进行筛选。

三、谋篇布局，选定语体

应用文的写作者在明确主题、确定文种、择取材料之后，必须为应用文寻找恰当的表达方式，主要工作包括谋篇布局和选定语体。谋篇布局就是确定文章的结构。应用文的结构即格式、整体构架和内部组织关系，文种确定之后，应用文的结构也就相应地明确了。没有足够的理由与把握，应用文的篇章结构不可轻易“推陈出新”。在长期的语言运用中，应用文形成了一整套有别于文学作品的语言体系。应用文的语言表述要求准确、简练、周密，语言风格要求简约、平实、庄重。不同的应用文文种，其语体风格也各有不同，写作者应根据特定的行文目的和内容要求选择恰当的表达语体。

四、迅速成文，反复修改

应用文写作是限时写作，需要快速成文，具有较强的时效性，如果不能在规定时间内完稿，将会导致不良的后果。快速成文是一种写作观念，要求撰文者的知识储备扎实，学术素养全面。当写作者有能力将传统的积词生句、积句为篇、积篇成章的写作过程转换成通过文章段群、结构模块的不同组合以构成相应的文章框架时，应用文的快速成文便不再是一个奢望。文稿拟好后，撰写者还应认真、严肃地反复修改与审核。“文章不厌百回改”，修改是保证文稿质量的重要步骤，也是写作的最后环节。应用文的修改不仅要注意篇章布局、语言运用，还要注意文种选用、主题体现、材料选择等，做到内容与形式的完美统一。

【练习】

一、你认为如何才能学好应用文写作?

二、结合下面一段话，谈一谈你对应用文修改的认识。

怎样才算修改的功夫用够了呢？改的遍数多还并不就等于改得够。衡量够不够的标准我想有两个：一个是内容正确，一个是读者容易接受。毛主席在《反对党八股》中讲：“文章是客观事物的反映，而事物是曲折复杂的，必须反复研究，才能反映恰当，在这里粗心大意，就是不懂得做文章的ABC。”这是从根本上说明了文章要多改的理由，同时也就推出了修改的目标。客观事物不是一下子就能够认识清楚认识完全的，多一次修改就是多一次认识。表达我们的认识的文字也不是一下子就能够选择适当的，多一次修改就是多一次选择。能否做到内容完全正确，自然要看我们的思想水平怎样；但如果我们采取谨慎态度去修改，自己多用脑筋，加上向别人请教，对每一个论点每一个看法都不随便放过，也就可以去掉或减少许多内容上的错误。内容正确，就具备了说服读者的基本条件。不过要读者容易接受，也得依靠好的表现形式。还得在布局上、逻辑上、修辞上再花些功夫，才能够使文章的每一句，每一段，一直到全篇，一下子打进读者的脑筋。能否做到表现形式很完美，自然要看我们的写作水平怎样；但如果我们采取替读者着想的态度去修改，总是想着我们所写的一般读者能不能完全了解，会不会相信赞成，是不是感到枯燥沉闷，也就可以去掉或减少许多表现形式上的缺点。

（选自何其芳《谈修改文章》）

应用文的写作过程练习答题要点

第一章　公务文书

第一节　公务文书概述

一、公务文书的概念

公务文书简称公文，是党政机关、企事业单位、社会团体用以处理公务、联络工作、传达信息的具有特定效力和规范体式的文书。

中共中央办公厅、国务院办公厅 2012 年 4 月颁布的《党政机关公文处理工作条例》第三条规定："党政机关公文是党政机关实施领导、履行职能、处理公务的具有特定效力和规范体式的文书，是传达贯彻党和国家的方针政策，公布法规和规章，指导、布置和商洽工作，请示和答复问题，报告、通报和交流情况等的重要工具。"

二、公务文书的特点

公务文书具有如下主要特点。

1. 政治性

公务文书是用以传达和贯彻党和政府的路线、方针、政策，指导公务活动，进行有效管理的重要工具。它直接作用于社会管理系统，体现党和国家的政治意向、指挥意志和行动意图，体现人民群众的普遍意愿和根本利益，具有其他文种不能担负的特殊使命，而且要求人们知晓或执行，有着鲜明的政治色彩。

2. 权威性

公务文书有法定的作者，一般以机关或机关某部门的名义制发，也可以国家领导人或机关首长的名义发文。公务文书有法定的权威和效力，体现法定作者的指挥意志和领导意图，一经正式发布，就具有一定的强制性和约束力。公务文书有法定的处理程序，其制成和发布必须符合法定的职权范围和规定程序。

3. 规范性

公务文书必须按照领导机关发布的规范来制发，使用有明确规定的文种，遵循规定的格式，包括行款、结构、惯用语等。公务文书的办理必须依照规定的处理程序，发文程序包括复核、登记、印制、核发等，收文程序包括签收、登记、初审、承办、传阅、催办、答复等。公文办理完毕后应及时整理、归档。

4. 时效性

公务文书为特定的读者而撰制，为解决实际问题而制发，注重发布与实行的时间。因此，公文必须紧密联系社会现实和形势变化，及时撰写、发布和办理，也必须在一定时限内贯彻执行，不允许拖拉，以免贻误工作。公文的时效性还表现在，某项工作一旦完成，工作中形成并使用的公文的作用也随之结束。

三、公务文书的分类

根据《党政机关公文处理工作条例》的规定，公务文书的种类有 15 种，分别是：决议、决定、命令（令）、公报、公告、通告、意见、通知、通报、报告、请示、批复、议案、函、纪要。

决议：适用于会议讨论通过的重大决策事项。

决定：适用于对重要事项作出决策和部署、奖惩有关单位和人员、变更或者撤销下级机关不适当的决定事项。

命令（令）：适用于公布行政法规和规章、宣布施行重大强制性措施、批准授予和晋升衔级、嘉奖有关单位和人员。

公报：适用于公布重要决定或重大事项。

公告：适用于向国内外宣布重要事项或者法定事项。

通告：适用于在一定范围内公布应当遵守或者周知的事项。

意见：适用于对重要问题提出见解和处理办法。

通知：适用于发布、传达要求下级机关执行和有关单位周知或者执行的事项，批转、转发公文。

通报：适用于表彰先进、批评错误、传达重要精神和告知重要情况。

报告：适用于向上级机关汇报工作、反映情况，回复上级机关的询问。

请示：适用于向上级机关请求指示、批准。

批复：适用于答复下级机关请示事项。

议案：适用于各级人民政府按照法律程序向同级人民代表大会或者人民代表大会常务委员会提请审议事项。

函：适用于不相隶属机关之间商洽工作、询问和答复问题、请求批准和答复审批事项。

纪要：适用于记载会议主要情况和议定事项。

根据不同的标准，可将公务文书划分为不同的类型。

1. 根据行文关系，可分为上行文、平行文、下行文

上行文：即下级机关向上级机关呈送的公文，包括报告、请示、议案。

平行文：即不相隶属机关之间往来联系的公文，包括函。

下行文：即上级机关向下级机关下达的公文，包括决议、决定、命令（令）、公报、公告、通告、通知、通报、批复，以及大部分意见[①]。

2. 根据涉密程度，可分为涉密公文和非涉密公文

涉密公文包括绝密公文、机密公文和秘密公文，是指内容涉及党和国家的机密，需要控制知密对象的文件。文件的秘密等级越高，传达、阅办、保管

① 意见有时也用作上行文或平行文。

的要求也越严格。

非涉密公文是向社会大众公开发布的公文，例如公告、通告和其他一些需要大众知晓的公开文件。

3. 根据紧急程度，可分为特急件、加急件和常规件

特急件：指内容极其重要、时间特别紧急，需最优先处理的公文。

加急件：指时间紧急而需优先处理的公文。

常规件：指以正常速度和程序形成和办理的公文。

4. 根据内容特征，可分为指导性公文、知照性公文、呈请性公文、商洽性公文和记录性公文

指导性公文：包括决议、决定、命令（令）、批复，以及大部分意见。

知照性公文：包括公告、通告、公报、通知、通报。

呈请性公文：包括议案、请示、报告。

商洽性公文：函。

记录性公文：纪要。

本章重点讲解报告、请示、批复、通知、通报、通告、函与纪要这 8 种使用频率较高的文种。

四、公务文书的作用

公务文书是处理公务、联络工作、传达信息的重要工具，其作用主要表现在以下几个方面。

1. 领导与指导

上级机关为贯彻党和国家的路线、方针、政策，制发决议、决定、命令、公报、公告、通告等公文，领导和指导下级机关的工作，下级机关应认真贯彻执行，保证各项政策落实到位。上级机关通过批复对下级机关请示的问题表明态度，提出指导性意见，起到指导的作用。

2. 宣传与教育

国家的各项方针、政策、法律和法令，经由公文发布给各机关部门，传达给人民群众，阐明政治主张，统一思想，提高认识，鼓舞信心，发挥着宣传教育的功能。通报、决定等公文肩负着表彰先进、批评错误、激励鞭策的使命，对广大干部和群众起到宣传教育的作用。

3. 规范与约束

公文代表了制发机关的法定权威，发挥着规范公务活动和约束个人言行的作用，具有极强的规范性和约束力。各级权力机关、领导机关发布的决议、决定、命令、公告、通告、通报、批复等公文，体现了制发机关的权威，在其所要求的范围内，人们必须坚决贯彻执行。

4. 联系与沟通

各级党政机关、合法组织通过公文互通信息，协调步骤，确保各项工作正常有序地开展。上级机关向下级机关发布决定、意见、命令等，下级机关向上级机关报告和请示问题，不相隶属的机关之间商洽工作，都要借助公文来完成，发挥着上传下达、沟通内外的作用。

5. 依据与凭证

公文有法定的权威性和严格的规范性，是收文机关开展工作的文字依据。公文记录了公务的内容、处理的经过和结果，其整理、立卷后，归入档案，是制定新的政策措施、核对事实的重要查考资料和可靠凭证。而纪要等记述性公文还是开展某项活动的历史记录和凭证。

五、公务文书的格式

《党政机关公文处理条例》规定：“公文一般由份号、密级和保密期限、紧急程度、发文机关标志、发文字号、签发人、标题、主送机关、正文、附件说明、发文机关署名、成文日期、印章、附注、附件、抄送机关、印发机关和印发日期、页码等组成。”2012 年 6 月 29 日，国家质量监督检验检疫总局、国家标准化管理委员会发布了《党政机关公文格式》国家标准（GB/T9704–

2012），对公文用纸、印刷装订、格式要素、式样等作出具体规定。

（一）版头部分

公文首页红色分割线以上部分为版头部分，由份号、密级和保密期限、紧急程度、发文机关标志、发文字号、签发人、分隔线组成。

1. 份号

涉密公文需标注份号，通常用6位3号阿拉伯数字，在版心左上角第一行顶格编排。

2. 密级和保密期限

涉密公文应当根据涉密程度标注密级和保密期限。密级分“绝密”“机密”“秘密”三个等级，通常用3号黑体字，在版心左上角第二行顶格编排；如需同时标识秘密等级和保密期限，秘密等级和保密期限之间用★隔开。保密期限中的数字用阿拉伯数字标注。

3. 紧急程度

根据紧急程度，紧急公文应当分别标明“特急”或“加急”，通常用3号黑体字，在版心左上角顶格编排。如需同时标注份号、密级和保密期限、紧急程度，按照份号、密级和保密期限、紧急程度的顺序自上而下分行排列。

4. 发文机关标志

发文机关标志由发文机关全称或规范化简称加“文件”二字组成，也可使用发文机关全称或规范化简称。发文机关标志居中排布，上边缘至版心上边缘为35 mm，推荐使用红色小标宋体字。联合行文时，如需同时标注联署发文机关名称，一般将主办机关名称排列在前；如有“文件”二字，应当置于发文机关名称右侧，以联署发文机关名称为准上下居中排布。

5. 发文字号

发文字号由发文机关代字、年份和发文顺序号组成，编排在发文机关标志下空二行位置，居中排布。年份、发文顺序号用阿拉伯数字标注，年份应标全称，用六角括号“〔 〕”括入；发文顺序号不加“第”字，不编虚位（即 1 不编为 01），在阿拉伯数字后加“号”字。联合行文只标明主办机关发文字号。上行文的发文字号居左空一字编排，与最后一个签发人姓名处在同一行。

6. 签发人

上行文应当标注签发人姓名，由“签发人”三字加全角冒号和签发人姓名组成，居右空一字，编排在发文机关标志下空二行位置。“签发人”三字用 3 号仿宋体字，签发人姓名用 3 号楷体字。如有多个签发人，签发人姓名按照发文机关的排列顺序从左到右、自上而下依次均匀编排，一般每行排两个姓名，回行时与上一行第一个签发人姓名对齐。

7. 分隔线

发文字号之下 4 mm 处印一条与版心等宽的红色分割线。

（二）主体部分

公文首页红色分割线（不含）以下、末页首条分割线（不含）以上部分是主体部分，由公文标题、主送机关、公文正文、附件说明、发文机关署名、成文日期、印章、附注、附件组成。

1. 公文标题

标题通常用 2 号小标宋体字，编排于红色分割线下空两行位置，分一行或多行居中排布。回行时，要做到词意完整，长短适宜，排列对称，间距恰当，标题排列应当使用梯形或菱形。标题中除法规、规章名称加书名号外，一般不用标点符号。

2. 主送机关

主送机关编排于标题下空一行位置，居左顶格，回行时仍顶格，最后一个机关名称后标全角冒号。如主送机关名称过多导致公文首页不能显示正文时，应当将主送机关名称移至版记；公布性公文和受文对象难以确指的，可不标注主送机关。

3. 公文正文

公文首页必须显示正文。通常用3号仿宋字体，于主送机关名称下一行编排，每个自然段左空二字，回行顶格。文中结构层次序数依次可以用“一”“（一）”“1”“（1）”标注；通常第一层用黑体字、第二层用楷体字、第三层和第四层用仿宋体字标注。

4. 附件说明

公文如有附件，需在正文下空一行左空二字编排“附件”二字，后标全角冒号和附件名称。如有多个附件，使用阿拉伯数字标注附件顺序号，附件名称后不加标点符号。附件名称过长需回行时，应当与上一行附件名称的首字对齐。

5. 发文机关署名、印章和成文日期

（1）加盖印章的公文。成文日期一般右空四字编排，印章用红色，不得出现空白印章。

单一机关行文时，通常在成文日期之上、以成文日期为准居中编排发文机关署名，印章用红色，端正、居中下压发文机关署名和成文日期，使发文机关署名和成文日期居印章中心偏下位置，印章顶端应当上距正文（或附件说明）一行之内。

联合行文时，一般将各发文机关署名按照发文机关顺序整齐排列在相应位置，并将印章一一对应、端正、居中下压发文机关署名，最后一个印章端正、居中下压发文机关署名和成文日期。

（2）不加盖印章的公文。单一机关行文时，在正文（或附件说明）下空一行右空二字编排发文机关署名，在发文机关署名下一行编排成文日期，首字比发文机关署名首字右移二字，如成文日期长于发文机关署名，应当使成文日期右空二字编排，并相应增加发文机关署名右空字数。

联合行文时，应当先编排主办机关署名，其余发文机关署名依次向下编排。

（3）加盖签发人签名章的公文。单一机关制发的令加盖签发人签名章时，在正文（或附件说明）下空两行右空四字加盖签发人签名章，签名章左空两字标注签发人职务，以签名章为准上下居中排布。在签发人签名章下空一行右空

四字编排成文日期。

联合行文时，应当先编排主办机关签发人职务、签名章，其余机关签发人职务、签名章依次向下编排，与主办机关签发人职务、签名章上下对齐；每行只编排一个机关的签发人职务、签名章；签发人职务应当标注全称。

签名章一般用红色。

（4）成文日期中的数字。成文日期中的数字需用阿拉伯数字将年、月、日标全，年份应标全称，月、日不编虚位（即 1 不编为 01）。

6. 附注

附注指公文印发传达范围等需要说明的事项。公文如有附注，居左空二字加圆括号编排在成文日期下一行。

7. 附件

附件应当另面编排，并在版记之前，与公文正文一起装订。“附件”二字及附件顺序号用 3 号黑体字顶格编排在版心左上角第一行。附件标题居中编排在版心第三行。附件顺序号和附件标题应当与附件说明的表述一致。附件格式要求同正文。

如附件与正文不能一起装订，应当在附件左上角第一行顶格编排公文的发文字号，并在其后标注“附件”二字及附件顺序号。

（三）版记部分

公文末页首条分割线以下、末条分割线以上部分是版记，包括分隔线、抄送机关、印发机关和印发时间。

1. 分隔线

版记中的分隔线与版心等宽，首条分隔线和末条分隔线用粗线（推荐高度为 0.35 mm），中间的分隔线用细线（推荐高度为 0.25 mm）。首条分隔线位于版记中第一要素之上，末条分隔线与公文最后一面的版心下边缘重合。

2. 抄送机关

如有抄送机关，标注在公文末页下端两条黑色分隔线之间，通常用 4 号仿宋体字，在印发机关和印发日期之上一行、左右各空一字编排。“抄送”二字后加全角冒号和抄送机关名称，回行时与冒号后的首字对齐，最后一个抄送机关名称后标句号。

3. 印发机关和印发时间

印发机关和印发日期通常用 4 号仿宋体字，编排在末条分隔线之上。印发机关左空一字，印发日期右空一字，用阿拉伯数字将年、月、日标全，年份应标全称，月、日不编虚位（即 1 不编为 01）；后加“印发”二字。

版记中如有其他要素，应当将其与印发机关和印发日期用一条细分隔线隔开。

公文格式中还有一个处于版心外的要素是页码。通常用 4 号半角宋体阿拉伯数字，编排在公文版心下边缘之下，数字左右各放一条一字线；一字线上距版心下边缘 7 mm。单页码居右空一字，双页码居左空一字。公文的附件与正文一起装订时，页码应当连续编排。

公文用纸采用 A4 型，幅面尺寸为 210 mm × 297 mm；如无特殊说明，公文格式各要素一般用 3 号仿宋字体。特定情况可以做适当调整；一般每面排 22 行，每行排 28 个字，并撑满版心。特定情况可以做适当调整。

六、公务文书的特定格式

（一）信函格式

发文机关标志使用发文机关全称或者规范化简称，居中排布，上边缘至上页边为 30 mm，推荐使用红色小标宋体字。联合行文时，使用主办机关标志。

发文机关标志下 4 mm 处印一条红色双线（上粗下细），距下页边 20 mm 处印一条红色双线（上细下粗），线长均为 170 mm，居中排布。

如需标注份号、密级和保密期限、紧急程度，应当顶格居版心左边缘编排在第一条红色双线下，按照份号、密级和保密期限、紧急程度的顺序自上而下分行排列，第一个要素与该线的距离为 3 号汉字高度的 7/8。发文字号顶格居版心右边缘编排在第一条红色双线下，与该线的距离为3号汉字高度的7/8。

标题居中编排，与其上最后一个要素相距二行。第二条红色双线上一行如有文字，与该线的距离为3号汉字高度的7/8。首页不显示页码。版记不加印发机关和印发日期、分隔线，位于公文最后一面版心内最下方。

（二）命令（令）格式

发文机关标志由发文机关全称加“命令”或“令”字组成，居中排布，上边缘至版心上边缘为20 mm，推荐使用红色小标宋体字。

发文机关标志下空二行居中编排令号，令号下空二行编排正文。

（三）纪要格式

纪要标志由“×××××纪要”组成，居中排布，上边缘至版心上边缘为35 mm，推荐使用红色小标宋体字。

标注出席人员名单，一般用3号黑体字，在正文或附件说明下空一行左空二字编排“出席”二字，后标全角冒号，冒号后用3号仿宋体字标注出席人单位、姓名，回行时与冒号后的首字对齐；标注请假和列席人员名单，除依次另起一行并将“出席”二字改为“请假”或“列席”外，编排方法同出席人员名单。

纪要格式可以根据实际制定。

七、公务文书的行文规则

行文规则是指党政机关行文必须遵守的具体规定或准则。根据《党政机关公文处理工作条例》，公务文书有以下行文规则：

第一，行文应当确有必要，讲求实效，注重针对性和可操作性。

第二，行文关系根据隶属关系和职权范围确定。一般不得越级行文，特殊情况需要越级行文的，应当同时抄送被越过的机关。

第三，向上级机关行文，应当遵循以下规则：

（1）原则上主送一个上级机关，根据需要同时抄送相关上级机关和同级机关，不抄送下级机关。

（2）党委、政府的部门向上级主管部门请示、报告重大事项，应当经本级党委、政府同意或者授权；属于部门职权范围内的事项应当直接报送上级主管部门。

（3）下级机关的请示事项，如需以本机关名义向上级机关请示，应当提出倾向性意见后上报，不得原文转报上级机关。

（4）请示应当一文一事，不得在报告等非请示性公文中夹带请示事项。

（5）除上级机关负责人直接交办事项外，不得以本机关名义向上级机关负责人报送公文，不得以本机关负责人名义向上级机关报送公文。

（6）受双重领导的机关向一个上级机关行文，必要时抄送另一个上级机关。

第四，向下级机关行文，应当遵循以下规则：

（1）主送受理机关，根据需要抄送相关机关；重要行文应当同时抄送发文机关的直接上级机关。

（2）党委、政府的办公厅（室）根据本级党委、政府授权，可以向下级党委、政府行文，其他部门和单位不得向下级党委、政府发布指令性公文或者在公文中向下级党委、政府提出指令性要求。需经政府审批的具体事项，经政府同意后可以由政府职能部门行文，文中须注明已经政府同意。

（3）党委、政府的部门在各自职权范围内可以向下级党委、政府的相关部门行文。

（4）涉及多个部门职权范围内的事务，部门之间未协商一致的，不得向下行文；擅自行文的，上级机关应当责令其纠正或者撤销。

（5）上级机关向受双重领导的下级机关行文，必要时抄送该下级机关的另一个上级机关。

第五，同级党政机关、党政机关与其他同级机关必要时可以联合行文。属于党委、政府各自职权范围内的工作，不得联合行文。

党委、政府的部门依据职权可以相互行文。

部门内设机构除办公厅（室）外不得对外正式行文。

八、公务文书的写作示例与评析

例文①

000001
机密★ 1 年
特急

×××× 文件

×× 发〔20××〕× 号

××××××× 关于 ×××××××××× 的通知

××××××××××：

　　××。

　　××。

　　附件：1.××××××××××××
　　　　　2.××××××××××××

××××（印章）
20×× 年 × 月 × 日

（××××××××××）

-1-

评析

　　这是一份下行公文的格式式样。

1. **份号**（左上角顶格，3 号阿拉伯数字）
2. **密级和保密期限**（3 号黑体字）
3. **紧急程度**（3 号黑体字）
4. **发文机关标志**（居中，红色小标宋体字）
5. **发文字号**（居中，3 号仿宋体字）
6. **标题**（居中，2 号小标宋体字）
7. **主送机关**（居左顶格）
8. **公文正文**（3 号仿宋体字）
9. **附件说明**（左空二字）
10. **发文机关署名、印章**（端正居中下压成文日期）
11. **成文日期**（右空四字编排）
12. **附注**（居左空二字加圆括号）

续表

附件 1 ×××××××××××× 　　×××××××××××××××××××××××× ×××××××××××××××××××××××××× ××××××××××××。 　　×××××××××××××××××××××××× ×××××××××××××××××××××××××× ××××××××××××。 　　×××××××××××××××××××××××× ×××××××××××××××××××××××××× ××××××××××××。 –2–	**13. 附件** ①“附件”二字及附件顺序号（3号黑体字顶格编排在版心第一行） ②标题（居中编排在版心第三行）
附件 2 ×××××××××××× 　　×××××××××××××××××××××××× ×××××××××××××××××××××××××× ××××××××××××。 　　×××××××××××××××××××××××× ×××××××××××××××××××××××××× ××××××××××××。 ——————————————— 抄送：××××，××××，××××，××××，××××。 ——————————————— ××××××× 　　　20×× 年 × 月 × 日印发 ——————————————— –3–	**14. 抄送机关**（4号仿宋体字，左右各空一字） **15. 印发机关**（4号仿宋体字，左空一字） **16. 印发日期**（4号仿宋体字，右空一字） **17. 页码**（4号半角宋体阿拉伯数字，单页码居右空一字，双页码居左空一字）

例文②

000001
秘密★1年
加急

××××××
×××××

××发〔20××〕×号　签发人：×××　×××

×××××××关于×××××××××的请示

×××××××××：

　　××。

　　××

–1–

评析

这是一份上行公文的格式式样。

1. **份号**（左上角顶格，3号阿拉伯数字）
2. **密级和保密期限**（3号黑体字）
3. **紧急程度**（3号黑体字）
4. **联合发文机关标志**（居中，红色小标宋体字）
5. **签发人**（居右空一字，“签发人”3号仿宋体字，签发人姓名3号楷体字）
6. **发文字号**（居左空一字，3号仿宋体字）
7. **标题**（居中，2号小标宋体字）
8. **主送机关**（居左顶格）
9. **公文正文**（3号仿宋体字）

续表

××。 以上请示妥否，请批示。 印章 印章 ×××××× ×××××× 20×× 年 × 月 × 日 （××××××××××） 抄送：××××，××××，××××，××××，××××。 ××××××× 20×× 年 × 月 × 日印发 –2–	**10. 发文机关署名、印章**（最后一印章端正居中下压成文日期） **11. 成文日期**（右空四字编排） **12. 附注**（居左空二字加圆括号） **13. 抄送机关**（4 号仿宋体字，左右各空一字） **14. 印发机关**（4 号仿宋体字，左空一字） **15. 印发日期**（4 号仿宋体字，右空一字） **16. 页码**（4 号半角宋体阿拉伯数字，单页码居右空一字，双页码居左空一字）

例文③

	评析
×××××××× 000001 ××函〔20××〕×号 秘密★ 1 年 特急	这是一份信函式公文的格式式样。 **1. 发文机关标志**（居中，红色小标宋体字） **2. 发文字号**（右上角顶格，3 号仿宋体字） **3. 份号**（左上角顶格，3 号阿拉伯数字） **4. 密级和保密期限**（3 号黑体字） **5. 紧急程度**（3 号黑体字）

续表

××××××××关于×××××××××的函 ×××××××××： 　　×××××××××××××××××××××× ×××××××××××××××××××××××× ×××××××××××××××××××××××× ×××××××××××××××××××××××× ×××××××××××××××。 　　×××××××××××××××××××××× ×××××××××××××××××××××××× ×××××××××××××××××××××××× ×××××××××××××××××××××××× ×××××××××××××××××。	**6. 标题**（居中，2号小标宋体字） **7. 主送机关**（居左顶格） **8. 公文正文**（3号仿宋体字）
×××××××××××××××××××××× ×××××××××××××××××××××××× ×××××××××××××××××××××××× ×××××××××××××××××××××××× ×××××××××××××××××。 　　特此函达。 印章 ××××× 20××年×月×日 （××××××××××） 抄送：××××，××××，××××，××××，××××。 -2-	**9. 发文机关署名、印章**（端正居中下压成文日期） **10. 成文日期**（右空四字编排） **11. 附注**（居左空二字加圆括号） **12. 抄送机关**（4号仿宋体字，左右各空一字） **13. 页码**（4号半角宋体阿拉伯数字，首页不标注页码）

例文④

	评析
	这是一份命令式公文的格式式样。
××××××××××令	**1. 发文机关标志**（居中，红色小标宋体字）
第××号	**2. 令号**（居中，3号仿宋体字）
××。	**3. 公文正文**（3号仿宋体字）
部长　××× 20××年×月×日	**4. 签发人职务、签名章**（右空四字加盖签发人签名章，签名章左空二字标注签发人职务） **5. 成文日期**（右空四格编排）

【练习】

一、指出下列发文字号、附件说明、成文日期在公文格式上的错误。

1. ①国办函［2019］十八号

②闽财发〔06〕15号

③沪府发〔二〇一八〕18号

④苏教发〔2020〕第０８号

2. ①附件:《××大学××学院章程》

②附件：关于加强××××××工作的意见。

③附件：1.2020年全省专业技术人员管理工作会议报告表

④附件:(一)××××××公司电子设备清单

(二)××××××公司车辆设备清单

3. ①二零一九年十月二十日
②二〇二〇年 12 月 12 日
③ 2019 年 10 月
④ 2020 年 01 月 09 日

二、将下面一段文字按照公文格式誊清，加上标点符号。

关于印发医疗联合体管理办法试行的通知各省自治区直辖市及新疆生产建设兵团卫生健康委中医药管理局为进一步推进分级诊疗制度建设构建优质高效的医疗卫生服务体系按照国务院办公厅关于推进医疗联合体建设和发展的指导意见国办发 201732 号等有关要求在充分总结各地医疗联合体（以下简称医联体）建设试点工作经验基础上国家卫生健康委国家中医药管理局制定了医疗联合体管理办法试行加快推进医联体建设逐步实现医联体网格化布局管理现将该办法印发给你们请结合实际认真贯彻落实并及时报送工作推进情况附件医疗联合体管理办法国家卫生健康委国家中医药管理局 2020 年 7 月 9 日

（录自国家卫生健康委员会网，收录时有改动）

公务文书概述练习答题要点

第二节 报　　告

一、报告的定义

《党政机关公文处理工作条例》规定：报告“适用于向上级机关汇报工作，反映情况，回复上级机关的询问”。

报告是一种陈述性的上行文，其适用范围很广。下级机关利用报告及时向上级机关反映情况、汇报工作、报送文件以及回答上级机关的询问，取得上级机关的指导和帮助；上级机关也可通过报告，及时全面地了解下级机关的工作，从而制定针对性的方针和政策，正确、有效地指导下级机关的工作。

作为党政机关公文的报告，不同于一些专业部门从事业务工作所使用的“审计报告”“评估报告”“调查报告”“立案报告”“鉴定报告”等行业文书。党政机关的报告属于上行公文，与这些文书不是相同的概念。

二、报告的分类

报告依据不同的标准，可划分出不同的类型。

1. 根据范围和性质，可分为综合报告和专题报告

综合报告是反映一个地区、一个部门某个时期内全面工作情况、提出今后工作意见的报告，其内容具有全面性和综合性，如《2020 年国务院政府工作报告》。

专题报告是向上级机关反映某项工作或某个问题、某件事情的报告，其内容具有专门性和单一性，如《×× 大学关于开学工作专项督导的报告》。

2. 根据内容和用途，可分为工作报告、情况报告、答复报告、建议报告和报送报告

工作报告用于向上级机关汇报某一阶段工作的进展、成绩、经验、存在的问题及今后打算，汇报上级机关交办事项的执行情况等，往往带有总结的性质，如《×× 省人民政府关于治理内河污染问题的报告》。

情况报告用于向上级机关汇报、反映工作中出现的新问题、新情况，尤其是突发事件、特殊情况，具有较强的信息性，如《×× 市商务局关于 ×× 百货大楼发生火灾事故的报告》。

答复报告用于答复上级机关的询问或汇报所交办事情的办理结果，如《×× 公司 ×× 项目部关于施工单位安全问题整改措施的回复报告》。

建议报告用于专门向上级机关就工作中发生或发现的重大问题和事项提出工作建议和措施，如《×× 市社会组织管理工作存在的问题及对策建议报告》。

报送报告用于向上级机关说明所报送的文件或物件，如《×× 县人民政府关于报送 2019 年村办企业财务检查整顿工作总结的报告》。

三、报告的特点

1. 汇报性

报告主要适用于下级机关向上级领导机关或业务主管部门汇报工作，让上级机关掌握基本情况，及时指导下级机关的工作。

2. 陈述性

报告主要运用叙述的表达方式，直陈其事，向上级机关提供详细而准确的信息，表明汇报者的意见，一般不进行理论阐发。

3. 单向性

报告是下级机关向上级机关行文，旨在为上级机关实施宏观领导提供依据，一般不需要上级机关给予答复，属于单向行文。

四、报告的写作

（一）报告的行文结构

报告一般由标题、主送机关、正文和落款等部分组成。

1. 标题

报告的标题一般有两种组成方式。

（1）完整式标题。由“发文机关 + 事由 + 文种”构成，如《××省市场监督管理局关于加强市场监督管理工作的报告》。

（2）省略式标题。由“事由 + 文种”构成，如《关于20××年度政府信息公开工作情况的报告》。

2. 主送机关

主送机关通常为发文机关的上级领导机关或业务主管部门。报告一般只写一个主送机关，如需其他上级机关阅知，可以用抄送的方式。

3. 正文

报告的正文一般包括引言、主体和结尾三个部分。

（1）引言。一般写明报告的目的、依据和意义，概括叙述报告的基本内容或情况。通常用“现将……报告（汇报）如下”“现将……处理情况汇报如下”等语句转入正文的主体。

（2）主体。报告的主体是报告的核心部分，不同类型的报告具有不同的写法。

工作报告首先写明工作的基本情况；其次介绍主要做法和成绩，包括采取的措施、积累的经验和产生的效果等；最后说明工作中存在的问题以及下一步的工作安排。工作报告应实事求是，结构合理，重点突出，能揭示出一定的规律性认识。

情况报告首先对某一事项或突发情况的原委、性质等进行概述；其次分析产生问题的原因；最后提出解决问题的办法和意见等。情况报告应行文及时，不失时机，内容真实，有助于推进当前工作的开展。

答复报告首先简要说明上级机关交办的任务或询问的事项；然后介绍处理问题的措施及过程；最后阐述问题处理的结果，征求上级机关对处理结果的意见等。答复报告应态度明确，有针对性，不能含糊其词。

建议报告首先说明工作中存在的普遍问题或重大事项；其次提出具有科学性、可行性的意见和建议。建议报告要在概括叙述事实的基础上，加强说理和分析，多采用分条列项的方式进行表述，做到条理清晰。

报送报告写法较为简单，写清报送对象的名称、件数，以及提出审阅或查收愿望。正文结束后可根据报送对象具体情况，列出附件栏。

（3）结束语。报告的结束语可用简明的语言概述全文，也可使用惯用语结束全文，常用的惯用语有“特此（专此）报告”“请查收”“以上报告请审阅”“以上报告妥（当）否，请审核”等，亦可不写结束语。

4. 落款

落款包括发文机关署名、印章和成文日期，通常署在正文后右下方。如标题中已有发文机关名称，落款处则可省略。

（二）报告的写作要求

1. 主题明确，重点突出

报告都是因事而发，要有明确的主题，应全面客观地反映新情况、新经验和新问题，不旁生枝节，不涉及无关的内容。报告同时应点面结合，分清主次，切忌面面俱到，避免流水式行文。要做到既能说明问题，又能要言不烦。

2. 材料充足，内容真实

报告必须收集占有丰富而真实的材料，选择具有典型性、说服力的事实，从具体情况中得出实质性、规律性的认识。报告应忠于事实，如实反映工作中的成绩或经验、问题或教训，不虚报情况，不夸大成绩，也不掩盖问题。

3. 精练准确，述议得当

以表达报告者观点为主的报告，应做到主旨鲜明，观点清晰，语言简洁，详略得当，不含糊其词，每条意见都能切实可行。介绍工作情况的，重于叙述，能简洁地展现问题；归纳经验教训的，偏于议论，能简短地抓住要害。

4. 不得夹带请示事项

报告属于单向行文，上级机关收到下级机关的报告后一般不需答复，因此报告中可以提出意见或表明谢意，但不能夹带请示事项。否则，会给上级机关的工作带来不便，请示事项得不到及时批复，也会贻误下级机关的工作。

五、报告写作示例与评析

（一）范文评析

例文①

广东省人民政府 关于2019年度法治政府建设情况的报告 2019年，全省各级行政机关以习近平新时代中国特色社会主义思想为指导，全面贯彻党的十九大和十九届二中、三中、四中全会精神，深入学习贯彻习近平总书记全面依法治国新理念新思想新战略，紧紧围绕建设中国特色社会主义法治体系、建设社会主义法治国家总目标，充分发挥法治在推进国家治理体系和治理能力现代化中的积极作用，推动法治政府建设工作实现新飞跃。现报告如下： 一、2019年度主要工作成效 （一）省政府全面落实推进法治政府建设主体职责，将建设法治政府摆在全局工作突出位置。一是持续深入学习贯彻习近平总书记全面依法治国新理念新思想新战略。严格落实省政府常务会议定期学法制度，马××省长主持召开省政府全体会议暨学法报告会，认真学习贯彻习近平总书记关于坚持法治国家、法治政府、法治社会一体建设的重要论述，部署开展全省2019年国家宪法日和首届法治文化节活动等工作。主持制订我省法治政府建设实施规划，审定年度依法行政工作要点，解决全省法治政府建设重大问题。二是坚决落实党中央、国务院关于法治政府建设决策部署。马××省长主持召开省政府党组会议专题审议法治政府建设情况报告，带头落实年度报告制度；专题听取法治政府建设全面督察工作情况汇报，指导相关地市协同推进法治政府与经济社会建设。三是统筹推进法治政府建设。将法治政府建设纳入我省经济社会发展总体规划，与经济社会发展同部署、同推进、同督促。	**评析** 这是一则工作报告。 **1. 标题** 结构为：发文机关（广东省人民政府）+事由（关于2019年度法治政府建设情况）+文种（报告）。 **2. 正文** （1）引言——概括报告的基本情况，写明报告的原因和依据（以习近平新时代中国特色社会主义思想为指导……深入学习贯彻习近平总书记全面依法治国新理念新思想新战略）、目的和意义（建设社会主义法治体系和法治国家、推动法治政府建设工作实现新飞跃等），并用惯用语“现报告如下”过渡到的主体部分。 （2）主体——按照逻辑顺序分层次撰写。每段第一句即为中心句，总领全段内容。每段中再分若干小点，逐一展开叙述。内容主要包括工作成效、存在问题和今后设想等。

续表

（二）依法全面履行政府职责，政府职能转变迈出新步伐…… （三）完善依法行政制度体系，行政立法建设取得新进展…… （四）推进行政决策科学化民主化法治化，决策质量实现新提高…… （五）坚持严格规范公正文明执法，执法体制改革有了新突破…… （六）强力规范行政权力运行，权力监督制约展现新成效…… （七）切实维护群众合法权益，依法化解矛盾开创新局面…… （八）加强依法行政组织保障和机制落实，法治思维和法治能力得到新提升……	①工作成效：从“全面落实推进法治政府建设主体职责”“依法全面履行政府职责”“完善依法行政制度体系”“推进行政决策质量提高”“严格规范公正文明执法”“强力规范行政权力运行”“切实维护群众合法权益”“加强依法行政组织保障和机制落实”八个方面介绍2019年广东省法治政府建设工作的基本成就，结构严谨，内容充实。
2019年，我省法治政府建设工作虽取得一定成绩，但仍存在一些薄弱环节，如一些单位对法治政府建设重视程度有待加强，行政执法规范化水平仍需提升，重大行政决策规范管理制度待健全完善，行政监督问责力度不够等。对这些问题，我们将采取坚决有力措施认真加以解决。	②存在问题：略写法治政府建设工作中存在的问题，强调在重视程度、执法水平、规范管理、问责力度等问题上有待进一步提高。
二、2020年度主要任务 2020年，全省各级行政机关将坚持以习近平新时代中国特色社会主义思想为指导，全面贯彻落实习近平总书记在中央全面依法治国委员会第三次会议上的重要讲话精神，认真落实党中央、国务院决策部署，增强“四个意识”，坚定“四个自信”，做到“两个维护”，加快推进法治政府建设，为我省确保全面建成小康社会，奋力实现“四个走在全国前列”、当好“两个重要窗口”提供有力法治保障。重点抓好以下工作： （一）加强疫情防控法治保障。充分发挥法治固根本、稳预期、利长远的重要作用，坚持运用法治思维和法治方式开展疫情防控，大力推进疫情防控相关地方立法，加大对妨害疫情防控行为的执法力度，依法实施疫情防控及应急行政管理措施，积极推动治安管理、市场监管、野生动物资源保护等执法工作。加强疫情防控法治宣传和法律服务。	③今后设想：从“加强疫情防控法治保障”“依法全面履行政府职能”“推进行政决策法治化”“规范公正文明执法”“强化行政权力制约与监督”五个方面详细阐述2020年度的主要任务，层次分明，重点突出。

续表

（二）依法全面履行政府职能…… （三）持续推进行政决策科学化民主化法治化…… （四）严格规范公正文明执法…… （五）强化对行政权力的制约和监督…… 2020 年 3 月 27 日 （录自广东省政府网，收录时有改动）	（3）结束语——正文主体结束后，自然结尾。 **3. 落款** 注明成文日期。标题中已有发文机关名称，故于此处省略。 全文主旨鲜明，重点突出，层次清晰，格式规范。

例文②

全国人民代表大会常务委员会执法检查组
关于检查《中华人民共和国高等教育法》实施情况的报告

全国人民代表大会常务委员会：

教育是国之大计、党之大计。高等教育发展水平是一个国家发展水平和发展潜力的重要标志。根据监督工作计划，全国人大常委会组成执法检查组于今年 6 月至 9 月开展了高等教育法执法检查，这是学习贯彻习近平新时代中国特色社会主义思想特别是习近平总书记关于教育的重要论述的重要举措，是深入落实党的十九大和全国教育大会精神的实际行动。

现将这次执法检查的主要情况报告如下。

一、基本情况

此次执法检查，是高等教育法颁布以来首次开展的执法检查，旨在全面了解法律贯彻实施情况，依法推动高等教育事业改革发展，以法治力量保障党中央重大决策部署贯彻执行，为建设高等教育强国提供良好的法治环境，充分体现栗战书委员长提出的“执法检查是人大推动法律有效实施、推进法治国家建设的重要抓手”这一目标指向。全国人大常委会对这次高等教育法执法检查高度重视，由王晨等 4 位副委员长任组长，教科文卫委主任委员任副组长，成员由 14 位全国人大常委会委员、教科文卫委委员和 8 位全国人大代表组成。6月19日，检查组召开第一次全体会议，听取教育部、发展改革委、科技部、工业和信息化部、财政部、人力资源和社会保障部关于贯彻实施高等教育法工作情况的汇报，部署执法检查工作，王晨副委员长在会上作了动员讲话。7月，检查组分4个小组，赴黑龙江、新疆、山西、辽宁等4个省（区）开展执法检查工作，教育部4位负责同志随同检查。检查组深入到11个地市，实地检查和抽查37所高校，召开17场座谈会，听取地方政府和有关部门的汇报，与高校负责同志、师生代表座谈。同时，委托北京、上海、浙江、安徽、广东、广西、重庆、贵州、陕西、甘肃等10个省（市、区）人大常委会对本行政区域内高等教育法的实施情况进行自查。9月25日，检查组召开第二次全体会议，总结工作，研究讨论执法检查报告（稿）。

这次执法检查正逢“不忘初心、牢记使命”主题教育期间，检查组强化初心和使命意识，坚持以人民为中心的理念，创新工作方式，积极回应人民群众对高等教育的关切。在检查工作中做到“四个结合”：一是问题导向与目标导向相结合。围绕目标开展执法检查，通过前期调研确定执法检查重点。5月至6月，在北京先后考察清华大学、北京航空航天大学、北京大学3所高校，在福建组织召开浙江、福建、江西、广东四省人大教科文卫委座谈会和福建高校负责同志、教师座谈会，并考察5所高校。在调研基础上，确定了6个方面27项重点问题指向。7月，在上海调研，先后考察了复旦大学、上海交通大学。8月，在京召开高校党委书记校长座谈会，邀请中国人民大学、中国农业大学、北京交通大学、北京理工大学、天津大学、南开大学、天津医科大学、河北大学、河北医科大学、中国海洋大学等10所高校的党委书记、校长，对照高等教育法具体条款，逐条研究梳理落实情况，听取意见建议。二是全面检查与随机抽查相结合。从行政区域看，在实地检查4省（区）的同时，还委托10个省（区、市）人大常委会自查，请教育部组织31个省（区、市）教育行政部门自查，全部提交自查报告，实现了“双自查、全覆盖”。从院校类型看，检查涵盖了公办高校和民办高校，部属高校和地方高校，普通本科高校和职业院校，既有综合性大学也有专业性院校，力求全面掌握不同类型高校的具体情况。检查组采取“不打招呼”的方式，抽查了11所高校，随机召开座谈会，与教师、学生交谈询问，直接了解一线实情。三是执法检查与第三方专业机构评估相结合。为增强执法检查的科学性、专业性、针对性，提高监督实效，委托中国高等教育学会、中国教育科学研究院、教育部高等教育教学评估中心、教育部考试中心等机构和专家团队，对法律实施情况进行全面评估，形成7份专题评估报告。四是法律监督与法律完善相结合。在执法检查过程中，既检查高等教育法实施情况，也听取修改法律的意见建议，同时，推进涉及高等教育的相关法律修订工作。

总体上讲，高等教育法基本得到有效实施，大多数法律条款得到落实，实现了立法目的。主要体现在：一是法律确立的社会主义办学性质、办学方向和培养目标（第3—5条）得到全面贯彻，对我国高等教育改革发展起到了引领保障作用。二是法律确立的党委领导下的校长负责制（第39条）得到有效落实，加强党对高校的全面领导，确保了高校的事业发展、政治安全和校园稳定。三是法律确立的教育公平原则（第8、9、54、55条）得到充分彰显，困难学生帮扶体系不断健全，体现了我国社会主义制度的优越性。四是法律规定的高等教育宏观管理体制（第13、14、24、25、29条）逐步完善，政府宏观管理、学校依法自主办学、社会广泛参与支持的格局基本形成。同时，检查组发现，高等教育法还存在一些实施不到位、落实不彻底的问题。例如，高等教育服务支撑经济社会发展的能力还不够强（第4条），高等教育区域布局、类型层次和学科专业结构不尽合理（第7条），高校教师队伍建设仍需加强（第五章），推进高校办学自主权还有较大差距（第11条、第32—38条），高校学术委员会的作用发挥不充分（第42条）。此外，高等教育法的学习宣传还需要进一步加强，相关法律法规还需要进一步完善。

二、实施成效

检查组认为，法律实施以来特别是党的十八大以来，在党中央坚强领导下，国务院及地方各级政府认真贯彻法律规定，推动高等教育事业科学发展，在20年时间内高等教育实现了从精英化到大众化并向普及化迈进的历史性跨越。2018年，全国普通高校2663所，是1998年的2.6倍；高等教育在学总规模3833万人，是1998年的4.5倍；高等教育毛入学率为48.1%，是1998年的4.9倍。当前，我国已建成世界最大规模的高等教育体系，人才培养质量和科学研究水平稳步提升，对国家发展贡献度不断提高，国际影响力不断增强，高等教育事业改革与发展取得了举世瞩目的伟大成就。

（一）党对高等教育的领导全面加强

各地各高校围绕“培养什么人、怎样培养人、为谁培养人”这一根本问题，把加强党对高校的全面领导贯彻到办学治校、人才培养全过程。“我们的高校是党领导下的高校，是中国特色社会主义高校”这一要求得到明显强化。在落实法律第39条规定方面，坚持和完善党委领导下的校长负责制，中共中央办公厅出台《关于坚持和完善普通高等学校党委领导下的校长负责制的实施意见》，各地都制定了实施细则，全国公办高校章程均做了明确规定。党的十八大以来，高校党委的领导作用充分发挥，把方向、管大局、作决策、抓班子、带队伍、保落实的领导职责充分体现。北京在全国率先制定《关于加强高校党的政治建设的若干措施》和《关于坚持和完善院（系）党组织会议和党政联席会议制度的指导意见》。全国所有公办高校党员校长均担任党委副书记。实施高校教师党支部书记“双带头人”培育工程，湖北实现全覆盖，山西超过90%。高校党建和思想政治教育工作持续加强，高校连续30年保持和谐稳定，意识形态工作总体向好可控。

（二）人才培养质量不断提升……

（三）服务发展能力逐步增强……

（四）教师队伍建设取得积极成效……

（五）考试招生制度改革稳妥推进……

（六）“放管服”改革持续深化……

三、主要问题

面对新形势新任务新要求，高等教育改革发展与党中央的要求，与广大人民群众对更加公平、更有质量的高等教育需求相比，仍有不小差距，法律实施还存在一些薄弱环节和突出问题，主要表现在以下几个方面。

（一）高校党建和思想政治工作仍需加强

检查发现，有些高校基层党建存在逐级弱化、“上热中温下冷”现象，有的院系党组织职能定位不清晰，作用发挥不够。少数民办高校、中外合作办学机构党建工作存在短板。法律第39条规定：“国家举办的高等学校实行中国共产党高等学校基层委员会领导下的校长负责制。”与加强党对高校全面领导的要求相比，有的高校党委管方向、谋大事、做决策能力不足；有的高校党委书记、校长配合不好，难以形成工作合力；有的高校“大事议不透，小事议不完”，决策议事规则有待完善。高校思想政治工作体系还没有完全贯通到学科体系、教学体系、教材体系、管理体系，“三全育人”格局还未完全形成。有的高校存在“调门高、行动少”、思政工作“表面化、碎片化”的现象。一些高校思政课教师配备未达标，有的地方缺口近30%。

（二）人才培养中心地位不够巩固……

（三）高校科研创新存在短板……

（四）服务支撑经济社会发展能力还不够强……

（五）高等教育布局结构不尽合理……

（六）教师队伍建设亟待加强……

（七）考试招生制度改革还需加大力度……

（八）“放管服”改革尚未完全落地……

（九）投入不平衡问题突出……

四、监督建议

办好人民满意的教育，建设高等教育强国，必须坚持以习近平新时代中国特色社会主义思想为指导，全面贯彻党中央决策部署，牢固树立依法治教理念，推动高等教育改革发展。

（一）加强党的全面领导，确保社会主义办学方向

党的领导是做好高等教育工作的根本保证。坚持把党的政治建设摆在首位，增强“四个意识”，坚定“四个自信”，做到“两个维护”，认真学习领会习近平总书记关于教育的重要论述和全国教育大会精神。各级党委和高校党组织要切实履行好管党治党的主体责任，将党的全面领导落实到办学治校各领域、教育教学各环节、人才培养各方面。坚持和完善党委领导下的校长负责制，加强配套制度建设，增强可操作性。选优配强党委书记和校长，把思想政治素质摆在首位，把教学科研和管理能力作为重要条件。支持高校党委书记、校长积极担当作为，敢于干事创业。加强学校基层党组织建设和党员队伍建设，推动基层党建和业务工作融合发展，进一步提高高校教师党支部书记“双带头人”比例。加强高校思想政治工作队伍建设，统筹解决思政课教师和专职辅导员数量和质量问题。

（二）坚持立德树人，巩固人才培养中心地位……

（三）聚焦国家需求，提升服务支撑能力……

（四）深化体制机制改革，建设高素质教师队伍……

（五）落实办学自主权，释放改革发展活力……

（六）加大支持力度，振兴中西部和东北地区高等教育……

（七）适时修改高等教育法，完善高等教育法律法规……

同志们，加强执法检查，树立法治权威，对推动教育事业改革发展意义重大。我们要以这次执法检查为契机，担当尽责、砥砺奋进，努力推动我国高等教育事业再上新台阶，为建设教育强国作出新的贡献。

以上报告，请审议。

2019年10月21日

（录自中国人大网，收录时有改动）

评 析

这是一则情况报告。标题结构为“发文机关（全国人民代表大会常务委员会执法检查组）+事由（关于检查《中华人民共和国高等教育法》实施情况）+文种（报告）”。主送

机关（全国人民代表大会常务委员会）是发文机关的上级机关。正文引言简要论述发文的缘由，然后用惯用语“现将……主要情况报告如下”过渡到主体部分；正文主体首先对执法检查的基本情况进行概述，其次对法律的实施成效和存在的问题进行说明，然后提出监督建议，最后发出号召；正文结束语使用惯用语“以上报告，请审议”。落款注明成文日期（2019 年 10 月 21 日）。全文内容翔实，结构严谨，条理清晰。

例文③

关于省十三届人大三次会议第 1234 号议案答复的报告

省发展和改革委员会：

甘 ×× 代表在省十三届人大三次会议期间提出的“关于水稻、小麦加工环节享受农业用电优惠政策的议案”收悉，经研究，现就有关事项答复如下：

一、浙江省“粮食初加工用电价格”情况

2016 年 4 月宁波市物价局出台《关于落实农产品初加工企业执行农业生产用电价格的通知》（甬价管〔2016〕16 号），《通知》明确：粮食碾米加工企业用电价格划分为“农业生产用电”和“一般工商业及其他用电”两类。稻米初加工环节（包括原粮进仓、清理杂质、脱壳、碾米、烘干、色选、抛光、分级、打包等环节）的生产用电，按农业生产用电类电价执行。2017 年 4 月浙江省物价局下发《关于农产品初加工用电价格有关事项的通知》（浙价资〔2017〕47 号），《通知》明确：粮食初加工用电，是指稻米、小麦的原粮进仓、清理、烘干、砻米、色选抛光、分级打包用电；燕麦、荞麦、高粱等谷物的净化、晾晒（烘干）用电；玉米的筛选、晾晒（烘干）用电；薯类的清洗、去皮用电；食用豆类的清理去杂、浸洗、晾晒（烘干）用电，进一步明确执行粮食初加工用电价格优惠政策范围。

二、我省“粮食初加工用电价格”执行情况

2017 年 9 月 1 日《国务院办公厅关于加快推进农业供给侧结构性改革大力发展粮食产业经济的意见》（国办发〔2017〕78 号）、同年 12 月 1 日《安徽省人民政府办公厅关于大力发展粮食产业经济的实施意见》（皖政办〔2017〕93 号）文件均明确要求“落实粮食初加工用电执行农业生产用电价格”政策。2018 年 6 月原安徽省粮食局发函原安徽省物价局就“落实粮食初加工用电，执行农业生产用电价格”政策落实进行商榷，安徽省物价局下发《关于进一步明确农业生产用电价格有关事项的通知》（皖价商〔2018〕89 号），要求各地落实粮食初加工用电政策，并明确粮食初加工用电是指稻米、小麦、燕麦、荞麦、高粱等谷物的净化、晾晒（烘干）用电，从调研看各地物价、供电部门认真抓好政策落地工作，并主动上门服务企业，该项政策已在全省范围内基本实施。

三、主要应对措施

2020 年 1 月 7 日，国家发展改革委价格司复函国家粮食和物资储备局安全仓储和科技司，根据《国家发展改革委关于调整销售电价分类结构有关问题的通知》（发改价格〔2013〕973 号）文件精神，再次明确农产品初加工用电是指对各种农产品（包括天然橡胶、纺织纤维原料）进行脱水、凝固、去籽、净化、分类、晒干、剥皮、初烤、沤软或大批包装以提供初级市场的用电。为进一步落实我省企业粮食初加工用电执行农业生产用电价格，提出如下措施建议：

一是商请委商品和服务价格处，要求各地、各相关部门对贯彻落实《关于进一步明确农业生产用电价格有关事项的通知》（皖价商〔2018〕89 号）进行一次全面摸排梳理，确保惠企政策执行到位。

二是积极向国家有关部委汇报，从国家层面进一步明确“粮食初加工用电”执行价格优惠政策范围，进一步降低粮食加工企业用电成本，为我省粮食加工企业发展提供坚实保障。

印章

安徽省粮食和物资储备局

2020 年 4 月 15 日

（录自安徽省粮食和物资储备局网，收录时有改动）

评　析

这是一则答复报告。标题结构为“事由（关于省十三届人大三次会议第 1234 号议案答复）+ 文种（报告）”。主送机关（安徽省发展和改革委员会）是发文机关（安徽省粮食和物资储备局）的管理部门。正文引言简要说明发文机关询问的事项、交办的任务，然后用惯用语“现就有关事项答复如下”过渡到下文；正文主体首先从“浙江省‘粮食初加工用电价格’情况”“我省‘粮食初加工用电价格’执行情况”两个方面说明答复的依据，接着重点阐述答复的结果（主要应对措施）；正文主体结束后，自然收尾。落款包括发文单位署名（安徽省粮食和物资储备局）、印章和成文日期（2020 年 4 月 15 日）。全文格式完整，条理分明，内容精练。

（二）病文评析

复工复产情况报告

根据市人民政府关于新冠疫情防控期间支持企业复工复产的相关要求，我局积极作为，不断完善工作机制，扎实开展企业帮扶，督促企业在落实疫情防控的前提下，积极复工复产，顺利完成各项任务，现将有关情况汇报如下：

一、工作落实情况

高度重视，健全工作机制。及时召开班子会议，专题研究部署全市商贸流通企业复工复产工作，制订《×× 市商贸流通企业复工复产实施方案》。精准帮扶，解决实际困难。集中深入企业宣传复工复产相关政策，积极协助企业到卫健委、乡镇办、主管单位办理复工复产审批手续。针对企业防疫物资短缺的问题，经多方联系筹措物资，使企业全心全意投入到复工复产工作中去。

严格督查，确保防疫落实。进行企业疫情防控网格化管理，建立企业复工复产疫情防控微信群。有效实现企业疫情防控全覆盖、无死角。

二、存在困难问题

（一）疫情对我市宾馆酒店、餐饮商场冲击较大。当前企业虽开工率高，但部分企业员工返岗率还较低。

（二）受疫情影响目前各行业产业链还未完全恢复，原材料价格还处在较高水平；投入防疫物资的费用较多，增加了企业的运营成本。

三、几点工作建议

一是建议政府广开渠道，加大市场防疫物资供应。二是建议各乡、镇、办加大对辖区内复工复产企业的防疫监管力度。三是建议对在疫情期间受较大冲击的商贸流通企业给予相关的政策扶持。

此外，本市企业在复工复产中遇到了融资困难、用工紧张等问题，恳请市政府一如既往给予关心和支持，帮助企业协调解决相关问题。

印章

×× 市商务局

2020 年 × 月 × 日

（根据有关材料改写）

评　　析

1. 标题

标题格式不合规范。可采用“事由 + 文种”格式，改为“关于商贸流通企业复工复产的情况报告”。

2. 主送机关

主送机关内容缺失。“×× 市商务局”的上级领导机关“×× 市人民政府”应居左顶格书写。

3. 正文

（1）逻辑层次不够清晰。“高度重视，健全工作机制”“精准帮扶，解决实际困难”“严格督查，确保防疫落实”三部分内容，应当分条论述；工作中存在的困难问题应简明扼要地陈述；工作建议宜分段论述，确保条理清晰，可针对性地提出某些具体举措。

（2）说明材料不够具体。报告必须收集占有大量丰富而真实的材料，情况报告中的做法、成绩等多通过举数字、摆事实来体现，此报告则缺少相关支撑材料，说服力不足。例如筹措了什么物资、如何做到“严格督查”等文中均未言及。

（3）报告夹带请示事项。上级机关一般不需要对报告做出答复，如果报告中夹带了请示事项，就会贻误相关工作。文中恳请市政府协调解决融资困难、用工紧张等问题，应另行写一份请示。

【练习】

一、请指出下列报告存在的问题并改正。

关于 ×× 公路塌方事故的报告

×× 市城乡建设委员会主任：

2020 年 × 月 × 日，×××× 十字路口斑马线附近发生塌陷，造成一定的伤亡。事故发生前，此路段发生了水管爆裂，估计路面塌陷可能是由于水管爆裂间接导致的。事故发生时正值晚高峰，很多驾驶员只能掉头，道路出现拥堵的情况。事故发生后，对该路段进行了交通管制。附近部分小区停水。据查，该工程承建商是 ×× 市市政工程总公司第五分公司。

特此报告。

×× 市市政工程总公司

2020 年 × 月 × 日

二、×× 学校开展了以“抗击新冠疫情分享会”为主题的宣传教育活动，取得了很多收获，总结出不少经验。请根据以下材料，代该校向 ×× 市教育局写一份报告。

时间：2020 年 7 月。

任务：开展“抗击新冠疫情分享会”为主题的宣传教育活动。

对象：全校教师。

意义：通过此次活动，大家学到了一些关于新冠肺炎防控的知识，有利于提高安全意识和防范能力，明确自身使命和责任，保障学校各项工作健康有序地进行。

工作安排：

1. 观看全景纪录片《中国战疫录》。

2. 学习学校《新型冠状病毒感染的肺炎疫情防控工作部署会纪要》精神。

3. 通过视频会议举行关于新冠肺炎防控知识讲座，分享防疫经验。

4. 在规定时间、规定地点开展志愿活动，加强疫情防控期间的思想政治教育及宣传工作。

5. 强化疫情联防联控意识，坚持“日部署、日研判、日监测”机制，配合学校安全工作安排和部署。

报告练习答题要点

第三节 请　　示

一、请示的定义

《党政机关公文处理工作条例》规定：请示“适用于向上级机关请求指示、批准”。

请示是陈请性的上行文，在公务行文中使用广泛。上级机关收到请示后，应当及时予以批复。下级机关遇到新问题，既没有过往的例子可参考，也没有相似的案例可比照，拿不出解决方案时，需上级机关给出明确的指示意见；下级机关面对重要问题时，对所依据的有关方针政策拿捏不定，需报请上级机关予以解答；涉及其他部门的工作或问题，本部门无权独自决策时，需提请上级机关给予批示；下级机关受人力、物力、财力所限，无法执行上级机关统一要求时，需请求上级机关授予一定裁量权，便宜行事；下级机关之间处理重要问题发生较大分歧时，需报请上级机关主持、出台倾向性意见等。

二、请示的分类

根据内容和性质，请示可分为以下三种类型。

1. 求示性请示

求示性请示是下级机关请求上级机关对请示问题给予政策、认识上的指示、裁决的请示。下级机关在工作中遇到不好解决的关键问题、无章可循的新问题或因意见分歧而无法统一执行的问题，需要上级机关给予明示的，都可用求示性请示，如《××市发展和改革局关于要求核定××县××水电站上网电价的请示》。

2. 求准性请示

求准性请示是下级机关请求上级机关对请示事项给予批准、允许的请示。下级机关工作中的新方案、新项目等需报请上级机关批准后方可执行的，下级机关制定的规定、规划等超出本机关管理权限需得到上级机关批准方能实施的，下级机关提出的意见、建议等需呈报上级机关审定、认可并批转给有关部门执行的，都可用求准性请示，如《关于上报审批 ×× 市城市轨道交通建设规划（2016—2022 年）调整的请示》。

3. 求助性请示

求助性请示是下级机关请求上级机关在人、财、物等方面的困难予以支持、帮助的请示。下级机关如在工作中遇到困难，无法自行解决，可提出解决方案并请上级机关审核批准，为某事项拨款、拨指标，请求增补经费、设备等都可使用求助性请示，如《×× 市 ×× 区关于增拨危险废物处置中心建设资金的请示》。

三、请示的特点

1. 求复性

请示的目的是下级机关针对当前工作中出现的无权、无法、无力解决的问题请求上级机关给予答复，针对性较强。

2. 呈请性

请示是下级机关请求上级机关指示、批准、帮助的公文，文辞谦和有礼、大方得体，行文语气带有诚恳的请求性。

3. 超前性

请示有着鲜明的时间限制，必须在事前行文，请示的事项需要等上级机关批复后方能付诸实施，绝不能先斩后奏。

4. 单一性

请示必须“一文一事”，一份请示只能就一项工作、一种情况或一个问题进行请示，这样上级机关才能及时批复。

四、请示的写作

（一）请示的行文结构

请示一般由标题、主送机关、正文、落款和附注等部分组成。

1. 标题

标题通常有两种组成方式。

（1）完整式标题。由“发文机关＋事由＋文种”构成，如《××省农业农村厅关于申请“美丽乡村”创建试点的请示》。

（2）省略式标题。省略发文机关，由“事由＋文种”构成，如《关于报送国家级生态村复核情况的请示》。

2. 主送机关

主送机关通常为发文机关的上级领导机关或业务主管部门。请示只能写一个主送机关，如需其他上级机关阅知，可以用抄送的方式。

3. 正文

正文由引言、主体、结束语三部分组成。

（1）引言。引言即发文缘由，直接写明发文的背景、依据、意义等，请示缘由是上级机关批复的依据，要写得有理有据，清晰明白。叙述情况时紧扣请示问题，真实可信；分析议论时言简意赅，一语中的。通常用“特提出如下请示”“现将有关事项请示如下”等语句过渡到正文主体。

（2）主体。主体包括请示的具体事项和本级机关的意见。具体事项不论详略，都要能实事求是地说明情况，清晰明白地陈述诉求，妥当具体地提出本级机关解决问题的态度和意见。请示事项应具有可行性和可操作性，便于上级机关据实判断，及时批复。

（3）结束语。结束语通常另起一段，使用规范的习惯用语，如“以上妥否，请批示”“特此请示，请批复”“以上要求，请予审批”“以上意见妥否，请指示”“以上问题，请批复”等。结束语是请示必不可少的一部分。

4. 落款

落款由发文机关的署名、印章和成文日期组成。

5. 附注

为了使上级机关便于与下级机关及时沟通，请示应当以附注形式注明联系人的姓名和电话。

（二）请示的写作要求

1. 事项明确，理由充分

请示事项必须清晰明确，不可赘述，使上级机关或主管部门一目了然地了解请示缘由和具体事项。请示内容要真实无误，理由充足，条理清晰，方法可行，能反映出有关事项的紧迫感。

2. 一文一事，语言得体

请示要一文一事，一事一请，一份请示里切忌同时提出两个（或两个以上）问题，否则可能导致受文机关无法、无力批复。请示语言要委婉得体，态度应谦和诚恳，不使用指示性语言。

3. 单头请示，不可越级

请示只能主送给一个上级机关或主管部门，如果需要可以抄送有关机关，不送领导个人。请示不能越级呈递，如因紧急事项或特殊情况需要越级的，应同时抄送所直接隶属的上级机关。

五、请示写作示例与评析

（一）范文评析

例文①

福建省食品药品监督管理局关于将执业药师注册工作全项委托设区市级局办理的请示

国家食品药品监管总局：

执业药师注册工作是省级局的一项行政审批事项。我省的执业药师注册目前均由我局使用国家总局开发的“执业药师管理信息系统”统一受理。截至2016年底，我省执业药师总计18500多人（不含2016年通过的考试人数），2016年全年注册人数为5993人次。受理形式为网上申报、窗口受理和审批，受理地点均为省局网上办事大厅亲自办理，我省执业药师要求下放受理审批事项至设区市的诉求强烈。

为贯彻落实《福建省人民政府关于印发2015年推进简政放权放管结合转变政府职能工作方案的通知》（闽政文〔2015〕253号）精神，进一步推进简政放权，以减少审批环节和时间，规范行政审批行为，方便监管相对人，我局拟将执业药师首次注册、再次注册、变更及注销等受理审批工作，全项委托各设区市级食品药品监督管理（市场监管）局（含平潭综合实验区）办理。《执业药师注册证》统一加盖“福建省食品药品监督管理局审批服务专用章”和相对应的钢印，专用章由省局统一制发，并实行编号管理，同时，做好全省执业药师受理审批监督和相关制度的综合管理。为此，特向贵总局执业药师资格认证中心申请开通20个注册受理人员端口（每设区市两个，以符合一审一核标准）。

评析

这是一则求准性请示。

1. 标题

结构为：发文机关（福建省食品药品监督管理局）+事由（关于将执业药师注册工作全项委托设区市级局办理）+文种（请示）。

2. 主送机关

主送机关（国家食品药品监管总局）为发文机关的业务主管部门。

3. 正文

（1）引言——写明请示的原因或背景。请示的缘由有二：一是“执业药剂师要求下放受理审批事项至设区市的诉求强烈”。二是“贯彻落实《福建省人民政府关于印发2015年推进简政放权放管结合转变政府职能工作方案的通知》精神”。

（2）主体——请示具体事项是全文的重点。此则请示具体事项是向国家食品药品监管总局执业药师资格认证中心申请开通20个注册受理人员端口。

续表

妥否，请批示。 附件：执业药师受理审批端口名单 福建省食品药品监督管理局（印章） 2017年2月10日 （联系人：××，联系电话：×××××××××） （录自福建省政府网，收录时有改动）	（3）结束语——用惯用语“妥否，请批示”结尾。 **4. 附件说明** 拟好的方案可独立形成附件，将附件名称标示于正文之下。 **5. 落款** 注明发文机关署名（福建省食品药品监督管理局）、印章及成文日期（2017年2月10日）。 **6. 附注** 附注中注明联系人姓名和电话。 全文事项明确，语言得体，格式规范。

例文②

福建省财政厅关于申请修复水毁公路补助资金的请示

财政部：

20××年×月以来，受持续强降雨影响，我省各地土壤含水量高度饱和，引发了山洪。滑坡、泥石流等地质灾害。据不完全统计，我省22个县（市、区）公路水毁损失严重，全省损失数量估算数为：共计冲毁路基20万立方米/38公里，冲毁砂土路面123千平方米/25公里。沥青路面121千平方米/23公里，水泥路面79千平方米/73公里，全毁桥梁78米/5座，局部毁198米/9座，全毁涵洞57道，局部毁128道，冲毁护坡3720立方米/89处，挡墙18598立方米/215处，坍塌方71.2立方米/723处，估计损失超过2.4亿元。

面对严重的自然灾害，我省各级政府和广大群众在党中央、国务院的正确领导和国家有关部门的大力支持下，目前正在组织抢险救灾，力求尽快修复通车。由于地方财力有限，为尽快修复被暴雨洪水毁损的公路，恢复路况，清除安全隐患，请求钧部补助我省水毁公路补助资金1000万元。

以上意见妥否？请批复。

印章

福建省财政厅

20××年×月×日

（联系人：×××，联系电话：×××××××××）

（录自福建省财政厅网，收录时有改动）

评　析

这是一则求助性请示。标题结构为“发文机关（福建省财政厅）+事由（关于申请修复水毁公路补助资金）+文种（请示）”。主送机关（财政部）为发文机关的业务主管部门。正文引言交代发文的缘由（我省公路水毁损失严重），写得有理有据；正文主体写明请示事项及本级机关的意见，请求上级机关给予资金上的支持；结束语另起一行，使用规范的习惯用语“以上意见妥否？请批复”。落款包括发文单位署名（福建省财政厅）、印章及成文日期（20××年×月×日）。附注中注明联系人姓名和电话。全文主题明确，内容简洁，理由充分。

例文③

关于微煤雾化节能环保技术应用问题的请示

环保部：

为推进河北省大气污染防治攻坚行动计划实施，微煤雾化高效燃烧技术在燃煤锅炉领域的应用目前受到我省高度关注。为贯彻落实河北省政府与亿利资源集团战略合作协议，做好利用微煤雾化技术改造燃煤锅炉工作，按照省政府要求，由我厅向国家环保部请示相关技术成熟度和现行环保政策支持等情况，切实支持和帮助我省大气污染防控具体工作。具体如下：

1. 微煤雾化技术是否为环保部门鼓励或支持的节能环保技术，对此项技术应用有无明确的支持政策或意见。

2. 根据环保部所掌握的信息，利用微煤雾化技术改造燃煤锅炉，相关大气污染物排放是否能够达到《锅炉大气污染物排放标准》(GB12371-2014) 要求。

恳请贵部科技标准司给予明示。

印章

河北省环境保护厅

2015 年 2 月 14 日

（联系人：×××，联系电话：×××××××××）

（录自河北省政府网，收录时有改动）

评　　析

这是一则求示性请示。标题结构为“事由（关于微煤雾化节能环保技术应用问题）+文种（请示）”。主送机关（环保部）为发文机关的业务主管部门。正文引言说明请示的背景、依据和意义；正文主体针对微煤雾化节能环保技术应用问题，请求上级机关给予明确指示；正文结束语另起一行，以“恳请……给予明示”作结。落款包括发文单位署名（河北省环境保护厅）、印章及成文日期（2015 年 2 月 14 日）。附注中注明联系人姓名和电话。全文主题明确，条理清晰，言简意赅。

（二）病文评析

关于申请增拨经费的请示

省人民政府、省财政厅：

市民服务中心是为优化政务服务和集中政务事务受理而建设的便民利民的公共基础设施，是政府、民间组织和市民之间沟通互动的窗口、平台和纽带，对完善城市“互联网+政务服务”系统工程建设，更方便、更高效地为企事业单位和广大市民提供优质服务具有重要的作用。为此我市于 2018 年决定建市民服务中心，并得到省人民政府的支持，在×府发〔2018〕×号文《关于拨款修建××市市民服务中心的批复》中，拨给我市 2000 万元，此项资金已专款专用。但由于建筑材料涨价，原预算资金缺口较大，恳请省人民政府拨给不足部分，否则将影响市民服务中心的竣工。

特此请示报告。

印章

××市市民服务中心

2019年10月10日

（联系人：×××，联系电话：×××××××××）

（根据有关材料改写）

评 析

1. 标题

标题格式不合规范。“请示”本身已含有请求之意，标题中不宜再出现“申请”“请求”等语词，应改为“关于增拨市民服务中心基建经费的请示”。

2. 主送机关

主送机关不够规范。请示的主送机关应为发文机关的上级领导机关或业务主管部门，且只能写一个，应改为“省人民政府”。

3. 正文

（1）请示理由不够充分。此文向上级机关请求“增拨市民服务中心的基建经费”，本应把要增拨经费的理由作为重点说清楚、讲充分。然而此文的重点却放在阐述为什么要建市民服务中心上。其后虽简单提及增拨缘由，如“建筑材料涨价，原预算资金缺口较大”，但没有具体事实和数据支撑，说服力不足。

（2）请示事项不够明确。请示事项应具有可行性和可操作性，如“恳请省人民政府拨给不足部分”一语，所谓“不足部分”过于含混，上级机关很难作出明确答复。

（3）结尾用语使用不当。“请示”“报告”文种杂糅，可改为“以上妥否，请批示”。

4. 落款

发文机关署名不当。请示的发文机关应是主送机关（省人民政府）的直属下级机关，应改为“××市人民政府”。

5. 附件说明

附件说明未能注明。增拨经费预算应形成独立文件作为附件，附件名称标于正文之下。

【练习】

一、请指出下列请示存在的问题并改正。

关于购买办公电脑的请示报告

××总公司：

电脑被称为20世纪最先进的科学技术发明之一，它的应用领域从最初的军事科研应用扩展到社会的各个领域，带动了全球范围的技术进步。我公司原有10台电脑，现已不能适应现代化办公需求。为了满足公司事业发展需要，特申请购买10台电脑。

另我公司还需购置一批电脑桌，用于放置电脑，恳请批准为盼。感谢总公司长期以来对我公司各项工作的支持。

此致

敬礼！

印章

××分公司

2020年11月11日

二、××大学承办××省第一届大学生职业技能大赛，大赛使用的设备种类繁多，需要向省教育厅申请经费10万元，用于添置相关设备。请代××大学向××省教育厅写一份请示，请求拨款10万元，并附大学生职业大赛设备预算表。

请示练习答题要点

第四节 批　　复

一、批复的定义

《党政机关公文处理工作条例》规定：批复“适用于答复下级机关请示事项”。

批复属于下行文，是上级机关针对下级机关呈报的请示而制发的指挥性公文，它是各级党政机关使用频率最高的公文之一。

二、批复的分类

根据内容和性质，批复可以分为以下三种类型。

1. 求示性请示的批复

求示性请示的批复是上级机关针对下级机关要求给予指示、裁决的批复，批复的内容是指导性意见，而没有批准性意见，如《××市发展和改革局关于××县××水电站上网电价的批复》。

2. 求准性请示的批复

求准性请示的批复是上级机关针对下级机关要求给予批准、允许的批复，批复的内容可分为同意、部分同意和不同意三类，如《国务院关于同意设立“中国人民警察节”的批复》。

3. 求助性请示的批复

求助性请示的批复是上级机关针对下级机关要求予以支持、帮助的批复，如《关于增加“十四五”期间技术改造项目投资的批复》。

三、批复的特点

1. 被动性

批复属于答复性的下行文，它因应请示而被动行文，一请示一批复，先请示后批复，不请示不批复。上级机关无论同意与否，都应给予明确的答复。

2. 针对性

上级机关的批复只针对下级机关的请示而制发，批复的内容必须针对所请示的事项，请示什么，就批复什么，其对非请示机关不产生直接的影响。

3. 权威性

批复的目的是指导下级机关的工作，代表上级机关的权力和意志，是下级机关办事的依据，具有很强的指示性和约束力，下级机关必须遵守执行。

四、批复的写作

（一）批复的行文结构

批复一般由标题、主送机关、正文和落款等部分组成。

1. 标题

标题应写明批复机关名称、内容和文种。也可以在标题中表明对所请示问题的态度，如《国务院 中央军委关于同意新建湖南邵阳武冈民用机场的批复》。①

标题通常有两种组成方式。

① 如同意下级机关的请示事项，标题中可使用表态用语“同意”；如不同意下级机关的请示事项，标题中不宜标明“不同意”字样，而是在正文主体部分阐述不同意的理由。

（1）完整式标题。由“发文机关 + 事由 + 文种”构成，如《中共中央 国务院关于对〈首都功能核心区控制性详细规划（街区层面）（2018 年—2035 年）〉的批复》。

（2）省略式标题。省略发文机关，由“事由 + 文种”构成，如《关于同意“尚志路”等道路命名的批复》。

标题形式上还可以分为单介词结构和双介词结构：单介词结构，大多数公文标题用这种形式；双介词结构，即标题中用了两处介词，示意如下：

《××××××× 关于 ××××××× 给 ××××××× 的批复》

（发文机关）（介词）（答复事项）（介词）（受文机关）

2. 主送机关

主送机关是呈递请示的发文机关。

3. 正文

正文一般包含引言、主体、结束语三个部分。

（1）引言。引言指批复的依据。通常引述下级机关来文的日期、公文名称或字号，如“你们《关于报请审批〈首都功能核心区控制性详细规划（街区层面）（2018 年—2035 年）〉的请示》收悉”；也可简要引述来文所请示的事项，如“商务部关于全面深化服务贸易创新发展试点的请示收悉”。一般用“现批复如下”“经研究决定”等惯用语导入下文。

（2）主体。主体指批复的意见。即针对下级机关所请示的事项给予明确答复，表达同意与否的态度。同意的可以不写同意理由，必要时给予一定的指示；部分同意的先说明同意部分，再说明不同意部分及原因；不同意的则要说明不同意的理由和依据，并给出应如何处理的意见。最后提出具体的处理意见、希望或要求，指明请示事项的执行方向。

（3）结束语。通常用“此复”“特此（专此）批复”“此复，希执行”等惯用语结尾。也可答复完自然收尾，不具结束语。

4. 落款

落款包括发文机关署名、印章与成文日期三个部分。

（二）批复的写作要求

1. 行文要及时严谨

批复是上级机关作出的指示性、政策性较强的公文，又涉及下级机关的请示要求，撰写时应根据现行政策、准则，迅速及时地予以答复，不能拖拉，否则会贻误下级机关的工作。

2. 内容要有针对性

批复要针对下级机关的请示表明意见，应紧扣请示事项，做到一请示一批复，不能有请示无批复。批复的内容不能无的放矢，不可答非所问，也不能任意放大或缩小问题的范围。

3. 态度要直接明确

批复是对下级机关请求事项的表态，批复的内容要具体明确，措辞要准确果断，不能用含混不清、模棱两可的语言，要便于下级机关理解和执行，避免产生歧义疏漏，耽误工作。

五、批复写作示例与评析

（一）范文评析

例文①

	评析
国务院关于中新广州知识城 总体发展规划（2020—2035 年）的批复 广东省人民政府、商务部： 你们关于呈请批准《中新广州知识城总体发展规划（2020—2035 年）》（送审稿）的请示收悉。现批复如下： 一、原则同意《中新广州知识城总体发展规划（2020—2035 年）》（以下简称《规划》），请认真组织实施。	这是一则求准性请示的批复。 **1. 标题** 结构为：发文机关（国务院）+ 事由（关于中新广州知识城总体发展规划）+ 文种（批复）。 **2. 主送机关** 主送机关（广东省人民政府、商务部）即请示的发文机关。

续表

二、《规划》实施要以习近平新时代中国特色社会主义思想为指导，全面贯彻党的十九大和十九届二中、三中、四中全会精神，统筹推进“五位一体”总体布局，协调推进“四个全面”战略布局，坚持以人民为中心的发展思想，坚持稳中求进工作总基调，坚持新发展理念，坚持以供给侧结构性改革为主线，认真落实党中央、国务院决策部署，以创新驱动高质量发展，着力汇聚知识型人才、发展知识型经济，打造知识创新高地，大力吸引国际创新人才，深入推进开放合作，更好服务“一带一路”建设和粤港澳大湾区高质量发展需要。 三、广东省人民政府要加强组织领导，衔接国土空间规划，依据《规划》抓紧制定具体实施方案，明确责任分工，确保《规划》确定的主要目标和重点任务落实到位。《规划》实施中涉及的重大事项、重大政策和重大项目按规定程序报批。 四、国务院有关部门和单位要按照职责分工，加强对《规划》实施的协调和指导，在项目安排、政策实施、体制机制创新等方面给予积极支持，协调解决中新广州知识城建设中遇到的困难和问题。 五、商务部要加强对《规划》实施情况的跟踪分析和督促指导，注意研究新情况、解决新问题、总结新经验，推动《规划》目标任务落实。重大问题及时向国务院报告。	**3. 正文** （1）引言——以“你们关于呈请批准《中新广州知识城总体发展规划（2020—2035年）》（送审稿）的请示收悉”引述来文的请示事项，并以惯用语“现批复如下”过渡到主体部分。 （2）主体——首先针对下级所请示的事项（中新广州知识城总体发展规划）表明“原则同意”的态度；其次从“指导思想”“组织领导”“支持协调”“督促指导”等方面提出具体的处理意见、希望或要求，指明请示事项的执行方向。 （3）结束语——正文主体结束后，自然收尾。
印章 国务院 2020年8月26日	**4. 落款** 注明发文机关署名（国务院）、印章及日期（2020年8月26日）。
（此件公开发布） （录自中国政府网，收录时有改动）	**5. 附注** 注明批复印发传达的范围。 全文结构严谨，态度明确，内容周详。

例文②

财政部　国家税务总局关于企业为个人购买房屋或其他财产征收个人所得税问题的批复

江苏省财政厅、地方税务局：

江苏省地税局《关于以企业资金为个人购房是否征收个人所得税问题的请示》(苏地税发〔20××〕××号)收悉。经研究，批复如下：

一、根据《中华人民共和国个人所得税法》和《财政部 国家税务总局关于规范个人投资者个人所得税征收管理的通知》(财税〔20××〕××号)的有关规定，符合以下情形的房屋或其他财产，不论所有权人是否将财产无偿或有偿交付企业使用，其实质均为企业对个人进行了实物性质的分配，应依法计征个人所得税。

(一)企业出资购买房屋及其他财产，将所有权登记为投资者个人、投资者家庭成员或企业其他人员的；

(二)企业投资者个人、投资者家庭成员或企业其他人员向企业借款用于购买房屋及其他财产，将所有权登记为投资者、投资者家庭成员或企业其他人员，且借款年度终了后未归还借款的。

二、对个人独资企业、合伙企业的个人投资者或其家庭成员取得的上述所得，视为企业对个人投资者的利润分配，按照“个体工商户的生产、经营所得”项目计征个人所得税；对除个人独资企业、合伙企业以外其他企业的个人投资者或其家庭成员取得的上述所得，视为企业对个人投资者的红利分配，按照“利息、股息、红利所得”项目计征个人所得税；对企业其他人员取得的上述所得，按照“工资、薪金所得”项目计征个人所得税。

印章　　印章

财政部　　国家税务总局

20××年×月××日

(录自财政部网，收录时有改动)

评　　析

这是一则求示性请示的批复。标题采用“发文机关（财政部 国家税务总局）+ 事由（关于企业为个人购买房屋或其他财产征收个人所得税问题）+ 文种（批复）”格式。主送机关（江苏省财政厅、地方税务局）是呈递请示的发文机关。正文引言引述下级机关来文的公文名称；正文主体针对以企业资金为个人购房是否征收个人所得税问题给出具体指示，让其遵照执行；正文主体结束后，自然收尾。落款包括发文机关（财政部　国家税务总局）、印章和成文日期（20×× 年 ×× 月 ×× 日）。全文内容缜密，态度明确，表述简练。

例文③

江山市人民政府关于追加扶贫开发专班工作经费的批复

市农业农村局：

江农〔2020〕28 号文悉。经市政府常务会议研究，现批复如下：

原则同意追加 2020 年度支出预算 34 万元，专项用于扶贫开发专班工作经费。请你单位抓紧办理相关手续。

印章

江山市人民政府

2020 年 8 月 25 日

（录自江山市政府网，收录时有改动）

评　　析

这是一则求助性请示的批复。标题采用“发文机关（江山市人民政府）+ 事由（关于追加扶贫开发专班工作经费）+ 文种（批复）”格式。主送机关（市农业农村局）是呈递请示的发文机关。正文引言引述下级机关来文的字号；正文主体表明态度，原则同意追加工作经费，最后提出办理要求；正文主体结束后，自然收尾。落款注明发文机关署名（江山市人民政府)、印章和发文日期(2020 年 8 月 25 日)。全文措辞严密,态度鲜明,内容简练。

(二)病文评析

关于同意批准 ×× 学校来文要求申请建造学生饭堂的批复

×× 学校党委:

你校的 × 字第 × 号请示《关于申请建造学生饭堂的请示》已经收到,内容已经知道。收到你校请示后,局领导进行了及时研究。经研究,我局同意你校建造学生饭堂。但是必须首先根据既办好又讲实效的精神,拿出计划,将情况汇报我局。

特此批复。

印章

×× 县教育局

二零一九年八月十日

(根据有关材料改写)

评析

1. 标题

标题格式不合规范。标题中"同意""批准"语义重复,"来文要求申请建造"冗长啰唆,应改为"关于同意 ×× 学校建造学生饭堂的批复"。

2. 主送机关

主送机关标示不准。批复的主送机关是呈递请示的发文机关,应改为"×× 学校"。

3. 正文

(1)引言格式不合规范。引言表述口语化,不够严谨,应改为"你校《关于申请建造学生饭堂的请示》(× 校发〔2019〕× 号)收悉,现批复如下"。

(2)答复态度不够鲜明。批复既同意该校建造学生饭堂,又指示其拿出计划、汇报情况，逻辑不清晰，有自相矛盾之嫌。上级机关不了解情况，就贸然批复同意，显得过于轻率。

4. 落款

成文日期格式错误。应使用阿拉伯数字，改为“2019 年 8 月 10 日”。

【练习】

一、请指出下列批复存在的问题并改正。

关于不同意修建新礼堂请示的批复

×× 镇党委、人民政府：

有关请示已经收到，你们的请求我们了解，但是目前县政府财政也很紧张，关于修建新礼堂一事，经研究，还是以不建为宜。此复。

印章

×× 县人民政府

二〇二〇年五月五日

二、请根据下列请示内容，代 ×× 省人民政府向 ×× 省体育局写一则批复，同意相关领导出席马拉松赛开幕式。

关于邀请省政府领导出席 2019×× 国际马拉松赛开幕式的请示

×× 省人民政府：

我省国际马拉松赛是一项传统体育赛事，至今已经成功举办了 26 届。多年来，在各级、各部门的关心支持下，我省国际马拉松已与国内外知名城市马拉松赛事齐名。本届国际马拉松由中国田径协会、×× 市人民政府、省体育局共同主办，届时将有来自世界各国、各地区的专业选手和全国各省市的专业代表队前来参赛。

为了体现省政府对我省国际马拉松赛事的关心与重视，拟请 ××× 省长、××× 秘

书长出席于 × 月 × 日（周日）上午 7：30 在 ×× 体育中心举行的 2019×× 国际马拉松赛开幕式。

专此请示，妥否，盼复。

附件：×× 国际马拉松开幕式程序

印章
×× 省体育局
2019 年 × 月 × 日

批复练习答题要点

第五节　通　　知

一、通知的定义

《党政机关公文处理工作条例》规定：通知“适用于发布、传达要求下级机关执行和有关单位周知或者执行的事项，批转、转发公文”。

通知是一种知照性的下行文①，主要用于发布规章制度，传达要求下级机关执行和需要有关单位周知或者执行的事项，批转下级机关的公文，转发上级机关、不相隶属机关的公文，任免和聘用干部等。

通知是现代公文中应用最广、使用频率最高的一种文种。严格意义上讲，党政机关通知属于法定公务文书，企事业单位和社会团体有些通知属于事务文书。

① 通知有时也用作平行文。

二、通知的分类

根据内容和性质，通知可以分为以下六种类型。

1. 发布性通知

发布性通知是上级机关传达有关方针政策、发布规章制度及其他重要文件的通知，如《最高人民法院 最高人民检察院 公安部 司法部关于印发〈中华人民共和国社区矫正法实施办法〉的通知》。

2. 批转、转发性通知

批转性通知是上级机关批准并转发下级机关公文的通知，如《国务院批转国家发展改革委关于2017年深化经济体制改革重点工作意见的通知》；转发性通知是转发上级机关和不相隶属机关公文的通知，如《国务院办公厅转发国家发展改革委 交通运输部关于进一步降低物流成本实施意见的通知》。

3. 指示性通知

指示性通知是上级机关对下级机关的某项工作有所指示，需要其周知或者办理而又不适宜采用“命令”“决定”时使用的通知，如《教育部关于学习贯彻习近平总书记教师节重要寄语精神的通知》。

4. 会议性通知

会议性通知是上级机关召开比较重要的会议，提前告知有关单位会议内容、时间、地点、参会人员及其他事项的通知，如《教育部办公厅关于召开世界语言资源保护大会的通知》。

5. 任免或聘用性通知

任免或聘用性通知是上级机关任免、聘用下级机关干部，或上级机关有关任免、聘用事项需要下级机关知晓时发出的通知，如《教育部关于××等职务任免的通知》。

6. 事务性通知

事务性通知是上级机关新近决定的有关事项需要下级机关知晓或办理时使用的通知，如《国务院办公厅关于2020年部分节假日安排的通知》。事务性通知涉及的内容十分广泛，如成立或撤销某个机构、更换印章、变更作息时间、迁移办公地址或催报材料报表等。

三、通知的特点

1. 广泛性

通知的使用单位广泛，不受发文机关级别高低或组织性质的限制，广泛应用于党政机关、企事业单位、社会团体的日常工作中。通知的作用也很广泛，可以用来传达指示、发布规章、批转或转发文件及晓谕事项等。

2. 指导性

上级机关可以使用通知来布置工作、传达指示、发布规章、批转或转发文件等，这些无不体现着通知的指导性。下级机关应认真领会通知的内容，在规定时限内完成通知所布置的任务，同样也体现着通知的指导性。

3. 时效性

通知有着明显的时间要求，只能在一定时间内产生效力。其制作快捷、灵便，对发布和执行的时限要求最为严格，也最为具体。下级机关应及时知晓内容，认真学习讨论，并在规定时间内完成需要办理或执行的事项。

四、通知的写作

（一）通知的行文结构

通知通常由标题、主送机关、正文和落款等部分组成。

1. 标题

标题通常有两种组成方式。

（1）完整式标题。由“发文机关＋事由＋文种”构成，如《教育部办公厅关于组织开展2020年全民国家安全教育日宣传教育活动的通知》。

（2）省略式标题。省略发文机关，由“事由＋文种”构成，如《关于印发流行性感冒诊疗方案（2020年版）的通知》。

此外，发布性或批转性、转发性通知，其标题应明确显示出特定的性质，其格式为“×××关于发布（颁发、颁布、印发）[①]××××××的通知”，如《国务院办公厅关于印发国务院2020年立法工作计划的通知》，或为“×××批转（转发）×××关于××××××的通知”，如《国务院办公厅转发国家发改委关于促进特色小镇规范健康发展意见的通知》。标题中被发、被转的行政法规、规章制度等应加书名号。

作为正式公文的通知，其标题不能只用“通知”二字。紧急事项的通知可以在“通知”前冠以“紧急”字样，如《××市关于做好防汛抗涝的紧急通知》。

2. 主送机关

如有多个主送机关，应按性质、级别或惯例依次排列。同类型、相并列的机关之间用顿号隔开，不同类型、非并列的机关之间用逗号隔开，如“各省、自治区、直辖市人民政府，国务院各部委、各直属机构”。

3. 正文

通知的正文，一般包括通知缘由、通知事项和通知要求三部分。不同种类的通知，其正文写法有所不同。

（1）发布性通知。由通知本文和被发布文件两部分组成。通知本文较为简短，一般先写明发文的意义和目的，然后提出执行要求；被发布文件应全文实录于通知的成文日期之后，不可作为附件。

（2）批转性、转发性通知。由通知本文和被批转、转发文件两部分组成。通知本文一般包括发文缘由、对批转或转发文件的评价以及执行要求等。有时不仅要表明本机关的态度，还要结合本地区、本机关的实际情况给出具体的指示性意见，通常用“遵照（参照）执行”“研究执行”“认真贯彻执行”等惯用语结

① 法规性文件一般用“发布”“颁布”“颁发”，其他文件则用“印发”。

尾；被批转或转发的文件应全文实录于通知的成文日期之后，不可作为附件。

（3）指示性通知。通知缘由部分通常写发出通知的依据、目的或者意义，然后用“特作如下通知”“现通知如下”“望按以下通知执行”等承启语转入通知事项部分；通知事项是通知的主要部分，一般分段或分条叙述，提出具体的要求、办法和措施；结束语可用“特此通知”这样的惯用语，也可提出执行要求，使用“特此通知，望认真贯彻执行”“本通知自下发之日起实行”“以上通知，望认真贯彻执行”等惯用语，结束语也可不写。

（4）会议性通知。开头部分一般应交代开会的原因、目的、召开会议的机关、会议名称等，然后用“现将会议有关事项通知如下”等惯用语句过渡到下文；主体部分宜分条列项交代会议内容和任务、会议起止时间、会议地点、与会人员的条件和人数、报到时间及地点、与会人员需携带材料等内容；结束语可以不写，也可以用“特此通知”等惯用语结尾。

（5）任免或聘用性通知。通知缘由应写清任免或聘用的决定机关或会议、依据文件等，也可不写通知缘由；任免或聘用事项要写清任免或聘用的时间，特别要写明任免与聘任人员的具体职务；结束语可写期望、执行要求，或采用特定结束语“特此通知”，也可不写结束语。

（6）事务性通知。通知缘由可以交代通知的目的、依据，再用“现将有关事项通知如下”过渡到下文；通知事项应交代需要知晓或办理的事项、完成时间以及相关要求等；结束语可以提出执行要求，或者用“特此通知”作结，亦可不写结束语。

4. 落款

落款包括发文机关署名、印章与成文日期三个部分。

（二）通知的写作要求

1. 对象应明确

通知的受文对象必须清楚准确，主送机关可以是一个，也可以是多个，发文时必须一一写出，避免错漏，以利于有关事项的及时告知或办理。

2. 类型应准确

通知的功能多样，发布通知之前，应根据部门权限、具体内容来选择合适的种类，并区分不同类型通知的性能及在语言、语气等方面的差异。

3. 事项应周全

通知的事项应主题明确，行文严谨，层次分明，通知提出的各项要求应具体详细，重点突出，表达严密，以便受文对象领会精神，遵照执行。

4. 用语应恰当

通知一般用作下行文，有较强的权威性和指导性，语气要坚决果断。通知多使用祈使语句，适当配以说明语句，语言要质朴精确，简练规范。

五、通知写作示例与评析

（一）范文评析

例文①

	评析
中共中央组织部　人力资源和社会保障部　教育部　科技部　民政部　财政部　共青团中央关于实施高校毕业生就业创业推进行动的通知 各省、自治区、直辖市及新疆生产建设兵团党委组织部，政府人力资源和社会保障厅（局）、教育厅（教委、教育局）、科技厅（委、局）、民政厅（局）、财政厅（局），团委： 高校毕业生就业关系民生改善和高质量发展。受新冠肺炎疫情影响，高校毕业生招聘延期、求职受阻，部分毕业生还未落实工作。为进一步促进未就业高校毕业生实现就业创业，现决定实施高校毕业生就业创业推进行动。现就有关工作通知如下：	这是一则指示性通知。 **1. 标题** 结构为：发文机关（中共中央组织部、人力资源和社会保障部等七个部门）+ 事由（关于实施高校毕业生就业创业推进行动）+ 文种（通知）。 **2. 主送机关** 主送机关为联合发文机关对应的下级机关（各省、自治区、直辖市及新疆生产建设兵团党委组织部，政府人力资源和社会保障厅等）。类别相同的部门间用顿号隔开，类别不同的部门间用逗号隔开。

续表

一、指导思想 以习近平新时代中国特色社会主义思想为指导，贯彻落实党中央、国务院决策部署，把高校毕业生就业作为稳就业保就业工作重中之重，坚持市场引领与政府推动并重，就业创业与人才培养并举，普遍支持与特别帮扶并行，多点发力，精准施策，强化保障，克服新冠肺炎疫情带来的不利影响，集中帮助未就业毕业生就业创业，确保就业局势总体稳定。 二、行动时间 2020年9月15日至12月31日。 三、行动主题 扬帆筑梦，就创未来。 四、对象范围 2020届未就业高校毕业生和往届未就业高校毕业生。 五、工作目标 把未就业毕业生全面纳入就业创业推进行动，普遍落实实名帮扶举措，使有就业创业需求的毕业生都能得到相应服务支持，着力提升就业能力，充分激发创业活力，进一步提高人力资源配置效率，促进毕业生尽早就业。 六、主要措施 （一）开展专项摸排。县级及以上人力资源和社会保障部门要建立未就业毕业生实名清单，将本地户籍与外地前来求职的毕业生全面纳入。做好教育部门和人力资源和社会保障部门信息交接，放开线上线下各类登记服务渠道，开设本地求职热线，公开服务机构联系方式，开展基层摸排，对辖区内未就业毕业生应登尽登。对登记毕业生逐一联系，摸清基本信息、就业需求、就业状况，形成实名数据库，动态更新帮扶就业情况。 （二）加快岗位落实…… （三）扶持创业创新…… （四）提供不断线服务…… （五）提升就业能力…… （六）加大困难帮扶…… （七）保护就业权益……	**3. 正文** （1）通知缘由——说明发文的原因（受新冠肺炎疫情影响，高校毕业生招聘延期、求职受阻，部分毕业生还未落实工作）以及目的（为进一步促进未就业高校毕业生实现就业创业），并用承启语“现就有关工作通知如下”引出下文。 （2）通知事项——采用分条列项法，从“指导思想”“行动时间”“行动主题”“对象范围”“工作目标”“主要措施”六个方面部署实施高校毕业生就业创业推进行动的工作，有着鲜明的指导性和约束性。

续表

七、工作要求 （一）加强组织领导 各地要把就业创业推进行动作为做好当前高校毕业生就业工作的重要抓手，高度重视，精心实施。制定行动具体方案，充实细化内容，建立工作专班，明确职责分工、时间进度、工作要求，确保各项任务落地。定期调度行动实施和毕业生帮扶进展情况，加强督促检查，积极解决行动推进中遇到的困难和问题。 （二）加大工作保障…… （三）强化宣传引导…… 印章 中共中央组织部　　印章 人力资源和社会保障部 印章 教育部　　印章 科技部 印章 民政部　　印章 财政部 印章 共青团中央 2020 年 8 月 31 日 （录自人力资源和社会保障部网，收录时有改动）	（3）执行要求——从“加强组织领导”“加大工作保障”“强化宣传引导”三个方面提出希望，强调执行要求。 **4. 落款** 包括发文机关署名（中共中央组织部、人力资源和社会保障部等）、印章及成文时间（2020 年 8 月 31 日）。七个发文机关署名按照发文机关顺序整齐排列在相应位置，最后一个印章端正、居中下压发文机关署名和成文日期。 全文层次分明，结构严谨，详略得当。

例文②

教育部关于印发《大中小学劳动教育指导纲要（试行）》的通知

各省、自治区、直辖市教育厅（教委），新疆生产建设兵团教育局，有关部门（单位）教育司（局），部属各高等学校、部省合建各高等学校：

为深入贯彻习近平总书记关于教育的重要论述，全面贯彻党的教育方针，落实《中共中央 国务院关于全面加强新时代大中小学劳动教育的意见》，加快构建德智体美劳全面培养的教育体系，我部组织研究制定了《大中小学劳动教育指导纲要（试行）》，现印发给你们，请认真贯彻落实。

印章
教育部
2020 年 7 月 7 日

大中小学劳动教育指导纲要（试行）

（内容略）

（录自中国政府网，收录时有改动）

评　析

这是一则发布性通知。标题采用“发文机关（教育部）+ 事由（关于印发《大中小学劳动教育指导纲要（试行）》）+ 文种（通知）”格式，其中的“事由”一项由“关于印发”与原文名称组成。主送机关为受文办理单位。正文首先交代发文的缘由，包括发文的目的、根据和意义；接着写清印发语和执行要求。落款注明发文机关署名（教育部）、印章及成文日期（2020 年 7 月 7 日）。被发布文件《大中小学劳动教育指导纲要（试行）》属于通知的组成部分，直接附于通知本文之后。全文内容简练，条理清晰，语言精练。

例文③

教育部办公厅转发山东省关于完善高等学校绩效工资内部分配办法的指导意见的通知

各省、自治区、直辖市教育厅（教委），新疆生产建设兵团教育局：

教育部、国家发展改革委、财政部、人力资源和社会保障部印发的《深化新时代职业教育“双师型”教师队伍建设改革实施方案》（教师〔2019〕6 号）明确：“职业院校、应用型本科高校校企合作、技术服务、社会培训、自办企业等所得收入，可按一定比例作为绩效工资来源；教师依法取得的科技成果转化奖励收入不纳入绩效工资，不纳入单位工资总额基数。各地要结合职业院校承担扩招任务、职业培训的实际情况，核增绩效工资总量。教师外出参加培训的学时（学分）应核定工作量，作为绩效工资分配的参考因素。”

为落实《深化新时代职业教育“双师型”教师队伍建设改革实施方案》，2020年6月，山东省结合职教创新发展高地建设，积极探索绩效分配改革，将高等职业院校绩效工资总额核定系数最高提高到事业单位人员工资基准线的5倍，较大地提高了绩效工资总量。这一政策的出台，充分调动了广大教师的积极性，有力推动了职业教育各项改革措施的落地。

现将山东省教育厅、山东省财政厅、山东省人力资源和社会保障厅印发的《关于完善高等学校绩效工资内部分配办法的指导意见》（鲁教师发〔2020〕2号）转发给你们，请结合实际学习借鉴。

有关工作情况请及时报告我部教师工作司。

印章

教育部办公厅

2020年8月24日

山东省关于完善高等学校绩效工资内部分配办法的指导意见

（内容略）

（录自教育部网，收录时有改动）

评　析

这是一篇转发性通知。标题采用“发文机关（教育部办公厅）+事由（转发山东省关于完善高等学校绩效工资内部分配办法的指导意见）+文种（通知）”格式，其中“事由”一项由“转发”二字与原文名称组成。“教育部办公厅”与“山东省教育厅”“山东省财政厅”等属于不相隶属的关系，故而用“转发”。主送机关为受文办理单位。正文首先说明发文缘由，交代政策背景；接着对转发文件进行评价；最后作出转发决定，并提出执行要求。

落款注明发文机关署名（教育部办公厅）、印章及成文日期（2020年8月24日）。被转发公文（《关于完善高等学校绩效工资内部分配办法的指导意见》）是通知的组成部分，不属于附件，位于成文日期之下。全文目的明确，事项具体，逻辑清晰。

（二）病文分析

任命××同志为××××有限公司总经理助理的通知

各部室、各分公司、各项目部：

根据公司市场发展的需求，自2020年3月16日起，聘请××同志为××××有限公司总经理助理，聘期三年。

以上任命决定自本通知发布之日起开始执行。

特此通知！

印章

××××有限公司

二〇二〇年六月九日

（根据有关材料改写）

评　析

1. 标题

标题格式不合规范。原标题事由前应加介词"关于"，改为"关于任命××同志为××××有限公司总经理助理的通知"。

2. 主送机关

主送机关标点有误。主送机关之间如类别相同用顿号隔开，如类别不同用逗号隔开。应改为"各部、室，各分公司，各项目部"。

3. 正文

（1）缘由和依据不明确。应写清聘用的决定机关或会议、依据文件等，例如"经董事长提名、总经理办公会议研究决定"。

（2）通知事项不够完整。聘用事项仅交代了聘用的时间和聘任人员的具体职务，对于聘任人员的具体工作安排与要求则没有涉及，可加上“主要负责协助总经理做好各部门协调工作，促进各项具体工作的落实”等相关内容，使职责要求更为明确，更具有针对性。

4. 落款

成文日期格式错误。要使用阿拉伯数字，且成文日期要早于任职时间。

【练习】

一、请指出下列通知存在的问题并改正。

印发 ×× 大学新冠肺炎疫情防控物资管理办法的通知

各学院、机关各部处、各单位：

现在的新冠肺炎疫情虽然有缓解，但摆在我们面前的情况依然十分严峻，我们仍旧要以战斗的姿态来加强防范，不能有一丝一毫的松懈。为进一步加强我校新冠肺炎疫情防控物资管理，规范防控物资的采购、捐赠接收、组织分配和检查监督等具体工作，确保防控物资安全高效使用，现将《×× 大学新冠肺炎疫情防控物资管理办法》印发给你们，希望你们能够按文件要求办理。

特此通知。

印章

×× 大学疫情防控及应急工作领导小组

二零二零年三月十五日

附件：×× 大学新冠肺炎疫情防控物资管理办法

二、×× 公司为感谢全体员工一年的辛勤工作，增进同事之间的友谊，为公司营造一个良好的工作氛围，拟于年底组织员工赴三亚旅游考察，为期四天，费用由公司承担，请代 ×× 公司写一份旅游考察通知。

通知练习答题要点

第六节 通　　报

一、通报的定义

《党政机关公文处理工作条例》规定：通报“适用于表彰先进、批评错误、传达重要精神和告知重要情况”。

通报是一种知照性的下行文，通过对典型事例的表扬或批评、对重要精神的倡导与宣传、对重要情况的传达与告知，教育影响有关人员，改进工作方法及作风。在公务行文中，通报的使用十分广泛。

二、通报的分类

根据内容和性质，通报可以分为以下三种类型。

1. 表彰性通报

表彰性通报用于表彰先进集体或个人、介绍先进经验、宣传先进思想、树立学习榜样等，以达到激励先进、弘扬正气、推广经验、指导工作的目的，如《国务院办公厅关于对 2019 年落实有关重大政策措施真抓实干成效明显地方予以督查激励的通报》。

2. 批评性通报

批评性通报主要用于批评严重错误、揭露存在问题、处理责任事故、总结事故教训等，以达到打击歪风邪气、树立新风正气的目的，如《国务院办公

厅关于 ×× 省人民政府违反规定征收基础设施建设附加费的通报》。

3. 情况性通报

情况性通报主要用于传达重要指示或会议精神、告知重要情况等，以达到引起人们警觉与注意、统一思想和行动、指导当前工作的目的，如《国务院办公厅关于全国互联网政务服务平台检查情况的通报》。

三、通报的特点

1. 教育性

通报通过表彰先进来引导人们学习先进、弘扬正气，通过批评错误使人们吸取教训、引以为戒，通过传达重要精神、告知重要情况让人们接受重要信息，从而使受文对象能得到有益的启示或警示。

2. 典型性

通报所涉及的事例必须具有典型性和代表性，或是在一定范围内的倾向性现象。只有真实而典型的事例才具有说服力，其警示和借鉴意义才大，从而起到举一反三的激励感召或警示告诫的作用。

3. 时效性

通报具有通知和报道的作用，要给人以现实感、新鲜感和触动感，起到快速交流信息、指导工作的作用。只有及时、快捷地通报人物、事件和情况，才能彰显价值，以免时过境迁，失去积极作用。

四、通报的写作

（一）通报的行文结构

通报通常由标题、主送机关、正文和落款等部分组成。

1. 标题

标题通常有两种组成方式。

（1）完整式标题。由“发文机关＋事由＋文种”构成，如《国务院安委会办公室关于近期四起重特大道路交通事故情况的通报》。

（2）省略式标题。省略发文机关，由“事由＋文种”构成，如《关于××省××市××县拖欠教师工资补贴 挤占挪用教育经费等问题的督查情况通报》。

2. 主送机关

正式发文的通报一般都要标明主送机关，普发性通报可以不写主送机关。

3. 正文

不同类型的通报，其正文的结构和写法有所不同。

（1）表彰性通报。表彰性通报的正文可以分为四个部分。

第一，事迹概述。概述有关单位或个人的先进事迹，说明表彰的缘由。要交代清楚表彰对象的行为及其意义，写清时间、地点、人物，突出事件的经过和结果。

第二，分析评价。对先进事迹进行简要分析，说明典型事例的积极意义及所带来的正面影响，指出向先进典型学习的主要内容，表明发文机关肯定的态度。

第三，表彰决定。作出对有关个人或集体进行表彰的决定。

第四，希望要求。号召人们学习先进人物或集体的先进事迹。

（2）批评性通报。批评性通报的正文可以分为四个部分。

第一，问题概述。概括介绍被通报单位或个人的主要问题、情节，突出其造成的严重负面影响。

第二，分析评价。客观分析错误事实产生的原因，指出错误的性质、危害及所违反的政策或规定。

第三，处理决定。指出有关处理依据，作出对主要责任者的处理意见和决定，提出改进措施。

第四，希望要求。提出告诫性要求，希望有关单位或个人从错误事实中吸取教训，引以为戒。

（3）情况性通报。情况性通报的正文可以分为三个部分。

第一，情况概述。首先介绍基本情况，阐明通报的缘由和目的，接着说明情况进展、做法经验或存在问题等。

第二，情况分析。针对通报情况作出恰如其分的分析，表明态度。

第三，意见要求。提出改进工作的意见或要求。

4. 落款

落款包括发文机关署名、印章与成文日期三个部分。

（二）通报的写作要求

1. 内容须真实

通报所涉及的人物、事件或情况一定要真实而典型，对事实材料不能主观臆测，也不能夸大或缩小，更不能凭空捏造。

2. 评价须中肯

对人物或事件的评价应实事求是，客观准确，既要观点鲜明，又要掌握分寸。做到是非清楚，褒贬得当，切忌以偏概全。

3. 措施须恰当

通报要反映事件性质、发生经过和处理结果，还要着眼于未来，提出预防性的措施和意见，措施和意见应适宜而得当。

4. 语言须得宜

通报行文要以陈述为主、议论为辅，注意用语分寸，力求文实相符，无论陈述还是议论，语言均要严肃、简洁、庄重。

五、通报写作示例与评析

（一）范文评析

例文①

<table>
<tr>
<td>

国务院办公厅关于对国务院第六次大督查发现的典型经验做法给予表扬的通报

各省、自治区、直辖市人民政府，国务院各部委、各直属机构：

为进一步推动中央经济工作会议部署和《政府工作报告》提出目标任务的贯彻落实，国务院部署开展了第六次大督查。从督查情况看，各有关地区在以习近平同志为核心的党中央坚强领导下，以习近平新时代中国特色社会主义思想为指导，认真落实党中央、国务院重大决策部署，求真务实、攻坚克难，统筹推进稳增长、促改革、调结构、惠民生、防风险、保稳定各项工作，加大“六稳”工作力度，各项工作取得积极成效。在对16个省（区、市）开展实地督查中，除发现一些地方存在有令不行、有禁不止，不作为慢作为乱作为等问题外，也发现有关地方在减税降费、稳定和扩大就业、深化“放管服”改革优化营商环境、推动创新驱动发展、合理扩大有效投资等方面主动作为、精准发力，在实践中创造和形成了一批好的经验做法。

为表扬先进，宣传典型，进一步激发和调动各地区、各部门锐意进取、改革创新的积极性、主动性和创造性，推动形成善于破解难题、勇于干事创业的良好局面，经国务院同意，对天津市加强财政开源节流保障重点项目实施、四川省探索职务科技成果权属改革打通科技与经济结合通道等32项地方典型经验做法予以通报表扬。希望受到表扬的地方牢记使命，珍惜荣誉，发扬成绩，奋力拼搏，再创佳绩。

</td>
<td>

评析

这是一则表彰性通报。

1. 标题

结构为：发文机关（国务院办公厅）+事由（对国务院第六次大督查发现的典型经验做法给予表扬）+文种（通报）。

2. 主送机关

指定下发单位的通报要写明主送机关。类别相同的部门间用顿号隔开，类别不同的部门间用逗号隔开。

3. 正文

（1）事迹概述——首先阐明通报的背景（为进一步推动中央经济工作会议部署和《政府工作报告》提出目标任务的贯彻落实，国务院部署开展了第六次大督查）；其次简略介绍督查情况，包括取得的经验和成绩（各有关地区在以习近平同志为核心的党中央坚强领导下……各项工作取得积极成效……有关地方……在实践中创造和形成了一批好的经验做法），以及存在的问题（发现一些地方存在有令不行、有禁不止，不作为慢作为乱作为等问题）。

</td>
</tr>
</table>

续表

各地区、各部门要坚决贯彻落实党中央、国务院决策部署，坚持稳中求进工作总基调，坚持新发展理念，坚持推动高质量发展，坚持以供给侧结构性改革为主线，坚持深化市场化改革、扩大高水平开放，学习借鉴典型经验做法，认真履职尽责，强化责任担当，抓深抓实抓细抓好各项工作，力戒形式主义官僚主义，保持经济持续健康发展和社会大局稳定，确保完成全年经济社会发展主要目标任务，为实现“两个一百年”奋斗目标和中华民族伟大复兴的中国梦作出新的更大贡献。 附件：国务院第六次大督查发现的典型经验做法（共32项） 印章 国务院办公厅 2019年11月1日 （此件公开发布） （录自中国政府网，收录时有改动）	（2）分析评价和表彰决定——指出通报表扬的原因（为表扬先进，宣传典型，进一步激发和调动各地区、各部门锐意进取、改革创新的积极性、主动性和创造性，推动形成善于破解难题、勇于干事创业的良好局面），表明发文机关的肯定态度，作出表彰决定。 （3）希望要求——提出希望（希望受到表扬的地方牢记使命……再创佳绩），发出号召（各地区、各部门要坚决贯彻落实党中央、国务院决策部署……为实现“两个一百年”奋斗目标和中华民族伟大复兴的中国梦作出新的更大贡献）。 **4. 附件说明** 由于需要表彰的单位和推广的经验较多，具体经验做法以附件形式附于文后。 **5. 落款** 包括发文机关署名（国务院办公厅）、印章和成文日期（2019年11月1日）。 **6. 附注** 注明通报印发传达的范围。 全文态度鲜明，分析中肯，结构紧凑。

例文②

关于对 × 县县委、县政府予以全市批评的通报

5 月 20 日，省脱贫攻坚第六督查巡查组在 × 县暗访中发现，部分乡村干部对有关政策掌握不准、理解不透，入户排查工作不扎实，入户普查表填写不实不准，工作进度缓慢，规定时间节点内难以完成任务，基础工作不扎实，帮扶工作不到位，基层党组织建设阵地缺失，脱贫责任组组长一人分包多村。这些问题反映出，× 县县委、县政府对脱贫攻坚工作认识不到位，重视程度不高，工作推进不够有力，干部作风不严不实。

经市脱贫攻坚领导小组研究，决定对 × 县县委、县政府予以全市通报批评。× 县县委、县政府要进一步增强大局意识和责任意识，端正态度，正视问题，深刻吸取教训，采取得力措施，落实好领导力量和工作队伍，抓住关键、抓细抓实、立行立改、真干真改，抓紧将问题整改到位。其他县区要引以为戒，举一反三，认真梳理存在的问题，坚决按照“六个一”“三个零差错”“三个明显”“三个显著提高”的要求，确保按照时间节点如期完成脱贫攻坚问题整改和档卡规范等各项工作任务。

印章　　　　印章

开封市脱贫攻坚督查巡查组　　　　开封市委市政府督查局

2017 年 5 月 23 日

（录自开封日报网，收录时有改动）

评　　析

这是一则批评性通报。标题采用“事由（关于对 × 县县委、县政府予以全市批评）+ 文种（通报）”格式。此文为普发性通报，故不写具体主送机关。正文首先对错误情况进行介绍，说明错误事实及其发生的时间、地点和造成的不良影响等；接着对错误事实产生的原因进行客观分析，作出通报批评的决定；最后提出告诫性要求，希望有关单位和干部吸取教训，引以为戒。落款注明发文机关署名（开封市脱贫攻坚督查巡查组、开封市委市政府督查局）、印章及成文日期（2017 年 5 月 23 日）。全文意见得当，条理清晰，语言庄重。

例文③

教育部办公厅关于2018年乡村教师生活补助实施情况的通报

各省、自治区、直辖市教育厅（教委），新疆生产建设兵团教育局：

为认真贯彻落实全国教育大会和《中共中央 国务院关于全面深化新时代教师队伍建设改革的意见》精神，更好地服务乡村振兴战略，推动各地继续实施好乡村教师生活补助政策，现将2018年实施情况通报如下。

一、连片特困地区实施情况

（一）补助覆盖范围

截至2018年底，中西部22个省份725个集中连片特困地区县，有724个县实施了乡村教师生活补助政策，覆盖8.21万所乡村学校，受益教师127.21万人。其中，包括189个“三区三州”县和143个“三区三州”以外深度贫困县，受益教师分别为18.79万人和31.83万人。

（二）资金投入……

（三）补助额度……

二、非连片特困地区实施情况

（一）连片特困地区省份自主扩大实施范围

在中央奖补政策的示范引领下，中西部实施省份中有15个省份主动作为，扩大乡村教师生活补助政策覆盖面，将424个非集中连片特困地区县纳入补助范围，总计投入资金29.93亿元，惠及75.96万名乡村教师，人均月补助额为328元。中西部22个省份共有2227个县，截至目前，总计有1148个连片和非连片特困地区县实施了乡村教师生活补助政策，占中西部省份总县数一半以上。有些省份将政策覆盖到全省所有的县，如西藏、广西和宁夏等省份惠及所有乡村教师。

（二）非连片特困地区省份自主实施政策……

三、主要问题

（一）经费长效机制有待进一步健全

一些地方乡村教师生活补助经费长效机制尚未建立，部分省份经费投入主要依赖中央奖补，一些财力较差的市县筹集经费的能力有限，省级财政支持不足，统筹不够。如贵州有1个连片特困地区县没有实施，2018年没有实现政策实施县全覆盖。

（二）补助额度有待进一步提高……

（三）管理工作有待进一步加强……

四、下一步工作要求

（一）落实中央要求，提升乡村教师待遇

各地要认真学习贯彻习近平新时代中国特色社会主义思想和党的十九大精神，深入贯彻落实全国教育大会精神，扎实推进《中共中央 国务院关于全面深化新时代教师队伍建设改革的意见》的落实，进一步完善政策举措，逐步建立乡村教师生活补助经费长效机制，切实保证连片特困地区全面落实乡村教师生活补助政策，提升乡村教师待遇。

（二）加大资金投入，逐步提高补助标准……

（三）健全管理机制，加强审核把关……

（四）加强政策宣传，营造尊师重教氛围……

附件：1. 2018年连片特困地区乡村教师生活补助实施情况表

2. 2018年连片特困地区省份扩大实施乡村教师生活补助情况统计表

3. 2018年非连片特困地区省份乡村教师生活补助实施情况表

印章

教育部办公厅

2019年3月22日

（录自教育部网，收录时有改动）

评　析

这是一则情况性通报。标题结构为“发文机关（教育部办公厅）+事由（关于2018年乡村教师生活补助实施情况）+文种（通报）”。主送机关为受文办理单位。正文首先交代通报的缘由和目的，并用过渡语“现将2018年实施情况通报如下”引出下文；其次从“连片特困地区实施情况”和“非连片特困地区实施情况”两个方面进行全面的说明；然后针对通报情况作出分析，挖掘其中存在的“主要问题”，表明态度；最后针对性地提出改进工作的意见和要求。相关统计表格以附件形式附于文后，结构紧凑。落款注明发文机关署名（教育部办公厅）、印章及成文日期（2019年3月22日）。全文层次明晰，材料翔实，语言精练。

（二）病文评析

关于表彰先进个体工商户和先进私营企业的通报

为表彰对促进经济社会发展做出突出贡献的先进个体工商户和先进私营企业，树立典型，市人民政府决定对林 ×× 等 500 名先进个体工商户和 ×× 县 ×××××× 有限公司等 100 户先进私营企业予以表彰。

印章

×× 市人民政府

2020 年 12 月 30 日

（根据有关材料改写）

评 析

1. 主送机关

主送机关内容缺失。此文并非普发性通报，要标明受文对象，注明发文机关“×× 市人民政府”的下级机关“各区、县人民政府，市政府有关委、办、局”。

2. 正文

（1）表彰的缘由不清晰。开头应概述有关单位或个人的先进事迹，说明表彰的缘由。

（2）分析和评价不到位。应针对先进事迹进行简要分析，说明典型事例的积极意义，指出向先进典型学习的主要内容。

（3）希望和要求不明确。在对具体对象进行表彰通报之后，应就此提出希望和要求，以使这一典型事例产生更大的社会影响。

3. 附件说明

附件说明未能注明。表彰先进个体工商户和先进私营企业的名单应形成独立的附件，附件名称标于正文之下。

【练习】

一、请指出下列通报存在的问题并改正。

通　　报

10月24日上午，总公司在安全巡查过程中发现××加油站洗手间内有未熄灭烟头。经查，系员工王×乘休息间隙在洗手间内吸烟所致。王×的行为虽未造成安全事故，但有很大的安全隐患。公司希望通过对他进行通报批评以引起其他人的注意，希望大家不要向他学习，要树立安全意识。

特此通报！

印章

××石油总公司

二〇二〇年十月二十六日

二、根据以下材料，请代××大学写一份表彰性通报。

大学生电子设计竞赛是教育部与工业和信息化部共同发起的最早的国家级大学生学科竞赛之一，是大学生电子电气信息相关领域社会认可度最高的赛事。此项竞赛从1997年开始举办，奇数年为全国竞赛，偶数年为全省竞赛。日前，××大学学子在由35所院校参加、参赛队伍多达201支的××省大学生电子设计竞赛中再获佳绩，共获22组省一等奖，不但获奖成绩继续保持全省第一，而且获奖数量也有了进一步提高。××大学拟对获奖同学及指导教师予以通报表扬，并给予相应的物质奖励。

通报练习答题要点

第七节 通　告

一、通告的定义

《党政机关公文处理工作条例》规定：通告“适用于在一定范围内公布应当遵守或者周知的事项”。

通告属于公开发布的知照性下行文，既具有告知性，又具有法规性，在某种情况下具有法律效力或行政约束力。通告的内容可以涉及社会生活的各个方面，各级党政机关、企事业单位、社会团体都可以发布通告。

二、通告的分类

根据内容和性质，通告可以分为以下三种类型。

1. 告知性通告

告知性通告是将公务活动中的某些事项告知有关单位、部门和人员的通告，如《市场监管总局关于春节食品专项抽检情况的通告》。

2. 办理性通告

办理性通告是办理注册、登记、年检等一些例行事项的通告，如《××市社会保险服务中心关于办理社保业务事项的通告》。

3. 规定性通告

规定性通告是依法公布的需要相关单位、部门和人员遵守和执行的通告，如《中华人民共和国应急管理部关于人员密集场所防范重大消防安全风险加强消防安全管理的通告》。

三、通告的特点

1. 广泛性

通告的内容是一般事项，可以涉及社会生活的各个方面，各级机关、单位、团体在其职权范围内都可以发布通告，使用的范围十分广泛。

2. 专业性

通告是一种直接指向某项具体事务的文种，常用于水电、交通、公安、税务、金融、海关等主管业务部门工作的办理，带有明显的专业性。

3. 约束性

通告较多地用于规范人们的社会行为，要求一定范围内的相关人员不仅要知晓，还要遵守和执行，往往带有行政约束力，甚至法律效力。

4. 灵活性

与其他公文只用文件形式发布不同，通告的发布形式多样，既可以用文件的形式进行发布，也可以用登报、张贴、广播的方式予以发布。

四、通告的写作

（一）通告的行文结构

通告通常由标题、正文和落款等部分组成。通告面向的对象一般比较广泛，主送机关往往省略。

1. 标题

标题通常有两种组成方式。

（1）完整式标题。由“发文机关＋事由＋文种”构成，如《交通运输部关于船舶在航海日挂满旗和统一鸣笛的通告》。

（2）省略式标题。或省略发文机关，由“事由＋文种”构成，如《关于新冠肺炎疫情期间依法严厉打击跨境赌博和电信网络诈骗犯罪的通告》；或省略事由，由“发文机关＋文种”构成，如《××省公安厅交通管理局通告》；或只写文种“通告”，一般由基层单位发布。

2. 正文

通告的正文通常由发文缘由、通告事项和结束语组成。

（1）发文缘由。写明发布通告的背景、目的和根据等，通常用“为……”“根据……”等引出发文缘由，再用“特通告如下”“现将有关事宜通告如下”等语句引出通告事项。

（2）通告事项。这是通告正文的核心部分。结构上做到条理清楚。如果内容比较简单，可采用篇段合一的形式。如果内容较多，则应分段列项，按一定逻辑顺序予以排列。内容上应该明确具体。大多数通告都是要求相关人员“知且行”的，内容要易于理解、便于执行。措施上务必全面周详。比如向社会大众公布某项工作的新规定，既要说明执法者如何操作，又要将处罚违反通告者的办法公之于众。

（3）结束语。通告多以“特此通告”等习惯用语结尾；也可指明执行的日期，如“本通告自发布之日起实施”“本通告自公布之日起施行”“本通告自20××年××月××日起施行”等；也可提出希望或要求，如“以上各点，希遵照执行”；也可事项写完即结束全文，不再写结束语。

3. 落款

落款包括发文机关署名、印章与成文日期三个部分。在媒体上公开发布的通告，可以不加盖印章。成文日期也可写在标题之下。

（二）通告的写作要求

1. 内容要合法合规

通告通常对某一事项作出强制性要求，必须具有法律依据，应使每项措施、规定、要求都符合法律、法规或政策，注意行文严谨，逻辑严密。

2. 事项要清晰明确

撰写通告时，告知事项应具体而周密，主题要突出，态度要鲜明，语气要坚定，做到有的放矢，切忌笼统含糊，以免受众不得要领，无所适从。

3. 语言要通俗易懂

通告面向的对象较广，一般以群众居多，撰写时要充分考虑广大受众的接受能力，注意使用通俗易懂的语言，便于受众理解，利于贯彻执行。

4. 勿滥用错用通告

通告不能随意滥用，只有“在一定范围内公布应当遵守或者周知的事项”才能使用通告。本应使用通知、启事等文种的，也不能错用为通告。

五、通告写作示例与评析

（一）范文评析

例文①

	评析
关于规范电动车停放充电加强火灾防范的通告 为预防电动车引发火灾，保护人身财产安全，维护公共安全，根据《中华人民共和国消防法》等法律法规，现就加强电动车停放、充电火灾防范工作通告如下： 一、充分认识电动车火灾危害。近年来，我国电动车火灾事故频发，并呈逐年增长趋势，起火原因主要为电气故障。电动车大多在室内停放和充电，有的甚至停放在走道、楼梯间等公共区域，由于电动车车体大部分为易燃可燃材料，一旦起火，燃烧速度快，并产生大量有毒烟气，人员逃生困难，极易造成伤亡。2011 年 4 月 25 日，北京市大兴区旧宫镇一民房发生火灾，造成 18 人死亡；2017 年 9 月 25 日，浙江省台州市玉环市一群租房发生火灾，造成 11 人死亡，这些都是室内电动车电气故障引发的，教训十分惨痛。	这是一则规定性通告。 **1. 标题** 结构为：事由（关于规范电动车停放充电加强火灾防范）+ 文种（通告）。 **2. 正文** （1）发文缘由——说明发布通告的目的（为预防电动车引发火灾，保护人身财产安全，维护公共安全）和依据（《中华人民共和国消防法》等法律法规），并用惯用语“现就……通告如下”引出下文的通告事项。

续表

二、落实停放充电管理责任。对于有物业服务企业或者主管单位的住宅小区、楼院，物业服务企业、主管单位应当依据《物业管理条例》等有关规定，对管理区域内电动车停放、充电实施消防安全管理；对于没有物业服务企业或者主管单位的，辖区乡镇人民政府、街道办事处应当按照《中华人民共和国消防法》和国务院办公厅印发的《消防安全责任制实施办法》等规范性文件，指导帮助村民委员会、居民委员会确定电动车停放、充电消防安全管理人员，落实管理责任。有条件的住宅小区、楼院，应当结合实际设置电动车集中停放及充电场所。 三、规范电动车停放充电行为。公民应当将电动车停放在安全地点，充电时应当确保安全。严禁在建筑内的共用走道、楼梯间、安全出口处等公共区域停放电动车或者为电动车充电。公民应尽量不在个人住房内停放电动车或为电动车充电；确需停放和充电的，应当落实隔离、监护等防范措施，防止发生火灾。 四、严厉查处违规停放充电行为。物业服务企业、主管单位和村民委员会、居民委员会，应当立即组织对住宅小区、楼院开展电动车停放和充电专项检查，及时消除隐患。对检查发现电动车违规停放、充电的，应当制止并组织清理；对拒不清理的，要向公安机关消防机构或者公安派出所报告。 五、加强消防安全宣传教育。物业服务企业、主管单位和村民委员会、居民委员会，应当加强电动车停放充电引发火灾的防范常识宣传和典型火灾案例警示教育，引导群众增强消防安全意识，并按要求停放电动车和为电动车充电。一旦遇到电动车火灾切勿盲目逃生，要选择正确的逃生路线和方法。 公民应当自觉遵守消防法律法规和消防安全管理规定，发现电动车火灾隐患和消防安全违法行为时，要及时拨打“96119”举报电话或者通过有效途径，向公安机关举报。 本通告所称的电动车包括电动自行车、电动摩托车和电动三轮车。	（2）通告事项——首先用具体事例指出电动车火灾造成的危害；接着分别从“落实责任”“规范行为”“严处违规”“加强宣传教育”等方面对规范电动车停放充电加强火灾防范工作进行部署，要求相关单位和公民共同执行；最后将违反通告的处罚办法公之于众（对违反本通告的行为……依法追究刑事责任）。

续表

对违反本通告的行为，构成违反消防管理行为的，公安机关将依法予以处罚；引起火灾，造成严重后果，构成犯罪的，依法追究刑事责任。 特此通告。 印章 中华人民共和国公安部 2017年12月29日 （录自公安部网，收录时有改动）	（3）结束语——以惯用语“特此通告”结尾。 **3. 落款** 包括发文机关署名（中华人民共和国公安部）、印章及成文日期（2017年12月29日）。 全文内容周密，行文严谨，语言简练。

例文②

工业和信息化部关于公布2020年度国家小型微型企业创业创新示范基地名单的通告

为贯彻落实中共中央办公厅、国务院办公厅《关于促进中小企业健康发展的指导意见》和工业和信息化部、发展改革委、财政部、国土资源部、税务总局《关于推动小型微型企业创业创新基地发展的指导意见》（工信部联企业〔2016〕394号），按照工业和信息化部《国家小型微型企业创业创新示范基地建设管理办法》（工信部企业〔2016〕194号），经省级中小企业主管部门推荐、专家评审和公示，确定了2020年度国家小型微型企业创业创新示范基地名单。有关事项通告如下：

一、同意授予赛欧小微企业基地等117家基地“国家小型微型企业创业创新示范基地”称号（具体名单见附件）。

二、国家小型微型企业创业创新示范基地（以下简称示范基地）要不断优化中小企业创业创新环境，改善设施和条件，吸引创新型中小企业集聚发展；运用现代信息技术创新服务和运营模式，建立健全服务制度，完善服务功能，提高服务效率，着力提供专业化、个性化服务；主动开展公益性服务，积极承担政府部门委托的各项任务；加强与其他小型微型企业创业创新基地的交流学习，充分发挥示范带动作用。

三、各地中小企业主管部门要把示范基地建设作为做好“六稳”工作、落实“六保”任务的重要抓手，加强示范基地培育，激发市场主体创新动力和活力，促进中小企业健康发展；及时梳理总结和推广示范基地经验，结合本地区经济发展实际情况，做好小型微型企业创业创新基地的培育和认定工作；切实履行监督检查职责，定期对辖区内示范基地的服务质量以及服务满意度等运营情况进行检查，做好年度总结和检查情况报告。

四、工业和信息化部将委托第三方机构组织专家对示范基地进行年度抽查测评，对测评不合格的撤销示范基地称号。

五、示范基地有效期三年，有效期为2021年1月1日至2023年12月31日。

六、2017年认定且未在此通告名单内的示范基地，有效期至2020年12月31日。

附件：2020年度国家小型微型企业创业创新示范基地名单

印章

工业和信息化部

2020年10月30日

（录自工业和信息化部网，收录时有改动）

评　析

这是一则告知性通告。标题结构为“发文机关（工业和信息化部）+事由（关于公布2020年度国家小型微型企业创业创新示范基地名单）+文种（通告）”。正文首先说明发布通告的目的和根据，并用惯用语“有关事项通告如下”引出下文；其次将“示范基地”的授予、各项工作要求、有效期等分段列项进行说明；正文结束后，自然收尾。创新示范基地名单以附件形式附于文后，简洁明了。落款注明发文机关署名（工业和信息化部）、印章及成文日期（2020年10月30日）。全文内容简洁，条理清晰，语气委婉。

例文③

佛山市公安局关于开展电动自行车注册登记的通告

为规范我市电动自行车管理，根据《中华人民共和国道路交通安全法》《广东省道路交通安全条例》《市场监督管理总局 工业和信息化部 公安部关于加强电动自行车国家标准实施监督的意见》（国市监标创〔2019〕53号）等法律、法规的规定要求，经市政府研究同意，结合我市电动自行车管理工作实际，现就我市开展电动自行车注册登记事项，通告如下：

一、我市实施电动自行车注册登记时间为2020年2月1日起。

二、我市户籍居民凭个人有效身份证、新市民凭个人有效身份证及居住证（或港澳台居民居住证）可注册登记一辆电动自行车。

三、电动自行车注册登记按以下情况分类办理：

（一）符合《电动自行车安全技术规范》（GB17761-2018，以下简称“新国标”）标准并取得CCC认证的电动自行车，凭有效材料注册登记核发正式号牌（银色）和行驶证；

（二）符合《电动自行车通用技术条件》（GB17761-1999，以下简称“旧国标”）或符合新国标但未取得CCC认证的电动自行车，凭有效材料注册登记核发过渡期号牌（蓝色）和行驶证；

（三）在用既不符合新国标又不符合旧国标的电动自行车凭有效材料注册登记核发过渡期号牌（黄色）和行驶证。

符合以上（二）、（三）情况的在用电动自行车须在2020年7月31日前办理注册登记。2020年8月1日起，不再为（二）、（三）项情况电动自行车办理注册登记。

四、根据省物价局、省财政厅《关于加强和规范我省非机动车牌证工本费管理有关问题的复函》（粤价函〔2009〕1057号）规定，注册登记的电动自行车每辆收取牌证费30元/套。

五、注册登记核发银色正式号牌的电动自行车，允许在我市辖区内行驶（管制路段除外）；注册登记核发蓝色过渡期号牌的电动自行车允许在我市辖区内通行（管制路段除外）至2022年1月31日止；注册登记核发黄色过渡期号牌的电动自行车允许在我市辖区内通行（管制路段除外）至2021年1月31日止。电动自行车管制路段由各区结合辖区道路交通实际划定，报市公安局备案。

2020年8月1日起，未注册登记的电动自行车禁止在我市辖区内通行。核发蓝色、黄色过渡期号牌电动自行车，在通行日期截止后，号牌作废，禁止在我市辖区内通行。

六、为简化注册登记手续，我市新售卖的电动自行车推行“带牌销售”便民服务措施，同时鼓励电动自行车主购买电动自行车相关保险产品。

七、电动自行车驾驶人应当遵守交通规则，驾驶电动自行车时应当佩戴安全头盔并做好安全防护，公安机关交通管理部门将依法查处各类电动自行车违法行为。

八、企业等法人因经营需要使用的电动自行车另行规定。

九、本通告内容与新颁布的法律法规等规定相冲突的，按新规定执行。

十、本通告自 2020 年 2 月 1 日起执行。

特此通告。

印章

佛山市公安局

2019 年 12 月 31 日

（录自佛山市政府网，收录时有改动）

评　　析

这是一则办理性通告。标题结构为“发文机关（佛山市公安局）+ 事由（关于开展电动自行车注册登记）+ 文种（通告）”。正文首先说明发布通告的目的和根据，并用惯用语“通告如下”引出下文；其次将电动自行车注册登记的实施时间、范围对象、办理流程、所需费用、注意事项、违规处置、执行时间等进行说明；最后以惯用语“特此通告”收尾。落款注明发文机关署名（佛山市公安局）、印章及成文日期（2019 年 12 月 31 日）。全文内容周详，条理清晰，通俗易懂。

（二）病文评析

通　　告

广大市民：

现决定于 2020 年 6 月 1 日至 7 月 30 日对 ×× 路进行道路雨水管道改造施工。期间将对该路段道路西侧非机动车道进行封闭围挡，部分路口进行半幅机动车道封闭围挡，过往车辆和行人必须减速慢行，提前绕行。

因工程施工对您交通出行带来的不便，敬请谅解，感谢您的支持与配合。道路施工部门将在保证工程质量前提下，加快施工进度，做到安全施工、文明施工。因忽视本通告给您的出行带来影响的，后果自负。

特此公告。

印章　　　　　　　　　　印章

××市住房和城乡建设局　　　　××市公安局交通警察大队

2020年6月2日

（根据有关材料改写）

评　析

1. 标题

标题格式不合规范。只写文种的通告，一般由基层单位发布。标题应由“发文机关+事由+文种”构成，改为“××市住房和城乡建设局××市公安局交通警察大队关于××路道路改造工程施工的通告”；或省略发文机关，改为“关于××路道路改造工程施工的通告”。

2. 主送机关

主送机关标示不准。发文对象不能是个人，普发性通告的主送机关可以省略。

3. 正文

（1）发文缘由不够明确。应写明发布通告的背景、目的和根据，可在正文开头加上“为了……”“根据……”等语句。

（2）通告事项不够清晰。文中对于施工情况和施工路段均未作具体说明，仅用“部分路口”等含糊字眼，亦无相应的施工措施。结尾处缺少注意事项的提醒。特别是“后果自负”一语，言词过于激烈，不妥，语气应委婉有礼。

（3）结尾用语使用不当。应以“特此通告”结尾，“公告”“通告”文种不同，不能混用。

【练习】

一、请指出下列通告存在的问题并改正。

冬季安全生产大检查活动的通告

各村委会主任、驻镇各单位领导：

此次冬季安全生产检查从即日起至明年2月底，检查的范围是镇域的生产经营单位和人员密集场所，以及存在不安全因素的区域。在全面检查的基础上，重点加强对非煤矿山、商贸、道路交通、建筑施工、人员密集场所、危险化学品、烟花爆竹、冶金建材、水利、电力、农业机械、民爆器材等行业（领域）的检查。各村、各单位要高度重视，迅速行动，各相关单位要充分认识冬季安全大检查的重要性，把此次大检查作为当前一项重要任务，迅速行动起来，进一步强化安全监管，深化安全整治，夯实安全生产工作基础。

特此通知。

××县人民政府

2020年10月25日

二、根据以下信息，请代××市交通管理局写一份通告。

目的：切实巩固大气污染治理成效，降低机动车污染物排放，持续改善××市空气质量。

时间：2020年6月1日～2021年4月4日。

内容：继续实施工作日高峰时段区域限行交通管理措施。

1. 本市行政区域内的国家机关，本市各级党政机关，本市所属的社会团体、事业单位和国有企业的公务用车按车牌尾号每周停驶一天（0时至24时），范围为本市行政区域内道路。

2. 本市其他机动车实施按车牌尾号工作日高峰时段区域限行交通管理措施，限行时间为7时至20时，范围为五环路以内道路（不含五环路）。

3. 按上述要求限行的机动车车牌尾号（含临时号牌）分为五组，定期轮换限行日。

4. 以下机动车不受上述措施限制：警车、消防车、救护车、工程救险车；公共电汽车、省际长途客运车辆及大型客车、邮政专用车、持有市交通行政管理部门核发的旅游客车营运证件的车辆、经市公安交通管理部门核定的单位班车和学校校车；车身喷涂统一标识并执行公务的行政执法车辆和清障专用作业车辆；环卫、园林、道路养护、应急通信保障的专项作业车辆，殡仪馆的殡葬车辆；纯电动小客车。

通告练习答题要点

第八节　函

一、函的定义

《党政机关公文处理工作条例》规定：函“适用于不相隶属机关之间商洽工作、询问和答复问题、请求批准和答复审批事项”。

函属于商洽性的平行文，主要在不相隶属机关[①]之间使用，有时也在上下级机关之间使用，如某些一般性、事务性事项的询问和答复就可以使用函，其适用范围非常广泛。函有时具有通知或通报的性质，有时具有请示或批复的性质，有着多重属性。

二、函的分类

依据不同的标准，函可以划分为不同的类型。根据内容和用途，函可以分为以下四种类型。

① 所谓“不相隶属机关”，是指机关之间在行政或组织上没有领导与被领导关系，业务上没有指导与被指导关系。

1. 告知函

告知函主要用于向不相隶属的机关告知有关事项，如《交通运输部水运局关于通报运输结构调整进展情况的函》。

2. 商洽函

商洽函主要用于不相隶属的机关之间商讨或接洽工作，如《中共 ×× 区委组织部关于商请选派优秀人才到 ×× 区挂职的函》《×× 大学关于同意选派优秀人才到 ×× 区挂职的复函》。

3. 问答函

问答函主要用于不相隶属的机关之间就有关工作进行询问和答复[①]，如《农业农村部畜牧兽医局关于征求〈兽医诊断制品注册要求公告（征求意见稿）〉意见的函》《关于〈兽医诊断制品注册要求公告（征求意见稿）〉修改意见的复函》。

4. 请批函

请批函主要用于无隶属关系的机关向有关主管部门[②]请求批准事项和有关主管部门答复请批事项，如《云南省人民政府关于请求审批滇中城市群发展规划的函》《国家发展改革委关于滇中城市群发展规划的复函》。

根据性质和格式，函可分为公函和便函。公函具有完整的公文格式，用于机关部门之间正式的公务活动往来；便函用于处理日常的事务性工作，不属于正式公文，不标文号，不列标题，用机关信笺书写并加盖公章即可发出，格式灵活，行文简便。此外，根据行文方向，函还可分为去函和复函。

三、函的特点

1. 广泛性

函的使用不受部门级别与单位性质的限制，广泛应用于不相隶属机关之

① 有时也用于上下级机关之间就某些一般性、事务性事项进行询问和答复。
② 所谓“有关主管部门”，是指职能部门，具有此事项的管理职权。

间商洽工作、询问和答复问题、请求批准和答复审批事项，有时也用于上下级机关之间询问和答复某些一般性、事务性事项，使用范围极为广泛。

2. 沟通性

函主要在不相隶属的机关之间行文，去函和复函之间通常仅具有公务商洽关系、询问答复关系、信息交流关系，所商定意见一般对双方无强制约束力，发挥着平行文种独特的沟通作用，这是其他文种所不具备的特点。

3. 灵活性

函既可用于正式的公务活动往来，也可用于日常事务性工作处理。格式上既可采用公文式格式，也可采用信函式格式。写法上既可篇段合一，也可分条列项。篇幅上可长可短。行文关系上也没有严格的限制，非常灵活。

四、函的写作

（一）函的行文结构

函一般由标题、主送机关、正文和落款等部分组成。

1. 标题

标题通常有两种组成方式。

（1）完整式标题。由“发文机关 + 事由 + 文种”构成，如《教育部办公厅关于公布实施专科教育高等学校备案名单的函》。

（2）省略式标题。省略发文机关，由“事由 + 文种”构成，如《关于同意建设国家环境保护青藏高原生态环境监测与评估重点实验室的函》。

2. 主送机关

主送机关即收函机关，复函的主送机关即去函的发文机关。

3. 正文

函的正文通常由发文缘由、函事项和结束语组成。

（1）发文缘由。主要说明发函的背景、目的和原因等。如果是复函，则要引述来文的日期、标题或发文字号，如“你单位2020年12月1日《关于××××××的函》（××函〔2020〕58号）收悉”。通常用“现将有关事项说明如下”或“现将有关事项函复如下”等惯用语过渡到函事项部分。

（2）函事项。要具体写明告知、商洽、询问或请批的事项，以及向对方提出希望或请求：或希望对方给予支持，或希望对方给予合作，或请求对方给予批准等，应条理清晰。如果是复函，则针对来文提出的问题和要求进行明确答复或批答，应态度鲜明。

（3）结束语。通常用习惯语结尾。告知函可用“特此函告”“特此函达”等语；问答函去函可用“盼复”“请（祈请）函告（复函、函复）”等语；商洽函去函可用“恳请（请予）协助（支持）”“望大力协助，盼复”等语；请批函去函可用“请予审批”“当否，请审批”等语；复函可用“特此（专此）函复”“此复”等语。复函也可不写结束语。

4. 落款

落款包括发文机关署名、印章与成文日期三个部分。

（二）函的写作要求

1. 表达应简明扼要

函的内容应具备单一性特点，专文专事，内容简短明快，篇幅短小精悍。撰写时应开门见山，突出主旨，切中要害，切忌抽象空泛、含混不清。

2. 措辞应平实得体

函的行文机关和受文机关之间一般无直接隶属关系，其语言应简洁质朴，语气应恳切谦和。不使用命令、指示性语词，切忌语气生硬、虚伪逢迎。

3. 文种应选择准确

应正确使用不同类型的函，区分请示与请批函（去函）、批复与请批函（复函）、通知或通报与告知函等文种，注意公函与便函在格式上的差异。

五、函写作示例与评析

（一）范文评析

例文①

国家发展改革委办公厅
关于提供疫情防控重点保障物资具体范围的函

财政部、国家税务总局办公厅：

根据《关于支持新型冠状病毒感染的肺炎疫情防控有关税收政策的公告》（财政部、税务总局公告2020年第8号）相关要求，按照国务院联防联控机制工作安排，我委确定了疫情防控重点保障物资中生活物资和部分医疗应急物资的具体范围清单（见附件）。该清单将视疫情防控需要予以动态调整。

特此函告。

附件：疫情防控重点保障物资清单

印章

国家发展改革委办公厅
2020年2月18日

（录自国家发展和改革委会网，收录时有改动）

评析

这是一篇告知函。

1. 标题

结构为：发文机关（国家发展改革委办公厅）+事由（提供疫情防控重点保障物资具体范围）+文种（函）。

2. 主送机关

即收函机关（财政部、国家税务总局办公厅），与发文机关属于不相隶属的关系。

3. 正文

（1）发文缘由——说明发函的根据、原因（根据财政部、税务总局公告2020年第8号文相关要求和国务院联防联控机制工作安排）。

（2）函事项——具体写明所告知的事项（我委确定了……清单。该清单将视疫情防控需要予以动态调整）。

（3）结束语——以惯用语“特此函告”结尾。

4. 附件说明

清单以附件形式附于文后。

5. 落款

包括发文机关署名（国家发展改革委办公厅）、印章和成文日期（2020年2月18日）。

全文事项明确，内容简练，措辞得体。

例文②

关于商请协助开展技术技能大师案例征集工作的函

各行业职业教育教学指导委员会：

为深入贯彻《中共中央 国务院关于全面深化新时代教师队伍建设改革的意见》关于“建立高等学校、行业企业联合培养双师型教师的机制”和《国家职业教育改革实施方案》关于“建立国家技术技能大师库”的要求，受教育部教师工作司委托，我所决定商请各行业职业教育教学指导委员会协助开展技术技能大师案例的征集工作。

一、工作目标

通过汇总、分析和筛选各工种技术技能大师案例，分类建立国家技术技能大师库，为进一步提升双师型教师队伍质量提供支撑。

二、征集范围与内容要求

1. 各行指委相关成员单位；

2. 案例源自技术技能大师的工作实践成果，资料翔实、客观，数据可靠；

3. 案例内容包括但不限于：

（1）基本情况：年龄、性别、工作单位、获得的资格、职称、荣誉、学历、从业经历、授徒经历；

（2）技术技能创新：开发研制或创作有广泛实用价值的新产品、新作品、新工艺等；在新材料、新设备、新工艺的引进和使用上取得突破，提高生产效率；利用所掌握的绝技绝活，用于实际生产与经营，取得明显经济效益；

（3）科技成果转化：将已有的专利及其他科研成果转化为现实生产力，并有较高的实用价值；

（4）职业教育培训：参与职业院校教育教学及企业培训工作5年以上，并获得职业院校与企业的好评；

（5）授艺带徒：在培养高技能人才方面作出突出贡献；培养的徒弟技艺高超且具有一定的规模；

（6）传统工艺传承：在若干领域继承濒临失传的传统手工艺，发现和培养后续传承人；或在抢救非物质文化遗产方面取得实效。

4. 案例应具有推广实用价值，便于其他地区或单位学习、借鉴。

三、工作程序

1. 各行指委面向本行业的企业、个体工商户、职业院校等成员单位征集案例；

2. 职业院校的技术技能大师需具有3项以上专利成果为企业采用，取得显著成效；

3. 职业院校的技术技能大师在各工种当中所占比例不超过30%；

4. 案例紧扣技术技能大师的具体实绩，简明扼要，逻辑层次分明，语言实事求是，不用感情色彩的词语；

5. 各行指委推荐的案例应尽量覆盖每个工种，各工种案例100个；

6. 请各行指委将附件1、2以及所有相关支撑材料的电子版于8月31日前发送至××××××××××@qq.com。

联系人：李老师

电话：010-5858××××　　152××××××××

附件：1. ＿＿＿＿＿行指委技术技能大师推荐人选汇总表

2. 技术技能大师个人申报表

3. 技术技能大师评分细则表

印章

教育部职业技术教育中心研究所

2019年6月10日

（录自教育部职业技术教育中心研究所网，收录时有改动）

评　析

这是一篇商洽函（去函）。标题采用“事由（关于商请协助开展技术技能大师案例征集工作）+文种（函）”格式。主送机关（各行业职业教育教学指导委员会）与发文机关属于不相隶属的关系，故用函行文。正文首先交代发函的根据、目的；其次从“工作目标”“征集范围与内容要求”“工作程序”三个方面详细说明所商洽事项；正文结束后自然结尾，不具结束语。附件说明使用阿拉伯数字标注附件顺序号，附件名称不加标点符号。落款注明发文机关署名（教育部职业技术教育中心研究所）、印章及成文日期（2019年6月10日）。全文结构完整，语气谦和，用语得体。

例文③

国务院办公厅 中央军委办公厅关于同意建立全国征兵工作部际联席会议制度的函

中央军委国防动员部：

你部关于建立全国征兵工作部际联席会议制度的请示收悉。经国务院、中央军委同意，现函复如下：

国务院、中央军委同意建立全国征兵工作部际联席会议制度。联席会议不刻制印章，不正式行文，请按照有关文件精神认真组织开展工作。

附件：全国征兵工作部际联席会议制度

印章　　　　印章

国务院办公厅　　　　中央军委办公厅

2020 年 11 月 3 日

（此件公开发布）

（录自中国政府网，收录时有改动）

评　　析

这是一篇请批函（复函），是以复函的形式代替批复。标题采用“发文机关（国务院办公厅　中央军委办公厅）+ 事由（关于同意建立全国征兵工作部际联席会议制度）+ 文种（函）”格式。主送机关（中央军委国防动员部）与发文机关之间属于不相隶属的关系，故用函行文。正文开头概述发函的主题，表示来文收悉，并经国务院、中央军委同意。接着使用过渡语“现函复如下”引出函事项；其次针对来文事项给予明确答复，并提出工作要求。函事项讲完即自然结束。《全国征兵工作部际联席会议制度》以附件形式附于文后。附注说明文件发布范围。落款注明发文机关署名（国务院办公厅　中央军委办公厅）、印章及成文日期（2020 年 11 月 3 日）。全文结构完整，条理清晰，语言精练。

（二）病文评析

公 函

××大学：

首先，我们素闻贵校历史悠久，景仰至极，现谨以公司董事会的名义，向贵院致以亲切的问候，并以崇拜和急切的心情，冒昧地向贵校提一个请求：

事情是这样的：由于我公司想要适应时代的发展，提升公司中层干部的业务管理水平，决定派五人到贵校经济管理学院进修学习。行否？请尽快回复！谢谢！

此致

敬礼！

印章

××服装外贸有限公司

20××年×月×日

（根据有关材料改写）

评 析

1. 标题

标题格式不合规范。仅用“公函”二字作标题，过于随意，不够严谨，应使用“××服装外贸有限公司关于商请选派员工进修学习的函”等表述规范的标题。

2. 正文

（1）发文缘由不够简洁。应开门见山地说明发函的原因和目的，突出主旨。此文发文缘由冗长啰唆，未能做到简明扼要，可改为“素仰贵校历史悠久，实力雄厚，为了适应时代的发展，提升公司中层干部的业务管理水平”。

（2）商请事项不够明晰。应具体明确地写明所商请事项，并希望对方给予支持、合作。此文函事项部分含糊不清，特别是进修方式、进修时长、所需费用等均没有交代清楚，可改为“计划选派5人前往贵校经济管理学院进修学习，委托贵校代培一学年，望能妥善安排。有关代培费及其他应缴费用将按委培生标准一次划拨”。

（3）语言表达不够得体。文中“景仰至极”“并以崇拜和急切的心情”等语不够平实质朴，有虚伪逢迎之嫌；“事情是这样的”“行否？请尽快回复！谢谢”等语则过于口语化，失于庄重。

3. 结束语

结尾用语使用不当。“此致敬礼”是一般书信的祝颂语，不适合作为函的结束语。应使用“恳请协助，盼复”“请予研究函复”“望鼎力支持，并请尽快见复”等惯用语结尾。

【练习】

一、请指出下列函存在的问题并改正。

函

敬启者：

我公司于今年向贵公司购买了卡车10辆，近期正式投入营运使用。该批车使用后，陆续发现前、后轮内侧胎不规则锯齿形磨损，以内侧内边缘为甚。我公司认为此批车存在严重质量问题，因此目前已暂停使用。为此，特向你单位请求如下：

一、于本月30日前，派员前来检验质量鉴证等问题。

二、重新按质论价，赔偿经济损失，或退货。

可否，请迅速回音。

印章

××物流公司

2020年12月2日

二、根据以下材料，请以××研究所的名义给××大学写一份公函，商洽建立全面交流协作关系。然后再以××大学之名写一份复函，同意对方的请求。

近年来，××研究所与××大学在一些科学研究项目上互相支持，取得了一定的成绩，因此 ×× 研究所希望与 ×× 大学今后能进一步在多个方面建立交流协作关系。包括：定期举行所、校间的学术交流；根据所、校各自的科研发展方向和特点，就双方共同感兴趣的课题进行协作研究；根据所、校各自人员配备情况，校方帮助所方培训研究生、科研人员；双方科研、教学所需的高、精、尖仪器设备，为对方使用提供便利；加强图书资料和情报的交流等。

函练习答题要点

第九节 纪　　要

一、纪要的定义

《党政机关公文处理工作条例》规定：纪要“适用于记载会议主要情况和议定事项”。它是在会议记录、会议文件及其他会议资料的基础上，经过归纳整理而成的一种纪实性公文。

纪要主要用于记载、传达会议情况和议定事项，其行文方向较为灵活，既可以作为上行文报告会议精神以取得上级机关的支持和指导，也可以作为平行文传递信息、交流经验以取得不相隶属机关的协助和配合，又可以作为下行文要求下级机关遵守和执行以统一思想、指导工作，它广泛地应用于党政机关、企事业单位和社会团体。

二、纪要的分类

根据内容和性质，纪要可以分为以下两种类型。

1. 决议性纪要

决议性纪要主要用于记载和反映领导集体对某些事项或问题作出的重要决策，需要与会单位及有关方面共同遵守和执行。它是传达和部署工作的重要依据，具有较强的政策性和指导性。例行会议纪要、专题会议纪要等均属此类，前者如《中共 ×× 市人民政府党组会议纪要》，后者如《×× 市人民政府专题会议纪要》。

2. 周知性纪要

周知性纪要主要用于记载和反映经验交流会议、学术会议、专业会议或座谈会的研讨情况，以达到传递信息、交流经验的目的。它既要反映与会人员的共识，又能如实反映不同意见的争鸣，其规范、约束作用较弱，有时会在报刊上正式发表，如《“十四五”期间终身教育研究的发展与推进——浦江终身教育论坛云会议纪要》。

三、纪要的特点

1. 纪实性

纪要是实录性公文，必须客观地记载会议内容和议定事项，如实地反映会议宗旨和会议精神，不能随意增减或变更内容，任何不真实的材料都不得写入，具有历史凭证作用和查阅备考价值。

2. 提要性

纪要在会议记录等资料的基础上综合整理而成，必须以精练的文字概括会议主要精神，归纳会议主要事项，提炼会议中心思想，不能平铺直叙、有闻必录，应该“纪”出会议的“要”来。

3. 指导性

纪要集中反映了会议的主要精神和议定事项，要求有关单位和人员以此为依据展开工作，落实会议议定事项。多数纪要一经下发，便对有关单位和人员产生约束力，起到重要的指导作用。

四、纪要的写作

（一）纪要的行文结构

纪要一般由标题、正文、成文日期等部分组成。由于纪要需要依赖报告、通知等公文上报或下发，故一般不单独编列发文字号，也不标示主送机关。

1. 标题

标题通常有两种组成方式。

（1）单式标题。由“会议名称＋文种”构成，如《全国青少年校园足球工作领导小组第二次会议纪要》。

（2）复式标题。由“正标题＋副标题”构成。正标题阐述会议的主要内容或精神，副标题交代会议名称与文种，通常适用于在报刊上刊登的纪要，如《积极应对新冠肺炎疫情冲击 推动“一带一路”高质量发展——“一带一路”智库合作联盟云端论坛系列专题会议纪要》。

2. 正文

纪要的正文一般由会议概况、会议事项、结束语等部分组成。

（1）会议概况。开头部分主要介绍会议的基本情况，包括会议的时间、地点、名称、目的、指导思想、主办单位、与会人员以及会议的形式、议程、效果、意义等。然后用“现将本次会议主要精神纪要如下”“会议确定了如下事项”“此次会议着重讨论了以下几个问题”等惯用语过渡到下文。

（2）会议事项。会议事项是纪要的核心内容，主要概述会议研究的问题、讨论的意见、达成的共识、作出的决定、确定的措施以及提出的要求等。通常用“会议听取了”“会议介绍了”“会议讨论了”等惯用语交代会议的总体情况，用“会议认为”“会议指出”“会议提出”“会议强调”等惯用语阐明会议的主要精神，用“会议通过了”“会议决定”“会议商定”等惯用语说明会议的决定事项。

会议事项一般有三种写法。第一种是条项式，就是把会议讨论的问题、决定的事项等分条表述，按照内容的主次一一罗列，使其条理清晰，让人一目了然。第二种是概述式，就是把会议探讨的问题、议定的事项等进行综合概括，按照逻辑关系分为若干部分，每部分谈内容的一个方面。第三种为发言式，就是按照会上发言的顺序，将与会者的主要观点、意见等摘录出来，一般先写发言人的姓名、单位、职务，然后摘录其发言要点。

（3）结束语。结尾一般提出希望和号召，要求贯彻会议精神，完成工作任务，常用的惯用语有“会议希望”“会议号召”“会议呼吁”“会议要求”等；有时对会议召开的意义、价值等进行评价；有时列出尚未解决的问题以供继续研究与探讨；有时向会议主持单位表示感谢；有时会议事项结束后，自然结尾。

3. 落款

成文日期可以写在正文之后，也可以写在标题之下。纪要一般不加盖印章。

（二）纪要的写作要求

1. 把握会议要点

准确把握会议的要点是撰写纪要的关键。要听清、记准会议发言，重要的观点、词语、数据要准确无误，这是写好纪要的前提。要善于抓住与会人员所达成的共识，紧紧围绕会议宗旨和讨论情况进行概括、整理，防止面面俱到。

2. 综合提炼结论

撰写纪要应注意条理化、理论化，应善于区分讨论过程中的意见与表态的结论性意见，不把个别的意见当成共识。要善于抓住主管领导人或某些权威人士发言的精神实质。要紧紧抓住会议主持人的意见，尤其是他的总结性发言。

3. 忠实会议精神

为了保证纪要的纪实性，纪要的撰写者一定要忠实于会议的实际内容和真实情况，绝不能根据个人好恶来增减、更换会议内容，更不能随心所欲地渲染夸大、虚构想象甚至张冠李戴、借题发挥，必须做到真实准确地表达会议内容。

4. 记录统一意见

有的会议议题意见繁多，撰写者应紧紧围绕会议的中心宗旨，认真分析和梳理各种意见，以多数人的意见作为结论性意见。讨论中没有取得统一的分歧意见一般不写入纪要，而属于学术讨论中的分歧意见，则可以如实写入纪要之内。

五、纪要写作示例与评析

（一）范文评析

例文①

	评析
全国农民工“求学圆梦行动”推进会纪要 2018 年 11 月 7 日，教育部、中华全国总工会联合在江苏省南京市召开了全国农民工“求学圆梦行动”推进会（以下简称“推进会”）。全国总工会副主席、书记处书记、党组成员阎××，教育部职业教育与成人教育司副司长雷×，江苏省人大常委会副主任、省总工会主席魏××出席会议并讲话。各省、自治区、直辖市总工会和部分教育厅（教委）分管继续教育工作的同志参加了会议。天津市教委、国家开放大学和江苏、福建、广州 3 个省（市）总工会、广汽集团以及优秀农民工学员代表在推进会上作了典型发言。 会议传达了习近平总书记在同全总新一届领导班子成员集体谈话时的重要讲话精神，宣讲了中国工会十七大和全国教育大会精神，并肯定了各地农民工“求学圆梦行动”取得的成绩，要求各级工会和教育行政部门切实提高对开展农民工“求学圆梦行动”重要性的认识，加强领导、整合资源、筹措资金、创新模式、营造氛围，大力推动农民工“求学圆梦行动”取得新成效。	这是一则决议性纪要。 **1. 标题** 结构为：会议名称（全国农民工“求学圆梦行动”推进会）+ 文种（纪要）。 **2. 正文** （1）会议概况——介绍会议基本情况，包括会议时间（2018 年 11 月 7 日）、地点（江苏省南京市）、主办单位（教育部、中华全国总工会等）、会议名称（全国农民工“求学圆梦行动”推进会）、与会人员（全国总工会副主席、书记处书记、党组成员阎××、教育部职业教育与成人教育司副司长雷×等）。

续表

会议认为，农民工“求学圆梦行动”意义重大，开局良好，反响热烈。文件印发以来，教育部职成司、全国总工会宣教部作为落实工作的职能部门，密切配合，建立了定期沟通联络机制，积极争取政策和资金扶持，推动提高企业职工教育经费的提取额度。同时，为了精准服务，两部门联合搭建了全国“求学圆梦行动”信息服务平台，开展实地调研，深入行业企业了解农民工学习情况，督促全国各地特别是农民工相对集中的重点省市配套制订实施细则，稳步推进工作实施。	（2）会议事项——采用概述式写法，将会议的主要内容和精神进行综合概括，按逻辑关系分成“会议传达了……”“会议认为……”“会议指出……”“会议强调……”等部分。
两年多来，各地教育行政部门与工会系统贯彻落实文件要求，积极提升农民工学历层次和技术技能水平，已初见成效。一是两部门加强协作，优势互补，在组织方式、学习形式、学费优惠、网络教学资源等方面探索了行之有效的合作模式，初步形成了多方协同配合的工作机制。二是注重校企合作、工学结合，充分利用新媒体等手段，积极探索了适合农民工群体的继续教育新模式。三是多措并举加大经费支持力度，为农民工“求学圆梦行动”提供资金保障。部分省市通过争取财政经费、工会经费、企业培训经费、学费减免、奖助学金等途径为农民工继续教育给予补助扶持。四是加大宣传，整合力量，积极营造了社会各界共同支持农民工教育的良好社会氛围。通过两年多的努力，“求学圆梦行动”为各地行业企业和农民工提供了实实在在的继续教育服务，产生了良好的社会反响。据不完全统计，全国21个省市、300余所高校参与其中，受益农民工学员已超过百万人。 会议指出，在各地教育部门和工会系统的共同努力下，农民工“求学圆梦行动”虽然取得了不少成效，但从全国面上看，各地发展不均衡，相关措施针对性和操作性不强，工作落实力度不够，推进效果还不理想。	采用条项式写法，从四个方面对两年多来各有关部门贯彻落实文件要求所取得的成效进行介绍，同时指出工作中存在的不足之处。
会议强调，做好下一阶段农民工“求学圆梦行动”工作，各地教育行政部门和工会系统必须深入贯彻党的十九大精神，落实好全国教育大会部署，以习近平总书记关于教育、工人阶级和工会工作的重要论述武装头脑，指导实践，推动工作。一是加强领导，高度重视。各级教育行政部门和工会系统要从战略和全局的高度认识“求学圆梦行动”的重要意义，加强对工作的领导，做到	采用条项式写法，对做好下一阶段农民工“求学圆梦行动”工作进行部署，从五个方面阐明此次工作推进会所作出的决定，并要求各地教育行政部门和工会系统贯彻和执行。

续表

有人管、专人抓，分年度有计划推进。要坚持立德树人、德技并修，把开展农民工“求学圆梦行动”作为新时代办好继续教育、建设学习型社会、大力提高国民素质的一项重要工作，与维护农民工的权益、做好农民工服务等工作结合起来，切实加以重视和推进。二是加强配合，发挥优势。要充分发挥教育系统的教育资源优势和工会系统的组织动员优势，建立定期协商机制，互通工作推进情况，共同研判解决工作推进中存在的困难和问题，实现教育供给侧与需求侧的畅通匹配。此外，要充分调动其他部门、行业协会、企业、社会志愿者以及农民工群体的积极性，加强各单位和部门之间的合作，共同把活动开展好，形成各有关方面齐抓共管的良好工作格局。三是加大投入，精准服务。全国总工会将和教育部一起继续积极做好专项经费的筹措工作。各级工会也要和各地教育行政部门一道结合各地的实际情况，加大对农民工“求学圆梦行动”资金投入的力度，积极推动企业认真落实有关规定，足额提取职工教育经费，确保60%以上用于一线职工，充分用于员工的学历和技能提升。与此同时，也要积极争取社会资金对活动开展的支持。四是以人为本，提升内涵。要进一步增强农民工学员在求学圆梦过程中的获得感和幸福感，进一步在内涵建设和质量提升上下功夫，用心用情服务好农民工学员。要继续探索产教融合、校企合作、工学结合的继续教育新模式，提供订制化课程，并充分运用信息化手段为农民工提供网上报名、学习、考试、补贴申领等服务，解决农民工工学矛盾，不断提高农民工的学习满意度。五是扩大宣传，助力“圆梦”。要充分发挥主流媒体作用，善于用好新媒体，加大对农民工“求学圆梦行动”的宣传力度。要大力宣传以习近平同志为核心的党中央对农民工的关怀和做好为农民工服务工作的决策部署，大力宣传开展农民工“求学圆梦行动”的好经验好做法和取得的成效，大力宣传开展农民工“求学圆梦行动”中涌现出的各方面的先进典型，努力营造全社会关心支持农民工求学圆梦的良好氛围。	

续表

会议要求，各地教育行政部门和工会系统要以推进会为契机，务实合作、开拓创新，以扎实的工作、优质的服务助力广大农民工求学圆梦，助力产业工人素质提升，助力国家人力资本建设，为决胜全面建成小康社会、实现中华民族伟大复兴的中国梦而做出新的更大贡献！ （录自教育部网，收录时有改动）	（3）结束语——用惯用语“会议要求”提出希望和号召。 全文条理清晰，结构严谨，重点突出。

例文②

第二届食品安全国家标准审评委员会成立大会纪要

2019 年 7 月 12 日，第二届食品安全国家标准审评委员会（以下简称委员会）成立大会在京召开。委员会常务副主任委员、国家卫生健康委副主任李 × 同志，委员会副主任委员、农业农村部副部长于康 × 同志，市场监管总局食品安全总监王 ×× 同志，委员会技术总师陈 ×× 院士出席会议。会议由委员会秘书长、国家卫生健康委食品司司长刘 ×× 同志主持。委员会秘书长、副秘书长，各专业分委员会主任委员、副主任委员、委员和单位委员代表参加会议。

会议宣读了马 ×× 同志批示、国际食品法典委员会秘书处贺信，宣读了委员会名单、《第二届食品安全国家标准审评委员会主任委员、常务副主任委员、副主任委员、技术总师分工安排》和《第二届食品安全国家标准审评委员会秘书长、副秘书长、办公室主任分工安排》，颁发了聘书，审议通过《食品安全国家标准审评委员会章程》(以下简称《章程》)。委员会设立污染物、微生物、食品添加剂、食品产品、营养与特殊膳食食品、食品相关产品、标签、生产经营规范、理化检验方法与规程、微生物检验方法与规程、毒理学评价方法与程序、食品中放射性物质、农药残留、兽药残留等 14 个专业委员会，包括来自医学、农业、食品、营养、生物、环境等领域的委员以及各相关部门、中国消费者协会作为单位委员，负责审查本领域食品安全国家标准。聘请院士、港澳和国际权威专家组成专家顾问组、相关领域资深专家学者组成合法性审查工作组，分别提供咨询意见、开展合法性审查。

会议要求，深入贯彻落实习近平总书记关于“最严谨的标准”指示和《中共中央 国务院关于深化改革加强食品安全工作的意见》要求，切实依法履职，做好食品安全国家标准审查，确保食品安全标准科学合理、安全可靠。会议指出，委员会要按照《章程》，优化标准审查程序，提升标准审查效能；加强部门合作分工，注重专业委员会协作配合，协调推进标准审查、宣贯解读、跟踪评价等各环节工作；强化技术和行政两方面审查的互补、衔接，注重防范化解重大风险。会议强调，委员会要严明纪律，敢于担当，发挥正确导向作用，为打造最严谨的食品安全标准体系，助力健康中国作出贡献。

（录自国家卫生健康委员会网，收录时有改动）

评　析

这是一则周知性纪要（专业会议纪要）。标题采用“会议名称（第二届食品安全国家标准审评委员会成立大会）+文种（纪要）”形式。正文首先介绍第二届食品安全国家标准审评委员会成立大会的基本情况，包括会议时间、地点、会议主持者、出席人员等；其次概括说明此次会议的主要内容，包括研究的问题、讨论的意见、达成的共识、作出的决定，以及提出的要求等；正文结束后，自然结尾。文中用“会议指出”“会议强调”等惯用语阐明会议的主要精神，用“会议要求”提出对与会者的希望。全文简明扼要，中心突出，条理清楚。

例文③

中国解剖学会第35届（2019）学术年会纪要

由中国解剖学会主办，昆明医科大学和云南省解剖学会共同承办的“中国解剖学会第35届学术年会和海峡两岸暨港澳台解剖学青年科学家论坛”于2019年8月18至20日在昆明顺利召开。本次大会的主题是“交流解剖学科的科研与教学成果，探讨解剖学科未来的发展，构建学科发展共同体”。本次大会注册代表、教师和学生870人，另外，有来自韩国4人，新加坡1人，以及中国台湾10人，香港8人，澳门3人，此外，还有一些老专家、特邀代表及企业代表，共计1000余人参加了本次大会。会议规模空前，投稿论文700余篇。大会共设6个分会场，举办了36个专题论坛与分会报告，共有218位学者进行了口头报告交流，包括“海峡两岸（港澳）青年解剖科学家论坛”和“第二届中韩学术交流会”。与会代表参会踊跃，交流积极，气氛融洽，实现了以“学术为本”的理念。

大会开幕式由昆明医科大学基础医学院院长孙 × 教授主持，云南省卫健委副主任许 ×× 致欢迎辞，他期望学术年会的举办将有利于促进解剖学科的交流，并促进云南省医疗教育的改革与发展；昆明医科大学校长李 × 教授在致辞中介绍了昆明医科大学的概况，并向出席本次大会的领导、嘉宾和学者们致以诚挚的欢迎，向长期以来关心、支持昆明医科大学建设发展的同仁表示衷心的感谢。中国解剖学会理事长张 ×× 教授在致辞中强调了“学术为本、人才为基、团结为要”的办会理念，对参加本次学术年会的各位代表表示热烈欢迎并由衷感谢。开幕式后全体人员合影留念。

本次大会特邀中国科学院院士、昆明理工大学灵长类转化医学研究院季 ×× 院士、中国科学院神经科学研究所孙 ×× 教授、中山大学中山医学院曾 ×× 教授、香港大学嘉诚医学院杨 × 教授分别做了大会报告。季院士报告《灵长类与生命科学》不仅介绍了解剖学的发展历史以及解剖学对医学发展的重要作用，而且，季院士认为选择与人类相近的灵长类研究对解决人类疾病将发挥更大作用。另外，季院士介绍了 3D 胚胎技术结合单细胞测序技术检测灵长类动物早期胚胎发育的调控机制，为揭示人类胚胎发育提供了新的理论。季院士指出，建立理想的动物模型对疾病的机制研究和治疗带来了新的希望。

孙 ×× 教授的报告《痒觉信息处理的神经环路基础》对痒觉在生活中以及在医学疾病防控的重要性进行了介绍，认为痒觉和周围神经有关，并对所提出的两种痒觉神经通路假说及机制的研究最新成果进行了叙述。

曾 ×× 教授结合自己的科研新成果对《神经元中继器策略修复脊髓损伤的研究进展》进行了介绍，为临床脊髓缺损修复与功能恢复带来新的曙光。

杨 × 教授介绍了《虚拟现实解剖系统在解剖教学中的运用》，分享了香港大学的教学方式与经验，以及香港大学师生互动网络交流平台等。四位大会报告专家的报告给参会代表留下了深刻的印象。

同期举办的“海峡两岸暨港澳解剖学青年科学家论坛”围绕解剖学教学、临床解剖学、数字解剖学、虚拟仿真、神经损伤和再生、再生医学、生物材料和组织工程等多个议题进行深入交流与探讨，期间亦进行了“中韩解剖学交流合作”签约仪式。

19 日晚召开了中国解剖学会第十六届理事会第二次会议，并进行了中国解剖学会第五届“青年解剖科学奖”答辩和评选。由秘书长周 ×× 教授主持，本届常务理事、分会主任和历届青年科学家共计 48 人担任评委；另外，学会理事及同仁等 100 多位列席旁听候选人的答辩，经 48 位评委投票，选出陈 ×、陈 ×、刘 ×、闫 ××、王 × 五位老师获得此殊荣，秘书长代表学会向他们表示了祝贺。

20 日共有 24 个分会场报告的专题学术交流，并有 70 余人进行了墙报交流，会议评选出优秀论文报告奖19人，优秀墙报奖15 人，中国解剖学会第二届“于泽杯全国医学生解剖学绘图大赛”特等奖5名、一等奖15人，二等奖35人。闭幕式上对获奖者颁发了获奖证书，并对11个中国数字解剖实验室进行授牌。

大会闭幕式由学会副理事长兼秘书长周××教授主持。秘书长代表张××理事长对本次大会做了总结，认为本次会议办得非常成功，注册参会人数多、会场学术氛围浓、人才培养成效显、团结共事风格高！真正体现了我们解剖学会“学术为本、人才为基、团结为要”的办会理念！秘书长代表学会领导对所有参会师生表示诚挚的谢意，特别是对昆明医科大学孙×院长及其领导的会务团队的各位老师、同仁对会议的精心安排和辛勤付出表示由衷的敬意与谢意；对所有企业对本次学术会议的支持一并表示衷心的感谢。闭幕式尾声，由中国解剖学会理事长张××教授和昆明医科大学孙×院长共同将象征着中国解剖学会学术年会承办权的“解剖之玺”交给下届年会承办单位北京解剖学会理事长周××教授。周教授代表北京解剖学会表示将全力办好第36届中国解剖学术年会暨中国解剖学会百年庆典学术会，欢迎各界学者和广大同仁届时莅临北京。此次盛会刚刚落幕，明年的庆典已经开始！让我们一起努力积极工作，并肩携手，砥砺前行，以更大的工作成绩为学会百年华诞献礼！相约北京，明年再聚！至此，中国解剖学会第35届学术年会学术盛宴在热烈的氛围中落下帷幕，圆满结束。

中国解剖学会

2019年8月22日

（录自中国解剖学会网，收录时有改动）

评　　析

这是一则周知性纪要（学术会议纪要）。标题采用“会议名称（中国解剖学会第35届学术年会）+文种（纪要）”形式。正文首先交代中国解剖学会第35届（2019）学术年会基本情况，包括会议主办和承办方、会议名称、会议时间、会议主题、与会人员、会议形式等；其次简要介绍会议主持人以及会议代表的致词，其后分条列出会议流程、出席人员、代表性发言、重要观点等；最后向会议支持单位或个人表示感谢，并提出希望和号召。落款由会议组织方（中国解剖学会）与成文日期（2019年8月22日）组成。全文主题明确，结构完整，内容翔实。

（二）病文评析

公司党群例会会议纪要

（20×× 年 × 月 × 日）

会议时间：20×× 年 × 月 × 日。

会议地点：公司办公楼二楼会议室。

参加人员：党委书记兼董事长刘 ××、总经理王 ××、总工程师张 ××、总经理助理任 ××、宣传部长赵 ××、组织部长何 ××。

会议内容：

一、传达了市工商联党组《关于学习贯彻习近平总书记在民营企业座谈会上的重要讲话精神的通知》。强调各支部、各厂队应深入广泛地开展教育，增强爱国情怀，勇于创新，诚信守法，拓展视野，努力构建和谐企业，不断提升全体员工的职业道德素质。

二、通报了公司职代会及思想政治工作会的会议精神。要求各单位要结合职代会及思想政治工作会的会议精神，重点做好以下工作：

1. 落实会议精神，促进改制，不误生产，保持稳定。各单位要把职工关心企业、关注企业的热情引导到爱企业、干工作、坚守岗位上来。要防止因误传误导而导致不明真相的职工做出影响改制进程、正常施工生产和公司稳定的行为。

2. 做好宣传工作。以内部刊物《××××》为阵地，公开、透明地宣传改革改制、宣讲企业动态，使职工了解、理解企业的各种经营行为，避免因道听途说而产生误解。

3. 广泛开展基层宣讲工作，真正把企业信息传达到最基层。各支部要在建立健全组织工作机制的基础上，充分发挥党支部的战斗堡垒作用和共产党员的先锋模范作用，做好职工的思想教育工作。

三、通过了《20×× 年公司党委工作要点》。要求各党支部高度重视组织工作，结合实际情况，认真贯彻落实党委工作要点，扎实做好各种党建工作，以良好的组织工作促进改制，保持稳定，确保公司施工生产的正常有序进行。

（根据有关材料改写）

评　析

1. 标题

标题格式不合规范。纪要的标题应由会议名称（公司党群例会）+ 文种（纪要）组成。如文种为“会议纪要”，则标题语义重复。

2. 正文

（1）记录纪要写法混同。此文将会议概况包括会议时间、会议地点、参加人员等分行依次排列，属于会议记录的撰写方式。而纪要应对相关内容进行概括说明，然后用惯用语“现将会议主要内容纪要如下”转入下文。

（2）主体未使用惯用语。应使用“会议通过了”“会议传达了”“会议强调”“会议通报了”“会议要求”等惯用语，如仅写“通过了”“传达了”“强调”“通报了”“要求”等，显得十分突兀，不够严谨规范。

（3）结语部分内容缺失。可以用“会议希望”或“会议号召”等惯用语提出希望或号召，如此则结构更为完整，格式更为规范。

【练习】

一、指出下列纪要存在的问题并改正。

×× 省信息技术创新与高质量发展研讨会会议纪要

会议时间：2019 年 × 月 × 日 ~× 日。

会议地点：×× 省 ×× 市 ×× 国际会展中心多功能厅。

参会人员：各市、县负责信息技术工作的领导，各信息技术有限公司负责人，以及 ×× 日报、×× 快报等媒体负责人。

会议内容：

×× 省信息技术创新与高质量发展研讨会受到省政府的高度重视，省领导发来贺电，祝贺会议圆满召开。副省长 ×× 出席会议并作重要讲话。本届会议主要包括开幕式、主论坛、分论坛、成果展览会、动态发布、创新大赛、闭幕式等七个环节，增设了网络科技、数字健康、数字生态、工业互联网、卫星应用等产业应用类分论坛，全面展示了近年来我省信息技术水平发展与数字应用等相关领域的新成就。

一、当前，信息化是培育新动能、推动产业新发展的重要渠道，我省应立足建设现代化经济体系、推进高质量发展、推动社会治理体系和治理能力现代化，大力推进网络强省和智慧社会建设，使广大民众共享信息化发展的胜利成果。努力将会议打造成为我省信息化领域凝聚共识、推动高质量发展的新平台和汇聚我省信息技术、产业发展模式及技术标准的新高地。

二、我省要坚持不懈地发展信息化技术，保持高质量发展，努力办出新特色、新成效。紧紧抓住研讨会举办契机，围绕“推动信息化，创新常态化，服务全面化”的目标，深入推进新时代信息化建设。

二、根据下面的会议记录，请写一篇纪要。

×× 大学第五次教学办公会议记录

时间：2019 年 5 月 8 日上午 9 时。

地点：校行政楼第一会议室。

出席人：陈 ××（主管教学的副校长）、吴 ××（教务处处长）、王 ××（马克思主义学院院长）、林 ××（人文学院院长）以及各学院负责教学工作的副院长。

主持人：张 ××（教务处副处长）。

记录人：郑 ××（校长办公室秘书）。

（一）报告

1. 教务处吴处长报告人才培养修订方案（略）。

2. 马克思主义学院王院长报告思政课程建设情况（略）。

3. 人文学院林院长报告前不久召开的通识教育课程研讨会情况（略）。

（二）讨论

如何按照教育部、省教育厅相关文件以及学校课程教学总体安排，推进本校思政课程和通识课程建设，完善本科生人才培养方案，促进大学生全面发展（略）。

（三）总结

陈副校长充分肯定了教务处和各学院在人才培养方案修订前期所取得的成效，并给出了建设性意见和建议，为下一步修订工作指明了方向。他要求，一是各学院必须充分认识到人才培养方案制定的重要性，切实增强责任感、使命感，行使好方案修订的话语权。二是必须牢牢把握立德树人这个核心，促进大学生德智体美劳全面发展。三是必须坚持标准引领，深入贯彻落实党和国家对人才培养工作提出的新要求，体现方案的科学性、规范性和可操作性。四是始终把人才培养方案与学校办学定位、专业培养规格定位、岗位需求有机联系在一起，把握好应用型人才培养的内涵和特征。五是推进课程思政与思政课程建设，挖掘专业课程中蕴含的“思政元素”，寻找专业课与思政课同频共振的契合点。六是教务处应会同各学院召开通识教育课程系列研讨会，明确通识教育课程对人才培养的重要支撑作用。七是坚持传承与创新相结合，分类设计人才培养方案，促进人才链与产业链的精准对接。

（四）决议

1. 提高站位，强化担当，坚持“一把手”工程，切实提高做好人才培养方案修订工作的主动性。

2. 杜绝因人设课、因人设岗，建立规范、严格的课程审查机制。

3. 挤掉“水课”，打造有深度、有难度、有挑战度的“金课”，将课程质量作为衡量人才培养水平的重要指标。

4. 将新时代教育教学改革理念贯穿于教学全过程，推动实践教育、创新创业教育、社会责任教育、劳动教育有机结合。

5. 推进信息技术与教育教学相融合、产业技术与学科理论相融合、多学科实践项目相融合。

6. 同时推进通识课程、学科基础课程、专业课程、实践课程大纲的制定工作。

7. 启动“优秀人才培养方案评选”工作，评先进、树典型，发挥优秀人才培养方案的标杆作用，进一步推动人才培养方案改革，提高人才培养质量。

主持人（签名）

记录人（签名）

纪要练习答题要点

第二章　事务文书

第一节　事务文书概述

一、事务文书的概念

事务文书是党政机关、企事业单位、社会团体以及个人在处理日常事务时广泛使用的用来沟通信息、指导工作、汇报任务、总结经验、规范行为的文书。

事务文书的适用范围非常广泛，各级机关单位在处理一些并非关系到政策性、根本性、全局性的工作事项时，一般需使用事务文书来完成。事务文书虽在体式的规范、行文的规则、收发的程序等方面比公务文书均有所减弱，却有着更为普遍的实用办事价值。

二、事务文书的特点

事务文书具有如下主要特点。

1. 真实性

事务文书主要用于办理日常具体事务，目的是为了推动实际工作、解决实际问题，内容需真实准确，表达需实事求是，才能发挥出应有的实用价值。

2. 规范性

事务文书虽不像公务文书那样具有严格划一的格式，但在长期实践中，自然形成了一些独特的约定俗成的文体规范和结构形式，具有一定的灵活性。

3. 指导性

事务文书用来总结、研究、报道现实情况或工作中的问题，在决策、计划、组织、控制等日常事务活动中发挥着重要的作用，具有现实的指导意义。

4. 时效性

事务文书讲究时效性，一项工作的完成、一个问题的解决，大都有一定的时间要求，事务文书只有在限定时间内制作并发布，才能真正体现其价值。

三、事务文书的分类

事务文书种类繁多，根据使用范围，可以分为以下五种类型。

1. 计划类事务文书

包括规划、纲要、安排、方案、预案、设想、要点等。

2. 总结报告类事务文书

包括总结、调查报告、述职报告等。

3. 规章类事务文书

包括章程、条例、规定、办法、制度、细则等。

4. 会议类事务文书

包括讲话稿、会议记录等。

5. 简报类事务文书

包括简报、大事记等。

四、事务文书的作用

事务文书是用来处理日常事务、交流信息、开展工作的重要工具，其作用主要有以下两个方面。

1. 参考和指导

事务文书在办理事务、传递信息、联系工作、推广经验、协调关系等方面发挥着不可替代的作用，具有重要的参考价值。比如，处理某项事务前开展的调查、制订的计划可以帮助人们有条不紊地安排工作，实现预期目标，完成预定任务；任务进行中的简报、任务完成后的总结以及向上级领导汇报的述职报告可以帮助人们交流信息、传播经验和发现规律，进而改进工作。

2. 教育和约束

事务文书在功能上没有法定的权威性，受文单位也不必完全采纳和执行，但一般要阐明工作活动的指导思想，明确目标和要求，讲清做法和道理，使人们易于理解、便于执行，对单位内部有着一定的约束力。在有力推动工作的同时，事务文书有时还要分析形势，申明政策，表彰先进，抨击时弊，向受文对象进行宣传教育，起到统一思想、提高认识、调动其工作积极性的作用。

五、事务文书的写作要求

1. 以政策为指导，以法律为依据

事务文书不属于法定文书，但其政策性很强，撰写者要以党和国家方针、政策为指导，以法律、法规为依据，遵循实践是检验真理唯一标准的原则，得出符合实际的认识，用以指导今后实践。

2. 主旨鲜明，切实可行

事务文书都是因事而发，都是为了解决工作中的实际问题而撰写，因此应实事求是地反映工作或实践的具体情况，主旨要鲜明，指标要恰当，措施要得力。如此，才能更好地发挥出实用价值。

3. 材料充分，意义典型

事务文书要求内容真实、分析到位，因此写作前必须充分收集材料，充足的材料是质量的保证。同时，还要注意选用具有典型性、代表性的材料来说明问题，这样才能起到事半功倍的作用。

4. 形式灵活，文字简洁

事务文书不像法定公文那样有着严格的格式规范，撰写者可以按照约定俗成的规则，采用适当形式进行撰写，具有一定的灵活性。其用语必须简洁朴实，规范准确，避免歧义，让人一目了然。

本章重点介绍计划、总结、讲话稿、述职报告、调查报告和简报这 6 种使用频率较高的文种。

第二节 计 划

一、计划的定义

计划是党政机关、企事业单位、社会团体或个人为了实现某项目标和完成某项任务，预先对未来一定时期内的工作、生产或学习等方面拟定明确目标、制定相应措施并提出具体要求的一种事务文书。

“计划”是计划类文书的统称，日常生活中所说的“规划”“纲要”“安排”“方案”“预案”“设想”“要点”等都属于计划的范畴，但有着细微的差别。一般而言，“规划”“纲要”是指时效在五年以上的长远计划，是从宏观角度对某项工作作出的纲领性计划，具有全局性、长远性和指导性等特点，如《新能源汽车产业发展规划（2021—2035 年）》《体育强国建设纲要》；“安排”是对某项短期工作的具体计划，偏重于说明工作步骤和方法，如《当前政务公开重点工作安排》；“方案”是对即将开展的某项工作从目的、要求、方法到步骤等作出全面部署的计划，具有很强的操作性，如《关于切实解决老年人运用智能技术困难的实施方案》；“预案”是为了应对各种突发事件而预先制订的工作方案，又叫应急预案，如《国家森林草原火灾应急预案》；“设想”是具有草案性质的、富有创新性的、仅供参考的初步计划，如《“一带一路”建设海上合作设想》；“要点”是对未来一段时间工作的重点作出的简要安排，它是计划的摘要形式，如《2020 年扶贫工作要点》。

计划是决策部署的具体化，又是实践活动的行动纲领，在科学管理、指挥工作等方面发挥着积极而重要的作用，制订计划是做好工作的先决条件。

二、计划的分类

依据不同的标准，计划可以划分为不同的类型。

1. 从内容角度划分

计划可以分为工作计划、生产计划、学习计划、科研计划、教学计划等。

2. 从性质角度划分

计划可以分为综合性计划和专题计划。

3. 从时间角度划分

计划可以分为长期计划（五年以上）、中期计划（三至五年）和短期计划（两年及两年以下）。

4. 从范围角度划分

计划可以分为全国性计划、地区性计划、单位计划、个人计划等。

5. 从效力角度划分

计划可以分为指令性计划、指导性计划等。

6. 从形式角度划分

计划可以分为条文式计划、表格式计划和条文表格式计划。

三、计划的特点

1. 目的性

计划一经确定，就为参与这项工作或任务的有关人员指明了方向和目标，即在未来一定时期内要完成什么任务，达到什么目标，取得什么收益等。如果没有目的性和针对性，计划也就失去了现实意义。

2. 前瞻性

计划是对未来将要完成工作的主观预测，在制订计划时，必须着眼于未来，要从客观存在的实际情况出发，充分认识事物的发展前景，考虑到可能出现的各种情况或问题，提出切实有效的方案和措施。

3. 指导性

计划拟定了科学、清晰的目标和步骤，提出了合理、具体的方法和措施，在执行计划时才能有所参照、有所依据。计划是今后工作、生产、学习的指南，一旦制订下来，有关单位和个人就要遵照执行。

4. 可行性

计划提出的任务和目标、方法和步骤、要求和措施应是切实可行的，拟定的指标应是经过努力后可以实现的。计划也要留有余地，实施过程中一旦发现与实际不相符的情况，便需做出切合实际的修改。

四、计划的写作

（一）计划的行文结构

计划一般由标题、正文和落款等部分组成。

1. 标题

标题由计划制订者、时限、内容、文种四部分组成，通常有两种组成方式。

（1）完整式标题。由“计划制订者＋时限＋内容＋文种”构成，如

《×× 省加快数字乡村发展三年行动计划（2020—2022 年）》。

（2）省略式标题。或省略计划制订者，由“内容 + 时限 + 文种”构成，如《职业教育提质培优行动计划（2020—2023 年）》；或省略时限，由“计划制订者 + 内容 + 文种”构成，如《×× 大学校务公开实施方案》；或省略计划制订者与时限，由“内容 + 文种”构成，如《全国青少年校园足球八大体系建设行动计划》。

如果所订计划不够成熟还需进一步修改，或者尚未经过法定会议讨论通过，则必须在标题后加上“初稿”“未定稿”“草案”“讨论稿”“征求意见稿”等字样，并加上括号。

2. 正文

正文是计划的主体部分，一般包括前言、主体和结尾三个部分。

（1）前言。前言即正文的开头，一般简明扼要地说明制订计划的背景、目的、指导思想、依据、意义等，说明“为什么做”“依据什么做”“能不能做”等问题，讲清制订计划的必要性、执行计划的可行性等。一些简单、普通的计划可以省略此部分。

（2）主体。主体是计划的核心部分，它要回答“做什么”“怎么做”“何时做”等问题。一般要写清任务和目标、措施和方法、步骤和注意事项这三个方面的内容。

第一，任务和目标。计划应明确写出一定时间内需要完成的工作任务以及达到的预期目标，要说明在什么时间内完成哪些任务、达到怎样的效果，使人们明白“做什么”“做到什么程度”。任务的目标及其在数量、质量、时间上的要求均应充分体现出来。

第二，措施和方法。计划要具体写出为完成任务和目标应动员什么力量，创造什么条件，采取什么方式，通过什么途径、克服什么困难等，使人们知晓“怎么做”。计划的措施和方法必须切实有效、操作性强，才能保证计划的顺利实施。

第三，步骤和注意事项。计划还应详细写明完成任务和目标的进程、阶段、完成时限与责任人，有时还要说明实施计划应注意的其他事项，使人们清楚“何时做”和“谁来做”。确保步骤合理，职责分明，实施有序，操作无误。

（3）结尾。结尾即结束语，可以提出希望，发出号召，或表明完成计划的决心。结束语应简洁明了，有时可以省去。

3. 落款

在正文的右下方写明计划制订者（单位名称或个人名称），在署名下一行写上制订或通过计划的日期。若标题中已写明单位名称，则文末署名可以省略。若计划作为文件外发，还要在落款处加盖印章。

此外，与计划有关的图表等材料可以形成附件，附于全文之后，并将附件说明标示于正文之下。

（二）计划的写作要求

1. 服从全局，切合实际

制订计划要以党和国家的方针、政策为指导，要有全局观念，将整体利益放在首位，协调好个人与集体、局部与整体的关系，这样才能保证计划顺利完成。制订计划也要对当时当地实际情况进行认真细致地考察、科学地分析，从实际出发，实事求是，这样制订的计划才具有可行性。不尊重事实而制订目标过高或过低的计划意义不大。

2. 具体明确，重点突出

计划的目标、要求、措施、步骤及责任人等都应写得具体而明确，如含糊其词，模棱两可，就可能导致职责不明，使执行者茫无头绪，无法按照计划开展工作。制订计划时不宜把所有安排均写进计划，必须分清轻重缓急，有轻有重，突出重点，点面结合，以点带面。要有针对性，避免模式化，这样才有利于工作有条不紊地开展。

3. 语言简洁，表述周严

计划的语言应该庄重、朴实，不需要生动、形象的语言，不需要运用太多的修辞方法，表达方式以说明为主，避免长篇大论，让执行者一目了然。计划的语言也要准确、规范，力求概念清楚，数据准确，避免产生歧义，不能似是而非，模棱两可。计划的语言还要周密、严谨，能够为实施过程中必要的修订、调整留下回旋的余地。

五、计划写作示例与评析

（一）范文评析

例文①

国务院2020年立法工作计划

2020年是决胜全面建成小康社会和“十三五”规划收官之年。国务院2020年立法工作的总体要求是：在以习近平同志为核心的党中央坚强领导下，以习近平新时代中国特色社会主义思想为指导，全面贯彻党的十九大和十九届二中、三中、四中全会精神，认真贯彻习近平总书记全面依法治国新理念新思想新战略，增强“四个意识”、坚定“四个自信”、做到“两个维护”，坚持党的领导、人民当家作主、依法治国有机统一，围绕坚持和完善中国特色社会主义制度、推进国家治理体系和治理能力现代化，紧扣全面建成小康社会目标任务，助力统筹推进新冠肺炎疫情防控和经济社会发展工作，坚持稳中求进工作总基调，加强党对立法工作的领导，坚持底线思维，完善立法体制机制，提高立法质量，加快立法步伐，为全面建成小康社会和“十三五”规划圆满收官奠定坚实法律基础，为开启全面建设社会主义现代化国家新征程提供有力法治保障。

一、围绕坚持和完善中国特色社会主义制度、推进国家治理体系和治理能力现代化，科学合理安排立法项目

中国特色社会主义制度是党和人民在长期实践探索中形成的科学制度体系，具有强大生命力和巨大优越性，是当代中国发展进步的根本保障。坚持和完善中国特色社会主义法治体系，对于坚持和完善中国特色社会主义制度、推进国家治理体系和治理能力现代化具有重大意义。建设中国特色社会主义法治体系，必须加强和改进立法工作，发挥立法的引领和推动作用，抓紧制定国家

评析

这是一份全国性工作计划。

1. 标题

采用完整式标题，结构为：计划制订者（国务院）+时限（2020年）+内容（立法工作）+文种（计划）。

2. 正文

（1）前言——简要说明制订计划的背景（2020年是决胜全面建成小康社会和“十三五”规划收官之年）、指导思想（以习近平新时代中国特色社会主义思想为指导）和意义（为全面建成小康社会和“十三五”规划圆满收官奠定坚实法律基础，为开启全面建设社会主义现代化国家新征程提供有力法治保障）。

（2）主体——详细阐述任务和目标、措施和方法、步骤和注意事项。

第一部分交代2020年立法工作计划的任务和目标（围绕坚持和完善中国特色社会主义制度、推进国家治理体系和治理能力现代化，科学合理安排立法项目），重点从坚持和完善“社会主义基本经济制度”“繁荣发展社会

续表

治理体系和治理能力现代化急需的制度、满足人民对美好生活新期待必备的制度，推动中国特色社会主义制度不断自我完善和发展、永葆生机活力。要突出坚持和完善支撑中国特色社会主义制度的根本制度、基本制度、重要制度，着力固根基、扬优势、补短板、强弱项，构建系统完备、科学规范、运行有效的制度体系。要全面贯彻实施宪法，深化宪法学习宣传教育，以完备的制度推动和保证宪法实施，维护宪法权威。要完善立法体制机制，坚持科学立法、民主立法、依法立法，完善党委领导、人大主导、政府依托、各方参与的立法工作格局，坚持立改废释并举，不断提高立法质量和效率。要完善以宪法为核心的中国特色社会主义法律体系，加强重要领域立法，加快我国法域外适用的法律体系建设，以良法推动发展、保障善治。要处理好改革与法治的辩证关系，以立法引领和保障改革，确保党中央关于全面深化改革的各项决策部署落到实处。为此，对国务院 2020 年立法项目作出如下安排： ——围绕坚持和完善社会主义基本经济制度，推动经济高质量发展，提请全国人大常委会审议印花税法草案，制定保障中小企业款项支付条例、私募投资基金管理暂行条例、非存款类放贷组织条例、城市公共交通条例、农作物病虫害防治条例，修订企业信息公示暂行条例、国家科学技术奖励条例、粮食流通管理条例，修订与外商投资法不符的行政法规。中国人民银行法修订草案、商业银行法修订草案、反洗钱法修订草案、保险法修订草案、公路法修订草案预备提请全国人大常委会审议。 ——围绕坚持和完善繁荣发展社会主义先进文化的制度，巩固全体人民团结奋斗的共同思想基础，提请全国人大常委会审议著作权法修订草案，制定未成年人网络保护条例，修订水下文物保护管理条例。文化产业促进法草案预备提请全国人大常委会审议。 ——围绕坚持和完善统筹城乡的民生保障制度，满足人民日益增长的美好生活需要，提请全国人大常委会审议退役军人保障法草案、社会救助法草案、教育法修正草案、农产品质量安全法修订草案，制定消费者权益	主义先进文化的制度”“统筹城乡的民生保障制度”“共建共治共享的社会治理制度”等方面深入阐述。具有明确的目的性和科学的预见性。

续表

保护法实施条例、医疗保障基金使用监督管理条例、生物技术研究开发安全管理条例、生物医学新技术临床研究和转化应用管理条例、化妆品监督管理条例、建设工程抗震管理条例，修订民办教育促进法实施条例、医疗器械监督管理条例。 ——围绕坚持和完善共建共治共享的社会治理制度，保持社会稳定、维护国家安全，提请全国人大常委会审议治安管理处罚法修订草案、安全生产法修正草案、海上交通安全法修订草案、监狱法修订草案，制定社会组织登记管理条例、关键信息基础设施安全保护条例、无人驾驶航空器飞行管理暂行条例，修订地名管理条例。 …… 抓紧做好政府职能转变和“放管服”改革、优化营商环境等涉及的法律法规清理工作。 对于党中央、国务院交办的其他立法项目，抓紧办理，尽快完成起草和审查任务。 对于其他正在研究但未列入立法工作计划的立法项目，由有关部门继续研究论证。	
二、完善立法体制机制，加强和改进新时代行政立法工作 牢牢坚持党中央对立法工作的集中统一领导。中国共产党领导是中国特色社会主义最本质的特征，是中国特色社会主义制度的最大优势，党是最高政治领导力量。要增强“四个意识”、坚定“四个自信”、做到“两个维护”，自觉在思想上政治上行动上同以习近平同志为核心的党中央保持高度一致。要严格执行立法工作向党中央请示报告制度，凡重大立法事项，立法涉及的重大体制、重大政策调整，以及需要由党中央研究的立法中的重大问题，按照规定向党中央请示报告。立法工作计划、重要立法项目按照要求提交中央全面依法治国委员会审议或审批。要推进党的领导入法入规，以立法推动完善党领导各项事业的具体制度，把党的领导落实到统筹推进“五位一体”总体布局和协调推进“四个全面”战略布局各方面。 建立健全立法风险防范机制…… 深入推进科学立法、民主立法、依法立法……	第二部分介绍2020年立法工作计划的措施和方法（完善立法体制机制，加强和改进新时代行政立法工作），紧密联系实际，重点从“牢牢坚持党中央对立法工作的集中统一领导”“建立健全立法风险防范机制”“深入推进科学立法、民主立法、依法立法”“切实做好法规规章备案审查工作”等方面细致阐述。对全年的立法工作有着科学的指导性和极强的约束力。

续表

切实做好法规规章备案审查工作…… 大力加强行政立法宣传工作…… 三、抓好立法工作计划的贯彻执行 国务院各部门要深刻认识做好立法工作对于坚持和完善中国特色社会主义制度、推进国家治理体系和治理能力现代化的重大意义，高度重视立法工作计划的贯彻执行。要加强组织领导、完善工作机制、压紧压实责任、加强沟通协调，集中精力高质高效按时完成重点立法项目。 起草部门要重视法制工作机构建设，配齐配强立法工作人员，提高立法工作能力和水平。要提高送审稿质量，严格按照立法法、行政法规制定程序条例等规定，做好向社会公开征求意见工作，及时上报送审稿、立法评估报告等相关材料，为审查、审议等工作预留合理时间。送审稿涉及其他部门的职责或者与其他部门关系紧密的，起草部门应当与有关部门充分协商，涉及部门职责分工、行政许可、财政支持、税收优惠政策的，应当征得机构编制、审改、财政、税务等相关部门同意。报送送审稿前，起草部门应当与司法部做好沟通，如实说明征求意见、协调分歧等情况。未沟通就报送送审稿的，司法部可以就是否启动审查工作向国务院提出意见和建议。 司法部要加强与起草部门的沟通，及时跟踪了解立法工作计划执行情况，加强组织协调和督促指导。有关部门报送的送审稿存在行政法规制定程序条例规定的退件情形的，司法部可以按照规定将送审稿退回起草部门重新研究。对于争议较大的立法事项，司法部要加大协调力度，提高协调层级，妥善处理分歧，敢于在矛盾焦点问题上“切一刀”。经过充分协调仍不能达成一致意见的，司法部、起草部门应当将争议的主要问题、有关部门的意见以及司法部的意见及时按程序请示报告。 附件：《国务院2020年立法工作计划》明确的立法项目及负责起草的单位 （录自中国政府网，收录时有改动）	第三部分说明2020年立法工作的步骤和注意事项（起草部门要重视法制工作机构建设，配齐配强立法工作人员，提高立法工作能力和水平；司法部要加强与起草部门的沟通，及时跟踪了解立法工作计划执行情况，加强组织协调和督促指导），内容周全，条理清晰，便于贯彻执行。 （3）结尾——言尽文止，自然结尾。 **3. 附件说明** 与计划有关的材料如在正文中不宜表达，可以附件的形式附于文后，附件名称标示于正文之下。 **4. 落款** 文末计划制订者、成文日期省略。 全文层次清楚明了，语言准确周密，措施具体可行。

例文②

华东师范大学2021年工作要点

2021年是中国共产党成立100周年，是全面建成小康社会、开启全面建设社会主义现代化国家新征程的关键之年，也是学校迎接70周年校庆，“十四五”规划开局之年。学校将以习近平新时代中国特色社会主义思想为指导，贯彻落实党的十九大和十九届二中、三中、四中、五中全会精神，贯彻落实习近平总书记关于教育的重要论述和全国教育大会精神，增强“四个意识”，坚定“四个自信”，做到“两个维护”，牢牢把握“迎双庆”重要时间节点，总结经验，弘扬精神，启动新航。立足新发展阶段，贯彻新发展理念，构建新发展格局，以推动高质量发展为主题，以改革创新为根本动力，坚持和加强党对学校工作的全面领导，落实立德树人根本任务，重谋划、抓整改、破藩篱、创卓越、开新局，集中力量抓好“推进卓越育人”“编制实施‘十四五’规划”“办好70周年校庆”三件大事，以优异成绩献礼建党100周年和建校70周年。

一、加强党的全面领导，推进全面从严治党向纵深发展

1. 深入学习宣传落实习近平新时代中国特色社会主义思想

目标任务：全面加强党的领导，深入学习领会、研究阐释习近平新时代中国特色社会主义思想，坚持不懈用党的创新理论武装头脑、指导实践、推动工作。紧扣建党100周年和建校70周年重大主线，开展全覆盖、全媒体、全方位的党史宣传、学习和教育。

工作措施：发挥党委总揽全局、协调各方的核心作用，全力推进党建工作与事业发展双融合双促进双提高，以更高质量的党的政治建设成果来保障并加快推进学校内涵发展高质量突破。持续推动校院两级党委中心组、教职工政治理论学习，加强对全校理论学习的统筹，在学做紧密结合上下功夫。持续巩固深化“不忘初心、牢记使命”主题教育制度化常态化，深入推进“四史”学习教育，重点开展党史学习教育主题活动，跟进学习习近平总书记最新重要论述。将习近平新时代中国特色社会主义思想、党的十九大和十九届二中、三中、四中、五中全会精神、全国教育大会精神纳入学校各级各类教师干部教育培训。推进以青年大学生为主体的“新时代宣讲团”队伍、青年研究中心建设。充分发挥全国重点马院、上海市习近平新时代中国特色社会主义思想研究中心华东师大研究基地的优势，深化理论成果的原创性学理化学科化研究阐释。围绕庆祝建党100周年、建校70周年等，精心策划组织主题宣传活动。多载体多形式宣传展示作为新中国成立后第一所社会主义师范大学的学校历史进程和发展成就，提升学校办学声誉。

责任单位：宣传部、组织部、学校办、党校、学工部、团委、教师工作部。

2. 夯实基层党组织建设……

3. 培育忠诚干净担当的高素质党员和干部队伍……

4. 坚定不移全面从严治党……

5. 扎实推进巡视整改落地见效……

6. 加强意识形态与宣传思想工作……

7. 毫不放松抓好常态化疫情防控与校园安全稳定……

8. 汇聚统战群团促进事业发展的强大合力……

二、全面落实立德树人根本任务，扎实推进“卓越育人”行动方案

9. 扎实推进学校思想政治工作体系构建

目标任务：深化“三全育人”综合改革，构建“五育并举”教育体系，全面落实“思政课程”“课程思政”双轮驱动，培养德智体美劳全面发展的社会主义建设者和接班人。

工作措施：以“立德树人”为根本任务，持续深入落实《华东师范大学关于深化“三全育人”综合改革的实施方案》。以“三全育人”综合改革示范案例培育和专项实践课题研究为抓手，培育示范典型，突出育人特色。进一步强化师德师风建设，开展先进典型的选树和宣传，构建以立德树人为根本任务、以争做“四有”好老师为价值导向的良好氛围。全面落实“思政课程”“课程思政”双轮驱动，创新思政课程教学体系，继续实施“课程思政”领航计划。推动课程思政大中小一体化建设，形成课程思政－学科德育－师范生培养紧密联系的链条。深化“五育并举”，多层次推进体美劳教育工作。进一步完善书院作用，推动第一课堂与第二课堂深度融合，更加注重浸润、熏陶、养成、感染、培育，完善课程体系与书院养成教育相互协同促进的育人体系。完成校园科创项目“种子库”，完善科创育人工作体系。扩大学生参与有组织社会实践规模，完善实践育人体系。强化“发展型”资助导向，努力提升资助育人水平。开发推出高质量的校本特色心理健康教育课程，提升心理咨询与危机干预流程的规范化程度，打造幸福理念的心理育人模式。继续做好民族团结教育和少数民族学生的管理服务工作。

责任单位：宣传部、马克思主义学院、教务处、研究生院、学工部、团委、书院、教师工作部。

10. 落细落实“卓越育人”行动方案……

11. 推进研究生教育改革……

12. 提升招生和就业工作质量……

13. 加强学生创新创业能力培养……

三、服务国家创新体系，加快推进“卓越学术”建设

14. 加速提升学科核心竞争力……

15. 构建“卓越学术”行动方案，产出更多原创标志性成果……

16. 优化科研基地平台布局……

17. 加强高层次实质性国际合作交流……

18. 提升社会服务质量与成效……

四、深化人才强校战略，加强新时代教师队伍建设改革

19. 推动师德师风建设常态化长效化……

20. 加强人才队伍顶层设计，引育并举，实现精准引才育才……

21. 持续推进人事制度改革，促进人事治理体系和治理能力实现现代化……

五、办好70周年校庆，提升社会美誉度和师生员工幸福感

22. 办好70周年校庆，推进学校发展……

23. 提高国有资产使用效益……

24. 加强教育经费投入使用管理与审计工作……

25. 加强校园文化资源建设……

26. 强化学校民生保障能力……

六、高质量编制实施“十四五”规划，推动改革和发展深度融合高效联动

27. 高质量编制实施“十四五”规划……

28. 基本完成校内治理结构优化……

29. 推进智慧校园建设……

30. 扎实推进校内评价体系改革……

中共华东师范大学委员会

华东师范大学

2021年3月1日

（录自华东师范大学信息公开网，收录时有改动）

评　析

这是一份单位工作计划。标题结构为“计划制订者（华东师范大学）+时限（2021年）+

内容（工作）+ 文种（要点）”。正文前言介绍制订该工作要点的背景、指导思想、依据和目的；正文主体着重从六个方面对学校 2021 年的主要工作作出部署。第一层次简要交代主要工作任务，明确需要完成的任务。第二层次阐述具体的工作措施，每项工作首先用小标题进行概括，其次指出该项工作的目标任务，然后说明为完成目标任务应动员的力量、创造的条件、采取的方法，最后写明责任单位，确保职责分明，实施有序；正文结束后，自然收尾。落款注明计划制订者（中共华东师范大学委员会 华东师范大学）和制订计划的时间（2021 年 3 月 1 日）。全文 30 个小点分属六大部分，条理清晰，详略得当，语言周密。

例文③

读书计划

为了提高自己的业务水平和师德修养，使自己的教育教学行为更能符合时代的要求，作为一名人民教师，必须养成“多读书、读好书、好读书”的良好习惯。在校领导的指导下，本人特制订 2021 年读书计划如下。

一、读书目标

1. 通过读书活动，树立正确的世界观、人生观、价值观和教师职业观，建立新型师生关系，塑造良好的教师形象。

2. 通过学习教育经典理论，使自己业务精良，胜任新课程教学，成为符合素质教育要求的教师。

3. 将“读书是一种需要”上升为“读书是一种责任”“读书是一种乐趣”“读书是一种有益的生活方式”，提高与时俱进的学习能力与创新能力。

二、读书内容

1. 教育新理念类：李镇西的《爱心与教育》《做最好的老师》《我这样做班主任》，孟繁华的《赏识你的学生》，汪中求的《细节决定成败》《窗边的小豆豆》《给教师的 100 条新建议》《心平气和的一年级》。

2. 文学作品类：《草房子》《苏菲的世界》《百年孤独》《撒哈拉的故事》《把心安顿好》《人生若只如初见》。

……

三、主要措施

1. 充分利用课余时间阅读有关书目，养成“不动笔墨不读书”的习惯，勤于做读书笔记，写好心得体会。

2. 每天确保一小时的读书时间，让读书成为一种自觉行为，让学习成为一种精神需要。

3. 充分利用网络进行线上阅读，了解最新社会动态，在学习专业知识的同时拓展自己的视野，全方位提升自身素质，努力实现“一专多能”。

4. 将读书活动与课堂教学相结合，边学习教育理论，边传达教育观念，及时认真地进行教学反思，真正做到“读”有所“悟”，“悟”有所“用”，“用”有所“得”。

四、时间安排

四月份：重点阅读《我这样做班主任》《心平气和的一年级》。

五月份：重点阅读《窗边的小豆豆》《给教师的100条新建议》。

六月份：重点阅读《让孩子踏上阅读快车道》。

……

“腹有诗书气自华”，读书能够带给我们情怀、胸怀和气质。读书也能够增长教师的专业智慧，提升教师的精神境界。我将根据上述计划，多读书，勤学习，努力做一名学习型的青年教师。通过阅读经典，丰富人生，让生命在阅读中更加精彩！

×××

2020年12月20日

（录自文秘网，收录时有改动）

评　析

这是一份个人学习计划。标题结构为“内容（读书）+文种（计划）”。正文前言简要交代制订计划的目的，并用惯用语“特制订……计划如下”过渡到下文；正文主体首先说明计划的任务和目标（读书目标、读书内容），其次阐述计划的措施和方法（主要措施），最后写明计划的步骤（时间安排）；正文结尾表明完成读书计划的决心。落款注明计划制订者（×××）和制订日期（2020年12月20日）。该计划目标明确，措施得力，层次清晰，具有一定的可行性和可操作性。

（二）病文评析

×××电力公司下半年工作思路

为了确保全年目标任务的圆满完成，实现“十四五”良好开局，在2020年下半年的工作中，我司应该认真贯彻落实市公司关于控股公司“三年扭亏、管理接轨”精神，以公司“十四五”发展规划纲要为指南开展各项工作。推动公司发展提速、管理升级、素质提升，争创一流，努力开创工作新局面，确保全面完成市公司下达的全年目标任务。今年还有半年多的时间，要全面完成各项任务，取决于我们战胜困难的决心，取决于我们加快发展的信心，取决于我们勇于创新的举措，取决于我们求真务实的行动。大家既要看到上半年取得的成绩，更要认清公司面临的新形势，狠抓安全不放松，鼓足干劲，齐心协力。因此，我司在下半年主要做好以下工作。

1. 完善基础管理工作，加大“同业对标”工作力度，建立行之有效的竞争激励机制，不断提高管理能力。

2. 坚持“安全第一、预防为主”的方针，始终把安全要求贯彻到生产工作的全过程，落实到企业管理的方方面面。

3. 全面加强营销管理，确保经营指标任务完成。

4. 强化行风建设，提升优质服务新境界。努力为用户提供安全、稳定的电力和优质、方便、规范、诚信的服务。更好地为地方经济建设服务，树立企业良好的社会形象。

5. 加强党群组织建设，促进企业文化建设，确保职工综合素质不断提高。

6. 加强企业精神文明建设，充分展示公司改革发展的成果。

7. 科学决策，规范管理，做大做强多种产业。

同志们，让我们在贯彻市总公司“三年扭亏、管理接轨”的重要实践活动中，团结一致，不畏时艰，奋发向上，以扎实的工作推动全年各项任务的完成，为企业持续、健康、快速地发展奠定坚实的基础。

×××电力公司

（根据有关材料改写）

评 析

1. 标题

标题格式不合规范。时限应改为“2020年下半年”，文种应改为“计划”或“安排”。

2. 正文

（1）目的和依据不明确。要简明扼要地说明制订计划的背景、目的、依据、意义等，不宜大谈完成工作的条件，如“取决于我们勇于创新的举措……取决于我们求真务实的行动”，也不宜空喊口号，如“狠抓安全不放松，鼓足干劲，齐心协力”，应讲清制订计划的必要性与执行计划的可行性。

（2）任务和目标不具体。应明确写出一定时间内需要完成的工作任务以及要达到的预期目标，文中“确保全面完成市公司下达的全年目标任务”一语表述含糊笼统，要具体说明任务的目标及其在数量、质量、时间上的要求。

（3）措施和方法不可行。应具体写出为完成任务和目标应动员什么力量，创造什么条件，采取什么方式，通过什么途径、克服什么困难等，此文的七条措施大都是套话、空话，且层次混乱，主次不分，不具可行性。

3. 落款

落款内容不够完整。应在署名（×××电力公司）的下一行写明制订或通过计划的具体日期。

【练习】

一、请指出下列计划存在的问题并改正。

学习计划

根据镇党委关于开展“不忘初心，牢记使命”主题教育工作安排，××村党支部特制订学习计划如下。

一、学习时间：

20××年×月××日~××月××日。

二、学习对象：

×× 村党支部全体党员。

三、工作安排：

1. 认真学习党的十九大报告、中国共产党党章、《习近平新时代中国特色社会主义思想纲要》等，领悟党的初心和使命。

2. 认真开展个人自学，党员干部制订个人学习计划，有效利用“学习强国”“×× 智慧党建”等平台，让线上学习成为常态，将理论学习融于日常。支部委员在“不忘初心，牢记使命”专题教育笔记本上做好学习记录。

3. 集中开展革命传统教育，参观红色基地，铭记革命历史，重温入党誓词，进一步增强党员荣誉感、归属感和使命感，将初心和使命深刻铭记于心中，政治上同以习近平同志为核心的党中央保持一致。

4. 组织全体党员干部坚持读原著，学原文，悟原理，做到学、思、用相贯通，深入学习习近平新时代中国特色社会主义思想，特别是习近平总书记在“不忘初心，牢记使命”主题教育工作会议上的重要讲话精神。

5. 深入实施党员先锋工程，开展“三亮三比”（亮身份、亮标准、亮承诺；比技能、比作风、比业绩）活动，以实际行动践行初心和使命，用好党日活动制度，用好微信群，增强主题教育的吸引力和感染力。主题教育结束前，以“不忘初心，牢记使命”为主题召开一次专题组织生活会，开展民主评议党员等活动。

二、×× 大学学生会拟在 2021—2022 学年第二学期重点开展一些工作，请根据以下材料，为该学生会制订一份工作计划。

目的：

1. 加强自身建设，健全学生会运行机制。

2. 实行干部量化管理制度，加强组织纪律性。

常规工作：

1. 每周一次例会、主席团成员会议。

2. 每月一次民主生活会。

3. 宣传部保质保量出海报，定期举行各班板报比赛。

4. 生活部每日卫生评比。

5. 体育部每日两操评比。

6. 自律部每日风纪检查。

7. 社团部周末播放主旋律电影。

其他工作：

1. 体育部组建裁判小组，举办足球赛。

2. 自律部组建巡查小组。

3. 社团部成立集邮小组。

4. 学习部举办综合知识竞赛及学习经验交流会。

5. 文娱部排练文艺晚会节目。

6. 生活部对学校建设、饭堂运营、学生会工作等进行调查。

7. 学期末评出“优秀学生会干部”，提高干部工作积极性。

计划练习答题要点

第三节 总　结

一、总结的定义

总结是各级党政机关、企事业单位、社会团体和个人在完成一段工作或任务后，对所完成的工作、任务进行回顾与反思，从中发现规律、归纳经验，并形成理论化和系统化的书面材料，用以指导今后工作实践的一种事务文书。日常生活中所说的“小结”“体会”“回顾”“做法”“经验”等，均属于总结的范畴。

总结有时需要上报，有时也会下发，亦可作为经验推广，因此可以起到汇报工作、上情下达、交流信息的作用。

二、总结的分类

依据不同的标准，总结可以划分为不同的类型。

1. 从内容角度划分

总结可以分为工作总结、生产总结、学习总结、教学总结、科研总结等。

2. 从时间角度划分

总结可以分为年度总结、季度总结、月度总结、阶段总结等。

3. 从范围角度划分

总结可以分为全国性总结、地区性总结、单位总结、个人总结等。

4. 从性质角度划分

总结可以分为综合性总结和专题性总结。

5. 从形式角度划分

总结可以分为条文式总结、表格式总结和条文表格式总结。

三、总结的特点

1. 回顾性

总结是对前一阶段工作实践的系统回顾，它是以原定计划为标准和依据，也是对原定计划完成情况的检验，又是制订下一阶段计划的依据与参考，计划与总结互为始终，相辅相成。

2. 自述性

总结是对本系统、本单位或者个人前一阶段工作的归纳和概括，目的是为了改进、指导下一阶段的工作，其内容都是对自身实践活动的忠实反映，因此行文时一般应使用第一人称。

3. 理论性

总结是对工作实践的本质概括，它通过多方面的分析研究，找出工作中的成功经验和失败教训，并上升到理论高度，提炼出规律性认识，用以指导未来的实践，在反思中不断前进。

四、总结的写作

（一）总结的行文结构

总结一般由标题、正文和落款等部分组成。

1. 标题

总结的标题通常有公文式标题、新闻式标题两大类。

（1）公文式标题。由“总结者 + 时限 + 内容 + 文种”构成，如《× × 省供销合作社 2020 年工作总结》；或省略总结者，由“时限 + 内容 + 文种”构成，如《2020 年度政务公开工作总结》；或省略时限，由“总结者 + 内容 + 文种”构成，如《× × 市征集“十四五”规划意见和建议的情况总结》；或省略总结者和时限，由“内容 + 文种”构成，如《市场营销工作总结》。

（2）新闻式标题。即用一句话或一两个短语概括总结的主题或主要内容，但不出现“总结”字样，如《坚持以民为本，做好民生保障的“加法”》；或者使用正、副两个标题，正标题揭示观点或概括内容，副标题交代总结者、时限、内容和文种，如《蹄疾步稳 精准发力 深化财政“放管服”改革——财政部 2019 年“放管服”改革工作总结》。

2. 正文

正文是总结的主体部分，主要包括前言、主体和结尾三个部分。

（1）前言。前言是总结的开头部分，目的在于给人以总体印象，领起下文。一般是概括介绍基本情况，交代背景、依据、时间、成绩、进程等，给读者一个总体印象；或是提纲挈领地对主要内容进行提示，让读者清楚总结的范围；或是开门见山地提出结论，让读者明白总结的核心。这部分应对过去一段时间内的工作情况展开阐述，交代清楚开展了哪些工作、采取了哪些措施、取得了哪些效果等，要写得开宗明义，言简意赅。

（2）主体。主体是总结的核心部分，内容主要包括成绩和经验、问题和教训、设想和安排等。

第一，成绩和经验。应介绍工作中所取得的成绩，并给予简要评价，主要说明“做了什么”“做得如何”；还应介绍工作中所采取的好的做法，以及取得成绩的主客观因素等，主要说明“如何做的”。此部分是总结的中心内容，应有事实材料和必要的统计数据，能够概括出规律性的认识。要写得深入细致，详略得当。

第二，问题和教训。总结也要本着实事求是的精神写明工作中遇到哪些问题，以及给工作带来哪些影响，指出应吸取哪些教训，并着重分析问题、教训产生的原因，也可结合解决问题的措施来写。此部分可视总结的重点进行取舍。

第三，设想和安排。一般简要阐述今后的打算和努力方向，提出切实有效的改进措施，提出一些新的奋斗目标，表明决心，展望前景。要写得简洁自然，鼓舞人心。

（3）结尾。有些总结在正文主体后另写一段文字，概括全文主要内容；有些总结则以主体最后一部分收束全文，不再另写专门的结尾。

以上是总结的传统写法，一些总结可以将正文分为两大部分，第一部分简明扼要地介绍工作的基本情况。第二部分则将成绩、经验归纳成若干条，每条均列出一个小标题，再逐层深入地进行分析。一些总结则可以将整个工作过程分为若干阶段，再分别对每个阶段的情况进行介绍和分析，阐明各个阶段的经验和教训。

3. 落款

在正文的右下方写明总结者（单位名称或个人名称），在署名下一行写上总结的成文日期。若标题中已写明单位名称，则文末署名可以省略；若标题内未标明单位名称，也可在标题下署名。总结如作为文件外发，还要在落款处加盖印章。

（二）总结的写作要求

1. 实事求是，材料充实

总结主要是检查工作或实践的完成情况，从中得出经验教训，对未来起着指导作用，所以必须客观真实地反映工作或实践的情况，如果与实际不符就失去了实用价值。因此，必须实事求是，不夸大成绩，不回避缺点。为了保证内容充分真实、分析具体到位，写总结之前应收集大量具有典型性、代表性、真实性和准确性的材料，突出新意，写出新情况、新经验、新教训，切忌老生常谈。

2. 条理清晰，重点突出

总结的目的是给今后的工作或实践提供帮助，条理清晰的总结可以让阅读者更易于理解、领悟和吸收，从而更快地用于实际操作。因此，一定要条理清晰地阐述各种情况、分析成绩、归纳经验，做到前后连贯，避免重复交叉。总结也不能写成流水账，它不是各种情况的简单罗列和堆砌，要根据实际情况和总结的目的来确定主体内容，做到内容充分，详略得当，重点突出，切忌面面俱到。

3. 叙议得当，语言简洁

叙述和议论是总结最常用的表达方式，应做到有叙有议，叙议得当，叙述是议论的基础，议论是叙述的升华。一般而言，在介绍工作基本情况时应以叙述为主，而在分析归纳经验教训时要辅以议论。总结的篇幅一般较长，为了能让阅读者在最短的时间内抓住要领，它的层次必须分明，语言必须精练，文风必须朴实，结构必须严谨。不能用模棱两可的字眼，也不需要使用过分修饰的语句。

五、总结写作示例与评析

（一）范文评析

例文①

深化医药卫生体制改革 2019 年工作总结 党中央、国务院高度重视医改工作。党的十九届四中全会强调要深化医药卫生体制改革，健全基本医疗卫生制度。一年来，习近平总书记多次主持召开中央深改委会议，审议治理高值医用耗材改革、促进中医药传承创新发展、区域医疗中心建设试点、深化医疗保障制度改革等重大政策，多次作出重要指示，为推进医改指明了方向。李克强总理多次主持国务院常务会议，部署癌症	**评析** 这是一份全国性工作总结。 **1. 标题** 采用公文式标题（省略式），结构为：内容（深化医药卫生体制改革工作）+ 时限（2019 年）+ 文种（总结）。 **2. 正文** （1）前言——简单概述 2019 年深化医药卫生体制改革工作的基本情况，领起下

续表

用药保障、社会办医发展、高血压糖尿病门诊用药报销、药品集中采购和使用等重要举措。孙春兰副总理经常深入基层调研，协调解决医改难题，推动形成工作合力。各地各部门贯彻落实党中央、国务院决策部署，坚持预防为主，着力解决看病难看病贵，推动医改取得新成效。人民健康状况持续改善，2019年人均预期寿命提高到77.3岁，孕产妇死亡率降低至17.8/10万，婴儿死亡率降低至5.6‰；群众看病就诊更加便利，87%以上的居民15分钟内能够到达最近的医疗点；患者就医负担逐步减轻，个人卫生支出占卫生总费用比重为28.4%。《柳叶刀》杂志刊发专门文章，盛赞中国医改十年成绩显著。 一、以治病为中心正在向以健康为中心转变 （一）健康中国行动启动实施。印发实施健康中国行动的意见以及组织实施和考核方案，成立健康中国行动推进委员会，发布《健康中国行动（2019—2030年）》，聚焦健康主要影响因素、突出问题和重点人群，组织实施15个专项行动，每个行动有目标、有指标、有路径、有考核。开展国民营养计划，推进健康素养促进项目。2019年全国居民健康素养水平为19.17%，比2018年提升2.11个百分点。 （二）公共卫生服务项目持续完善…… （三）重大疾病防治工作有序推进…… （四）预防接种管理进一步规范…… （五）医疗卫生服务体系逐步完善…… 二、看病难问题得到持续缓解 （一）区域医疗中心建设启动实施。印发区域医疗中心建设试点工作方案，从国家层面推动高水平医疗资源均衡布局，在河北等8个省区开展试点建设。明确国家医学中心和国家区域医疗中心设置要求以及儿科等类别医疗中心设置标准。 （二）医联体建设规范推进…… （三）基层服务能力持续提高…… （四）“互联网＋医疗健康”加快推进…… （五）医疗服务进一步改善…… （六）社会办医持续健康发展……	文，内容包括背景（党中央、国务院高度重视医改工作。党的十九届四中全会强调要深化医药卫生体制改革，健全基本医疗卫生制度）、依据（习近平总书记多次主持召开中央深改委会议……多次作出重要指示，为推进医改指明了方向）和成绩（人民健康状况持续改善，群众看病就诊更加便利，患者就医负担逐步减轻等）。 （2）主体——重点介绍工作中所取得的成绩、所采取的措施，阐述开展了哪些工作、采取了哪些措施、取得了哪些效果。 此文将工作的主要内容分成“以治病为中心正在向以健康为中心转变”“看病难问题得到持续缓解”“看病贵问题取得重要突破”“医疗卫生体系运行效率持续提高”“相关工作统筹有序推进”五个部分，准确概括出2019年我国深化医药卫生体制改革工作所取得的显著成绩。同时，围绕2019年深化医改工作的主旨，又将每个部分分为若干方面，分别列出小标题，鲜明醒目地展现出五项主要工作的具体内容。

续表

三、看病贵问题取得重要突破 （一）国家组织药品集中采购逐步推开。印发国家组织药品集中采购和使用试点方案，截至 2019 年 12 月底，“4+7”城市平均完成 25 个中选药品采购进度 183%。加强对中选药品质量监管，实现监督检查和产品抽检两个全覆盖，所有品种抽检全部合格。扩大试点区域范围，扩围省份 25 个药品中标价格较 2018 年同种药品最低采购价平均降幅 59%。中选药品配备使用情况纳入公立医疗机构及医务人员绩效考核。以药品集中采购和使用为突破口，推进医疗、医保、医药联动改革。 （二）药品耗材费用负担持续减轻…… （三）基本药物配备使用得到强化…… （四）药品审评审批进一步完善…… （五）药品流通领域持续规范…… （六）药品保供稳价能力稳步提高…… （七）全民医保制度进一步健全…… （八）商业健康保险积极发展…… 四、医疗卫生体系运行效率持续提高 （一）公立医院综合改革持续深化。加强全国医院党建工作指导，举办 13 期三甲医院党委书记和党务干部培训班。在 148 家医院试点建立健全现代医院管理制度，在 45 个地方开展公立医院综合改革示范工作，推进公立医院章程试点。印发做好当前医疗服务价格动态调整工作的意见，指导地方建立健全医疗服务价格动态调整机制，稳妥有序试点探索医疗服务价格优化。印发医疗机构内部价格行为管理规定，加强医疗机构内部管理，维护患者和医疗机构的合法权益。深入推进公立医院薪酬制度改革，公立医院薪酬结构进一步优化，薪酬水平确定更加科学合理。改进公立医院综合改革效果评价方法，评价指标由 32 项精简至 8 项并直接采集数据，减轻基层负担。遴选 21 个公立医院综合改革真抓实干成效明显的地方，受到国务院通报表彰。中央财政安排公立医院综合改革补助资金 101.01 亿元，对每个受表彰的地方额外奖励 500 万元。 （二）公立医院绩效考核逐步推开…… （三）综合监管逐步强化……	

续表

五、相关工作统筹有序推进 （一）健康扶贫工作扎实推进…… （二）中医药传承创新发展…… （三）医学教育改革不断深化…… 国务院深化医药卫生体制改革领导小组 （录自国家卫生健康委员会网，收录时有改动）	（3）结尾——总结在正文主体结束后，意尽言止，自然收尾。 **3. 落款** 总结者（单位名称）位于正文后右下方，成文日期省略。 全文脉络清晰，论据充分，重点突出。

例文②

江南大学 2020 年党政工作总结

2020 年是全面建成小康社会、实现第一个百年奋斗目标的决胜之年，是“十三五”规划和《国家中长期教育改革和发展规划纲要（2010—2020 年）》的收官之年，也是全面启动学校“十四五”发展规划编制和第七轮任期目标责任制的关键之年。学校党政坚持以习近平新时代中国特色社会主义思想为指导，深入贯彻党的十九大和十九届二中、三中、四中、五中全会精神，落实全国教育大会、全国研究生教育会议等精神，聚焦顶层设计“十四五”发展、深化教育评价改革、接受教育部党组巡视、强化内涵式发展等，团结带领全校党员干部和师生员工，统筹推进疫情防控和事业发展各项工作，学校党的建设与各项事业取得新进展新成效。

一年来，学校党政全面贯彻落实党中央和部党组决策部署，在推进各项工作的同时，突出重点、集中精力，抓了四件大事。

一是凝心聚力，坚决打赢疫情防控阻击战。深入学习贯彻习近平总书记关于疫情防控工作的重要讲话和指示批示精神，聚焦党中央重大决策部署，按照教育部及地方政府应对疫情防控工作的要求，抓紧抓实抓细疫情防控各项工作。学校坚持“以人民为中心”的根本立场，将守护师生生命安全和身体健康放在第一位，第一时间启动学校公共卫生突发事件应急预案，成立校应急管理工作领导小组，选派附属医院 2 批次医护人员驰援武汉。从“停课不停学”保质保量开展线上教学，到“错峰错时、分批分期”组织复学返校，再到恢复正常教学秩序、开展常态化疫情防控工作，切实做到疫情防控与教育事业双推进。组织学习"开学第一课"弘扬伟大抗疫精神，扎实做好"六稳六保"工作，2020届毕业生就业率达92.32%，一批"00后"同学在疫情阻击战中扛起社会责任，被新华社等媒体广泛"点赞"。

二是多措并举，贡献脱贫攻坚江南力量。积极落实党中央、国务院扶贫办和教育部对扶贫工作的最新指示精神，将定点扶贫贵州省××县作为学校重大政治任务，常委会定期听取扶贫工作专题汇报，成立由校党委书记和校长担任组长的定点扶贫工作领导小组，与从江县政府签订合作协议，实施教育扶贫、产业扶贫和消费扶贫等计划，书记、校长等校领导以及11批次专家实地研商推动，举全校之力推进定点扶贫工作。2020年6月全面完成"六个200"帮扶任务，并持续开展定点扶贫"自选动作"，助力从江县于2020年11月下旬正式摘帽脱贫。

三是提高站位，落实教育部党组巡视要求……

四是靶向用力，扎实推进第七轮任期目标责任制和"十四五"发展规划编制工作……

一年来，学校党政立足新发展阶段，践行新发展理念，构建新发展格局，主要还做了以下四个方面工作：

一、旗帜鲜明讲政治，坚持和加强党对学校的全面领导

（一）把牢正确方向，始终把党的政治建设摆在首位……

（二）突出思想引领，提升宣传思想文化工作实效性……

（三）坚持强基固本，全面提升党建与组织工作质量……

（四）坚持正风肃纪，推动全面从严治党向纵深发展……

二、立德树人固根本，全面促进人才培养质量提升

（一）深化"三全育人"，增强思想政治教育针对性……

（二）深化教育改革，推进一流本科教育……

（三）强化创新能力，推进卓越研究生教育……

（四）坚持人才强校，加强一流师资队伍建设……

三、凝心聚力谋发展，推进学校高质量内涵式发展

（一）坚持引领带动，学科建设水平进一步提升……

（二）强化协同创新，科研创新能力进一步提高……

（三）坚持开放办学，国际交流合作进一步深化……

（四）凝聚发展合力，和谐校园氛围进一步加强……

四、强化担当有作为，着力推动学校治理效能提升

（一）聚力规划引领，强化战略管理和前瞻性布局……

（二）聚力深化改革，推动制度优势转化为治理优势……

（三）聚力内控管理，推动各项工作任务落地见效……

（四）聚力落实保障，提升校园管理与服务整体效能……

一年来，面对史所罕见的复杂形势和严峻挑战，全校上下坚持以习近平新时代中国特色社会主义思想为指导，深入贯彻落实中央和上级部署要求，在危机中育先机、于变局中开新局，攻坚克难、奋发进取，共同书写了一份温暖而厚重的2020年“江南答卷”。这一年的实践让我们更加深刻地认识到，党的全面领导是学校改革发展稳定的坚强保障，习近平新时代中国特色社会主义思想是推动学校事业不断向前发展的科学指南；更加深刻认识到，加强党的领导力是经历重大历史关头、经受重大考验的最关键条件，各级党组织的政治判断力、政治决策力和政治行动力对于学校事业高质量发展具有决定性作用；更加深刻认识到，广大党员干部、师生员工的干事创业、担当作为精神是学校事业发展的不竭动力，只有秉持“功成不必在我”的信念和“不破楼兰终不还”的韧劲，才能在不寻常的年份创造不寻常的辉煌。

同时，在建设“世界知名、中国一流、江南风格”的研究型大学的征程上，在推进“双一流”建设的过程中，学校发展面临的困难和挑战还很多。例如，运用习近平新时代中国特色社会主义思想破解学校改革发展难题的本领还不强、实际成效还不明显、凝聚合力谋发展还有欠缺；党委领导下的校长负责制的运行机制有待完善，基层党组织政治功能发挥有待加强，激励干部攻坚克难、担当作为的政策制度有待健全；师德师风建设主体责任落实不够有力，落实脱贫攻坚、防范重大风险等存在短板，办学治校水平与国家“双一流”建设的要求还有差距，深入实施“教育奋进之笔行动”的力度还需加大；以新一轮市校合作共建为引擎的研究型大学建设思路亟需推动落实，监督执纪问责的治本作用未充分发挥，执行中央八项规定精神和一线规则等不够到位，等等。这些问题的产生归根结底是主观思想上的问题，对习近平新时代中国特色社会主义思想的理解不够透彻、对高等教育规律的把握不够系统、对学校改革建设发展的施策不够精准，实际上就是政治站位不够高、政治能力不够强的症结根源所在。新的一年，要高度重视这些阻碍学校发展及师生关切的问题，切实解决理论武装不够实、政治建设不够紧、宗旨意识不够强、奋斗精神不够足、锤炼作风不够严等“慢性病”“常见病”问题，并将“补钙铸魂”与时俱进、“初心使命”形成长效、“一线规则”深入落实、“改革创新”协同推进、“管党治党”抓铁有痕等作为今后努力的方向。

2021年是中国共产党成立100周年，是开启全面建设社会主义现代化国家新征程、向第二个百年奋斗目标进军的启航之年，也是学校“十四五”发展的开局之年，学校发展机遇和挑战并存，要直面“两个大局”历史交汇、加速演进的深刻调整，直面党和国家事业发展对高等教育、科技创新和优秀人才的迫切需要，直面国内外高等教育千帆竞发、百舸争流的竞争态势，坚持用新思想武装头脑，以新理念引领办学实践，确保各项工作取得实效，以管党治党的实际成效、书写“奋进之笔”的优异成绩向建党百年华诞献礼，为建设高等教育强国和实现第二个百年奋斗目标作出更大贡献！

中共江南大学委员会
江南大学
2021年2月23日

（录自江南大学信息公开网，收录时有改动）

评　析

这是一份单位工作总结。标题结构为“总结者（江南大学）+时限（2020年）+内容（党政工作）+文种（总结）”。正文前言开宗明义，概括说明工作基本情况，交代背景、依据和成绩，领起下文；正文主体首先阐明工作中所取得的突出成绩（四件大事），接着介绍其他四个方面所做的具体工作，每个方面又分作四个层次进行说明，然后阐明工作中所获得的经验和体会，最后实事求是地指出工作中存在的问题，明确应吸取的教训；正文结尾简述今后的打算和努力方向，表明决心，展望前景。落款注明总结者（中共江南大学委员会 江南大学）及成文日期（2021年2月23日）。该文有充足的事实材料和必要的统计数据，内容翔实，条理清晰，结构严谨。

例文③

办公室秘书工作总结

本人在公司办公室从事秘书工作，一年来，我爱岗敬业，恪尽职守，作风务实。在领导和同志们的支持和帮助下，较好地完成了今年的工作任务。现将工作情况总结如下。

一、加强学习，提高了政治水平和业务素质

具备良好的政治和业务素质是做好本职工作的前提和必要条件。一年来，我系统地学习了党的路线方针以及与业务部门相关的政策法规。通过学习，进一步提高了政治水平和驾驭实际工作的能力；提高了思想觉悟和执行党的路线、方针、政策的自觉性；提高了政治敏锐性和洞察力，牢固树立了正确的世界观、人生观和价值观。

在业余时间，我还通过报刊和专业书籍自学了“公文写作”等理论知识，同时谦虚地向周围理论水平高、业务能力强的同志取经，努力丰富自己、充实自己，使自身的业务素质得到了显著提高。

二、勤于笔耕，增强了文字功底和工作能力

秘书工作要求具备较强的文字表达能力和逻辑思维能力。为了提高自己的写作能力，我经常利用业余时间研究材料，细心揣摩，认真学习。在工作中起草各种材料时，我都力求掌握第一手素材，反复推敲，并请部门领导提出意见和建议，然后再进行深入加工，直至最后定稿。一年来，我经常深入到部门或基层了解情况，起草各种综合材料 20 余份、公文 16 份、简报 15 期，准确向领导反映了公司信息，为领导及时决策提供可靠依据。

公司印发的文件具有很高的严肃性和权威性，代表公司的形象，出现任何纰漏都会影响公司的正常运行。因此对于要印发的文件，我每次都进行认真的核对和校正，并请其他领导和同志帮助把关，去年印发的文件无一出错，保证了文件准确、及时发放。

经过一年的努力，我的文字表达能力和工作水平都有了长足的进步。

三、深入实践，强化了协调意识和服务意识

领导的决策和指示的落实需要进一步的协调、检查和督促，这是秘书工作的一项重要职能。为此，在日常工作中，我经常到各相关单位或部门进行调研，掌握第一手材料，积极为领导实施工作计划提供可靠依据，当好参谋助手，努力促进公司经营管理、施工生产和企业文化健康发展。在公司去年开展的挖潜增效活动中，我深入公司各部门调查研究，收集了大量的现场资料，完成了相关调研报告，为公司改革发展提供了参考依据。

我有很强的公仆意识和服务意识，对外来电函、来访人员和办事人员均认真接待，积极高效办事，恪守不损害公司利益的宗旨，切实为员工解难、为领导分忧，充分发挥了桥梁纽带的作用。同时，我时时处处以党员标准严格要求自己，自我鞭策、自我激励，自觉维护窗口部门的良好形象。

四、工作存在的不足

一年来，我虽然在工作中取得了一些成绩，但还存在很多问题和不足。一是工作主动性不够，业务水平有待提高。二是经验不足，处理一些复杂工作关系时还不能得心应手。三是深入基层调查研究还不够。在今后的工作中，我还要继续加强学习，扬长避短，努力实践，力求把工作做得更好。

五、今后的努力方向

一年来，在工作和生活中，我得到了部门领导和身边同志的帮助和关爱，但我的工作距离组织和领导的要求还有一定的差距。在今后的工作中，我将认真提高业务水平和工作能力，为公司实现持续稳定发展贡献自己的力量。为此，我要做到：

1. 本着实事求是的原则，做到上情下达、下情上报，真正做好领导的助手和参谋。

2. 努力拓宽自己的知识面，深入学习专业知识和相关法律知识，更好地完成本职工作。

3. 团结同事，维护部门良好的工作氛围和积极向上的团队精神。

4. 勤奋工作，不断改进对其他部门、其他单位的服务水平，维护公司利益，积极为公司创造更大的价值。

×××

20×× 年 × 月 × 日

（录自文秘网，收录时有改动）

评　析

这是一份个人工作总结。标题采用“内容（办公室秘书工作）+ 文种（总结）”形式。正文前言简要交代本人基本情况，并用惯用语“现将工作情况总结如下”过渡到下文；正文主体从“加强学习”“勤于笔耕”“深入实践”三个方面重点介绍工作中所取得的成绩，并给予简要评价。同时，本着实事求是的精神也写明工作中存在的不足之处，并从中吸取经验和教训，指明今后的努力方向。落款注明总结者（×××）及成文日期（20×× 年 × 月 × 日）。全文内容丰富，条理清晰，结构严谨，对个人累积经验、改进工作有着良好的指导作用。

（二）病文评析

总　结

上网一向给人的印象就是聊天、游戏，或是在需要时查找些资料。但网络教研却不是这样的，网络教研是指在教研过程中运用网络技术进行教研活动。它依托现代信息技术手段，开发和利用网上教育资源，建立开放、动态、交互的网络教研平台，在教学过程、教学资源、教学评价、教学管理等方面，实现资源的交流与共享，以教育信息化推动教育现代化的实现。

因为网络教研平台是一个现代化的、跨时空的、多层面的教育工作者共同参与的网络交流互动平台，所以在这里可以和全国各地的优秀教师、教研员、教育专家们进行交流和探讨，并向他们学习。通过和这些名师、专家们的“亲密接触”，我们能获得最新的教育教学改革信息和成果。当然，在感受着这些名师、专家们的精彩的同时，我也常会被一些不知名的教师们的真实、鲜活的反思案例所感动。课程改革的酸甜苦辣在这里都可以品尝到。在网络中学习是另一种形式的实践，是在体验着别人的实践，感受着别人的内心思考。这些素材对我来说是一笔宝贵的教学财富。

令人欣慰的是，我们 ×× 小学的网络教研也正如雨后春笋一般涌现。经过几周的网络教研学习，大家都觉得受益匪浅，深感自己知识欠缺，与当前最新的教学形式有着不小的差距。现将具体工作总结如下。

一、首先我们要转变观念，用实际行动去感知网络教研的意义及作用。网络教研是一种高科技的教学工具，而不是教学方法。我们可以利用它和专家、同行进行交流，避免面对面交流的拘束，通过和同行交流或者接受专家的指导，可以不断增长我们的知识，提高我们的教学水平。

二、要勤上网，勤动手，勤动脑，拓宽视野。我们可以利用网络教研把自己心中的苦闷及教学的困惑和大家交流，让大家为你解忧，帮助你。

三、要不断地学习现代教育技术，在本校内自发开展网络教研活动。

总之，本次学习使我认识到了网络教研的好处及重要性。今后要不断努力学习，使自己尽快学到更多的网络知识，不断提高自己的网络教研水平，使自己的教学水平更上一层楼！

（根据有关材料改写）

评　　析

1. 标题

标题格式不合规范。可采用“总结者 + 内容 + 文种”形式，改为“×× 小学网络教研活动总结”。

2. 正文

（1）前言部分重复啰唆。前言主要是概括总结的基本情况，要写得紧扣中心，简洁精练，富有吸引力。此文则过多地介绍了一些常识性的问题，比如“什么叫网络教研、网络教研的优点”等，内容拖沓，语言累赘。

（2）情况介绍不够明晰。应对过去一段时间内的工作情况进行阐述，即开展了哪些工作，采取了哪些措施，取得了哪些效果等。此文则偏题严重，××小学“开展了哪些网络教研活动”“如何开展网络教研活动”等网络教研活动情况，均未能言及。

（3）经验教训不够具体。应重点介绍工作中所取得的成绩、采取的好做法，并给予简要的评价，做到内容充分，详略得当，重点突出。此文则简单地罗列了自己对网络教研的认识和体会，陈述了一些无用的套话和空话，老生常谈，过于空泛。

3. 落款

落款部分完全缺失。应在正文的右下方写明总结者，在署名下一行写上总结的成文日期。

【练习】

一、请指出下列总结存在的问题并改正。

活动总结

寒假里我和几个朋友一齐去了敬老院参加社会实践活动，刚刚走进敬老院，我们什么都不明白。这时，我们便找到了一位清洁工人，说明我们的来意后，他便笑了起来，连连夸我们有爱心，然后就匆匆地领着我们来到了老人们生活的地方，而且还将我们领进了一位他最熟悉的老奶奶的房间中。刚进房间，我们就闻到了一股淡淡的清香味，那是一股桂花的清香。随后，清洁工人又告诉我们，这位奶奶姓张，今年已经76岁高龄了。然后，他又向老人说明了来意，说完便走了。看到老人后，我们便亲热地叫了她一声“张奶奶！”她也开心地应了一声。

张奶奶要我们坐下，还准备给我们倒茶，我们却异口同声说“不用了！”是啊，我们是来帮老人解忧的，而不是来为她添负担的。然后，我们就和她聊天、谈心，直到我们要走的时候，她还依依不舍地抓住我们的手说：“你们以后还要再来哟！”“嗯嗯嗯”，我们想也没想就答应了，可能这句话并不是只针对她一个人，而是针对敬老院里的老人吧！

我觉得这些最平凡的人才是世界上最需要人们关注和关爱的，这些人的生活往往是空虚的，那是因为很少会有人去看他们，她们很寂寞。可能这些老人的孩子有些已经升官发财了，他们却忘记了还活在社会基层的父母，这些人真该好好反省了，应该用心想想，如果自己老了也像这样，那该怎样办。

这短短的暑假实践我碰过壁，受过累，流过汗，但是我却成长了。在实践中，我了解了社会，学到了很多在课堂上根本就学不到的知识，打开了视野，增长了见识，为今后进一步走向社会打下了坚实基础。我想，对于一名学生来说，建立自身的十年发展计划已迫在眉睫。

20×× 年 ×× 月 ×× 日

二、×× 市各中小学在市教育局的指导下，开展了以“提高全民国家安全意识，增强全民国家安全责任”为主题的宣传教育活动，目前活动已圆满完成。请根据以下的材料，为 ×× 市教育局写一份总结。

时间：2020 年 4 月 15 日（全民国家安全教育日）。

任务：开展“提高全民国家安全意识，增强全民国家安全责任”为主题的宣传教育活动。

对象：全市各中小学。

目的：使全体师生学到一些关于国家安全的法律法规知识，提高其安全意识和自我防范能力；让广大教师更加明确自身肩负的使命和责任，保障学校教育教学工作健康有序地开展。

内容：

1. 校园内悬挂宣传条幅。

2. 利用校园广播、黑板报、微信公众号、电子显示屏等多种形式进行国家安全教育信息宣传。

3. 举办国家安全教育知识讲座。

4. 举办国家安全知识竞赛。

5. 师生集中观看国家安全教育系列专题片。

总结练习答题要点

第四节　讲　话　稿

一、讲话稿的定义

讲话稿又称发言稿，有广义和狭义之分。广义的讲话稿是指人们为了在某些公开场合发表讲话所事先拟写的文稿；狭义的讲话稿一般指的是领导讲话稿，它是党政机关、企事业单位和社会团体的负责人在重要会议及有关场合发表带有宣传、指示、指导、总结性质讲话时所使用的文稿。本节主要介绍的是狭义的讲话稿。

讲话稿主要是在各种会议上使用，但随着通信技术的发展，电视广播、网络报纸等媒体也成为了很好的传播媒介。

二、讲话稿的分类

讲话稿的适用范围十分广泛，种类也比较多。根据内容的不同，可以把讲话稿分为以下三类。

1. 工作会议类讲话稿

工作会议类讲话稿是领导在各种工作会议上发表讲话时所使用的文稿，内容是对工作成绩、经验、缺点的归纳总结，对工作目标、任务、措施的研究部署等，如《习近平在党史学习教育动员大会上的讲话》《李克强在全国深化“放管服”改革着力培育和激发市场主体活力电视电话会议上的讲话》。

2. 纪念会议类讲话稿

纪念会议类讲话稿是领导在纪念某一历史事件、历史人物的会议上发表讲话时所使用的文稿，内容是对历史事件重大意义的肯定，对历史人物丰功伟绩的颂扬等，如《习近平在纪念中国人民抗日战争暨世界反法西斯战争胜利

75 周年座谈会上的讲话》《习近平在纪念马克思诞辰 200 周年大会上的讲话》。

3. 表彰会议类讲话稿

表彰会议类讲话稿是领导在一个阶段的工作或某项活动结束后召开的表彰会或庆功会上发表讲话时所使用的文稿，内容是对工作成绩和经验的总结，对英模人物或群体的表彰等，如《习近平在全国劳动模范和先进工作者表彰大会上的讲话》《习近平在全国抗击新冠肺炎疫情表彰大会上的讲话》。

三、讲话稿的特点

1. 针对性

讲话稿的内容受到会议主题、讲话人身份以及受众等因素的影响，撰写之前必须充分了解会议的主题和性质，把握领导者的指示和要求，考虑讲话时的场合和背景，顾及听众的心理需求和接受习惯等。

2. 思想性

讲话稿需以正确理论为指针，以充足事实为依据，对今后工作具有指导性作用。同时也要有适度的情感性和鼓动性，富有启发性和吸引力，以激起听众共鸣，活跃现场气氛，达到说服人、打动人的目的。

3. 得体性

讲话稿一方面要便于讲话者表达，一方面也要易于听众理解和接受，其用语必须考虑会议的现场气氛，符合口语习惯，不可咬文嚼字。语言既要准确简洁，又要生动通俗，还应跟会议现场气氛相吻合。

四、讲话稿的写作

（一）讲话稿的行文结构

讲话稿一般是由标题、称谓和正文三部分组成。

1. 标题

讲话稿标题通常有两种组成方式：一种由“讲话人姓名（职务）+ 在 ×× 会议上 + 文种”构成，如《习近平在庆祝中华人民共和国成立 70 周年大会上的讲话》；另一种由“主标题 + 副标题 + 讲话时间、地点 + 讲话人姓名”构成。主标题一般是概括会议内容或会议精神，副标题则是“在 ×× 会议上的讲话”，副标题之下另起一行标明讲话时间、地点和讲话人姓名（职务）。例如：

坚定信心　共克时艰　共建更加美好的世界

——在第七十六届联合国大会一般性辩论上的讲话

（2021 年 9 月 21 日）

中华人民共和国主席　习近平

2. 称谓

称谓要根据会议的性质和参会人员的情况来确定，如“同志们”“各位领导、各位来宾”“各位代表”“各位专家学者”“女士们、先生们”等，顾及现场所有听众。称谓在标题之下第一行顶格书写，也可根据需要在正文之中适当穿插使用。

3. 正文

讲话稿正文主要包括引言、主体和结尾三个部分。

（1）前言。前言要用简洁的文字概述讲话的内容，说明讲话的缘由、内容重点等。有的强调时间、空间，描述会议场面；有的开门见山，提出中心话题；有的对来宾表示慰问和祝贺。接着转入主体部分。

（2）主体。主体是讲话稿的核心部分。根据会议的性质、主题、内容、讲话者身份的不同，主体有着不同的写法。

工作会议类讲话稿主要包括两个部分：第一部分是关于前一阶段工作的评价与总结；第二部分为下一阶段的工作指明方向和目标。此类讲话稿也可以研究解决某一个问题，总结部署某一项工作。

纪念会议类讲话稿主要包括三个部分：第一部分追溯所纪念事件或人物的历史，阐述其意义价值；第二部分展示近期相关事业取得的新成绩、新经验，或借机探讨该领域中的某些重大问题；第三部分希望人们继承发扬优良传统，更好地完成当前工作。

表彰会议类讲话稿主要包括两个部分：第一部分总结前一阶段的工作，表彰在工作中表现突出的先进对象；第二部分对与会者提出希望，并对今后工作进行安排部署。

不管是何种讲话稿，其主体部分都应紧紧围绕会议的中心议题进行分析和阐述，表明立场和态度。

（3）结尾。结尾要照应开头，常见的有以下三种写法：一是主体部分内容讲完，意尽言止，自然收尾；二是发出号召，展望未来；三是总括上文，提出贯彻意见。不管是怎样的结尾，都要展现出正能量，鼓舞人们的斗志。

（二）讲话稿的写作要求

1. 主旨鲜明，重点突出

写作之前要了解不同听众的情况以及他们的心理需求，集中围绕一个中心主题来写，传达什么政策，针对什么问题，支持或反对什么都要态度明确。同时行文要抓住要点、突出重点，什么应该着重说明，什么只须简单带过，都要心中有数，不必面面俱到。

2. 论述准确，逻辑严密

讲话稿一定要有很强的针对性，才能达到说服人、打动人的目的，因此写作之前要做好调研工作，真正了解受众需求，才能实事求是地准确阐述。同时行文要遵循逻辑规律，层层递进，环环紧扣，条理清晰，逻辑严密，才能言之有序、言之有物、言之有理。

3. 语言鲜活，通俗易懂

讲话要具有一定的吸引力才能让听众产生共鸣，要做到这一点，使用的语言必须容易被理解，枯燥、生硬的表达往往会使听众失去兴趣。因此讲话稿的语言要尽量口语化，用词应生动形象，贴近生活，不要使用过多的修饰语，越通俗易懂就越容易被接受。

五、讲话稿写作示例与评析

（一）范文评析

例文①

例文	评析
在庆祝中国共产党成立100周年大会上的讲话 （2021年7月1日） 习近平 同志们，朋友们： 今天，在中国共产党历史上，在中华民族历史上，都是一个十分重大而庄严的日子。我们在这里隆重集会，同全党全国各族人民一道，庆祝中国共产党成立一百周年，回顾中国共产党百年奋斗的光辉历程，展望中华民族伟大复兴的光明前景。 首先，我代表党中央，向全体中国共产党员致以节日的热烈祝贺！ 在这里，我代表党和人民庄严宣告，经过全党全国各族人民持续奋斗，我们实现了第一个百年奋斗目标，在中华大地上全面建成了小康社会，历史性地解决了绝对贫困问题，正在意气风发向着全面建成社会主义现代化强国的第二个百年奋斗目标迈进。这是中华民族的伟大光荣！这是中国人民的伟大光荣！这是中国共产党的伟大光荣！ 同志们、朋友们！ 中华民族是世界上伟大的民族，有着5000多年源远流长的文明历史，为人类文明进步作出了不可磨灭的贡献。1840年鸦片战争以后，中国逐步成为半殖民地半封建社会，国家蒙辱、人民蒙难、文明蒙尘，中华民族遭受了前所未有的劫难。从那时起，实现中华民族伟大复兴，就成为中国人民和中华民族最伟大的梦想。	这是一篇纪念会议类讲话稿。 **1. 标题** 结构为：在××会议上（在庆祝中国共产党成立100周年大会上）+文种（讲话）+讲话时间（2021年7月1日）+讲话人姓名（习近平）。 **2. 称谓** 称谓（同志们，朋友们）顶格书写，并根据需要在正文中穿插使用，起到提醒听众的作用，庄重而得体。 **3. 正文** （1）前言——首先强调时间（今天）、空间（在这里），概略描述场面（同全党全国各族人民一道，庆祝中国共产党成立一百周年，回顾中国共产党百年奋斗的光辉历程，展望中华民族伟大复兴的光明前景）；接着对相关人员表示祝贺（向全体中国共产党员致以节日的热烈祝贺）；然后提出中心话题（经过全党全国各族人民持续奋斗，我们实现了第一个百年奋斗目标，在中华大地上全面建成了小康社会，历史

续表

为了拯救民族危亡，中国人民奋起反抗，仁人志士奔走呐喊，太平天国运动、戊戌变法、义和团运动、辛亥革命接连而起，各种救国方案轮番出台，但都以失败而告终。中国迫切需要新的思想引领救亡运动，迫切需要新的组织凝聚革命力量。 十月革命一声炮响，给中国送来了马克思列宁主义。在中国人民和中华民族的伟大觉醒中，在马克思列宁主义同中国工人运动的紧密结合中，中国共产党应运而生。中国产生了共产党，这是开天辟地的大事变，深刻改变了近代以后中华民族发展的方向和进程，深刻改变了中国人民和中华民族的前途和命运，深刻改变了世界发展的趋势和格局。 中国共产党一经诞生，就把为中国人民谋幸福、为中华民族谋复兴确立为自己的初心使命。一百年来，中国共产党团结带领中国人民进行的一切奋斗、一切牺牲、一切创造，归结起来就是一个主题：实现中华民族伟大复兴。 ——为了实现中华民族伟大复兴，中国共产党团结带领中国人民，浴血奋战、百折不挠，创造了新民主主义革命的伟大成就…… ——为了实现中华民族伟大复兴，中国共产党团结带领中国人民，自力更生、发愤图强，创造了社会主义革命和建设的伟大成就…… ——为了实现中华民族伟大复兴，中国共产党团结带领中国人民，解放思想、锐意进取，创造了改革开放和社会主义现代化建设的伟大成就…… ——为了实现中华民族伟大复兴，中国共产党团结带领中国人民，自信自强、守正创新，统揽伟大斗争、伟大工程、伟大事业、伟大梦想，创造了新时代中国特色社会主义的伟大成就…… 一百年来，中国共产党团结带领中国人民，以“为有牺牲多壮志，敢教日月换新天”的大无畏气概，书写了中华民族几千年历史上最恢宏的史诗。这一百年来开辟的伟大道路、创造的伟大事业、取得的伟大成就，必将载入中华民族发展史册、人类文明发展史册！	性地解决了绝对贫困问题，正在意气风发向着全面建成社会主义现代化强国的第二个百年奋斗目标迈进），点明讲话的主旨。 （2）主体——主体分为七个部分，每部分均以“同志们、朋友们”作为引语，起到提醒听众的作用。 ①第一部分首先深情回顾中国共产党百年奋斗的光辉历程（中国共产党一经诞生，就把为中国人民谋幸福、为中华民族谋复兴确立为自己的初心使命。一百年来，中国共产党团结带领中国人民进行的一切奋斗、一切牺牲、一切创造，归结起来就是一个主题：实现中华民族伟大复兴）；其次高度评价一百年来中国共产党团结带领中国人民创造的伟大成就（为了实现中华民族伟大复兴，中国共产党创造了新民主主义革命的伟大成就；创造了社会主义革命和建设的伟大成就；创造了改革开放和社会主义现代化建设的伟大成就；创造了新时代中国特色社会主义的伟大成就）。

续表

同志们、朋友们！ 一百年前，中国共产党的先驱们创建了中国共产党，形成了坚持真理、坚守理想，践行初心、担当使命，不怕牺牲、英勇斗争，对党忠诚、不负人民的伟大建党精神，这是中国共产党的精神之源。 一百年来，中国共产党弘扬伟大建党精神，在长期奋斗中构建起中国共产党人的精神谱系，锤炼出鲜明的政治品格。历史川流不息，精神代代相传。我们要继续弘扬光荣传统、赓续红色血脉，永远把伟大建党精神继承下去、发扬光大！	②第二部分精辟概括出中国共产党的精神之源——伟大建党精神（坚持真理、坚守理想，践行初心、担当使命，不怕牺牲、英勇斗争，对党忠诚、不负人民）。
同志们、朋友们！ 一百年来，我们取得的一切成就，是中国共产党人、中国人民、中华民族团结奋斗的结果。以毛泽东同志、邓小平同志、江泽民同志、胡锦涛同志为主要代表的中国共产党人，为中华民族伟大复兴建立了彪炳史册的伟大功勋！我们向他们表示崇高的敬意！ 此时此刻，我们深切怀念为中国革命、建设、改革，为中国共产党建立、巩固、发展作出重大贡献的毛泽东、周恩来、刘少奇、朱德、邓小平、陈云同志等老一辈革命家，深切怀念为建立、捍卫、建设新中国英勇牺牲的革命先烈，深切怀念为改革开放和社会主义现代化建设英勇献身的革命烈士，深切怀念近代以来为民族独立和人民解放顽强奋斗的所有仁人志士。他们为祖国和民族建立的丰功伟绩永载史册！他们的崇高精神永远铭记在人民心中！ 人民是历史的创造者，是真正的英雄。我代表党中央，向全国广大工人、农民、知识分子，向各民主党派和无党派人士、各人民团体、各界爱国人士，向人民解放军指战员、武警部队官兵、公安干警和消防救援队伍指战员，向全体社会主义劳动者，向统一战线广大成员，致以崇高的敬意！向香港特别行政区同胞、澳门特别行政区同胞和台湾同胞以及广大侨胞，致以诚挚的问候！向一切同中国人民友好相处，关心和支持中国革命、建设、改革事业的各国人民和朋友，致以衷心的谢意！	③第三部分向为中国革命、建设、改革，为中国共产党建立、巩固、发展作出重大贡献的中国共产党人表示崇高的敬意，向全国各族表示诚挚的问候，向国际友人表示衷心的谢意。

续表

同志们、朋友们！ 初心易得，始终难守。以史为鉴，可以知兴替。我们要用历史映照现实、远观未来，从中国共产党的百年奋斗中看清楚过去我们为什么能够成功、弄明白未来我们怎样才能继续成功，从而在新的征程上更加坚定、更加自觉地牢记初心使命、开创美好未来。 ——以史为鉴、开创未来，必须坚持中国共产党坚强领导…… ——以史为鉴、开创未来，必须团结带领中国人民不断为美好生活而奋斗…… ——以史为鉴、开创未来，必须继续推进马克思主义中国化…… ——以史为鉴、开创未来，必须坚持和发展中国特色社会主义…… ——以史为鉴、开创未来，必须加快国防和军队现代化…… ——以史为鉴、开创未来，必须不断推动构建人类命运共同体…… ——以史为鉴、开创未来，必须进行具有许多新的历史特点的伟大斗争…… ——以史为鉴、开创未来，必须加强中华儿女大团结…… ——以史为鉴、开创未来，必须不断推进党的建设新的伟大工程……	④第四部分全面总结以史为鉴、开创未来的“九个必须”（必须坚持中国共产党坚强领导；必须团结带领中国人民不断为美好生活而奋斗；必须继续推进马克思主义中国化；必须坚持和发展中国特色社会主义；必须加快国防和军队现代化；必须不断推动构建人类命运共同体；必须进行具有许多新的历史特点的伟大斗争；必须加强中华儿女大团结；必须不断推进党的建设新的伟大工程）。
同志们、朋友们！ 我们要全面准确贯彻“一国两制”、“港人治港”、“澳人治澳”、高度自治的方针，落实中央对香港、澳门特别行政区全面管治权，落实特别行政区维护国家安全的法律制度和执行机制，维护国家主权、安全、发展利益，维护特别行政区社会大局稳定，保持香港、澳门长期繁荣稳定。 解决台湾问题、实现祖国完全统一，是中国共产党矢志不渝的历史任务，是全体中华儿女的共同愿望。要坚持一个中国原则和“九二共识”，推进祖国和平统一进程。包括两岸同胞在内的所有中华儿女，要和衷共济、团结向前，坚决粉碎任何“台独”图谋，共创民族复兴	⑤第五部分特别谈到党的港澳台工作，强调全面准确贯彻“一国两制”，保持港澳长期繁荣稳定，推进祖国和平统一进程。

续表

美好未来。任何人都不要低估中国人民捍卫国家主权和领土完整的坚强决心、坚定意志、强大能力！ 同志们、朋友们！ 未来属于青年，希望寄予青年。一百年前，一群新青年高举马克思主义思想火炬，在风雨如晦的中国苦苦探寻民族复兴的前途。一百年来，在中国共产党的旗帜下，一代代中国青年把青春奋斗融入党和人民事业，成为实现中华民族伟大复兴的先锋力量。新时代的中国青年要以实现中华民族伟大复兴为己任，增强做中国人的志气、骨气、底气，不负时代，不负韶华，不负党和人民的殷切期望！ 同志们、朋友们！ 一百年前，中国共产党成立时只有 50 多名党员，今天已经成为拥有 9500 多万名党员、领导着 14 亿多人口大国、具有重大全球影响力的世界第一大执政党。 一百年前，中华民族呈现在世界面前的是一派衰败凋零的景象。今天，中华民族向世界展现的是一派欣欣向荣的气象，正以不可阻挡的步伐迈向伟大复兴。 过去一百年，中国共产党向人民、向历史交出了一份优异的答卷。现在，中国共产党团结带领中国人民又踏上了实现第二个百年奋斗目标新的赶考之路。 全体中国共产党员！党中央号召你们，牢记初心使命，坚定理想信念，践行党的宗旨，永远保持同人民群众的血肉联系，始终同人民想在一起、干在一起，风雨同舟、同甘共苦，继续为实现人民对美好生活的向往不懈努力，努力为党和人民争取更大光荣！ 同志们、朋友们！ 中国共产党立志于中华民族千秋伟业，百年恰是风华正茂！回首过去，展望未来，有中国共产党的坚强领导，有全国各族人民的紧密团结，全面建成社会主义现代化强国的目标一定能够实现，中华民族伟大复兴的中国梦一定能够实现！ 伟大、光荣、正确的中国共产党万岁！ 伟大、光荣、英雄的中国人民万岁！ （录自中国政府网，收录时作了节选）	⑥第六部分对新时代的中国青年提出殷切期望（新时代的中国青年要以实现中华民族伟大复兴为己任，增强做中国人的志气、骨气、底气，不负时代，不负韶华，不负党和人民的殷切期望），确保党的事业薪火相传。 ⑦第七部分号召全体中国共产党员在新的赶考之路上努力为党和人民争取更大光荣（现在，中国共产党团结带领中国人民又踏上了实现第二个百年奋斗目标新的赶考之路……党中央号召你们，牢记初心使命，坚定理想信念，践行党的宗旨，永远保持同人民群众的血肉联系，始终同人民想在一起、干在一起，风雨同舟、同甘共苦，继续为实现人民对美好生活的向往不懈努力，努力为党和人民争取更大光荣）。 （3）结尾——在回忆往昔中展望美好未来（有中国共产党的坚强领导，有全国各族人民的紧密团结，全面建成社会主义现代化强国的目标一定能够实现，中华民族伟大复兴的中国梦一定能够实现），最后用两个“万岁”表示祝颂，致敬昨天，鼓舞今天，昭示明天。 全文具有很强的政治性、思想性和理论性，高屋建瓴，思想深刻，内涵丰富。

例文②

在打好精准脱贫攻坚战座谈会上的讲话

（2018 年 2 月 12 日，北京）

习近平

党的十八大以后，我先后在延安、贵阳、银川、太原召开部分省区市党委书记座谈会，根据脱贫攻坚进展情况，分阶段、分专题研究部署脱贫攻坚工作。这次是党的十九大后我主持召开的第一次脱贫攻坚座谈会。

打好精准脱贫攻坚战，是我在党的十九大报告中提出的三大攻坚战之一，对如期全面建成小康社会、实现第一个百年奋斗目标具有十分重要的意义。这次把大家请来，主要目的是听听大家意见和建议，交流脱贫攻坚工作情况，把握工作进展，分析存在问题，明确下一步工作部署和安排，扎扎实实把脱贫攻坚战推向前进。

下面，我讲点意见，讲三个问题。

第一个问题：深刻认识我国脱贫攻坚取得的决定性进展。

党的十八大以来，党中央从全面建成小康社会要求出发，把扶贫开发工作纳入“五位一体”总体布局、“四个全面”战略布局，作为实现第一个百年奋斗目标的重点任务，作出一系列重大部署和安排，全面打响脱贫攻坚战。脱贫攻坚力度之大、规模之广、影响之深，前所未有，取得了决定性进展，显著改善了贫困地区和贫困群众生产生活条件，谱写了人类反贫困历史新篇章。

第一，创造了我国减贫史上最好成绩……

第二，促进了贫困地区加快发展……

第三，构筑了全社会扶贫强大合力……

第四，建立了中国特色脱贫攻坚制度体系……

在脱贫攻坚的伟大实践中，我们积累了许多宝贵经验，主要包括以下几个方面。

一是坚持党的领导，强化组织保证……

二是坚持精准方略，提高脱贫实效……

三是坚持加大投入，强化资金支持……

四是坚持社会动员，凝聚各方力量……

五是坚持从严要求，促进真抓实干……

六是坚持群众主体，激发内生动力……

第二个问题：清醒把握打赢脱贫攻坚战的困难挑战。

脱贫攻坚成效巨大，但面临的困难挑战也同样巨大，需要解决的突出问题依然不少。行百里者半九十。要清醒认识和把握打赢脱贫攻坚战面临任务的艰巨性，清醒认识把握实践中存在的突出问题和解决这些问题的紧迫性，不放松、不停顿、不懈怠，把困难估计得更充分一些，把挑战认识得更到位一些，做好应对和战胜各种困难挑战的准备。

第一，从脱贫攻坚任务看，截至2017年底，全国农村贫困人口还有3046万人，贫困发生率仍在3%以上。三年要实现脱贫3000多万人，平均每年1000多万人，压力不小，难度不小。这个压力和挑战主要是深度贫困地区脱贫攻坚任务艰巨。而且脱贫攻坚越往后，遇到的越是难啃的硬骨头。

……

第三个问题：全面打好脱贫攻坚战。

党的十九大对打好脱贫攻坚战作出总体部署，中央经济工作会议、中央农村工作会议和全国扶贫开发工作会议作出了具体安排。要按照这些部署和安排，把提高脱贫质量放在首位，聚焦深度贫困地区，扎实推进各项工作，全面打好脱贫攻坚战。

第一，加强组织领导……

第二，坚持目标标准……

第三，强化体制机制……

第四，牢牢把握精准……

第五，完善资金管理……

第六，加强作风建设……

第七，组织干部轮训……

第八，注重激发内生动力……

同志们！3年后如期打赢脱贫攻坚战，中华民族千百年来存在的绝对贫困问题，将在我们这一代人的手里历史性地得到解决。这是我们人生之大幸。让我们共同努力，一起来完成这项对中华民族、对整个人类都具有重大意义的伟业。我相信，只要全党全国各族人民齐心协力、顽强奋斗，脱贫攻坚战一定能够打好打赢。

（录自《求是》杂志，收录时作了节选）

评　析

这是一份工作会议类讲话稿。标题由“在 ×× 会议（在打好精准脱贫攻坚战座谈会上）+ 文种（讲话）+ 讲话时间、地点（2018 年 2 月 12 日，北京）+ 讲话人姓名（习近平）”组成。正文前言开门见山，简要概述讲话的内容；正文主体围绕“精准脱贫攻坚战”着重阐述“深刻认识我国脱贫攻坚取得的决定性进展”“清醒把握打赢脱贫攻坚战的困难挑战”“全面打好脱贫攻坚战”三个问题，总结了脱贫攻坚战的工作成绩，点明了脱贫攻坚工作中面对的困难挑战，阐释了在今后脱贫攻坚工作中应采取的具体举措；正文结尾发出号召，展望未来，鼓舞人们的斗志，简明利落。全文层次清晰，重点突出，逻辑严密。

例文③

在全国民族团结进步表彰大会上的讲话

（2019 年 9 月 27 日，北京）

习近平

同志们，朋友们：

在中华人民共和国成立 70 周年前夕，我们隆重召开全国民族团结进步表彰大会。首先，我代表党中央、国务院，向受到表彰的模范集体和个人，表示热烈的祝贺！向全国民族工作战线的同志们，向关心和支持民族团结进步事业的各方面人士，表示诚挚的问候！希望受到表彰的同志们珍惜荣誉、发扬成绩，为不断巩固和发展中华民族大团结再立新功！

70 年前，我国各族人民在中国共产党领导下，共同缔造了新中国。我们党创造性地把马克思主义民族理论同中国民族问题具体实际相结合，走出一条中国特色解决民族问题的正确道路，确立了党的民族理论和民族政策，把民族平等作为立国的根本原则之一，确立了民族区域自治制度，各族人民在历史上第一次真正获得了平等的政治权利、共同当家做了主人，终结了旧中国民族压迫、纷争的痛苦历史，开辟了发展各民族平等团结互助和谐关系的新纪元。我们全力帮助少数民族和民族地区加快发展，保护和传承各民族优秀传统文化，少数民族群众生活和民族地区经济社会发展获得了历史上前所未有的进步。

党的十八大以来，党中央就民族工作作出一系列重大决策部署，推动我国民族团结进步事业取得了新的历史性成就。7 年来，我十几次到民族地区调研，在雪域高原、天山南北，在祖国北疆、西南边陲，亲眼看到了民族地区面貌日新月异、少数民族群众生活蒸蒸日上。7年来，民族地区累计减贫2500多万人，贫困发生率从21%下降到4%。7年来，我多次同各族群众面对面交流，收到了各族群众许多来信。中华民族一家亲、同心共筑中国梦，这是新时代我国民族团结进步事业的生动写照，也是新时代民族工作创新推进的鲜明特征。

70年沧海桑田、波澜壮阔，少数民族的面貌、民族地区的面貌、民族关系的面貌、中华民族的面貌都发生了翻天覆地的历史性巨变。

70年的成就值得自豪，70年的经验尤须铭记。我们坚持准确把握我国统一的多民族国家的基本国情，把维护国家统一和民族团结作为各民族最高利益；坚持马克思主义民族理论中国化，坚定走中国特色解决民族问题的正确道路；坚持和完善民族区域自治制度，做到统一和自治相结合、民族因素和区域因素相结合；坚持促进各民族交往交流交融，不断铸牢中华民族共同体意识；坚持加快少数民族和民族地区发展，不断满足各族群众对美好生活的向往；坚持文化认同是最深层的认同，构筑中华民族共有精神家园；坚持各民族在法律面前一律平等，用法律保障民族团结；坚持在继承中发展、在发展中创新，使党的民族政策既一脉相承又与时俱进；坚持加强党对民族工作的领导，不断健全推动民族团结进步事业发展的体制机制。

同志们、朋友们！

我们伟大的祖国，幅员辽阔，文明悠久，中华民族多元一体是先人们留给我们的丰厚遗产，也是我国发展的巨大优势。

——我们辽阔的疆域是各民族共同开拓的……

——我们悠久的历史是各民族共同书写的……

——我们灿烂的文化是各民族共同创造的……

——我们伟大的精神是各民族共同培育的……

一部中国史，就是一部各民族交融汇聚成多元一体中华民族的历史，就是各民族共同缔造、发展、巩固统一的伟大祖国的历史。各民族之所以团结融合，多元之所以聚为一体，源自各民族文化上的兼收并蓄、经济上的相互依存、情感上的相互亲近，源自中华民族追求团结统一的内生动力。正因为如此，中华文明才具有无与伦比的包容性和吸纳力，才可久可大、根深叶茂。

同志们、朋友们！

中国特色社会主义进入新时代，中华民族迎来了历史上最好的发展时期。同时，面对复杂的国内外形势，我们更要团结一致、凝聚力量，确保中国发展的巨轮胜利前进。

各族人民亲如一家，是中华民族伟大复兴必定要实现的根本保证。实现中华民族伟大复兴的中国梦，就要以铸牢中华民族共同体意识为主线，把民族团结进步事业作为基础性事业抓紧抓好。我们要全面贯彻党的民族理论和民族政策，坚持共同团结奋斗、共同繁荣发展，促进各民族像石榴籽一样紧紧拥抱在一起，推动中华民族走向包容性更强、凝聚力更大的命运共同体。

第一，坚持党的领导，团结带领各族人民坚定走中国特色社会主义道路……

第二，把各族人民对美好生活的向往作为奋斗目标，确保少数民族和民族地区同全国一道实现全面小康和现代化……

第三，以社会主义核心价值观为引领，构建各民族共有精神家园……

第四，高举中华民族大团结的旗帜，促进各民族交往交流交融……

第五，依法治理民族事务，确保各族公民在法律面前人人平等……

做好新形势下民族工作，必须加强党对民族工作的领导。各级党委要把民族工作摆上重要议事日程，把懂不懂民族工作、会不会搞民族团结作为考察领导干部的重要内容。要加强民族领域基础理论问题和重大现实问题研究，创新中国特色社会主义民族理论政策的话语体系，提升在国际上的影响力和感召力。要夯实基层基础，推动党政机关、企事业单位、民主党派、人民团体一起做好民族工作。要重视民族工作干部队伍建设，大力培养选拔少数民族干部和各类人才，支持民族工作部门更好履职尽责。

同志们、朋友们！

实现中华民族伟大复兴，需要各民族手挽着手、肩并着肩，共同努力奋斗。让我们更加紧密地团结在党中央周围，团结一心，开拓进取，为推进我国民族团结进步事业，为实现“两个一百年”奋斗目标、实现中华民族伟大复兴的中国梦而继续奋斗！

（录自《人民日报》，收录时作了节选）

评　　析

这是一份表彰会议类讲话稿。标题采用“在 ×× 会议上（在全国民族团结进步表彰大会上）+ 文种（讲话）+ 讲话时间、地点（2019 年 9 月 27 日，北京）+ 讲话人姓名（习近平）”结构。称谓（同志们，朋友们）顶格书写，并根据需要在正文中穿插使用，起到提醒听众的作用。正文前言直接点明讲话的主旨，对受到表彰的集体、个人及有关人士表示祝贺与慰问；正文主体首先总结 70 年来党的民族工作所取得的历史性成就与经验，强调中华民族多元一体是我国发展的巨大优势，然后对新时代民族团结进步工作进行安排部署，强调新形势下民族工作必须加强党对民族工作的领导；正文结尾号召全国各民族继续携手共进，为实现中华民族伟大复兴的中国梦而继续奋斗。全文观点鲜明，感情充沛，条理清晰，极富感召力。

（二）病文评析

发 言 稿

先生们，女士们：

新春佳节即将到来之际，我们在这里隆重召开年终工作总结暨表彰会议，我主要讲两方面的问题。

一、过去一年的工作回顾

20×× 年对于我市来讲，大事多、喜事多、各种矛盾问题多。在市委、市政府的直接领导下，针对急剧变化的形势，我局全体工作人员始终坚持加强学习、提高素质，坚持围绕中心、服务大局，坚持与时俱进、开拓创新，坚持敢争第一、勇创一流，坚持艰苦奋斗、敬业奉献。把工作的着力点放在为领导决策服务上，积极协助政府抓大事、谋大事，团结一心，负重拼搏，扎实工作，不断提高工作质量和效率，圆满完成了市政府交办的各项工作任务，为推动全市经济社会各项事业全面发展做出了应有的贡献。

20×× 年是我局全体工作人员奋勇拼搏、务实苦干的一年，更是各项工作喜获硕果的一年。在大家的共同努力下，我局获得了“文明单位”“年度工作先进单位”等荣誉称号。

二、坚持与时俱进，努力开创我局工作新局面

今年，国内外形势发生了许多重大而深刻的变化。就我市而言，工业经济面临换档升级，企业要进一步深化改革；农业和农村经济发展面临前所未有的机遇，城市建设和其他社会各项事业也面临大发展、快发展的新形势。对于我局来讲，我们面临的工作任务将会更加繁重而艰巨。我们要有清醒的思想认识和充分的思想准备，要把认识统一到市政府经济建设的中心工作上来，树立强烈的发展意识、创新意识、精品意识。既要围绕中心工作，当一个好参谋，又要注重自身建设，造就一支过硬的队伍。

最后，在新春佳节即将到来之际，我衷心地祝愿大家在新的一年里万事如意，身体健康，工作顺利，阖家欢乐！

（根据有关材料改写）

评　析

1. 标题

标题格式不合规范。应由“讲话人姓名（职务）+ 在 ×× 会议上 + 文种”构成，可改为“×× 局长在年终工作总结暨表彰会议上的讲话”。

2. 称谓

称谓表述不够恰当。称谓应根据会议的性质和参会人员的情况来确定，要求严肃、庄重、得体，可改为“同志们”。

3. 正文

（1）前言部分过于突兀。应用简洁的文字概述讲话的内容，说明讲话的缘由，交代讲话的重点等。而此文则一笔带过，主题不够突出。

（2）主体部分言之无物。此文为工作总结暨表彰会议上的讲话稿，应兼具工作会议类讲话稿与表彰会议类讲话稿的内容和特点。因此，首先要对前一阶段的工作进行评价与总结；其次要对工作中表现突出的先进进行表彰；最后要对与会者提出希望，为今后的工作指明方向和目标。做到层层递进，有的放矢。而此文并没有详细讲明过去的一年取得了哪些显著成绩，没有对表现突出的先进进行表彰，也没有对今后的工作作出具体的安排部署，不切实际，空话连篇。

（3）结尾部分过于平实。讲话稿的结尾要富有号召性，起到鼓舞斗志的作用。此文结尾无法达到展现正能量、振奋人心的效果，可改为“让我们在市委、市政府的领导下，以全新的理念，全新的工作方法和工作态度，奋发有为，扎实工作，开拓进取，努力开创我局工作新局面”。

【练习】

一、请指出下列讲话稿存在的问题并改正。

领导讲话稿

同学们：

大家好！四年前，当你们成为 ×× 大学的一名大学生时，也许你就想到了今天，我们期盼毕业的这一天。在这里，我们收获了希望，我们也有些许惆怅。

四年里，大家孜孜以求，勤奋好学，在专业知识和技能方面获得了应当具备的学识和能力。四年里，同学们朝夕相处，切磋交流，结下了深厚的友谊。四年里，老师与同学们教学相长，共同探求，建立了难以割舍的师生情谊。这一切，都将成为我们的珍贵记忆。大学时代是人生的鲜花季节，是我们最珍贵、最可追怀的人生经历，即使有一些不如意和遗憾。只要你经过，越过，它们都将成为你的财富，成为你珍爱并回味的经历。

生活是美好的，我们要用自己的智慧和劳动，去创造美好生活。同时，要仔细体会生活，品赏生活。即使有风雨，有雷电，也可以把它看作是一道风景。即使一帆风顺，也要留意周遭的风物景致，叩问内心，感激生活，而不是让生活的意蕴从指缝中漏尽。

同学们，大家在成长在进步在发展，母校也和大家一样在成长在进步在发展。希望你们记住，我们是海滨的校园，我们是你终生的港湾，当你成长为航空母舰的时候，我们有足够的胸怀供你驻足，当你还是一片帆板在惊涛骇浪中漂流的时候，我们张开静静的臂弯，给你爱的温暖，燃起你希望的风帆，看着你继续上路。

分别时刻，没有感伤，因为我们保留了希望。分别时刻，没有离别，因为我们留住了永恒！

二、××公司将召开公司成立十周年庆典大会，请根据以下材料，为公司董事长写一份讲话稿。

××公司成立于2010年，十年来，地方政府从项目管理、信贷资金、土地使用、人员招聘等方面给予了大力支持，公司的职工人数从成立之初的十几人发展到如今的三百多人，月产值从当初的十几万到今天的一千多万，产品从开始的一两个到目前的四五十种，合作客户从原来的少而小的几个到现在的多而大的几十余家，企业发展的后劲十足，前景一片光明。但是，由于企业成立时间较短，在管理经验、市场开拓、制度建设等方面依旧存在不少问题。

讲话稿练习答题要点

第五节　述 职 报 告

一、述职报告的定义

述职报告是党政机关、企事业单位、社会团体的领导干部或工作人员就自己在任现职期间履行所在岗位的工作情况，包括完成的任务、取得的成绩、存在的问题以及今后的打算，向所在单位的上级机关、人事部门、主管领导和干部群众进行陈述的一种事务文书。它是对领导干部和工作人员的履职情况进行考核的一种方式，具有很强的适用性。

上级主管部门可以通过述职报告掌握述职者在任职期间的工作情况和思想动态，并以此为重要依据对其进行综合评定，为考核和任免提供重要参考；述职者通过述职报告可以全面回顾自己在任职期间的工作情况，肯定成绩，找出不足，为今后的工作开展总结经验；述职报告也可以让群众更清楚地了解领导干部的工作情况，增加领导干部与所属单位群众之间的交流，使领导干部可以更好地接受群众的评议与监督，增强选拔任免干部的透明度。

二、述职报告的分类

依据不同的标准，述职报告可以划分为不同的类型。

1. 按内容划分

述职报告可分为综合性述职报告、专题性述职报告和单项工作述职报告。

2. 按时间划分

述职报告可分为年度述职报告、任期述职报告和临时性述职报告。

3. 按述职者身份划分

述职报告可分为集体述职报告和个人述职报告。

4. 按表达形式划分

述职报告可分为口头述职报告和书面述职报告。

5. 按功用划分

述职报告可分为考核述职报告和竞聘述职报告。

三、述职报告的特点

1. 限定性

述职报告是述职人根据自己所在岗位的任务要求，陈述自己在任职期间的履职情况。因此，述职的内容必须是本人职务、岗位和任职期内的，述职人应在考核期间内，根据要求撰写、宣读及上交述职报告，表现出严格的时间限定性。

2. 自述性

述职报告是述职人对自己任职期间履职情况进行的全面回顾，本着对组织、对群众、对个人负责的态度，述职人要对自己职责范围内的工作作出恰当的自我评估、自我鉴定和自我定性。因此，述职报告采用自述形式，使用第一人称。

3. 真实性

述职报告是领导干部和工作人员任期考核、晋升职位、竞争上岗的重要依据，述职人必须真实客观、全面准确地反映自己的履行职责情况，对自己廉、德、能、勤、绩等方面的情况进行实事求是的评价，不夸夸其谈，不妄自菲薄。

四、述职报告的写作

（一）述职报告的行文结构

述职报告一般由标题、称谓、正文和落款四部分组成。

1. 标题

述职报告的标题可以采用以下三种形式。

（1）公文式标题。由“述职部门 / 述职者职务（姓名）+ 时限 + 文种”构成，如《×× 局办公室主任 2020 年述职报告》；或省略时限，由“述职部门 / 述职者职务（姓名）+ 文种”构成，如《×××× 公司总经理述职报告》；或省略述职部门 / 述职者职务（姓名），由“时限 + 文种”构成，如《2020—2021 学年度述职报告》；或只写文种，即以“述职报告”四字为题。

（2）新闻式标题。一般使用正、副标题的形式，正标题概括全文主题，副标题采用公文式，如《倾心教育 为人师表——2020 年述职报告》。

（3）会议式标题。由“述职者职务（姓名）+ 会议名称 + 文种”构成，如《李 ×× 主任在 2020 年税务检查会议上的述职报告》。

2. 称谓

述职报告应根据听取述职报告对象的不同，分别给予不同的称谓。向上级部门呈送的述职报告应写明受文机关名称，如“党委组织部”“人事处”等；向单位领导及干部职工所作的口头述职报告则应写明称谓，如“各位领导”“各位评委”“各位同仁”“同志们”等；用于公示的述职报告可以不写称谓。称谓安排在标题之下顶格书写，也可在正文中间适当穿插使用。

3. 正文

述职报告的正文主要包括前言、主体和结尾三个部分。

（1）前言。前言部分概述述职者任职的基本情况，包括任现职时间、岗位职责、考核期的目标任务、本人的自我评价等。然后用“现将本人任职期间的情况述职如下”“现述职如下，请大家批评指正”等惯用语过渡到下文。

（2）主体。主体部分陈述任职期间的履职情况，这是述职报告的核心内容。主要包括以下几个方面内容：

第一，任期工作完成情况。包括在任职期间是否认真贯彻落实党的方针、政策；是否清楚自己的职责；是否完成了上级部署的任务；是否完成任职期间的预定目标；具体做了哪些实际工作等。还可以写个人对自己工作的认识和评价。

第二，取得的成果。在任职期间取得了哪些成绩，其中是否有开拓性的成绩，是否受到表彰和奖励等。

第三，存在的问题和总结的经验。要客观真实地反映任职期间存在的主要问题，分析其原因，并总结经验教训，提出改进意见。

第四，对未来的设想。不仅要表明今后依旧要尽职尽责做好工作的态度，还要从实际出发，对今后工作提出设想、进行规划、制定目标。

主体部分应充实具体，要体现个人的工作能力和管理水平，也要找出存在的问题，写作时一般采用小标题或序号分条列项来写。既可以采取纵式结构，按时间顺序，将自己任职期间的工作情况分阶段叙述；也可采取横式结构，将各方面的工作平行列出，然后再展开阐述。

（3）结尾。一般用“以上报告，请审阅”“以上是我的述职报告，请领导、同志们批评指正”“以上是我的述职，谢谢各位”等惯用语作为结束语。

4. 落款

落款写在正文的右下方，包括述职者姓名、述职日期，也可将述职者姓名或述职日期写在标题之下。

（二）述职报告的写作要求

1. 实事求是，态度诚恳

述职报告在介绍自己履职情况时，既要实事求是地写出工作业绩，又要态度诚恳地指出存在问题，不虚美，不隐恶。述职者一定要摆正自己所处的位置，区分清楚个人贡献与集体成绩，在肯定成绩的同时，也要敢于承担责任。只有讲真话、讲实话、讲心里话，正确评价自己，才能以诚感人，切忌以偏概全，不可揽功诿过。

2. 内容翔实，重点突出

述职报告是对任职期间所做各项工作的汇报，撰写者必须占有充分的有说服力的材料，说清楚自己的职责、怎么履行职责、履职能力如何等问题，内容要全面周详，具体充分。同时，撰写时也要注意突出重点，紧紧围绕“职责”二字，抓住能反映和说明问题的大事情，尤其突出任职期间所取得的重大成绩，避免面面俱到。

3. 个性鲜明，夹叙夹议

述职的过程是向读者或听者展现自我能力的过程，一份个性鲜明的述职报告可以给大家留下深刻的印象。因此，述职者要将自己的真实情感融入叙说职责履行的全过程，尽量做到特色鲜明，不可千篇一律。同时，在叙述的过程中注意引经据典，夹叙夹议，适当追求语言的艺术性以增强表达效果，切忌华而不实、冗长空泛。

五、述职报告写作示例与评析

（一）范文评析

例文①

<table>
<tr>
<td>
市政府办公厅 2019 年述职报告
2019 年 12 月 6 日
今年以来，市政府办公厅以服务发展、服务基层、服务民生为使命，深入开展“不忘初心、牢记使命”主题教育，学深圳赶深圳，抓攻势、破难点，优流程、抓落实，各项工作取得了新的进展和成效。
一、在发起攻势中打头阵
（一）牵头发起高效青岛建设攻势。在高效青岛建设攻势中发挥牵头作用，围绕深化“放管服”改革和推进政府职能转变，着力打造审批事项最少、政务服务最好、审批速度最快的一流营商环境。一是科学制定攻势方案。全面对标深圳等国内先进城市，多次召开各方面代表参加的座谈会、论证会，开展“你心目中的高效青岛是什么”社会调查，广泛征求各方面意见建议，确定了优化营商环境、审批提速增效、法治政府和诚信政府建设四大攻坚战，共有 27 个攻坚目标和 114 项攻坚任务，在全市公开答辩会上得到高度认可。二是集中力量落实方案。成立高效青岛建设攻势指挥部和 4 个攻坚队，组建工作专班，建立任务台账，对向功能区赋权、工程建设项目审批改革、行政审批事项清理、营商环境评价等难点工作，
</td>
<td>
评析
这是一篇集体述职报告。
1. 标题
结构为：述职部门（市政府办公厅）+ 时限（2019 年）+ 文种（述职报告）。
2. 正文
（1）前言——简要说明述职部门基本情况，对一年的工作作出总体评价（各项工作取得了新的进展和成效）。
（2）主体——首先，从“在发起攻势中打头阵”“在服务民生中勇担当”“在服务基层中转作风”“在重大活动中显作为”等方面全面报告述职部门一年来的工作完成情况及取得的成效。采取横式结构，将各方面的情况平行列出，再用小标题分条列项地展开阐述。
</td>
</tr>
</table>

续表

靠在一线调度督导，各项年度攻坚任务圆满完成，全市营商环境有了明显改善。在放权方面，组织调整市级、区级行政权力29项；积极推进自贸区、上合示范区及轨道交通产业示范区等功能区赋权工作，指导自贸区和上合示范区梳理论证356项省级权力事项需求上提报省政府。在深化放管服改革方面，制定出台了实施流程再造推进“一窗受理·一次办好”改革工作方案，提出十个方面共29项具体任务。集中开展变相审批清理和整治工作，杜绝变相审批行为发生。同时，在全国率先出台了建立相对集中行政许可监督管理实施机制的意见，促进监管更加科学透明高效。三是抓好试点树典型。精心制定试点方案，在4个区市和6个镇街开展了十个方面的试点，努力闯出路子、积累经验，推动面上工作的开展。四是沉到一线抓口岸营商环境。较2017年相比，进出口整体通关时间分别压缩50.12％、75.23％；深入开展口岸收费行为检查，口岸收费公示实现全覆盖；全面推广国际贸易“单一窗口”，主要业务应用率达100%；深入开展打击走私系列专项行动，口岸市场秩序更加规范。 （二）统筹调度全市十五个攻势…… 二、在服务民生中勇担当 （一）办好群众关心的事。一是办好市办实事。全面梳理群众最关切、最直接、最期盼的现实利益问题，筛选确定了10个方面27件市办实事，实行公开挂牌督办，全程跟踪办理，年底前将全部完成。目前，政策性扶持创业3万多人，启动棚户区改造2.9万户，开工建设60所幼儿园，参加校内免费托管的小学生达20多万名等实事，增强了广大市民的获得感和幸福感。二是提高代表建议和政协提案的办理质量。出台了“回娘家”建议提案办理规范，强化第三方评估和二次办理，全年共办理政府系统建议提案1139件，代表委员满意率达到98.2%。三是加大政务公开力度。深化细化公开目录，规范信息发布流程，推进基层政务公开工作。共受理市民依申请公开和省政府协查件183件，办理复议和诉讼案件20件。四是加强政策宣传解读。督促主办部门通过政府网站、新闻发布会和各类新媒体解读政策文件120个，让企业和群众看得见、听得懂、真受益。五是加强	

续表

政务值班值守。推进值班标准化，时刻守护着这座城市和市民的安全，及时报告和协调处置突发事件 286 件。 （二）办好群众为难的事…… （三）办好群众不满的事…… 三、在服务基层中转作风 贯彻落实省、市委“工作落实年”的部署要求，发起精简文件、精减会议、精准督查、规范简报等四项攻势，打好减负“组合拳”，转变工作作风，提升服务质效。在精简文件方面，严格控制发文数量，大幅压缩发文篇幅，制发市政府文件数量同比减少 42.6%。在会议方面，严格执行审批和报备制度，制定并落实市政府会议计划，利用信息化手段改进会议形式，全市政府系统会议同比减少 41.7%。在精准督查方面，从严控制督查范围和频次，面向基层的综合督查考核事项，统筹整合为 9 大类 43 项，同比精减 52%。同时，对各级政府工作报告和各类会议确定的事项、领导批示及交办事项等，采取“四不两直”、“点穴式”等方式，进行精准督查，既为基层减负又提高了督查实效。比如，通过现场核查，促使大沽河全流域清违清障整治工作圆满完成。在规范信息简报方面，市政府部门简报数量同比减少 42%。同时，到 15 个基层联系点调研送政策 46 次，为帮扶宋村引进投资 5 亿元的德邦门窗项目建成投产，该村成为全省乡村振兴示范村。 四、在重大活动中显作为 今年以来，我市先后举办了海军节、跨国公司领导人青岛峰会、博鳌亚洲论坛全球健康论坛大会等一系列重大活动。针对来宾规格高、团组数量多、任务变化快等特点，我们充分借鉴服务保障上合峰会的成功经验，对每个环节、每个要素都反复研究对接，全流程把关，在活动的服务保障中发挥了不可替代的作用。同时，强化平台思维，深度挖掘重大活动蕴含的信息、技术、资本、人才等资源，服务“双招双引”工作，推动了一批大项目签约落地。此外，还圆满完成国务院大督查、省委省政府重点工作督查等活动的服务保障工作，青岛蓝谷打造开放创新合作平台的做法被国务院通报表扬，发起高效青岛建设攻势等 16 项做法得到省督查组表扬。	

续表

在去年的“三民”活动中，市政府办公厅共收到各类意见建议11条，全部按期办复。其中，规范政务督查活动、加强信息公开等多条意见建议纳入年度重点工作，并得到有效落实。 一年来，办公厅工作还存在一些问题和不足。突出表现在：对一些战略问题的研究谋划不够；对标深圳等先进城市，在方便企业和群众办事方面还有亟需改进的地方；为基层减负的长效机制还不完善，文多会多督查多的问题仍时有反映；一些事关群众切身利益的难点问题还没有得到有效解决，部分群众还被烦心的事所困扰，等等。	其次，说明一年来工作中存在的问题和不足（对一些战略问题的研究谋划不够，在方便企业和群众办事方面还有亟需改进的地方等），表明今后努力的方向。
新的一年，市政府办公厅将不忘初心、牢记使命，以人民群众对美好生活的向往为奋斗目标，与广大市民心心相印、携手同行，坚持高标准、高效率，突出抓大事、办要事，倾力顺民意、解民忧，让城市发展得更加开放现代时尚、更富活力，让市民生活得更加安心顺心开心舒心！ （录自青岛政务网，收录时有改动）	最后，对今后工作提出设想，表明继续努力工作的决心和态度，与开头相呼应。 **3. 落款** 标题中已写明述职单位，故文末署名省略；述职日期已写在标题之下。 全文思路清晰，内容翔实，重点突出。

例文②

述职报告

——2018年7月30日在西安市未央区第十七届人大常委会第十二次会议上

区中小企业促进局局长　袁××

主任、各位副主任、各位委员：

2017年2月，区人大常委会任命我为区中小企业促进局局长。一年多来，在区委、区政府的坚强领导下，在区人大及其常委会的监督指导下，我紧密围绕全区经济社会发展大局，认真履行岗位工作职责，团结带领全局上下，狠抓补齐“工业、民营经济、军民融合”短板，深化亲商助企活动，优化营商环境，推动“散乱污”企业整治取缔和“四改两拆”旧厂区改造等工作，较好地完成了各项目标任务。现将本人履职情况报告如下，请予评议。

一、坚持问题导向、目标导向，扎实履行工作职责

今年年初，围绕我局承担的 9 项市考指标任务和社会信用体系建设、大数据产业发展 2 项个性工作，党建、“散乱污”企业整治等 16 项共性工作，我和领导班子其他成员和科级以上干部群策群力，研究制定工作措施和实施方案，全力以赴从以下 5 个方面抓好工作。

（一）紧盯目标任务，补齐工业短板。一是进一步贯彻落实中央和省市区各项扶持政策，积极为符合奖励资金申报条件的工业企业争取更多奖励资金扶持。二是筹备召开了全区规模以上工业企业经济推进会、民营经济补短板促发展工作座谈会，深化改革促进民营经济改革工作等重要会议，为推动我区工业经济转型发展，制定切合实际的政策。三是组织企业参加公益培训活动，邀请上级部门为区属规上工业企业讲解《市委办公厅市政府办公厅关于加快工业优结构促发展的实施意见》等政策，现场指导服务企业。四是制定出台了 2017 年、2018 年《未央区中小企业局领导干部和机关干部一对一包抓规上工业企业和重点民间投资项目服务活动方案》《未央区民营经济补短板促发展实施方案》《未央区关于加快工业稳增长扩投资促转型的实施意见（征求意见稿）》等文件，切实有效推动了经济工作开展。今年 1–6 月，我区新增规模以上工业企业 5 家，净增规模以上工业企业 5 家，完成 2018 年目标任务；区属规模以上工业增加值完成 5.86 亿元，同比增长 9.6%，超奋斗目标 3.1 个百分点；全区非公有制经济增加值完成 237.47 亿元，非公经济占比完成 57.5%，超奋斗目标 3.8 个百分点；工业投资完成 1.25 亿元；工业技改投资完成 6100 万元；全区民间投资完成 40.45 亿元，同比增长 14.8%，超奋斗目标 2.8 个百分点；与 2017 年相比，工业经济运行指标稳中有进，持续向好。

（二）强化服务保障提升效能促发展……

（三）抓好重点项目促进可持续发展……

（四）大力推进“散乱污”企业整治专项行动……

（五）上下联动抓实做好亲商助企工作……

二、坚持以学促能，不断提升政治素养和履职尽责水平

（一）坚持政治理论学习不放松。结合“两学一做”学习教育，我认真学习贯彻党的十九大精神及习近平新时代中国特色社会主义思想，切实增强“四个意识”，坚定“四个自信”，自觉在政治上思想上行动上同以习近平同志为核心的党中央保持高度一致。

（二）钻研业务知识，提升综合能力……

（三）坚持学以致用，提高履职水平……

三、把牢廉政底线，锤炼过硬作风

（一）从严从实抓党建。我认真履行党建主体责任和党风廉政建设第一责任人的职责，

与班子成员和科级以上干部签订党风廉政建设目标责任书，健全完善了局党组议事规则等10余项工作制度，制订了局党建工作要点和《未央区中小企业局打造铁军工作方案》。

（二）坚持廉洁自律，紧绷廉洁之弦……

（三）坚持民主集中制，抓班子带队伍……

（四）精准施策全力攻坚精准扶贫……

四、自觉接受人大监督，切实做到依法行政

（一）自觉坚持依法行政。我严格遵守宪法并执行各项法律法规，时时刻刻都以法规、纪律作为自己的行为准则，依法履行职责，坚持带头学习并坚决执行区委、区人大、区政府的各项决议和决定，全力促进我区经济有关重大决策部署和工作指示的贯彻落实。

（二）自觉接受人大监督，认真办理代表议案……

五、存在问题和不足

任职至今，我带领班子成员和全体机关干部严格按照市区工作部署要求，定时间、定任务、定措施、定方案、抓落实，全力以赴补齐工业经济、民营经济短板，开展优化营商环境等工作，虽然取得了一些成绩，但还存在一些不足。一是对新常态下我区工业经济、民营经济发展的变化、机遇和潜力研究不够深，面对新问题、新形势，思路不够开阔，举措不够创新；二是以加强依法行政和健全全区诚信体系建设为支撑服务我区中小微企业发展，营造“亲商、安商、扶商”的良好环境方面还有较大提升空间。这两方面是我现在和今后工作中重点探索和努力的方向。

以上是我一年多来的述职内容，不足之处，请主任、各位副主任、各位委员批评指正。我诚恳接受区人大常委会对我述职情况的监督，把意见和建议作为我今后工作的重要指引，认真改进落实。在今后的工作中，我将始终做到讲团结、顾大局，严格遵守国家法律法规，认真拥护和执行区委、区人大、区政府的各项决议和决定，恪尽职守、履职尽责、求真务实、完善自我、锤炼提高，为我区工业经济发展、民营经济发展和社会进步做出更大贡献。

（录自西安市未央区人大常委会网，收录时有改动）

评　　析

这是一篇国家机关领导干部述职报告。主标题只写文种“述职报告”，副标题注明述职日期、会议名称、述职者职务和姓名。称谓交代听取口头述职报告的对象（主任、各位副主任、各位委员）。正文前言概述述职者任现职时间、所在岗位以及对自己履职情况的整体评价，然后以“现将本人履职情况报告如下，请予评议”等惯用语引出下文；正文主体围绕述职者所履行的岗位职责，从“坚持问题导向、目标导向，扎实履行工作职责”“坚持以学促能，不断提升政治素养和履职尽责水平”“把牢廉政底线，锤炼过硬作风”“自觉接受人大监督，切实做到依法行政”等方面陈述一年来的工作实绩。接下来还诚恳地指出工作中存在的问题，并说明下一步努力的方向；正文结尾以惯用语“以上是我一年多来的述职内容，不足之处，请……批评指正”作为结束语，并进一步表明自己的决心和态度。全文内容翔实，重点突出，态度诚恳。

例文③

学院副院长试用期述职报告

本人担任山东理工大学机械工程学院副院长，分管学院科研、国际合作与交流及社会服务工作，现将试用期间一年来履职尽责情况汇报如下。

一、加强学习，努力提高理论水平和党性修养

对照党章党规新要求，对标先进典型和身边榜样，自觉加强党性锻炼，增强“四个意识”、坚定“四个自信”、做到“两个维护”，遵守政治纪律和政治规矩，继续锤炼党性，提升思想政治素质。把政治理论学习作为“必修课”，认真学习习近平新时代中国特色社会主义思想和党的十九大精神，牢记主题教育总要求，在参加学校为期5天的专题读书班、现场接受革命传统教育和专题报告等基础上，通读规定的学习资料，参加8个专题学习，紧扣中央提出的“18个是否”具体要求，逐项逐条检视自身存在的违背初心和使命的问题，对存在的问题提出了整改措施。另外，围绕“机械工程学院科学研究”主题，形成3000余字的调研报告。坚持查改贯通，不断强化政治自觉、思想自觉、行动自觉。

作为学院党总支纪检委员，认真贯彻上级领导关于党风廉政建设的部署，按照学校要求，制订党风廉政建设工作计划，规范制度、完善措施，确保相关的责任落到实处，积极参加学校统一组织的有关廉政活动。履行“一岗双责”，自觉遵守《中国共产党员领导干部廉洁从政若干准则》《山东省高校领导干部廉洁自律八条规定》以及校党委有关反腐倡廉的各项规定和制度，无违纪现象。

二、凝心聚力，扎实推进分管学院工作

按照学校“工作强化落实年”的要求，强化认识，积极组织、团结带领全院老师，在前任分管副院长打下的良好基础上，推进所分管的学院各项工作有序开展。

（一）积极推进科研与社会服务工作

1. 加强科研项目和标志性成果培育工作。精准制定激励政策，调动教师科研积极性。2019 年，我院获批国家级项目 9 项、省部级项目 20 项，科研经费到位 3380 万元，发表核心期刊以上论文 142 篇，其中 SCI/EI 论文 70 篇，授权发明专利 44 项；出版学术专著 1 部；获批省部级科研奖励 6 项，其中山东省政府科技进步奖一等奖 2 项、行业协会一等奖 2 项。

2. 推进高水平科研平台建设。在学校领导关怀下，联合兄弟学院建立“×× 电子机箱产业技术研究院”；在科技处指导下，组织撰写“×× 高端智能装备制造创新研发平台申请书”“特种成型加工国防重点学科实验室建议书”等。

3. 加大与企业的产学研合作力度。组织教师到 ×× 强大集团、×× 汽车弹簧厂、×× 电子科技有限公司、×× 矿业集团等 20 余家单位开拓合作渠道，联合 ×× 智能装备有限公司等知名企业申报 2020 年度新旧动能转换重大工程重大课题攻关项目等。

4. 组织申报各类科研项目和科技奖项。目前，学院正组织专家对拟申报 2020 年国家自然科学基金项目的申请书逐一指导，预期申报 49 项。另外，组织申报山东省政府科技进步奖 2 项、行业协会奖 3 项、国家科技奖 1 项。

（二）积极开拓与发展国际合作与交流……

三、钻研业务，个人教学科研有新突破

本人在认真完成学院分管工作的同时，履行教授职责，努力钻研业务，积极开展学术研究。教学方面，开设全英文研究生课程《精密与超精密加工技术》，选课人数 40 人。指导包括外国留学生在内的硕士 / 博士研究生 7 人，他们在 2019 年共发表核心期刊论文 11 篇、SCI/EI 论文 5 篇、学术会议优秀论文 1 篇，获得第五届山东省“互联网 +”大学生创新创业大赛金奖 1 项。科研方面，2019 年获批国家重点研发计划子课题 1 项，授权发明专利 3 件，获得省部级科技奖励 3 项（其中行业协会一等奖 2 项）。荣获 2019 年中国机械制造工艺协会杰出青年奖，以及“山东省有突出贡献的中青年专家人才”称号。

四、存在问题及下一步打算

本人在实际工作中还存在许多不足之处。一是学习不够深入，理论政策水平急需进一步提高。二是工作推进落实中思想不够解放，措施不够得力，抓得不细不实等。

今后将加强理论学习，努力开拓进取，扎实开展工作，尤其是要发扬“传帮带”精神，助推青年教师成长，为实现学校与学院的发展目标努力工作，切实推动学院各项事业再上新台阶。

（录自山东理工大学机械工程学院网，收录时有改动）

评 析

这是一份企事业单位领导干部述职报告。标题采用“述职者职务（学院副院长）+时限（试用期）+文种（述职报告）”结构。正文前言简要交代述职者的基本情况，然后用惯用语“现将试用期间一年来履职尽责情况汇报如下”过渡到下文；正文主体采用横式结构，分别从“加强学习，努力提高理论水平和党性修养”“凝心聚力，扎实推进分管学院工作”“钻研业务，个人教学科研有新突破”三个方面对自己一年来的履职情况进行全面汇报，重点介绍试用期内单位及个人所取得的工作业绩。最后还简要说明自己工作中存在的一些问题，并对今后的工作提出设想，表达出继续努力的决心。全文层次清晰，重点突出，个性鲜明。

（二）病文评析

我的述职报告

大家好！在这里首先感谢领导、感谢同志们！在集体这个大家庭里，我是个幸运的人，你们给我关怀，给我帮助，送我温暖，今天我满怀感恩的心，对你们表示最真诚的感谢！讲“时间似白驹过隙”，好像有点落伍，刚刚学到一句话“时间太瘦，指缝太宽”，转眼就来到了20××年，又到了进行述职的时候了。去年×月，我通过竞争上岗走上办公室副主任岗位，主要负责文秘方面的工作，转眼间已经快一年了。在当时的竞职演讲中，我曾经说过，不管竞职能否成功，作为在办公室岗位工作的一名公务员，都要做到“五勤”、诚心当好“四员”。“五勤”就是眼勤、耳勤、脑勤、手勤、腿勤，“四员”就是为各级领导和税务事业当好参谋员、信息员、宣传员和服务员。一年来，我主要从三个方面实践着自己的诺言，力争做到更高、更强、更优。下面，我就试用期的工作情况向各位领导做个简要汇报，接受大家评议。

一、努力学习，全面提高自身素质

办公室工作是一个特殊的岗位，它要求永无止境地更新知识和提高素质。为达到这一要求，我十分注重学习提高。工作之余，我总要利用一切可利用的时间向书本学习。

二、加强修养，时刻注意自我约束

在办公室工作，与上下左右及社会各界联系非常广泛，我始终牢记自己是税务局的一员，是领导身边的一兵，言行举止都注重约束自己。对上级机关和各级领导，做到谦虚谨慎，尊重服从；对基层对同事，做到严于律己，宽以待人；对社会对外界，做到坦荡处事，自重自爱。一句话，努力做到对上不轻漫，对下不张狂，对外不卑不亢，注意用自己的一言一行，维护市局机关和各级领导的威信，维护税务部门的整体形象。

三、勤奋工作，回报领导和同事的关爱

我从基层调入市局工作以来，市局领导和机关的同志们给了我许多组织上的关心、工作上的帮助和生活上的关怀。我能有今天，永远也不会忘记领导和同志们的关爱。我唯一的回报方式就是拼命地工作。我珍惜这份来之不易的工作，珍惜这良好的工作环境，同时，也被市局领导和机关全体同志的敬业精神深深感动。

总结一年来的工作，我可以问心无愧地说自己尽了心，努了力，流了汗。不管这次述职能否通过，我将一如既往地做事，一如既往地为人，也希望领导和同志们一如既往地对待我。

此致

敬礼！

（根据有关材料改写）

评　　析

1. 称谓

称谓表述不够恰当。用于公示的述职报告可不写称谓，但向单位领导及干部职工所作的口头述职报告应写明称谓，应增补为“各位领导、同志们”。

2. 正文

（1）前言部分冗长啰唆。应简明扼要地说明述职者任职的基本情况，包括任现职时间、岗位职责、自我评价等。要情理相宜，将真实情感融于叙说履行职责的全过程。此文过多地表达了感谢之情，个人情感融入过多，“时间似白驹过隙”“时间太瘦，指缝太宽”等描述性的话语给人华而不实之感。

（2）主体部分内容空泛。应根据岗位责任目标，重点陈述述职者的政治表现、职业道德和工作实绩，并表明今后努力的方向。此文对工作实绩的阐述简单粗疏，空话、套话过多，未能抓住述职报告的核心问题，“努力学习”“加强修养”“勤奋工作”三部分内容均是泛泛而谈，任职期间取得的主要成绩、存在的主要问题以及今后努力的方向等未能实事求是地进行说明。

（3）结尾用语使用不当。不宜使用祈祝性结束语“此致”“敬礼”，应改为“以上是我的述职报告，请领导、同志们批评指正”之类的惯用语。

3. 落款

落款部分完全缺失。应在正文的右下方写明述职者姓名、述职日期，也可将述职者姓名写在标题之下。

【练习】

一、请指出下列述职报告存在的问题并改正。

工 作 汇 报

尊敬的各位领导、各位同事：

大家好！我自担任大堂经理一职以来，以严格的标准要求自己，立足本职工作，使自己能在平凡的岗位上做奉献，为银行事业发出一份光、一份亮。随着银行业的市场化，服务也越来越受到重视，大堂经理是连接客户的纽带，我不仅是工作人员，同时也是客户的代言人。在客户迷茫时，我为其指明方向；在客户遇到困难时，我施予援手；当客户不解时，我耐心解释；随时随地，急客户所急，想客户所想，以完美无缺的服务去赢得每一位客户。让每一位客户感受到我们的微笑，感受到我们的热情，感受到我们的专业。

作为大堂经理，我们不仅是要熟悉本行的业务和产品，更应该走出去，知己知彼，方能百战百胜。记得今年九月份的一天，整个营业厅内挤满了人，来咨询理财产品、转定期、取工资的人络绎不绝，我也忙得不可开交。这时保安带来了咨询理财产品的客户，我简单地向其介绍了 ××× 业务，可客户没兴趣，说 ×× 银行的理财产品好，我们把钱转到 ×× 银行去，于是就去排队了。当时我被几位客户围着，也没时间跟这两位客户继续攀谈，但我心里一直在想，×× 银行有什么产品吸引他们呢？我快速处理完身上的业务，走到刚才那两位客户身边说：“您能给我介绍一下 ×× 银行的产品吗？”他们送给我一份 ×× 理财产品宣传单。我一看连忙解释说：“其实您要买的这种产品与我行差不多，但我行的预期收益要高得多，我可以给您比较一下，让您有更多的选择。”然后我给客户介绍了一下产品。最后，经过我们的努力，客户选择了我行 ××× 产品。

作为大堂服务人员，除了要对银行的金融产品、业务知识熟悉外，更要加强自身职业道德修养，爱行敬业。在工作中，我自觉维护国家、本行、客户的利益，遵守社会公德和职业道德。在平时工作中，我还能及时处理一些突发事件，具备一些紧急救生知识。就在前一段时间，有一位三十多岁的客户到我行柜员机来取款，突然倒下去了，我和保安连忙跑过去，断定该客户可能是癫痫发作，我叮嘱大家不敢随便乱动，等客户情况稍好了些，我们连忙扶他坐起来，并及时通知其家人，有效避免了安全事故的发生。

在过去的一年中，我在大堂经理岗位上学到了许多与客户交流的经验和一些营销技巧，但也存在许多不足之处，我会在今后的工作、学习中发扬长处，弥补不足，把大堂经理工作做得更好。

谢谢大家！

二、梁 ×× 于2020年任 ×× 大学 ×× 学院副院长一职，下面是其任职以来所完成的主要工作，请根据这些材料，为梁 ×× 代写一份年度述职报告。

1. 参加全国高校副处级领导干部网络培训，完成学习总结。

2. 组建教学研究小组。

3. 组织本科生招生工作，完成学院内大类招生工作分流。

4. 组织开展新时代教育思想大讨论系列活动。

5. 组织完成“2020版 ×× 专业本科培养方案”编制。

6. 组织教师申报教学研究与改革项目。

7. 组织教师编写思政课程教材。

8. 完成教务处对学院两个实验教学中心评估。

9. 提升本科生实践与创新能力。

述职报告练习答题要点

第六节 调 查 报 告

一、调查报告的定义

调查报告是人们根据某种特定需要，对某种现象、某个事件或某一问题进行深入细致的调查，并对所获材料进行系统科学的研究后写成的反映客观事物、揭示本质规律的书面报告，又称“考察报告”“调研报告”“……的调查”“……的调研”等。它是党政机关、企事业单位、社会团体广泛使用的一种实用文体，也是新闻媒体中常用的一种文种。

调查报告可以为决策部门传递调查对象各方面的情况信息，并提供决策依据，越深入、越系统、越翔实的调查报告越能助力领导机关做出科学的决策；调查报告通过对新生的、典型的事例进行发掘，总结出先进的、成功的工作经验并将之推广，以点带面，指导今后工作更顺利地开展；调查报告也可以通过深入的调查分析披露社会中存在的一些矛盾和问题，反映出问题的严重性，引起各方面的重视，从而推动问题的解决，同时也起到批评教育和警醒鞭挞的作用。

二、调查报告的分类

调查报告的种类有很多，根据不同的标准，可以划分为不同的类型。按内容性质划分，调查报告可以分为以下三种类型。

1. 典型经验调查报告

典型经验调查报告是对工作、生活中具有榜样意义的人和事进行调查，通过分析和研究，得出具有示范性的经验而写成的书面报告，此类调查报告通过总结先进经验和宣传典型事物，可以影响和带动整个工作的健康开展，如《在雪域大地抓好党建促脱贫攻坚情况调查》。

2. 基本情况调查报告

基本情况调查报告是对某地区、某单位、某领域或社会某方面的基本情况和发展状态进行深入、系统的调查后写成的书面报告，此类调查报告涉及的内容面广且带有普遍性，可以为有关部门制定或修改相关政策、措施提供依据，如《2020年度铝模板行业发展调查报告》。

3. 严重问题调查报告

严重问题调查报告是对社会生活中某些危害性较大、性质较严重的问题或需要及时澄清的事实真相进行披露的书面报告，此类调查报告通过批评错误或澄清事实，引起社会的重视，达到提高认识、改进工作的目的，如《××省××市××酒店“3·7”坍塌事故调查报告》。

按调查范围和调查方式划分，调查报告还可以分为综合性调查报告和专题性调查报告。综合性调查报告是围绕某一类问题进行多方面深入细致的调查后而形成的书面报告，如《中国城市综合交通发展调查报告》；专题性调查报告是专门就某一个问题或某一件事情展开调查而形成的书面报告，如《新态势新矛盾新信号——六区域关于“新工荒”调查报告》。

三、调查报告的特点

1. 真实性

撰写调查报告是为了了解事实真相，反映客观现实，阐明规律道理，总结经验教训，指导和推进工作。因此，真实性是调查报告的生命所在，只有选取真实典型的材料，反映客观事物的本来面貌，才能得出具有普遍意义和科学价值的结论。

2. 针对性

根据工作的实际需要，选择实践中具有方向性、倾向性的问题调查研究，有效地总结经验，回答人民群众普遍关心的热点问题，提出生活中迫切需要解决的现实问题，这是撰写调查报告的关键所在。调查报告针对性越强，其指导意义就越大。

3. 说理性

调查报告是通过真实典型的材料反映现实面貌、阐明事物本质、得出正确结论的，能否反映事物发展必然规律，是衡量调查报告质量好坏的基本标准。因此，调查报告必须把客观叙述与主观说理紧密结合起来，做到叙议结合，夹叙夹议。

四、调查报告的写作

（一）调查报告的行文结构

调查报告一般由标题、正文和落款三部分组成。

1. 标题

调查报告的标题通常采用两种形式。

（1）公文式标题。由"调查机关＋事由（调查对象与内容）＋文种"构成，如《文化和旅游部关于2019年第三季度全国旅行社统计调查报告》；或省略调查机关，由"事由（调查对象与内容）＋文种"构成，如《江苏城乡居民消费现状调查报告》。

（2）新闻式标题。有的直接点明主要内容，如《构建教师学习型组织的理论思考》；有的阐明作者意见建议，如《高校发展重在学科建设》；有的针对现象提出问题，如《"手机APP账号注销难"调查：为何这么难？有啥风险？》等。也可使用正、副两个标题，正标题用生动形象的语言揭示主题，副标题指明调查的对象、内容、范围，如《蔬菜产地供应充足 菜价在合理区间——来自蔬菜生产大省山东的一线调查报告》。

2. 正文

正文是调查报告的主要部分，一般包括前言、主体和结尾三个部分。

（1）前言。前言一般介绍调查的基本情况，包括时间、地点、对象、目的、方式等，或者概括调查报告的主题。还可以提出调查的问题，或给出调查的结论，或交代调查的方法，进而引出下文。

前言应简明扼要，切入主题，一般有以下几种写法：一种是概述式，即概括介绍调查对象的基本情况或调查报告的主题，给读者一个总体印象；一种是结论式，即开宗明义地将调查报告的结论展现出来，下文再逐步论证说明；一种是提问式，即提出调查报告的中心问题，抓住问题的关键，引发读者的思考和兴趣；一种是说明式，即说明调查的方法，体现调查成果的科学性，令读者信服调查报告的内容。

（2）主体。主体是调查报告的核心部分，是前言的引申和展开，也是结尾的依据。主要包括两个方面的内容：一是运用典型、确凿的事实材料，讲清客观事物的存在状态或者事件发生、发展、变化的过程等；二是从对事实材料严谨深入的分析研究中，揭示事物的本质和规律，阐明正确的观点和结论，找出解决问题的方法和途径。

主体应有叙有议，观点鲜明，重点突出，大致有三种结构形式：一种是递进式，即根据调查活动中事物发生、发展的态势，按照时间顺序将调查报告分为几个阶段来写。这种结构可以条理清晰、层次分明地将调查活动的来龙去脉一一展现，多适用于内容较单一的调查报告。一种是并列式，即根据调查活动中事物的内在联系将其分为几个方面，围绕一个中心，分别进行阐述说明。这种结构从不同角度对调查对象进行客观和全面的描述，多适用于内容丰富、综合性强的调查报告。还有一种是复合式，即先把调查活动按照时间顺序分为几个阶段，每个阶段又根据调查内容的性质分为几个并列的方面进行叙述。这种结构形式可以全面地对调查活动进行描述和总结，适用于内容复杂、涉及面广的综合性调查报告。

（3）结尾。调查报告的结尾是对全文的总结和升华。有的是归纳总结，深化主题；有的是指出问题，带动思考；有的是提出建议，以供参考；有的是发出号召，作出展望；有的是意尽文止，自然结束。结尾要简洁有力，发人深省。

3. 落款

落款包括调查者姓名或单位名称、完成调查报告的时间，一般写在正文篇末右下方适当位置。如调查者姓名或单位名称已写在标题之下，此处可以省略。

（二）调查报告的写作要求

1. 认真调查，材料翔实

调查报告主要以客观事实说明问题，只有广泛而深入地调查，才能获取丰富的第一手材料，只有详尽地占有材料，才能清楚了解事物的本质和真相，从而提炼出带有规律性的、具有普遍意义的观点和结论。认真调查、充分占有材料是写好调查报告的基础。

2. 科学分析，观点正确

调查报告不是诸多事实的简单罗列，通过调查所获得的材料还必须进一步进行整理、分析、总结，去粗取精，去伪存真，从而准确地把握问题的焦点，科学地总结正确的观点，找到解决问题的方法和途径。科学分析、揭示事物规律是写好调查报告的关键。

3. 叙议结合，行文周密

调查报告的材料与材料之间、材料与观点之间要有内在的、有机的联系，做到材料、分析和观点三者的统一，叙议结合，结构合理。为了让读者尽快抓住要领，调查报告语言应该简洁、朴实、准确、生动。叙议结合、材料观点统一是写好调查报告的要义。

五、调查报告写作示例与评析

（一）范文评析

例文①

<table>
<tr><td>

让党内政治生活这个大熔炉真正“热”起来

中共湖南省委组织部调研组

如何破解一些地方和单位党的组织生活不经常不严肃问题，让党员干部在党内政治生活熔炉中百炼成钢，使基层党组织的组织力得到全面提升？带着这个问题，我们深入长沙市××村党支部、××社区党支部和××党小组蹲点调研，寻找答案。“两支部一小组”坚持</td>
<td>

评析

这是一篇典型经验调查报告。

1. 标题

采用新闻式标题，用生动形象的语言揭示报告的主题（将“党内政治生活”比喻为“大熔炉”，用“热起来”比喻“基层党组织的组织力的全面提升”）。</td></tr>
</table>

续表

抓常抓细抓长组织生活，让党内政治生活这个大熔炉真正“热”起来，给人以深刻的启示。 一、实践：始终坚持“贵在经常、重在认真、要在细节”，着力增强党员干部的角色意识和政治担当 农村党员居住分散，社区党员流动性强，“集结号”不好吹的问题客观存在。如何能长期坚持开展组织生活，并且做到不流于形式？调研发现，×× 村党支部从 1988 年起、×× 社区党支部从 1989 年起、×× 党小组从 1991 年起，坚持贯彻“最讲认真”精神，注重落细落小，做好引领示范，打好“组合拳”，有效增强了党员干部的角色意识、政治担当和内生动力。 一是把准正确方向，带头人发挥“定盘星”作用。火车跑得快，全靠车头带。“两支部一小组”带头人虽然换了几茬，但都把组织生活作为教育管理党员的平台、推进村（社区）工作的利器，把“接力棒”交给继任者，并“扶上马送一程”，一任接着一任抓。×× 村党支部确定每月 20 日以党小组为单位过组织生活，并通过组织生活把生产情况摸清楚、把支部工作安排落实好；×× 社区党支部每季度末月的 10 日召开党员大会；×× 党小组农历每月 16 日过组织生活。“两支部一小组”之所以能长期坚持党的组织生活，是因为支部书记、党小组长充分认识到组织生活“真正管用”，并且党组织带头人都是任职多年的“老把式”，他们党性强、带富能力强，民主决策，办事公道，作风正派，律己严格，在党员和群众中威信高，带动形成了党员学干部、干部学书记、书记“喊得应”的好风气。 二是丰富内容形式，让组织生活“党味”既浓又有吸引力。“两支部一小组”坚持把政治学习作为“第一议题”，使组织生活回归本原、充满“党味”。我们翻阅几十本泛黄的学习记录，从毛泽东思想、邓小平理论、“三个代表”重要思想、科学发展观到习近平新时代中国特色社会主义思想，“两支部一小组”的思想政治教育从未间断。不少党员说：“每过一次组织生活，就提醒一次‘我是党的人’，要做好党分配的工作。”同时，党员民主议事决策是第二个“规定动作”，将集体的事交给大家议、大家定、大家干，既保障了党员的民主权利，又调动	**2. 正文** （1）前言——采用提问式开篇，提出本次调查的中心问题（如何破解一些地方和单位党的组织生活不经常不严肃问题……使基层党组织的组织力得到全面提升），引发读者思考和兴趣；接着用简洁的语言概括出调查报告的主题（长沙市“两支部一小组”坚持抓常抓细抓长组织生活，让党内政治生活这个大熔炉真正“热”起来，给人以深刻的启示），给读者一个总体印象。 （2）主体——全文主体分为三个部分，采用并列式结构，分别从“实践”“成效”和“启示”三个方面对新生的或典型的事例进行发掘，并对调查所得的资料进行详细阐述和细致分析，总结出先进的、成功的工作经验并将之推广，为今后工作的开展提供参考和指导。每个部分均以小标题标引，再用充分有力的材料加以说明。 “实践”部分通过广泛而深入的调查，详尽地占有第一手资料，分别从“把准正确方向”“丰富内容形式”“弘扬优良传统”“严肃纪律规矩”“注重统筹结合”五个方面进行阐述，多角度展示“两支部一小组”为了让党内政治生活真正“热”

续表

了党员带领群众抓落实的积极性。×× 村、×× 社区党支部每次组织生活会前，都要召开党小组长会，通报支部工作情况，拿出议事方案，让党员在党小组会上充分酝酿讨论，大家参与热情普遍高涨，觉得组织生活越过越“有味”。随着时代发展，“两支部一小组”还创新开展“微党课”等主题活动，开辟网上组织生活阵地，用温馨、新鲜的方式增强组织生活的吸引力。 三是弘扬优良传统，系好扣正“第一粒扣子”。好的风气不是一两天就能形成的，必须绵绵用力、久久为功，充分发挥优良传统的浸润、熏陶作用。“两支部一小组”重视弘扬优良传统，充分发挥老党员“传帮带”作用，浓厚党内政治生活氛围，有效推动优良传统实现代际传承。×× 村党支部规定，转入组织关系的党员首先要由支部书记谈话，交代党小组会议规矩，开展村情培训。党小组设置实行“老中青”搭配，由老党员给年轻党员讲历史、讲传统、讲规矩，讲身边的好人好事，让年轻党员从中受到教育、得到提高。在组织生活中，老党员开会必先到场，批评带“辣味”，服务带头上，促进“旺火”出“好钢”。 四是严肃纪律规矩，立牢严实精神“风向标”。为防止基层组织生活散漫，×× 村党支部在每个党小组设立了记录员、监督员，对不能按时参加组织生活的党员，由监督员了解情况，党小组长、党支部书记谈话提醒或批评，记入出勤记录，纳入党员积分管理，年底张榜公布，对表现优秀的予以表彰奖励。×× 社区党支部制定了“六不准”会议纪律，党员确需请假的须向党小组长、党支部书记说明原因，写请假条。这样长期坚持、成风化俗，形成了良好的会风会纪。 五是注重统筹结合，群众满意评价形成良性互动。有为才有位，有位更须为。“两支部一小组”将组织生活与民主决策、民主管理、民主监督紧密结合，固化为村（社区）议事决策执行的重要环节，寻求集体利益与村民个体利益的最大公约数，形成了党员带头、群众助力、共促发展的良好局面。2008 年初湖南省遭受特大冰灾，×× 村党支部全体党员早晨 6 点集合，上路铲冰除雪。	起来所开展的具体工作，用最能反映事物本质的典型事实来说话。

续表

党员干在前、群众跟着上，连续20多天轮班奋战，保证了道路畅通和群众出行安全。××社区党支部把组织生活会开到了征地拆迁现场，指挥部张贴“党员先锋榜”，所有党员都在规定的时间内签订了拆迁协议，党员带头敢于在利益上吃亏，不是一句空话。“两支部一小组”还以主题党日为载体，引导党员积极参加敬老孝亲、访贫问苦、环境整治、移风易俗等活动，千方百计为群众排忧解难，让群众感到“党员就是不一样”“有困难就想到共产党”。不少党员感慨地说：“走在村里，人家都看在眼里。要挺直腰杆，不能抹黑了党员这块‘金字招牌’、这个‘政治荣誉’”。	
二、成效：“一个日子改变一个地方”，始终如一矢志坚守，让支部堡垒更坚强、村（社区）面貌大变样 长期以来，“两支部一小组”定期组织党员过好组织生活，不仅推动党内政治生活实现正常化、规范化，党组织自身建设也得到明显加强，各项工作有力推进，经济社会发展呈现出欣欣向荣的生动局面。 党支部的创造力、凝聚力、战斗力增强了。多年来，“两支部一小组”领导班子成员变动、党员人数增多、社情民意有了新的变化，但始终保持社会稳定、经济发展、干群和谐、班子团结，这得益于对组织生活的坚守，基层党组织战斗力增强、组织力提升，从而始终成为党员、群众信赖的“主心骨”。支部班子成员在组织生活中坚强党性、增进团结，在引导党员议事决策中凝聚共识、提升能力，整体合力强、威信高，支委成员解决实际问题有办法、会做群众工作、能独当一面。 党员的归属感、荣誉感提升了。党员定期参加政治学习，经常打扫思想“灰尘”，“第一身份”意识和爱党、忧党、兴党、护党的行为自觉明显增强。调研发现，“两支部一小组”组织生活到会率100%是常态，有党员请假时也在95%以上。“现在开会学习不用通知，特殊情况不学才发通知”。有的老党员怕错过组织生活，在日历上将组织生活的日子画上圆圈。广大党员牢记“我是党员”“党员是一个很光荣的称号”“要给群众做好样子”，在工作、生活中积极发挥作用，碰到不良言行敢于发声、“亮剑”。	“成效”部分通过对调查所获得的材料进行整理、分析，总结出“两支部一小组”推动党内政治生活工作所取得的显著成绩，包括“党支部的创造力、凝聚力、战斗力增强了”“党员的归属感、荣誉感提升了”“党员群众人心齐了、抓发展劲头足了”“党风正了、民风淳了、社会风气持续向好向善”等，对事实予以客观描述并加以剖析，准确地把握了问题的焦点。

续表

党员群众人心齐了、抓发展劲头足了。组织生活锤炼了党员党性，带动群众增强大局观念，结成一条心，拧成一股绳，工作一呼百应，征地拆迁、集体收益增值分配等老大难工作都能顺利推进，大抓发展抓出了村（社区）面貌大变样。×× 村由“晴天一身灰，雨天一身泥”的农业村发展成为远近闻名的城乡一体化示范村，合作经营的陶瓷市场年营业额过亿元，提供就业岗位 500 多个，村民年人均可分到 3000 元红利，2017 年增加集体收入 1700 多万元。×× 社区 2018 年集体收入达到 248 万元，先后获评“全国文明村镇”“湖南省‘五个好’村党组织”称号。×× 片区企业落户、产业兴旺、村民生活富裕，党小组被确定为市级“学习型党组织建设示范点”。 党风正了、民风淳了、社会风气持续向好向善。调研中，党员、群众反映最多的就是“风气好”，有“满满的”幸福感、获得感、安全感。村（居）民精气神饱满，积极就业、自主创业，文体活动丰富，赌博、迷信和大操大办没有市场。×× 社区连续 20 多年实现零上访、零事故。群众自豪地说，“和有的‘乱村’比，我们这边是‘绿洲’”。×× 村、×× 社区同样在城乡接合部，却通过抓实组织生活、提升党组织组织力成功破解了接合部的治理之“痛”，成为所在区县的“老典型”。 三、启示：以强烈的问题意识靶向发力、精准施策，真正使党组织生活和党员教育管理严起来、实起来 习近平总书记强调，“党内生活松一寸，党员队伍就散一尺”，“党员、干部只有在严格的党内生活中反复锻炼，才能坚强党性、百炼成钢”。因此，必须突出问题导向，大力解决庸俗化、随意化、平淡化、失之于宽软等突出问题，让党内政治生活这个熔炉真正“热”起来。“两支部一小组”坚持党的组织生活，时间长、落点实、效果好，为保持党内政治生活“火旺炉热”，全面提升基层组织力和基层党建工作水平，积累了丰富经验，提供了有益启示。 第一，长期坚持党的组织生活，必须把加强政治建设、严肃纪律规矩摆在首要位置。党的政治建设是党的最根本的建设，在党的建设中起着统领作用。“两支部一	“启示”部分在分析、研究事实材料的基础上揭示了事物的本质，总结了工作经验，找到了解决问题的方法（长期坚持党的组织生活“必须把加强政治建设、严肃纪律规矩摆在首要位置”“必须建强党支部、压实主体责任”“必须尊重党员主体地位、激发党员内生动力”“必须联系服务群众、契合基层治理需求”），回答了文章开头提出的中心问题，归纳出具有普遍指导意义的规律性

续表

小组”突出理论武装，把政治建设融入组织生活，持续为党员补“钙”铸“魂”，为持之以恒坚持组织生活打下了坚实的思想基础。必须深刻认识到，政治性是马克思主义政党的第一属性，讲政治是贯穿党的组织生活的第一要求，要把学习贯彻习近平新时代中国特色社会主义思想和党的十九大精神全面融入党的组织生活，通过设立第一议题、专题研讨等办法，教育引导党员拧紧思想“总开关”，树牢“四个意识”，坚定“四个自信”，做到“两个维护”，自觉将党的主张和意志转化为实际行动。 第二，长期坚持党的组织生活，必须建强党支部、压实主体责任。党支部建设是最重要的基本建设。××村、××社区党支部注重加强自身建设，严格落实基本制度，强化政治性、突出严肃性，让党员得到锻炼、受到熏陶，养成经常参加组织生活的习惯。实践表明，长期坚持党的组织生活，最重要的是树牢党的一切工作到支部的鲜明导向，抓好党支部建设，把书记选好、把班子配强，把软弱涣散党支部整顿好，让支部在基层工作中唱主角、担主责，通过建强支部来抓实组织生活，以抓实组织生活来促进建强支部，使支部真正成为团结群众的核心、教育党员的学校、攻坚克难的堡垒。 第三，长期坚持党的组织生活，必须尊重党员主体地位、激发党员内生动力。党员的积极性主动性创造性，是长期坚持组织生活的活力之源。“两支部一小组”坚持因地制宜过组织生活，既“架天线”又“接地气”，始终把党员摆在中心位置，让党员觉得组织生活就是自己的事。实践表明，真正把党员放在党内政治生活的主人翁地位，让党员有尊严、当骨干、起作用，就能有效激活党的肌体“细胞”，为坚持组织生活等党的各项工作注入持久动力。 第四，长期坚持党的组织生活，必须联系服务群众、契合基层治理需求。基层党组织组织能力强不强，抓重大任务落实是试金石，也是磨刀石。党的组织生活能不能坚持、有没有效果，要在基层治理中接受实践检验。“两支部一小组”赋予组织生活议事决策重要功能，内嵌为基层治理机制的重要环节。实践证明，基层党组织坚持党的组织生活，必须始终与中心工作紧密结合、同向共进，	观点，实现了材料、分析和观点的有机统一。 （3）结尾——意尽文止，自然收尾。

续表

积极回应群众的所需、所急、所盼，深度契合基层社会治理的实际需求，让组织生活在与中心工作融合互促中不断焕发出生机与活力。 （录自党建研究网，收录时有改动）	**3. 落款** 调查单位名称（中共湖南省委组织部调研组）已写在标题之下，故此处省略。 全文主题鲜明，材料翔实，行文周密。

例文②

直播电商购物消费者满意度调查报告

一、项目背景

近年来，随着网购消费升级的日益加速，消费领域新场景、新业态、新应用不断涌现。2016年开始，“直播＋电商”成为一种新兴的网购引流方式，消费者对于网红流量的关注度、对于商品的兴趣度、对体验互动的认知度都有了不同程度的提升，越来越多的消费者通过观看网络直播下单购物。有数据资料统计，2019年直播电商市场规模已经到达4338亿元，预计2020年行业总规模还将继续扩大。主播们的卖力讲解、真切的体验分享，商品直观的呈现，刷屏的评论，让消费者乐于下单。因此，不少直播平台和电商平台都在大力发展直播电商购物模式。疫情影响之下，多产业的“云复工”、消费者“云逛街、云购物”的热情高涨，更是助推了这种模式的演进。

直播电商购物从萌芽起步到快速发展的同时，这一消费新模式也面临着一些新问题。中国消费者协会通过梳理消费者投诉统计数据发现，一些主播带货时存在夸大宣传、引导消费者绕开平台私下交易等问题，部分消费者遭遇购买到假冒伪劣商品、售后服务难以保障等情况。卖家与平台之间、直播平台与电商交易平台之间的关系错综复杂，导致消费者的知情权、公平交易权和合理维权诉求大打折扣，由此引发社会各界高度关注。随着《电子商务法》的出台实施，从事电子商务的经营主体必须办理相关营业执照并承担缴纳税务义务，直播电商消费同样被纳入适用范围，这对商家行为产生了必要的约束。各大电商平台也陆续出台或调整管理规定，进一步规范平台直播活动、销售行为及商品售后服务，这对于维护平台交易秩序、保障消费者合法权益起到了一定的积极作用。

为贯彻落实《电子商务法》，切实履行消协组织法定公益性职责，了解直播电商领域相关消费维权短板问题和消费者关切所在，敦促直播电商产业朝着更加健康、有序、创新的方向发展，中消协于 2020 年 1 月到 3 月组织开展直播电商消费者满意度调查活动。

二、直播电商定义及调查实施说明

（一）直播电商相关概念说明……

（二）直播电商购物在线调查执行……

（三）直播电商购物受访者基本情况……

三、直播电商购物消费满意度调查主要结果

（一）直播电商购物行为分析

1. 直播电商购物驱动因素……

2. 直播电商购物消费频率……

3. 直播电商购物行为偏好……

（二）直播电商购物各平台满意度

1. 直播电商购物平台占有率分析……

2. 直播电商行业和各平台满意度

如下图所示，受访者对于直播电商行业现状的整体满意度为 79.2 分，对于购物体验的整体满意度为 81.9 分。消费者认可度和满意度总体较好，但仍有较大的提升空间。

从消费者对各个平台的满意度来看，淘宝直播、天猫直播、京东直播三大直播电商平台满意度较高，均在 80 分以上；斗鱼直播、虎牙直播和拼多多直播等直播电商平台满意度略低，但都在 74 分以上。

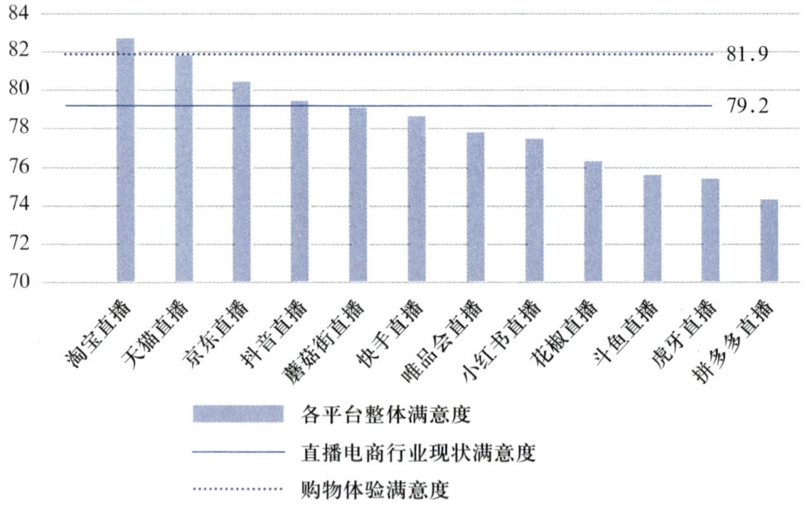

直播电商行业和各平台满意度

（三）直播电商购物全流程满意度

1. 直播购物全流程满意度

直播电商购物流程包括宣传、直播、支付、物流、售后等关键节点。针对不同节点的消费者满意度调查发现，消费者满意程度最高的是支付环节，为 79.1 分；满意程度最低的是宣传环节，为 64.7 分。总体而言，消费者对直播购物各个环节的满意度都未达到 80 分，对于虚假宣传和商品来源的担心情况相对突出。具体情况可参考下表。

直播电商购物全流程满意度

直播购物全流程		满意度指标	总体
1	宣传	宣传方面满意度	64.7
2	直播	对主播的信任度	75.3
3	支付	支付方式满意度	79.1
4	物流	物流时效满意度	77.2
5	售后	退货换货满意度	72.0
		留言反馈满意度	75.6
		投诉处理满意度	72.1

2. 直播电商购物平台出现的行为问题……

（四）消费者维权认知与期待

1. 直播购物中消费者维权情况

调查发现，有 37.3% 的消费者在直播购物中遇到过各种问题，但是仅有 13.6% 的消费者遇到问题后进行投诉，还有 23.7% 的消费者遇到问题并没有投诉。对遇到问题未投诉的消费者进一步调查后发现，46.6% 的消费者认为“损失比较小，就算了”；18.1% 的消费者因觉得投诉处理流程比较复杂或花时间而放弃投诉；还有不少消费者认为即使投诉也没有什么用。这也表明消费者对于维护自身合法权益缺乏足够的耐心和信心。

从投诉渠道来看，消费者如果遇到纠纷，最直接的做法就是向直播平台管理者投诉或者向主播、经营者进行投诉；还有约 23.8% 的消费者会通过向消协组织进行投诉，寻求支持。

2. 消费者直播购物认知及风险意识

（1）消费者冲动消费比较严重……

（2）消费者风险意识相对薄弱……

（3）主播角色认知尚存在争议……

四、总结与建议

随着“互联网 +”经济特别是电子商务经济的持续快速发展，直播电商购物作为一种新型营销模式越来越被广大消费者接受和认可。为了更好地服务消费者，电商领域一直在不断变化进步，预计今后一段时期也将保持高速发展态势。本次调查发现，消费者对直播电商产业总体评价较高，90 后、00 后等消费新生代对这一购物模式更为认可。与此同时，直播电商购物也存在一些消费风险。比如，消费者容易受到直播氛围影响而冲动购物；由于信息不对称，消费者可能被夸大宣传或虚假信息所误导，购买到假冒商品和“三无”产品；在遇到消费纠纷后，由于对直播平台责任划分缺乏清晰的认知，导致消费者维权耐心和信心的不足。

为进一步做好直播电商购物领域相关监管工作，构建良好的网络购物市场交易秩序，更好地维护消费者合法权益，结合本次调查相关情况，中国消费者协会特提出如下建议：

（一）强化监管职责，引导直播电商行业健康有序发展……

（二）明确经营责任义务，自觉强化诚信规范经营意识……

（三）聚焦直播关键节点，加强对主播群体的规范管理……

（四）鼓励消费者参与，大力推进消费教育和维权宣传……

中国消费者协会

2020 年 3 月 31 日

（录自中国消费者协会网，收录时有改动）

评　析

这是一篇基本情况调查报告。标题采用“事由（直播电商购物消费者满意度）+ 文种（调查报告）”形式。正文前言采用说明式，交代此次调查的背景，并对相关概念和调查时间、对象、范围等作出说明；正文主体围绕中心问题，运用典型、真实的事实材料，以“文字 + 图表”的形式阐述直播电商购物消费满意度调查的主要结果。且从事实材料的研究分析中，得出解决问题的办法、措施和建议，提出了“构建良好的网络购物市场交易秩序，更好地维护消费者合法权益”应采取的具体措施，以供参考；结尾部分意尽文止，自然结束。落款注明调查单位名称（中国消费者协会）及完成调查报告的时间（2020 年 3 月 31 日）。全文材料丰富，夹叙夹议，条理清晰。

例文③

关于基层形式主义官僚主义突出问题的调研

十九届中央纪委三次全会强调，以党的政治建设为统领，坚决破除形式主义、官僚主义。要从坚持政治原则、严明政治纪律的高度，紧盯对党中央重大决策部署不敬畏、不在乎、喊口号、装样子的错误表现，严肃查处空泛表态、应景造势、敷衍塞责、出工不出力等突出问题。

近日，河北省邯郸市纪委监委组成调研组，围绕基层存在的形式主义、官僚主义问题开展专题调研。

一、存在问题

文山会海问题突出，干部群众反映较为强烈。县乡基层“以会议落实会议、以文件落实文件”问题尚未得到有效解决。一些单位和部门正式发文虽然有所减少，但是利用电话传真、微信短信、电子邮箱等渠道变相发文数量依然较多。有的地方存在层层发文、照搬照抄上级文件、缺乏针对性的问题。有的会议表面规格高、规模大，动辄要求一把手参加，或者为了体现规模让与会议内容关系不大的部门参加。

督查检查考核项目多，有些检查考核内容重复。调研组对该市各类考核项目进行梳理，发现一些省、市两级考核项目内容相似，但所需准备材料规格不尽相同。如，文明城市创建和卫生城市创建两项考核，内容交叉重复，需要准备两套资料，浪费了大量人力物力。

工作留痕较为严重，加重了基层工作负担。调研发现，扶贫工作要求留痕问题较为突出。一些工作考核项目，比如扶贫脱贫工作检查考核，较多地将查看领导批示、开会发文、台账记录、会议照片、工作方案、阶段记录等资料作为考核标准，进村入户核对真实情况却明显不够，没有把群众满意度、获得感作为根本评价标准，忽略和淡化了对实实在在的工作成效考核。有的乡镇专门组建一套班子负责完善档案、填表报数，干部到群众家中慰问，每次都要求拍照留痕。

追责问责不够精准，存在问责泛化倾向。有些问责简单化、机械化，某县过去两年间问责的干部中有36人被重复问责，这反映出该县问责项目多、频率高，但震慑教育作用明显不足。调研中，一名乡镇干部反映，一些部门如环保、扶贫、信访等，制定的问责情形和要求简单机械，不考虑实际情况和具体原因，搞“一刀切”式问责，几乎半数干部被问过责，实际效果却很差。调研还了解到，基层干部按问责概率，把当前工作分为“要命的活”“要账的活”“要好的活”三类，其中信访维稳、脱贫攻坚、环保治理、违建拆除等被认为是最“要命的活”，很少有干部积极主动承担。

运用“属地管理”原则向下推卸责任，基层干部权责不一致。一些部门将本应由自己牵头负责的工作，以实行“属地管理”原则为由，将责任推给乡镇，主责部门变成督导部门，增加基层工作负担。调查显示，近半数干部认为，上级部门履责中存在形式主义、官僚主义问题，向下推卸责任，是造成乡镇干部负担过重的主要原因。

二、原因分析

官僚主义催生形式主义。一些领导干部担当精神不足，生搬硬套、机械执行上级政策。有的工作刚刚开会部署，就要求上报贯彻落实情况，导致下级在抓落实时，只能以形式主义应付。有的怕担责任，遇见问题能躲则躲，躲不开便“一禁了之”，不顾实际“一刀切”。有的层层签订责任状，把责任推给下级，看似层层加压，实则层层推责。

错位政绩观加重基层负担。一些部门和单位学习上级政策不深不透，习惯于层层加码，脱离实际情况，片面追求最大效果。如，上级部门30天要结果的工作，到县里就变成20天，到乡镇只有10天的落实时间。此外，一些部门和单位一味地强调检查考核，对下级工作干预多、检查多、问责多，下级部门不堪重负，只能被动地在形式上应付。

表现形式复杂致使精准惩治不够。形式主义、官僚主义问题不同于奢靡之风和享乐主义特征明显、危害具体，往往表现形式复杂、难以区别定性。如，一些部门和单位打着推进工作落实的幌子，大搞形式主义、官僚主义，但对这样的行为往往在定性量纪上缺乏界定标准，有时难以区别是上级要求还是自主行为，难以衡量危害和损失程度。相较于查处扶贫、民生等领域群众反映集中的突出问题，一些基层党组织和纪检监察机关面对此类问题时，往往怕认识不足、把握不准，存在畏难情绪。

三、对策建议

以上率下引领示范。各级领导机关、领导干部要带头把自己摆进去，在工作中做到事前严格审视对照、事中严格审核把关，强调精准落实，减少形式大于内容的会议、文件和工作安排，为下级做好示范。加强政治监督，纪检监察机关要把整治形式主义、官僚主义作为政治监督的重要任务，坚决纠治空泛表态、应景造势、敷衍塞责、出工不出力等问题，督促各级领导干部在工作谋划、跟踪落实中切实履职尽责。

健全完善落实机制。全面排查形式主义、官僚主义突出问题，列出负面清单，拿出整改措施。推动构建层级化的责任落实机制，重点研究清理制度规定针对性不强、落实责任强调过度留痕等问题，制定科学合理、权责明晰的责任清单，方便基层落实。改进检查考核方式方法，对现有考核项目进行全面梳理，对检查考核内容进行流程再造，强化结果导向，减少查看档案资料，突出实绩实效考核，增加群众评议权重。

做实做细日常监督。纪检监察机关要精准执纪问责，采取调阅资料、召开座谈会、面对面访谈、暗访抽查等方式开展监督检查，对存在形式主义、官僚主义的一般问题，运用好谈话、约谈等措施进行提醒纠正；定期研判区域政治生态，加强对形式主义、官僚主义问题研究，分析根源和发生规律，采取发纪律检查书、监察建议书等形式，督促有关党组织修订完善相关规定，堵塞监管漏洞。

精准有效实施问责。坚持实事求是，注重综合效果，依规依纪依法实施精准问责。对在落实“两个责任”中搞形式主义、官僚主义，导致出现重大违规违纪甚至违法问题的，坚决实行“一案双查”，既追究当事人责任，又追究有关党组织和领导干部的责任。完善问题通报制度，对查处的典型形式主义、官僚主义问题，一律点名道姓、公开曝光，有效发挥警示和惩戒作用。

河北省邯郸市纪委监委研究室

2019 年 4 月 25 日

（录自河北省监察委员会网，收录时有改动）

评　　析

这是一篇严重问题调查报告。标题采用“事由（关于基层形式主义官僚主义突出问题)+ 文种（……的调研）”形式。正文前言概括介绍调查报告的主题（基层存在的形式主义、官僚主义问题），给读者一个总体印象。正文主体分为三个部分，采取“存在问题 + 原因分析 + 对策建议”的结构形式：第一部分介绍邯郸市基层存在的“文山会海问题突出”“督查检查考核项目多”“工作留痕较为严重”“追责问责不够精准”等形式主义、官僚主义的问题，内容翔实；第二部分对基层形式主义、官僚主义突出的原因进行了分析，全面客观；第三部分着重从四个方面提出解决基层形式主义、官僚主义突出问题的对策建议，扎实有序。主体部分结束后，自然收尾。落款注明调查单位名称（河北省邯郸市纪委监委研究室）及完成调查报告的时间（2019 年 4 月 25 日）。全文观点明确，结构严谨，语言凝练。

（二）病文评析

“3·1”事故调查报告

从相关部门获悉，20×× 年3月1日，×× 市 ×× 区 ×× 红十字医院公交站，一辆公交车进站上下乘客时路面突然压塌沉陷，致使公交车和车站部分人员坠入压塌陷坑内，造成一定的伤亡。

事发后，党中央、国务院高度重视，先后对应急救援、伤员救治和防范次生灾害提出工作要求，并派出专家组到现场指导救援工作。×× 省委、省政府认真贯彻落实党中央、国务院要求，成立了 ×× 省委省政府主要领导任指挥长的“×× 市突发灾害事件应急指挥部”，组织各方救援力量，开展应急救援，×× 市委市政府迅速行动，全力做好应急处置工作。

3月17日，事件救援和应急响应终止后，应急指挥部依据有关法律法规，成立了由 ×× 省应急厅为组长单位，×× 省有关部门和 ×× 市政府为成员的事故调查组，聘请国内地质、地勘、交通等领域专家为调查提供技术支持。调查组坚持“科学严谨、依法依规、实事求是、注重实效”的原则，通过反复现场勘验、调阅资料、人员问询、专家论证等，查明了事故灾难发生的经过、原因，认定了事故灾难性质、责任。

调查组认定，这起事故灾难是湿陷性黄土路基因多年渗水导致路基物质流失，逐步形成地下陷穴，年久失修的防空洞外壁空腔为水土流失提供通道等多项因素所致。

有关问责工作，正在按照程序开展。调查组还提出了防范措施和处理建议。

（根据有关材料改写）

评　　析

1. 标题

标题格式不合规范。事由部分应说明调查的对象与内容，可改为“×× 市‘3·1’公交车站路面坍塌事故灾难调查报告”。

2. 正文

（1）前言部分表述不当。此文是一篇事故调查报告，不是新闻稿，不宜使用“从相关部门获悉……”这种表述方式，应简明扼要地切入主题，点明调查的时间、地点、对象、方法、目的等基本情况。

（2）事实情况交代不清。应讲清调查到的事实情况，包括事件发生的前因后果、发展经过以及具体做法等。此文对于事故发生经过、应急处置情况的阐述过于简单含糊。

（3）事实分析不够到位。应对事实材料进行严谨深入的分析，揭示事物的本质，阐明其规律，引出正确的结论。此文对于事故原因的分析不全面，尤其是没有分析导致事故发生的人为因素，对于事故的性质和问责情况也都没有展开说明。

（4）建议措施语焉不详。应通过分析、研究事实材料，找出解决问题的方法。此文未能提出具体建议和应采取的具体措施，仅用“调查组还提出了防范措施和处理建议”一笔带过，笼统含混。

3. 落款

落款部分完全缺失。应在篇末右下方标明调查单位的名称（×× 省 ×× 市“3·1”公交车站路面坍塌事故灾难调查组）和完成调查报告的时间。

【练习】

一、请指出下列调查报告存在的问题并改正。

关于大学生课外阅读情况的报告

我们对 ×× 大学 100 名在校大学生的课外阅读情况进行调查，目的是针对大学生的读书情况，举行系列活动，推动大学生积极阅读书籍，养成良好的阅读习惯。

一、课外阅读量调查

我们对我校学生的月平均课外阅读量进行了调查，调查结果显示：70% 的大一新生每月阅读课外书籍量仅 1~2 本，而 50% 的大二大三学生每月阅读量约 3~4 本，60% 的大四学生每月读课外书平均为 1~2 本。综合以上分析，大多数大一与大四学生平时读书较少，而大二大三读课外书稍多。由于各年级学生总体阅读量过低，就造成了大学生课外知识获取缺失的严峻形势。

二、阅读习惯调查

关于大学生的阅读习惯，我们设置了三个问题进行调查。首先是关于阅读后是否会写一些感悟。调查显示：17% 的大一学生经常会写，45% 的大一学生有时会写，38% 的大一学生基本不会写；经常写与基本不写的大二学生均占 18%，64% 的大二学生有时写；而大三学生中 37.5% 的人有时写，62.5% 的学生基本不写；大四学生中，经常写与基本不写的各占 40%，20% 的学生有时写。后两个关于阅读习惯的问题其实是相关的。其一是在阅读时是否有深入思考的习惯。数据显示：各年级学生中，约 50% 的人在阅读时会深入思考，37.5% 的人很少会深入思考，12.5% 的人会思考但时间很短。其二是阅读时是否有勾画的习惯。数据表明：约 70% 的人阅读时有勾画的习惯，30% 的人没有勾画的习惯。

三、阅读目的调查

为了更好地对大学生课外阅读情况进行深入了解，我们还对他们阅读的目的进行了调查。首先是大学生阅读的书籍类别。约有 50% 的选择了“青春文学”，30% 的人选择了“其他”，如盗墓、推理、侦探一类的小说。这表明，大多数学生阅读的主要目的是为了满足自身的兴趣和娱乐自我。关于阅读的课外书籍是否均为自己感兴趣的这一问题，约有 60% 的人选择了“大部分是的”这一选项。第三项是直接提问大学生阅读的目的，约有 50% 的人选择了“丰富课后生活，充实自己”，另外 50% 的人选择了“为了放松心情”。

四、阅读的主动性与计划性调查

除了已有调查外，我们还对大学生阅读的计划性做了调查，以进一步了解大学生的课外阅读状况。调查结果显示：约 85% 的大一学生没有明确的课外阅读计划，50% 的大二学生没有明确的课外阅读计划，75% 的大三学生没有明确的课外阅读计划，98% 的大四学生没有明确的课外阅读计划。

通过这次调查，我们进一步了解到了自己的优缺点，更加懂得了团队中合作精神的重要性。在一开始，我们在题目设置上产生了争议，但经过冷静的协商，我们最终形成了一致的意见。之后的调查中，我们进行了明确的分工，迅速而有效率地完成了此次调查任务。这些经历使我们更加团结，使我们成为了更好的朋友与搭档，也使我们对“团队”这个词有了更深刻的了解。相信在以后的学习和生活中，这些经历将对我们产生无比重要的作用。

二、请根据以下的材料，写一份调查报告。

农业农村部监测数据显示，2020 年 12 月 9 日，全国农产品批发市场猪肉平均价格为 42.70 元 / 公斤，比 11 月 30 日的 39.96 元 / 公斤上涨了 6.86%。全国猪价 11 月下旬开始季节性反弹，这是全国生猪、猪肉价格分别在连续 15 周和 13 周下跌后出现的反弹。

从周价格来看，截至 11 月第 3 周，农业农村部在全国重点监测的 500 个集贸市场生猪价格连续 15 周下跌，从 8 月第 1 周 37.24 元 / 公斤跌至 11 月第 3 周 29.55 元 / 公斤，累计下跌 20.6%。11 月第 4 周止跌回升，12 月第 1 周环比上涨 5.5%，为 31.34 元 / 公斤，同比下跌 5.6%。猪肉价格则从 8 月第 4 周的 56.09 元 / 公斤连续 13 周下跌至 11 月第 4 周的 45.79 元 / 公斤，累计下跌 18.4%。12 月第 1 周为 47.29 元 / 公斤，环比上涨 3.3%，同比下跌 7.8%。10 月第 2 周和第 3 周生猪和猪肉价格分别开始同比下跌，随着猪价回升，同比跌幅收窄。国家统计局数据显示，9 月份能繁母猪存栏 3822 万头，环比增长 5.3%，较上年 12 月份增长 24.1%；生猪存栏 3.70 亿头，同比增长 20.7%。生猪存栏量和能繁母猪存栏量作为周期转折标志，意味着生猪产能已经触底反弹，猪价已经进入下行周期。有鉴于此，之前业内专家曾普遍预计全国猪价已经进入下降周期。

那么，近来全国猪价为何止跌回升呢？消费需求季节性回升叠加市场资本影响，是全国猪价近期上涨的主因。近期，受各地腊肉制作进入高峰期的影响，南方销区猪价率先反弹，带动北方猪价季节性回升。四川、重庆生猪价格从 11 月 20 日 30.7 元 / 公斤和 30.9 元 / 公斤分别涨至 12 月 6 日 34.35 元 / 公斤和 34.5 元 / 公斤。对黑龙江生猪调运商调研发现，11 月最后一周调运量较前周出现翻倍，主要调入四川、重庆、湖北、广东、浙江等省份。调运量增加带动运费上涨。以黑龙江调往四川为例，可装载 120 头至 140 头生猪的 9.6 米货车运费，11 月第 3 周只需要 2 万元 / 车，第 4 周就提高至 2.4 万元 / 车。伴随着南方生猪调入需求的提升，部分市场资本开始押注后期猪价上涨，进而促使猪价反弹。另外，餐饮行业鲜肉消费需求增加，鉴于境外新冠肺炎疫情防控形势依然严峻，国内消费端对进口猪肉比以往更慎重，对国产鲜猪肉的偏好间接拉动价格上涨。东南区生猪产品实施更严格的调运政策，对国内猪价也起到了一定的助长作用。

猪肉供给形势在今年第三季度已经逆转，四季度整体持续向好。同时，猪肉消费需求依然低于常态水平，当前消费需求仅仅是季节性回升。近期生猪价格上涨是季节性消费上涨叠加市场炒作导致的。据农业农村部监测，截至 10 月份，能繁母猪产能已经连续 13 个月恢复性增长，连续 5 个月同比增长，生猪存栏连续 9 个月恢复性增长，连续 4 个月同比增长，带动生猪定点屠宰量连续 3 个月环比同比均增长。总体而言，猪肉供给有保障。一般情况下，生猪价格的季节性反弹是从 12 月中旬开始，当前过快过早的上涨将导致后续上涨动力不具备持续性，同时也透支了春节前一部分上涨空间，预计短期猪价或将季节性震荡回升，春节前可能会提前回落。

（录自中国经济网，收录时有改动）

调查报告练习答题要点

第七节 简 报

一、简报的定义

简报是党政机关、企事业单位、社会团体内部用来汇报工作、反映情况、互通经验、指导工作的一种简明扼要的、带有新闻性质的事务文书。它的使用范围很广，可以提交上级部门，也可通报有关部门或下发下级部门。在实际工作中，简报常以“××动态”“××简讯”“××快报”“情况反映”“内部参考”等内部刊物的名称和形式出现。

简报的使用频率很高，其实质是一种关于某方面工作、活动或情况的简要的报告或报道。通过简报，可以及时向上级部门汇报工作，反映情况，提供信息；通过简报，可以与不相隶属部门互通情况，促进了解，加强协作；通过简报，可以向下级部门宣传政策，推广经验，指导工作。

二、简报的分类

简报的形式多样，根据不同的标准，可以划分为不同的类型。按简报的内容划分，可以分为以下三种类型。

1. 工作简报

工作简报也称情况简报，是反映本地区、本系统、本部门日常工作情况的经常性简报。可以分为综合性工作简报和专题性工作简报两种。综合性工作简报是为反映一段时期内各方面的工作情况而编印的简报。这类工作简报内容十分广泛，可以定期编发，也可以不定期编发，如《××大学××学院工作简报》。专题性工作简报是为做好某项工作或开展某项重要活动而编印的临时性简报。这类工作简报反映的问题较为集中，多为不定期编发，如《第三次全国农业普查工作简报》。

2. 动态简报

动态简报是及时迅速、简明扼要地反映各部门、各领域近期发生的新事件和新情况的简报。可以分为工作动态简报和思想动态简报两种。工作动态简报是反映本地区、本系统、本部门内部工作新情况、新动向的简报，如《××省应急管理动态》。思想动态简报是反映公众的思想状况、社会上的某种潮流和思想倾向的简报。这类简报保密性较强，如供高层领导查阅的“内部参考”等。

3. 会议简报

会议简报是反映会议的概况、进程、与会者的意见和建议、会议形成的议决等内容的简报，一般由会议秘书处或主持单位编写。一些重大会议，由于时间长、规模大、内容多，需要连续编发多期简报。而一些时间短、规模小、内容单一的会议，在会议的后期编发一期简报即可。会议简报应全面、准确、真实地反映会议的情况和精神，以便与会者互通情况，交流经验，如《2020年招生工作专题会议简报》。

三、简报的特点

1. 真实性

简报能起到上情下达、下情上达、互通经验、指导工作的作用，因此它所采用的材料、数据都必须真实确切，所反映的情况必须实事求是，对事件的评价必须客观恰当。只有这样，才能发挥其应有的效用。真实性是简报写作的“生命”。

2. 简明性

简明性是简报的内在特征，也是其外在标志，主要体现在内容集中、篇幅简短和文字简洁三个方面。简报提倡一事一文，字数以1000字左右为宜，以概括叙述为主，不必面面俱到，能让读者在短时间内迅速及时地了解和掌握更多的情况。

3. 时效性

简报类似于新闻中的消息，非常讲究时效性，它要求发现问题快、撰写成文快、编制印发快，以便让有关方面能迅速及时地了解情况、总结经验、制定对策，从而把自身工作做得更好。如未能及时反映情况，时过境迁，简报就失去了价值。

4. 新颖性

为了让有关部门及时掌握新情况、研究新问题，以便把握全局、指导工作，简报不但要反映新事物、新问题、新经验、新趋势，还要阐明新思想、新观点、新做法。如果内容都是人所共知的旧闻，简报就不能真正起到应有的作用。

5. 规范性

简报虽然是内部文件，但它与其他的事务文书不同，不仅有着一定的机密性，还有着规范的格式要求。简报通常由报头、目录、按语、正文、报尾等部分组成，其中报头、正文、报尾三个部分必不可少，而报头、报尾的格式也都是固定的。

四、简报的写作

（一）简报的行文结构

简报主要由报头、报核和报尾三个部分组成。

1. 报头

报头位于简报首页上方，约占全页三分之一的页面，其下用红色间隔线与报核隔开。报头由以下几个要素组成。

（1）简报名称：位于报头正中的位置，多用大号字套红印刷。一般用“×× 简报”“×× 动态”等名称，如《中国经济简报》；也可加上单位或部门名称、专项工作等内容，如《交通运输部重大公路气象预警（路况信息简报）》。

（2）期数：位于简报名称正下方并加上圆括号，如“（第1期）”，还可以标明总期数，如“第9期（总第120期）”。综合性简报一般以年度为单位按顺序编序，专题性简报则按本专题顺序编排。

（3）编发单位：位于期数之下，间隔线左上方顶格书写，应用全称或规范化简称，如“××办公室”或“××秘书处”。

（4）印发日期：位于期数之下，间隔线右上方，要求用阿拉伯数字完整标识年、月、日。

（5）密级：如果简报需要保密，则在简报名称的左上方标明秘密等级，如“绝密”“机密”“秘密”，也有的写“内部刊物”“内部资料，注意保存”等字样。

（6）编号：需要保密的简报，应在简报名称的右上方印上编号，一份一号，如“015”。一般性的简报不必编号。

2. 报核

报核是简报的核心部分，一般由目录、按语、标题、正文和署名等部分组成。

（1）目录。若一期简报有若干篇文章，应在简报首页编制目录，标注各篇文章的标题及页码。若一期简报只有一篇文章，则不必标注目录。

（2）按语。在编发重要文章或制作专题简报时，应根据需要加编按语，用来表明编写者的意图和观点，通常用“编者按”“按语”“按”等字样提示。有的交代简报内容的来源或出处；有的提示简报内容的中心或主题；有的表明对简报所报道事实的评价或态度。

（3）标题。标题一般有单标题和双标题两种类型。单标题即用一句话概括简报的核心内容或意义，类似于新闻标题，如《服务科学发展大局 推进民主法治建设》；双标题即采用一正一副两个标题，正标题用来揭示文章的中心思想、事件的意义等，副标题用来对事件、范围进行必要的补充、说明或限制，如《全省争第一 全国创一流——××市部署今年宣传思想工作》。

（4）正文。正文是简报的主要部分，主要包括前言、主体和结尾三个部分。

前言是简报开头的导语，通常用一句话或一段话简明扼要地阐述简报的主要事实和基本内容，给读者一个总体印象。前言的写法多种多样，主要有三种形式：一是叙述式，即开篇点明事件的时间、地点、人物、前因后果等；二是结论式，即开门见山地写出反映问题的结论，其后主体部分再具体解释和说明理由；三是提问式，即开头首先提出问题，其后主体部分再详细地分析问题、解决问题。

主体是简报的主干部分，就是用具体、真实、准确、典型的材料展开前言点明的内容。通常采用“纵式”和“横式”两种结构形式：纵式结构是按事件发生、发展的时间顺序安排材料，适合编写内容集中单一的简报；横式结构是按事件的逻辑顺序将材料分析归纳成几种情况、几个问题，并且分别加上序号或小标题，适合内容复杂、涉及面广的简报。在实际的应用中，许多综合性简报会采用“纵式”和“横式”相结合的结构形式。

结尾常用简要的语句概括全篇，深化主题，起到画龙点睛的作用。有的照应开头，阐发意义；有的提出打算，发出号召；有的展望未来，表明态度；有的自然结束，不写结尾。此外，有些连续性的简报常用“对事情的发展我们将予以及时通报”“相关事件的处理结果我们将在下期报告”等语句结尾，以强调简报的连续性。

（5）署名。在正文右下方应使用圆括号标明简报的作者姓名，如果作者是编发单位可不必署名。

3. 报尾

简报的报尾相当于公文的版记，位于简报的末页，用间隔线和报核分开，内容一般为发送范围和印制份数。发送范围标识在报尾的左侧，其中向上级部门发送称“报”，向不相隶属部门发送称“送”，向下级部门发送称“发”；印制份数写在发送范围的右下方，用阿拉伯数字标识，电子版简报可不写印制份数。

简报的格式可参阅图 2-1。

<table>
<tr><td>密级　　　　　　　　　　　　　　　　　　　　编号
简报名称
（期数）
编发单位　　　　　　　　　　　　　　　　　　印发日期</td></tr>
<tr><td>目录
按语
标题
正文
（署名）</td></tr>
<tr><td>发送范围</td></tr>
<tr><td>（印制份数）</td></tr>
</table>

图 2-1 简报的格式

（二）简报的写作要求

1. 内容真实，数据准确

简报最主要的作用是向上级部门反映情况，让下级部门及有关单位了解工作动态，因此简报所提供的情况、信息反映着本部门的工作方向和进程，影响着上级部门相应的判断和决策。这就要求编写简报必须实事求是，内容真实可靠，所有材料包括人名、地名、时间、数字、情节、背景等都要准确无误，且能反映事物的本质规律。

2. 选材精准，编发及时

编写简报要立足全局，选取最新鲜、最有价值的典型材料，能反映工作中的新情况、新问题和新动向，对读者有启发意义，这样才能跟上时代，提供新经验，解决新问题。同时，简报对信息的捕捉、材料的整理、内容的编发等环节有着强烈的时间要求，只有快编快写、传播及时，简报才能真正发挥指导工作、交流经验等作用。

3. 叙述精练，文字简洁

简报的篇幅一般比较简短，表达上应以叙述为主，不过多地议论，不求面面俱到，不可长篇大论。撰写简报时必须认真提炼观点，严格筛选材料，精心安排结构，仔细锤炼字句，能够以尽量少的文字反映深刻的内容，以有限的篇幅传递更多的信息。做到条理清晰，层次分明，用语简洁，行文平实，不能拖泥带水，不说套话空话。

五、简报写作示例与评析

（一）范文评析

例文①

上海理工大学高水平大学建设
工作简报

（第5期）

高水平大学建设领导小组秘书处编　　2018年11月8日

［编者按］10月25日下午，学校2018年度党政负责人研修班开班仪式暨第一场专题报告在图文信息中心第一会议室举行。校党委书记吴×传达了市委高校巡视情况通报会上市委有关领导的讲话精神，并作开班动员讲话，校党委副书记、校长丁××作《高水平大学建设的进展和思考》专题报告。现将主要精神传达如下：

坚决落实巡视整改 全面推进高水平大学建设

一、把落实巡视整改与推进高水平大学建设紧密结合

在学校开启高水平大学建设之初，学校党委接受了市委第九巡视组的政治体检。市委第九巡视组已向学校党委作了巡视反馈，市委也召开了高校巡视情况通报会，市委副书记尹×作了重要讲话。本轮巡视中，巡视组帮助我们查摆问题，把脉会诊，可谓恰逢其时。当前，学校党委正在紧锣密鼓地研究、布置和推进巡视整改工作，我们要把落实巡视整改与推进高水平大学建设紧密结合，

评析

这是一份工作简报。

1. 报头

（1）简报名称

简报名称（上海理工大学高水平大学建设工作简报）位于报头正中位置，大号字套红印刷。

（2）期数

期数（第5期）位于简报名称下方正中间，加圆括号。

（3）编发单位

编发单位（高水平大学建设领导小组秘书处）位于期数之下、间隔线上方左侧，顶格书写。

（4）印发日期

印发日期（2018年11月8日）位于期数之下、间隔线上方右侧。

报头和报核之间用红色分隔线隔开。

2. 报核

（1）按语（编者按）

交代简报内容的来源或出处（校党委书记所作讲话、校长所作专题报告）。

续表

提升党领导学校事业发展的水平。 1. 党政负责人要加强学习，改革创新，奋发有为 党政负责人这支队伍是实施高水平大学建设的关键，是承上启下的中坚力量，是大学治理不可或缺的推动者和实践者。作为推动学校事业发展的关键少数，党政负责人一要加强学习，凝聚共识，深刻把握推进高等教育内涵式发展的新形势新要求；二要鼓足干劲，改革创新，加强制度建设，提高执行力；三要锐意进取，奋发有为，自觉践行忠诚干净担当的干部要求。以责任担当的精神坚持学习，以创新作为的态度坚持实践，将思想和行动统一到学校当前的中心工作上来，努力把自己锤炼成忠诚干净担当的高素质干部，为推进学校高水平大学建设做出更多的贡献。 2. 摒弃私心，勇往直前，争创一流…… 3. 高举改革开放的大旗…… 二、把握好发展的大事和形势 1. 把握好世界形势变化之态势 只有科学把握世界的深刻变化及其特点，主动顺应时代潮流，才能做到审时度势，用好发展机遇，把控发展全局。“卡脖子”和“被卡脖子”是当今世界发展的关键问题。在今年中兴被美国“卡脖子”事件中，中兴正是在芯片、核心零部件、操作系统等领域高度依赖美国，一旦美国实行出口禁令，就会对中兴带来严重打击。而最后，中兴与美国签署了一项原则性协议，美国取消了出口禁令，达成这一协议很大原因在于中兴拥有着强大的“供应链”，如果美国对中兴的出口管制措施生效，中兴在美供应商也要蒙受巨大损失。“供应链”正是中兴“卡美国脖子”的地方。因此，我们不仅要解决“被卡脖子”的问题，还要不断占领制高点，有能力和实力去“卡别人脖子”。 2. 把握好全球科技发展之趋势…… 3. 把握好高等教育发展之大势…… 4. 把握好上海理工大学改革发展的内在呼唤…… 三、高水平大学建设的进展 1. 振奋了人心，合力实现目标蓝图 高水平大学建设明确了建成“特色显著的一流理工	**（2）标题** 采用单标题，简明地概括正文部分陈述的核心内容（坚决落实巡视整改，全面推进高水平大学建设），准确而醒目。 **（3）正文** 主体部分采用“横式”结构，按事件的逻辑顺序将材料分析归纳成四个部分（把落实巡视整改与推进高水平大学建设紧密结合、把握好发展的大事和形势、高水平大学建设的进展、近期要推进的几项工作），分条介绍情况、剖析问题、总结经验，每个部分又分成若干层次，分别加上序号和小标题，做到了点面结合，纲目清楚。

续表

科大学”的目标，以及到2020年、2035年和2050年的分阶段目标。今年5月18日至20日，我校第八次党代会胜利召开，这是在全校深入学习贯彻习近平新时代中国特色社会主义思想和党的十九大精神，全面推进上海市高水平大学建设的关键时期召开的一次十分重要的大会，明确了“三步走”的路线和目标、四大战略和未来五年的八大任务，会议极大地统一了思想，振奋了人心，坚定了全校上下“咬定青山不放松，一张蓝图干到底”的信心和决心。 2. 鼓足了干劲，谋划落实建设方案…… 3. 甩开了膀子，加快一流学科建设…… 4. 抓住了核心，提升人才培养质量…… 5. 盯紧了人才，重视教师队伍建设…… 6. 扩大了开放，深化国际合作交流…… 7. 加强了管理，用好自主办学权力…… 四、近期要推进的几项工作 1. 抓紧落实巡视整改 根据巡视整改任务清单，请各责任部门牵头研究具体整改措施、责任部门、责任人、整改期限，拿出整改方案报校党委办公室汇总，同时，对于可以即知即改的要抓紧时间推进实施。 2. 加快执行督查督办事项…… 3. 推进高水平大学建设2020年申报工作…… 4. 推进学科能力提升计划…… 5. 积极投入学校新时代本科教育思想大讨论…… 6. 思考、推进高水平大学建设评价工作……	主体部分结束后，自然结尾。
报：全体校领导。 发：全体中层干部。 （共印 ×× 份） （录自上海理工大学党委/校长办公室网，收录时有改动）	**3. 报尾** 报尾标明简报的发送情况，用上下两条平行横线夹起。 **（1）发送范围** 发送范围写在报尾的左侧。向全体校领导“报”；向全体中层干部“发”。 **（2）印制份数** 印制的份数写在发送范围的右下方。 全文层次井然，格式规范，语言简练。

例文②

全国安全生产简报

第 3 期（总第 1076 期）

国务院安委会办公室编　　2020 年 2 月 17 日

编者按：近期，应急管理系统认真贯彻落实习近平总书记重要指示精神，按照国务院安委会办公室、应急管理部印发《关于做好当前安全防范工作的通知》部署要求，统筹做好疫情应对和安全风险防控，毫不放松地抓好各项安全责任措施落实，以安全维护稳定、服务大局，为坚决打赢疫情防控阻击战创造良好安全环境。

以安全维护稳定　以安全服务大局
各地区积极防范化解疫情期间重大安全风险

疫情发生以来，党中央高度重视，习近平总书记亲自部署、亲自指挥，疫情防控攻坚战役全面打响。应急管理部迅速贯彻落实，吹响集结号，党组书记黄明同志对疫情防控期间安全防范工作多次动员部署，要求各级应急管理部门和消防救援队伍切实把思想和行动统一到习近平总书记重要讲话和中央政治局常委会会议精神上来，深刻认识疫情防控的严峻形势，把人民群众生命安全和身体健康放在第一位，切实做到思想上高度重视、组织上坚强有力、措施上精准管用，发挥好职能作用和力量优势，为坚决打赢疫情防控阻击战提供有力支持，以实际行动和实际成效做到“两个维护”。

一、站在前线，保卫重点单位安全

任务越是急难险重，越是锤炼队伍本色。应急管理部消防救援局迅速启动战时状态，第一时间部署做好疫情防控特殊时期消防监督管理工作，编制《发热病患集中收治临时医院防火技术要求》等规范性文件，成立了由 24 名防火专家组成的专家组分五个片区赴一线开展消防安全指导服务，指导各地消防救援机构集中力量保障疫情防控重点单位消防安全。

全国各地消防救援机构成立省、市级消防安全技术指导组 1055 个、4481 人，现场检查服务疫情防控相关单位场所 2.23 万家，整改火灾隐患 5.56 万处，在线巡查疫情防控重点单位 6.27 万家次。湖北总队对武汉火神山、雷神山等新建医疗机构提早介入，建设阶段协调卫健、住建部门联合成立专班全程上门开展消防安全指导，协调安装单体式烟感报警器，捐赠灭火器材，并在火神山医院紧急筹建了小型消防站，派驻 8 名消防指战员抵近保卫。

对15家方舱医院，逐一组织上门摸排，已开展实地消防技术服务29次。北京总队组建小汤山医院改造消防安保团队，针对施工现场、施工生活区、建筑材料库房等重点区域开展消防安全检查和宣传培训。重庆总队建立“一企一策一小组”工作制度，会同卫健、经信、文旅部门及属地乡镇街道，派出128个工作组上门开展消防安全指导服务。江西总队抽调70余名业务骨干组建12支专业技术指导组，对全省医疗防护用品生产企业提供一对一消防安全跟踪指导服务。天津总队针对新增定点医院“总医院空港医院”和11个隔离点进行现场安全服务，解决医院将原有疏散通道隔离堵塞等问题。上海总队向全市消防技术服务机构发放倡议书，指导各消防技术服务机构在疫情期间加大对三类场所的现场服务频次，切实保障消防设施完整好用。浙江总队杭州支队针对呼吸防护用品制造龙头企业建德朝美日化有限公司生产任务重、火灾负荷大的情况，落实专业执勤力量和消防车，在生产时间全程驻点保卫。

二、深入一线，强化安全服务保障

保障疫情防控物资生产企业安全生产是各地应急管理部门当前的重要工作。针对疫情防控物资生产企业连续高强度、超负荷生产可能造成安全事故的形势，全国省、市、县应急管理部门上下联动、齐心协力，共同做好企业安全服务保障。

……

三、守住防线，指导企业有序复产

严密防控节后复产复工高危企业事故风险是职责，更是政治任务。地方各级应急管理部门高度重视复产复工安全生产工作，迅速部署、周密安排、下沉力量，紧盯危化、煤矿、非煤矿山等重点行业领域，督促企业制定复产复工方案，充分利用信息化、远程视频监控等方式，做到安全监管更加精准有效。

湖南、山东、广东、江苏等地区先后召开安全生产专题会、视频调度会，研究部署抓好高危企业复产复工安全生产措施。浙江组织力量为复工复产企业提供指导服务，针对企业集中的开发区、工业园区，邀请第三方服务机构、专家共同参与，开展组团式安全服务。吉林制定《企业复工复产安全生产指导服务工作方案》，成立2个省级指导服务工作组，精准查治隐患。北京发布“五个严格”安全生产工作提示，确保企业安全有序复工复产。上海、辽宁对在疫情防控期间安全生产许可证到期复审的危化品生产经营企业，采取安全承诺的方式，实施安全许可延期政策。福建利用风险管控和隐患治理信息化平台动态掌握高危企业复产复工情况，指导企业做好重大隐患排查。河北在人民网、腾讯网、长城网同步上线开展“开工第一课”课堂，天津充分利用“两微一端”宣传平台，向危险化学品、非煤矿山、冶金等重点企业宣传复工复产安全知识。江西、黑龙江、宁夏、贵州、广西、青海、新疆兵团、西藏等地纷纷制定出台高危企业复工安全规定和措施，指导督促企业落实防范措施，有序生产、安全复工，维护全国安全生产形势稳定，为党中央打好疫情防控阻击战夯实安全基础、营造良好环境。

（报尾略）

（录自应急管理部网，收录时有改动）

评　　析

这是一份动态简报。报头标明简报名称（全国安全生产简报）、期数（第3期，总第1076期）、编发机关（国务院安委会办公室）、印发日期（2020年2月17日）。报核按语（编者按）提示简报的中心内容（应急管理系统统筹做好疫情应对和安全风险防控，毫不放松地抓好各项安全责任措施落实），便于读者迅速地把握文章的精神。标题采用双行标题形式，正标题（以安全维护稳定　以安全服务大局）阐释文章的思想和意义，副标题（各地区积极防范化解疫情期间重大安全风险）标明事件和范围。正文前言采用叙述式，用简洁准确的一段话概括了简报的中心主题；正文主体对前言点明的全国安全生产工作的动态作出具体报道，按照逻辑顺序归纳成三个部分，用典型的事实材料展开前言提示的内容；主体部分结束后，自然收尾。该简报选材精准，层次清晰，对全国安全生产工作能起到及时有效的指导作用。

例文③

会 议 简 报

（第361期）

协调小组办公室　　2020年1月10日

江苏省委十三届七次全会在宁举行

中国共产党江苏省第十三届委员会第七次全体会议12月23日至24日在南京举行。全会由省委常委会主持，省委书记娄 ×× 代表省委常委会讲话。全会审议通过《中共江苏省委关于贯彻落实党的十九届四中全会精神、推动省域治理体系和治理能力现代化建设走在前列的意见》。

全会指出，2020 年是全面建成小康社会和“十三五”规划收官之年，是十八届三中全会全面深化改革部署取得决定性成果之年、全面贯彻落实十九届四中全会精神开局之年，也是我们推进“强富美高”新江苏建设再出发的起步之年。要在中华民族伟大复兴的战略全局、世界百年未有之大变局中把握机遇、坚定信心、保持定力，客观认识我省发展面临的困难和风险挑战，深刻把握经济发展的大逻辑，深刻认识“强富美高”不仅是高水平全面建成小康社会的行动指南，也是开展现代化建设的方向指引，以更自觉的认识和行动沿着总书记指引的方向前进，集中精力办好自己的事，推动江苏发展不断迈上新的台阶，更好地肩负起为全国发展探路的重大使命。一是要持续深入用新思想解放思想、统一思想，在深入理解中自觉执行，在坚决执行中加深理解，摒弃一切不符合时代要求的认识和做法，始终保持探路者的锐气和智慧。二是要坚定不移以新发展理念破解难题、推动发展，把五大发展理念作为一个体系整体推进，始终坚持变中求稳有“进”的信心、优化结构有“稳”的定力。三是要毫不动摇以实事求是态度把握规律、积极作为，从形势复杂变化的表象中认识和把握内在规律，坚持一切从实际出发，着力在多重目标中寻求动态平衡，在高质量发展中实现系统优化，切实守住稳定、安全、廉政、生态“四条底线”。四是要坚持不懈以积极向上的精神状态激扬意志、激励担当，迎着历史积累的矛盾、外部复杂严峻的冲击、群众反映强烈的问题、影响安全稳定的风险而上，履行好一代人的历史责任。

报：中央协调办、中宣部理论局、中组部干部局。

送：省协调小组成员单位、省级机关各部委办厅局。

发：各市委宣传部、组织部。

（共印 ××× 份）

（录自中共江苏省委新闻网，收录时有改动）

评　析

这是一份会议简报。报头标明简报名称（会议简报）、期数（第 361 期）、编发机关

（协调小组办公室）、印发日期（2020 年 1 月 10 日）。报核标题为单标题形式，直接点名简报的核心内容。正文前言采用叙述式，对会议的基本情况进行概括（包括时间、地点、人物、事件等）；正文主体详细阐发中国共产党江苏省第十三届委员会第七次全体会议的精神，包括会议召开的背景、会议研究的问题、倾向性意见和要求等；正文结束后，自然收尾。报尾标明发送范围（报中央协调办等上级部门、送省协调小组成员单位等不相隶属部门、发各市委宣传部等下级部门）和印制份数。该简报选材精准，层次清晰，简明扼要，能有效发挥指导工作、沟通情况、交流信息等作用。

（二）病文评析

工 作 简 报

倾听民声传递温暖

已是二月光景，气温骤降，车站里的人熙熙攘攘，旅行箱的轮子在候车室里滑出乡音，是人们翘首的春节将近了。为使困难群众过一个欢乐、祥和的春节，近日，×× 市人社局领导在 ×× 市 ×× 街道 ×× 社区工作人员的陪同下，走访慰问了几户困难家庭。

在走访过程中，每到一户，市人社局李 ×× 局长都嘘寒问暖，亲切询问他们的生活情况，并鼓励他们勇敢、乐观地面对生活，日子一定会越过越好的。李局长说："今天我们班子成员代表市人社局全体干部职工来看望你们，希望能把大家对你们的最真切的祝福和关心传达给你们，将温暖传递到你们身边，希望你们能够感受到党和组织对你们的关怀，过个幸福快乐的春节。"同时，李局长也表示：在今后生活中，困难群众如若遇到什么困难也可以跟我们人社部门反映，我们能处理的定会竭尽全力为大家解决，我们解决不了的，我们也将会积极帮助大家协调反映给上级部门。家住 ×× 雅苑的张 ×× 师傅，激动地连连道谢，表示一定会照顾好自己身体，嘴里还不停地念叨："感谢党的关怀，感谢政府的帮助，真是太感谢你们了"。

据悉，截至 20×× 年 12 月，人社局认真贯彻落实上级党委关于脱贫攻坚工作的各项决策部署，充分发挥部门职能优势，扎实开展、稳步推进就业扶贫工作，帮助低保困难户解决问题。20×× 年就业扶贫工作开展情况如下。

一是全面落实全市脱贫攻坚工作领导小组会议精神。进一步压实责任，把脱贫攻坚作为当前压倒一切的工作来抓。

二积极开展技能培训。目前已培训489人，其中建档立卡贫困人员21人。

三是重点开展易地扶贫搬迁人口的就业帮扶工作。目前，经就业部门积极联系对接，已有27人与××中药材种植专业合作社达成就业意向。

今后，我们将继续关注辖区困难居民的生活动态，尽其所能帮助他们解决实际困难，努力营造帮扶助困的社会氛围，贡献一份力量。春节，这样一个名词，蕴含了悠久的文化传统，寄予了人们的喜乐。愿你我在新的一年到来之际，都能感受到如此的温暖与幸福。

（报尾略）

（根据有关材料改写）

评　析

1. 报头

报头部分内容缺失。期数（第×期）、编发单位（××市××街道××社区办公室）、印发日期（20××年×月××日）等内容均未写明。

2. 报核

（1）标题。标题主题不够明确。标题应准确地概括正文主题，以简短醒目为宜。此文标题未能揭示春节前走访慰问困难群众这个中心主题，可改为“走访慰问困难群众 倾听民声传递温暖”。

（2）正文。①前言未能开篇明旨。前言部分应用简洁准确的语言概括最主要的事实，点出主题，给读者一个总体印象。此文则使用了过多的描述性语言，华而不实。②主体未能紧扣前言。主体部分是前言部分的具体化，应用典型的事实材料展开前言点明的内容。此篇简报的中心内容是“春节前走访慰问困难群众”，主体却又加入“脱贫攻坚工作的开展情况”等内容，与主题关系不大；主体除了口头表示慰问以外，并没有说明具体的慰问行为，可以加上“为困难群众送上××份总值××元的节日慰问品”“为贫困户送上慰问金”等语句；此外，主体所记录的走访情况描述得过为详细，拖泥带水，条理不够清晰，文字不够精练。③结尾未能深化主题。结尾部分应用简明扼要的语言概括全篇，或照应开头，或提出打算，或展望未来，也可自然结尾。表达方法上应以叙述为主，不宜抒发情感，应将“春节……都能感受到如此的温暖与幸福”等语句删除。

【练习】

一、请指出下列简报存在的问题并改正。

简　　报

开展社会主义法治理念教育活动

为了进一步加强我县公安队伍建设，提高广大民警服务大局、执法为民的思想意识，真正做到用正确的执法理念指导执法工作，切实提高工作质量和服务水平，×× 县公安局自 2020 年 × 月 × 日始，开展了为期 6 个月的社会主义法治理念教育活动。开展社会主义法治理念教育，是适应新时期政法工作新形势新任务的客观需要，是确保新时代公安工作社会主义方向的客观需要，是建设高素质人民警察队伍的客观需要。认真搞好社会主义法治理念教育，对于实施依法治国基本方略，提高党的执政能力，坚持党对公安工作的绝对领导，坚持习近平新时代中国特色社会主义思想在政法意识形态领域的指导地位，保证公安机关永远忠于党、忠于国家、忠于人民、忠于法律的政治本色，切实担负起党和人民赋予的神圣职责，都具有重大而深远的意义。

在学习阶段，公安局组织广大民警分层次、分专题、有针对性地进行学习。通过学习，广大民警的社会主义执法理念得到进一步增强，精神面貌得到了极大改善。

报送：县人民政府。县公安局各乡镇派出所。

（共印叁拾份）

二、以下是 ×× 医院职代会的相关情况，请按照简报的格式，编写一份简报。

1. 时间：2020 年 × 月 × 日。

2. 会议名称：×× 医院五届一次职代会暨四届一次工代会。

3. 参加人员：省卫健委副主任王 ××，医院党政领导钱 ××、张 ××、赵 ××、蔡 ××、景 ××，医院“两代会”代表。大会开幕式由医院常务副院长赵 ×× 主持。

4. 主要内容：王 ×× 副主任首先代表省卫健委向大会的召开表示热烈祝贺；医院党委书记钱 ×× 致开幕词；会议听取并审议了张 × 院长所作的《院长工作报告》；听取并审议了《职代会工代会工作报告》《医院财务工作报告》《工会经费收支情况报告》等报告。

5. 意义：调动全院职工参与医院民主管理和民主监督的积极性，群策群力，求真务实，加快建设，打造特色，提升水平，推进医院各项事业又好又快发展。

简报练习答题要点

第三章　日常文书

第一节　日常文书概述

一、日常文书的概念

日常文书也叫日常生活文书、日常应用文书，是人们在日常的工作、生活、学习中广泛使用的能起到迎来送往、交流思想、沟通情感、传递信息、联系工作、促进合作等作用的文书。

日常文书是人们在日常生活中最常见的一种应用文体，适用于工作、生活、学习中任何具有正常生活能力和交际能力的人，具有强大的社会功能。

二、日常文书的特点

日常文书具有如下主要特点。

1. 实用性

日常文书以解决实际工作、生活、学习中遇到的日常现实问题为要旨，或交流思想，或沟通情感，或申明态度，或寻求帮助，或作为凭证等，均以实用为目的。

2. 礼仪性

日常文书往往体现出浓厚的交际色彩，撰写时不仅要措辞典雅庄重、亲切大方，而且在书写款式、书写材料等方面也颇为讲究，具有鲜明的礼仪性。

3. 规范性

日常文书有着特定的行文对象和目的，具有约定俗成的规范体式和规范用语，因此在遣词造句、结构布局等方面必须遵循一定的规则，表现出明显的体式性。

4. 情感性

日常文书为特定的社会交往活动而服务，旨在建立良好的社会关系，因此撰写时应做到以情动人、以理服人，文情并茂、真挚恳切，这样才能达到预期的目的。

三、日常文书的分类

日常文书种类繁多，一般包括以下几种类型。

1. 书信类日常文书

包括一般书信与专用书信。一般书信指家信、情书等；专用书信包括求职信、申请书、倡议书、介绍信、证明信、感谢信、慰问信、推荐信等。

2. 礼仪类日常文书

包括喜庆礼仪类、讣告悼词类、楹联巧对类等。喜庆礼仪类包括请柬、邀请函、迎送词、题词、赠言等；讣告悼词类包括讣告、唁电、治丧名单、悼词、碑文等；楹联巧对类包括节令联、祝寿联、婚联、挽联、名胜联等。

3. 宣告类日常文书

包括启事、声明、海报、商业广告、产品说明书等。

4. 条据类日常文书

包括借条、收据、欠条、请假条、留言条等。

四、日常文书的作用

日常文书在人们的日常工作和交往中使用频繁，不仅能反映单位、集体或个人的种种活动，甚至能记载社会各个时期的政治、经济与文化等方面的情况。在社会交往活动中，日常文书发挥着不可或缺的作用，它对于促进事业成功、获得生活和谐等都具有重要的意义。

书信类日常文书，如求职信、介绍信、证明信、推荐信等，发挥着独特的联系工作的作用；礼仪类日常文书，如请柬、题词、唁电、挽联等，具有沟通交流的作用；宣告类日常文书，如启事、声明、海报、商业广告等，具有宣传周知的作用；条据类日常文书，如借条、收据、请假条、留言条等，具有凭证依据的作用。

五、日常文书的写作要求

1. 庄重典雅，准确规范

“世事洞明皆学问，人情练达即文章”，可以说是对日常文书写作要求的高度概括。具体而言，就是要遵循日常文书约定俗成的规范性特点，措辞要庄重，语气要郑重，文辞要典雅，能够根据对象和场合的不同，选择达意准确而又表情得体的语句。

2. 情理交融，真诚委婉

日常文书表达的是单位、集体和个人的情感和意愿，要实现交流思想、联系工作、促进合作等目标，就应该秉持尊重、理解、宽容、信任的态度，行文要真切诚恳，感情要真挚充沛，从而达到理想的交际效果，不可采取居高临下、盛气凌人的姿态。

本章重点介绍求职信、申请书、倡议书、请柬、邀请函、启事、声明和条据这 8 种使用频率极高的文种。

第二节 求 职 信

一、求职信的定义

求职信也叫求职函、自荐信、应聘函等，是学校毕业生、下岗待就业者、拟转岗就业者等向用人单位介绍自己情况、表达求职意愿、陈述求职理由、提出求职要求，以达到任职目的的一种书信类日常文书。

求职信是求职者与用人单位之间的沟通桥梁，其作用在于通过自我推荐，给用人单位创设良好形象，从而达到获得满意职位的目的。求职信与个人职业生涯紧密相关，也可以说是面试的入场券。一份好的求职信能够体现求职者的沟通能力和性格特征，是寻找工作的敲门砖。

二、求职信的分类

依据不同的标准，求职信可以划分为不同的类型。

1. 依据求职要求划分

求职信可以分为满足基本要求的求职信和具有高度针对性的求职信。

2. 依据求职时间划分

求职信可以分为短期求职信和长期求职信。

3. 依据工作经历划分

求职信可以分为初次就业求职信、再次就业求职信、兼职工作求职信等。

4. 依据行业性质划分

求职信可以分为技术型求职信、销售型求职信、演艺型求职信等。

三、求职信的特点

1. 目的性

求职信带有很强的目的性，其行文讲究个性鲜明，扬长避短，突出自己的某些特长、优势、技能等，以使自己在众多求职者中崭露头角，吸引用人单位，以供比较、选择和录用。自我推荐性较强是求职信的最突出特点。

2. 简明性

求职信的诉求明确而具体，因此应简明扼要地介绍自己的水平和才能，表述清晰明了，切忌模糊笼统、面面俱到，不说与求职无关的话，也不可变成个人简历的翻版。同时，语言表述要谦恭谨慎，不卑不亢，大方得体。

四、求职信的写作

（一）求职信的行文结构

求职信作为一种专用书信，有着固定的文体格式，一般由标题、称谓及问候语、正文、结束语、落款、附注和附件等部分组成。

1. 标题

求职信的标题位于首页第一行正中，一般有两种写法：一种单独由文种构成，即以“求职信”或“求职函”三字为题；一种由“事由 + 文种”构成，如《应聘 × × 岗位的求职信》。

2. 称谓及问候语

在标题下空一行顶格书写称谓，并加冒号，主要有两种情况：一种是直接写明招聘单位或部门的全称，如“× × 市 × × 公司”“× × 学校人事处”等；一种是写明招聘单位的相关领导，通常由“姓氏 + 职务”构成，如“尊敬的王处长”“尊敬的李总经理”等，也可直接称呼“尊敬的领导”。

在称谓之后另起一行，空两格书写“您好”或“冒昧打扰”等问候语，以示礼貌和真诚。如果称谓是单位或部门名称，可不加问候语。

3. 正文

正文是求职信的核心部分，是能否吸引用人单位的关键。一般包括前言、主体、结尾三个部分。

（1）前言。前言应对用人单位阅读求职信表示感谢，交代清楚自己的姓名、年龄、性别、学历、身份、毕业学校等基本情况，给用人单位一个初步的完整印象。如果是有明确目标的求职信，还应适当说明招聘信息的获取渠道，直截了当地表达自己的求职意愿。开头部分的表述要简明扼要，富有吸引力。

（2）主体。主体部分要围绕求职目标介绍自身条件，针对招聘要求进行自我推荐，多角度地阐明自己的业务技能和特长优势，多层次地展示自己的综合素质，使用人单位相信自己正是他们的合适人选。如有可能，还可进一步提出自己的求职要求。有明确目标的求职信，还要提出自己应聘的具体工作岗位及自己具备的可以胜任的条件，尽可能地表现对目标岗位的熟悉和钟爱，以及渴望为用人单位效力的愿望和决心。主体部分的表述要实事求是，不卑不亢。

（3）结尾。结尾应再次表达自己强烈的求职意愿，恳请用人单位给予自己一次参加面试的机会，如“切盼贵单位给予答复”“期待贵公司给予本人面试的机会”“恳请惠予面试之荣。如蒙录用，本人必竭尽所能，为公司服务”等。

4. 结束语

在正文之后要写上表示感谢或祝福的结束语，如“深表谢意”“祝贵单位事业发达”“顺祝愉快安康”等，也可使用通用结束语“此致”“敬礼”。

5. 落款

落款包括求职人姓名和成文日期，位于篇末右下方，分两行书写，上一行署名，下一行写成文日期。署名前可添加“求职人”一词，并加冒号。成文日期用阿拉伯数字，要年、月、日俱全。

6. 附注

附注包括联系地址和联系方式，位于落款的左下方，分两行书写，第一行写联系地址，第二行写联系方式（电话及邮箱）。

7. 附件

附件是求职者才华和能力的最有力证明材料，是求职信不可缺少的重要组成部分，一般包括个人履历书（简历表）、成绩单、推荐信、各类证书及发表文章复印件等。附件说明可以写在附注之后，一一标明附件名称。

在实际求职过程中，个人履历书（简历表）也作为一种专用文书单独使用，简要交代求职者的基本情况、求职意向、联系方式等，重点说明教育经历、实践经历、特长优势、获奖情况等，便于招聘单位在短时间内直观而全面地掌握求职者的情况。网络求职、人才市场求职大都使用此种形式。

（二）求职信的写作要求

1. 内容要真实

求职信要如实介绍自己的情况，所反映的个人面貌及获奖成果等应真实准确，对自己能力的评价要客观公允，应给人一种信如其人的感觉，不可弄虚造假，不能夸夸其谈。

2. 态度要诚恳

求职信的语气要礼貌、恭敬，态度要诚恳、热切，要显示出良好的素质和教养，以及希望得到工作的恳切之心，不能妄自尊大，也不必过于谦卑，力求以情动人，做到不卑不亢。

3. 语言要简洁

求职信应围绕所求目标，有选择、有重点地介绍个人的情况，突出展示自己的优势、特长和个性，语言力求简洁、朴实，不使用修饰性词语，做到条理清晰，表述明了。

4. 意向要明确

求职信应针对所求职位的需要来写，意向目标一定要具体明确，清楚地表达自己希望获得的岗位或职位，恰如其分地展示自己履行相应职责所具备的基本素质和优势特长。

五、求职信写作示例与评析

（一）范文评析

例文①

	评析
求　职　信 尊敬的 ×× 市 ×× 中学校长： 　　您好！ 　　首先感谢您在百忙之中阅读此信！本人 ××，女，×× 岁，中共党员，是 ×× 大学 ×× 学院汉语言文学专业的应届本科毕业生。贵校是 ×× 省 ×× 市知名中学，学校的教育理念是……我对贵校慕名已久。日前，我在我校大学生就业指导中心网站上看到贵校的招聘启事，故特来应聘，并致函陈情，渴望能成为贵校的一员，为贵校服务，把自己的青春奉献给教育事业。 　　我应聘的职位是高中语文教师。我知道，高中语文教师要求有师德、有学识、有能力。在大学四年的学习中，我注重品德修养，严格要求自己，不断提升自身综合素质；在专业学习方向，我认真学习专业知识，学习成绩名列前茅，曾多次获得学校奖学金；在实践能力方面，我先后担任过学校党委宣传部学生秘书、学生会记者团团长；在专业技能方面，我主持完成校本科生科研训练计划项目（SRTP），在《×× 日报》《×× 大学报》等刊物发	这是一篇初次就业求职信。 **1. 标题** 　　位于第一行正中，直接以文种（求职信）为标题。 **2. 称谓及问候语** 　　标题下方空一行顶格书写招聘单位的相关领导（×× 市 ×× 中学校长），使用敬语（尊敬的）以示尊重。另起一行，空两格书写问候语（您好）以示礼貌。 **3. 正文** 　　（1）前言——首先对用人单位阅读自己的求职信表示感谢（首先感谢您在百忙之中阅读此信），交代清楚自己的基本情况（本人 ××，女……）；然后说明求职信息的获取渠道（在我校大学生就业指导中心网站上看到贵校的招聘启事），直截了当地表达求职意愿（渴望能成为贵校的一员，为贵校服务）。 　　（2）主体——首先提出自己所应聘的具体工作岗位（高中语文

续表

表过多篇文章；在才艺方面，我会唱歌、善弹琴、能画画；在专业实习方面，我积极参加各种社会实践活动，从20×× 年 × 月至今，一直在 ×× 学校进行毕业实习，这些活动充分锻炼了我的管理、组织和协调能力。因此，我相信自己完全符合贵校招聘要求。 如蒙贵校录用，我相信自己一定能在学校领导和前辈师长的指导和培养下，做好本职工作，成长为一名优秀的人民教师，与学校一同前进！望贵校能给予我宝贵的面试机会，谨候回音。 此致 敬礼！ 求职人：×× 20×× 年 × 月 × 日 附注：1. 联系地址：（略），邮编：（略） 2. 联系方式：手机号码（略），邮箱（略） 附件：1. 简历表（履历书）一份 2. 成绩单一份 3. 学历、学位证书复印件各一份 4. 获奖证书复印件若干份 5. 发表的文章复印件若干份 6. 技能等级证书复印件若干份	教师）；然后分别从品德修养、专业学习、实践能力、专业技能、个人才艺以及专业实习等方面介绍自己的成绩和能力，并对自己作出客观公允的评价（我相信自己完全符合贵校招聘要求）；最后表达自己的求职目标以及渴望为用人单位效力的愿望和决心（我相信自己完全符合贵校招聘要求）。 （3）结尾——再次表达自己强烈的求职愿望，希望用人单位能及时回复（望贵校能给予我宝贵的面试机会，谨候回音）。 **4. 结束语** 以通用语“此致”“敬礼”作为结束语。 **5. 落款** 篇末右下方注明求职人姓名及成文日期。 **6. 附注** 包括联系地址和联系方式（电话及邮箱），分两行书写。 **7. 附件说明** 附注之后，一一标明六个附件的名称。求职信以外的证明材料（原件或复印件）以附件形式附在求职信之后。 该求职信思路清晰，感情热忱，语言简洁，言之有物，重点突出。

续表

<table>
<tr>
<td>

附件 1

简历表（履历书）

<table>
<tr><td>姓名</td><td>××</td><td>性别</td><td>女</td><td>民族</td><td>汉</td><td rowspan="3">照片</td></tr>
<tr><td>出生日期</td><td>200×.×</td><td>体重</td><td>××</td><td>身高</td><td>××</td></tr>
<tr><td>婚姻状况</td><td>未婚</td><td>健康状况</td><td>良好</td><td>政治面貌</td><td>党员</td></tr>
<tr><td>专业</td><td>汉语言文学</td><td>学历</td><td>本科</td><td>毕业时间</td><td colspan="2">20××.7</td></tr>
<tr><td>毕业学校</td><td colspan="2">×× 大学</td><td>籍贯</td><td colspan="3">×× 省 ×× 市</td></tr>
<tr><td>通讯地址</td><td colspan="2">××××××</td><td>联系电话</td><td colspan="3">××××××</td></tr>
<tr><td>电子邮箱</td><td colspan="2">××××××</td><td>QQ 号码</td><td colspan="3">××××××</td></tr>
<tr><td colspan="7">个人能力及获奖情况</td></tr>
<tr><td>英语水平</td><td colspan="6">大学英语六级考试 ×××× 分</td></tr>
<tr><td>计算机水平</td><td colspan="6">全国计算机等级考试二级</td></tr>
<tr><td>普通话水平</td><td colspan="6">普通话等级考试二级甲等</td></tr>
<tr><td>获奖情况</td><td colspan="6">20×× 年 × 月荣获校第 × 届演讲比赛一等奖
20×× 年 × 月荣获校“三好学生”称号
20×× 年 × 月荣获全国大学生征文比赛二等奖
获得校一等奖学金三次，二等奖学金三次
连续三年获得校优秀学生干部</td></tr>
<tr><td colspan="7">教育背景</td></tr>
<tr><td colspan="2">时间</td><td colspan="2">院校</td><td colspan="2">专业</td><td>学历</td></tr>
<tr><td colspan="2">20××.9–20××.7</td><td colspan="2">×× 中学</td><td colspan="2"></td><td>高中</td></tr>
<tr><td colspan="2">20××.9–20××.7</td><td colspan="2">×× 大学</td><td colspan="2">汉语言文学</td><td>本科</td></tr>
<tr><td>主修课程</td><td colspan="6">古代汉语、现代汉语、语言学概论、中国古代文学、中国现当代文学、外国文学、文艺学、美学、基础写作等</td></tr>
<tr><td colspan="7">社会实践情况</td></tr>
<tr><td colspan="2">时间</td><td colspan="2">单位</td><td colspan="3">内容</td></tr>
<tr><td colspan="2">20××.×–20××.×</td><td colspan="2">×× 大学党委宣传部</td><td colspan="3">学生秘书、学生记者团团长</td></tr>
<tr><td colspan="2">20××.×–20××.×</td><td colspan="2">×× 学校</td><td colspan="3">实习助教</td></tr>
<tr><td colspan="7">发表文章</td></tr>
<tr><td colspan="7">发表文艺、新闻、评论等各类文章若干篇（详见附件 5）</td></tr>
<tr><td colspan="7">自我评价</td></tr>
<tr><td colspan="7">本人专业功底扎实，拥有教师、文秘等丰富的工作经验；具有良好的组织协调能力，独立的处事能力和执行能力；为人稳重，性格开朗，具有较强的事业心和责任感，富有开拓和创新精神。</td></tr>
</table>

（附件 2~6 略）

（根据有关材料改写）

</td>
<td>

简要说明个人基本情况。

全面展示自己的专业技能、教育背景、实践经历、获奖情况等。

重点铺陈发表文章的情况，突出个人优势所在。

自我评价中肯平和，紧贴求职岗位所需。

该简历表结构安排富有逻辑，技能陈述针对性强，语言表达准确简练，使人一目了然。

</td>
</tr>
</table>

例文②

求职信

尊敬的 ×× 学校校长：

您好！

感谢您能抽空垂阅我的求职信！我叫 ××，现为 ×× 省 ×× 市 ×× 中学在职历史教师，近闻贵校招聘优秀教师，故毛遂自荐，呈上自己的求职信，愿意接受贵校的考核和遴选。

我本科阶段就读于 ×× 省 ×× 大学文学院，专业是汉语言文学（师范类），硕士阶段就读于 ×× 省 ×× 大学历史学院，专业是历史学（师范类），在文史和教育学方面都有着较为深厚的功底，能够很好地承担中学历史或语文的教学工作。贵校地处东南，实力强大，具有悠久的历史和优良的传统，素以治学严谨和育人有方而著称，我十分期待加入贵校。

我从小酷爱文史，小学到高中阶段，我的历史和语文成绩始终名列前茅，作文经常被老师当成范文在全班朗读；进入大学中文系后，我利用课余时间涉猎大量书籍，培养多方面的技能，努力为自己成为一名知识渊博的教师做准备；攻读硕士学位期间，在导师的指导下，我系统地研读了一些历史古籍和专业论著，开阔了学术视野，提升了知识水平，发表了多篇学术论文和散文随笔。严谨的学风和端正的学习态度塑造了我朴实、稳重的性格特点。

研究生毕业后，我在 ×× 省 ×× 市第二中学任教高中历史，至今已有五年教龄。期间，我虚心向有经验的教师请教，和学生、家长进行深入的交流，在实践中不断地学习、进步，课堂教学能力和沟通协调能力得到明显提升，得到了广大师生的肯定和好评。我的教学理念是：让课堂更丰富更和谐，让师生在心与心的交流中一起遨游在知识的海洋！我坚信能做好中学历史或语文的教学工作，文史兼通的知识结构将使我的课堂更加丰富充盈。我十分热爱教师职业，殷切地期望能够在您的领导下，为这一光荣的事业添砖加瓦。

希望您能给我一次试讲的机会，如有幸成为贵校中的一员，我将以百倍的热情和踏实的工作回报您的知遇之恩。

祝

贵校事业蒸蒸日上！

求职人：××

20×× 年 × 月 × 日

附注：（略）

附件：（略）

（根据有关材料改写）

评　析

这是一篇再次就业求职信。这类求职信是针对某单位的某一具体职位而写的，具有高度针对性，因此突出本人与所谋求工作岗位相匹配的优势特长极为重要。此文直接以文种“求职信”为标题。称谓写明招聘单位的相关领导（×× 学校校长），另起一行书写问候语（您好）。正文前言交代自己的基本情况，给用人单位一个初步印象；正文主体重点说明求职者现在的工作岗位、工作经历、实践经验以及工作业绩等；正文结尾表达自己谋求新的工作岗位的真诚愿望。结束语以祝福语“祝贵校事业蒸蒸日上”作结。落款注明求职人姓名（求职人：××）及成文日期（20×× 年 × 月 × 日）。附注、附件说明内容齐备。全文目的鲜明突出，内容简洁明了，表达清楚流畅。

例文③

求　职　信

尊敬的 ×× 先生：

您好！

感谢您在百忙之中抽出时间审阅我的求职信。近日，我从《×× 报》上看到贵公司的招聘信息，对其中的网页兼职编辑一职很感兴趣。

20×× 年获得硕士学位至今，我一直在出版社从事编辑工作，目前是 ×× 出版社的在职编辑。多年以来，我对编辑工作已经有了深入的了解，具有强烈的责任心和丰富的工作经验，相信自己有能力承担网页兼职编辑一职。

我对图文编辑工作有着浓厚的兴趣，能熟练使用 FrontPage、DreamWeaver、PhotoShop 等网页制作工具。本人制作的个人主页（网址：https：//blog.csdn.net/……），日访问量达到 100 次左右，欢迎您浏览指导。

编辑业务的性质决定了我拥有灵活的工作时间和办公方式，这为我的兼职编辑工作提供了必要的条件。我热爱网页编辑工作，真诚渴望贵公司能给我提供一个施展才华的机会。如蒙聘用，我将竭尽全力，为贵公司的发展贡献力量。

热忱期待您的答复，万分感谢！

此致

敬礼！

求职人：××

20××年×月×日

附注：（略）

附件：（略）

（根据有关材料改写）

评 析

这是一份兼职工作求职信。此种求职信要突出自己与所谋求兼职岗位相匹配的特长，同时说明自己有适合兼职的工作条件并能保证兼职时间。此文直接以文种“求职信”为标题。称谓写明招聘单位的相关领导（尊敬的××先生），使用敬语以示尊敬。正文前言说明求职信息的来源及应聘职位；正文主体交代自己的基本情况，重点阐述求职人现有的工作岗位、工作经历、实践经验、工作业绩以及时间保证等；正文结尾再次提出自己谋求兼职的愿望。最后以通用敬语“此致”“敬礼”作结。落款注明求职人姓名（求职人：××）及成文日期（20××年×月×日）。文后标注附注和附件说明。此文内容单一明了，语言简洁朴实，求职目标意向明确，能较好地反映求职者的丰富的阅历和鲜明的个性。

（二）病文评析

求 职 信

公司领导：

您好！

感谢您百忙之中抽空拜读我的自荐材料，我自信不会让您失望的！

“诚信、开拓、进取”是我的人生格言。若说我的优点，那么就是我的年轻和“天生我才必有用”的激情。艰辛的生活铸就了我淳朴、诚实的性格，培养了我不怕困难挫折、不服输的奋斗精神。我深知学习机会来之不易，故非常珍惜短暂的大学四年时光。我系统学习了市场营销专业知识，掌握了营销策划、销售定价、市场推广等方面的专业技能。我的专业学习成绩在全年级排名中名列前五。“梅花香自苦寒来，宝剑锋从磨砺出”，我相信，一分耕耘，一分收获。我将以自己十几年寒窗苦读的学习成果和吃苦耐劳的品格作为我走向成功的基石。

“纸上得来终觉浅，绝知此事要躬行”，一个人只有把才识应用到实际工作中去，服务于社会，才能真正实现自己的价值。所以大学期间通过参加各种实践活动，我培养了较强的组织领导能力、团队合作能力，以及动手实践能力。我坚信，路是一步一步走出来的，只有脚踏实地地努力工作，才能做出出色的成绩。

“器必试而先知其利钝，马必骑而后知其良驽”，只要给我一个支点，就能撬起整个地球；只要给我一片土壤，我会用青春和生命去耕耘！我相信“长风破浪会有时，直挂云帆济沧海”，剑鸣匣中，期之以声。热切期望有机会能与贵公司同呼吸，共命运，携发展，求奋进！最后，祝贵公司事业欣欣向荣，蒸蒸日上！

此致敬礼！

求职人：×××

20×× 年 × 月 × 日

（根据有关材料改写）

评　析

1. 称谓

称谓不完整不庄重。称谓是对接受信函的人的称呼，不仅要完整、恰当，更要庄重、得体，且应顶格书写。可以写明招聘单位或部门的全称，如“×× 公司人事部”，可以写给招聘单位的具体负责人，如“尊敬的 × 部长”，也可直接称呼“尊敬的领导”。

2. 正文

（1）前言信息交代不清。开头应围绕所求目标，有选择、有重点地交代清楚求职者的身份、学历、毕业学校、专业等个人基本情况，给用人单位一个初步的完整印象。作为有明确目标的求职信，还应适当说明招聘信息的获取渠道，直截了当地表达自己的求职意愿。

（2）主体主次不够分明。主体应在实事求是的基础之上，将自己的优势、特长、个性充分展现出来，多层次地展示自己的综合素质。作为有明确目标的求职信，还应提出自己应聘的具体工作岗位及自己具备的可以胜任的条件。此文主体内容杂沓，泛泛而谈，条理不清，重点不明。

（3）结尾表述不够精练。结尾应再次表达自己强烈的求职意愿，恳请对方给予自己参加面试的机会，应写得言简意赅。此文结尾使用了过多修饰性词语，冗长啰唆，不够简洁、朴实。

（4）遣词造句不够严谨。求职信遣词造句应谦恭有礼，此文开头“拜读”一词应改为“阅读”，“自信”一词应改为“希望”，整句话宜改为“感谢您百忙之中抽空阅读我的自荐材料，希望我不会让您失望”。此外，文中引用的格言、名言、诗句过多，且用语过于煽情，不符合求职信文风简洁的写作要求。

3. 结束语

结束语格式不规范。“此致”“敬礼”应分两行书写，“此致”独立成行，“敬礼”另起一行顶格书写。

4. 附注和附件

附注附件内容缺失。附注（联系地址、联系方式等）和附件（个人履历书、成绩单、推荐信、各类证书及发表文章复印件等）在求职信中占有极其重要的地位，不可缺失。

【练习】

一、请指出下列求职信存在的问题并改正。

求 职 信

人事部：

您好！感谢您在百忙之中抽空审阅我的求职信，期望您给我一个自我展示和实现价值的机会。

作为一名大学生，我的专业是房地产经济学，因为面临毕业，所以借此假期寻找合适的单位，以检验和锻炼自己的知识和能力。虽然工作经验不足，但我会虚心学习，积极工作，尽心尽力做好本职工作。诚恳希望得到贵单位的接约，给予面试的机会。

大学不单单是个习得知识的地方，它更注重的是培养学生的能力。作为 ×× 大学的一名学生，相信我可以付出比别人更多的努力来展示自己的才华，快速融入贵公司的环境当中。

在校期间，我系统地学习了房地产方向的专业课程，包括房地产经济学、房地产估价以及房地产经营与管理等。我也在寒暑假期间进行过有关销售以及银行业务方面的实习，学习到了良好的沟通技能，学会了操作 AutoCAD 等建模类软件。

物色一个掌握扎实专业知识并具有一定组织能力的部下，是您的愿望；谋求一个充分发挥自己专业特长的工作单位，并能得到您的关照，是我的期盼。得力的助手，有助于您工作顺心；合适的工作单位，有助于我施展才华。或许我们会为着一个共同的目标而站在一起，我选择了您，您选择了我。真诚期盼和感谢您的选择！

此致

敬礼！

×××

二零一九年六月

二、请根据个人的专业技能、教育背景、实践经历、获奖情况、能力特长等情况，为自己撰写一份求职信（含个人简历表）。

求职信练习答题要点

第三节　申　请　书

一、申请书的定义

申请书是个人或集体因某种需要，向上级或主管组织表述某种愿望、提出某种请求或申请解决某个问题时使用的一种书信类日常文书。

作为沟通个人与组织、下级与上级的一种重要工具，申请书的使用范围十分广泛。加入党团、社团或其他社会组织时，要求承担某项工作任务时，学习、工作、生活上出现困难需要帮助时，一般都要用到申请书。

二、申请书的分类

依据不同的标准，申请书可以划分为不同的类型。

1. 按照内容划分

申请书可以分为：思政类申请书（如入党、入团、入民主党派申请书等）、生活类申请书（如低保、住房、困难补助申请书等）、学习类申请书（如入学、转学、休学申请书等）、工作类申请书（如调动、转正、加薪申请书等）。

2. 按照形式划分

申请书可以分为文章式申请书和表格式申请书。

3. 按照申请主体划分

申请书可以分为个人申请书和集体（单位）申请书。

三、申请书的特点

1. 单一性

申请书要求一事一书，主题明确，内容单一，一般一份申请书只表达一个愿望，只提出一个请求。

2. 请求性

申请，顾名思义，就是申述自己的理由并有所请求，从写作动机来看，申请书带有明显的请求目的。

3. 互动性

申请书是个人或集体的意愿表达，受文对象无论同意与否，均应予以答复，一请一复，互动进行。

四、申请书的写作

（一）申请书的行文结构

申请书一般由标题、称谓、正文、结束语、落款等部分组成。必要时，申请书还应附上附件。

1. 标题

申请书的标题在第一行居中书写，一般有两种写法：一种单独由文种构成，即以“申请书”三字为题；一种由“事由 + 文种”构成，如《复学申请书》。也可省略“书”字，如《困难补助申请》。一般采用第二种写法。

2. 称谓

一般在标题之下空一两行顶格书写受文单位、组织、团体的名称或有关负责人的名称，如“敬爱的党组织”“尊敬的学校领导”等，名称后加冒号。

3. 正文

正文是申请书的核心部分，在称谓后换行前空两格写起，一般包括以下四部分内容。

（1）申请者概况。开门见山地介绍申请者的基本信息或基本情况。

（2）申请的事项。直截了当地提出申请的具体内容（即申请什么），要写得条理清晰，重点突出。

（3）申请的缘由。客观充分地陈述申请的理由（即为什么申请），包括申请的原因、目的、意义以及对该事项的认识等。

（4）申请的态度。应围绕申请事项，表明申请被批准后的态度和决心，要写得简约明了。

4. 结束语

结束语在正文之后单独成段，一般多为表示敬意的惯用语“此致”“敬礼”，“此致”在正文之后前空两格书写，“敬礼”另起一行顶格书写。也可以写表示祈请的惯用语，如“恳请批准”“希望领导研究批准”“请组织考察”等。有的申请书不写结束语。

5. 落款

落款包括署名和成文日期，位于篇末右下方，分两行书写。一般署名前标注“申请人”三字，个人申请写明申请人姓名，单位申请写明单位名称并加盖单位公章。成文日期应使用阿拉伯数字，年、月、日俱全。

（二）申请书的写作要求

1. 理由要充分

申请理由应实事求是，不能虚夸和杜撰。理由是否充足，要求是否合理，直接影响到申请事项能否得到主管部门的批准。

2. 事项要明晰

申请事项要清晰具体，数据要准确无误，不能含糊其辞、模棱两可，且应详略有度，重点突出，不提过分、越权的要求。

3. 语言要得体

申请书的语言要简洁平实，态度要真诚恳切，以便组织或领导能够及时回复，更容易同意所申请事项，切不可空泛拖沓。

五、申请书写作示例与评析

（一）范文评析

例文①

<table>
<tr><td>

入党申请书

敬爱的党组织：

我怀着十分激动的心情向党组织提出申请，要求加入中国共产党，愿意为共产主义事业奋斗终身。

我衷心热爱中国共产党，因为她是中国工人阶级的先锋队，同时是中国人民和中华民族的先锋队，是中国特色社会主义事业的领导核心。中国共产党以马克思列宁主义、毛泽东思想、邓小平理论、“三个代表”重要思想、科学发展观、习近平新时代中国特色社会主义思想为行动指南，是用先进理论武装起来的党，是全心全意为人民服务的党，是领导全国人民走向繁荣富强的党。她始终代表中国先进生产力的发展要求，代表中国先进文化的前进方向，代表中国最广大人民的根本利益。党的最高理想和最终目标是实现共产主义。

多年来，我通过上党课、学习党的基础知识、参加党建活动等，对党有了更深层次的认识。中国共产党建立和发展的历史，就是为中华民族的独立、解放、繁荣，为中国人民的自由、民主、幸福而不懈奋斗的历史。在新民主主义革命时期，我们党经过北伐战争、土地革命战争、抗日战争、解放战争等艰苦卓绝的斗争，领导中国人民推翻了帝国主义、封建主义、官僚资本主义的反动统治，实现了民族独立和人民解放，建立了人民当家作主的新中国。在社会主义革命和建设时期，我们党领导人民确立了社会主义基本制度，在一穷二白的基础上建立起独立的、完整的国民经济体系，实现了中国历史上最广泛、最深刻的社会变革，使古老的中国以崭新的

</td><td>

评析

这是一份思政类的入党申请书。

1. 标题

结构为：事由（入党）+文种（申请书）。

2. 称谓

为受文组织的名称（敬爱的党组织）。

3. 正文

（1）申请事项——开门见山地提出申请的事项（要求加入中国共产党）。

（2）申请缘由——首先表明自己对党的态度和认识（我衷心热爱中国共产党……党的最高理想和最终目标是实现共产主义）。

接着阐述自己通过理论学习（上党课、学习党的基础知识）、实践活动（参加党建活动）之后的思想演变过程等（对党有了更深层次的认识……我坚信：在中国共产党的领导下……必将实现国家富强、民族振兴、人民幸福的中国梦）。

</td></tr>
</table>

续表

姿态屹立在世界的东方。在改革开放和社会主义现代化建设时期，我们党领导人民开创了中国特色社会主义道路，坚持以经济建设为中心，坚持四项基本原则，坚持改革开放，建立和完善社会主义市场经济体制，极大地提高了我国的综合国力和人民生活水平，为全面建成小康社会、加快推进社会主义现代化开辟了广阔前景。历史证明，没有共产党就没有新中国，没有共产党就没有中国特色社会主义；有了共产党，中国的面貌就焕然一新，中国的发展就充满希望。 当前，我们党正带领全国人民为实现中华民族伟大复兴中国梦而努力奋斗。中国梦反映了近代以来一代又一代中国人的美好愿望，进一步揭示了中华民族的历史命运和当代中国的发展走向，指明了全党全国各族人民共同的奋斗目标。实现中国梦必须走中国道路。中国特色社会主义道路是党和人民百年来探索、奋斗、创造、积累的根本成就，是改革开放四十多年来实践的根本总结，凝结着实现中华民族伟大复兴的光荣梦想。我坚信：经受历史和实践检验、有着光明前景的中国特色社会主义，必将无往而不胜。我坚信：在中国共产党的领导下，全国各族人民心往一处想，劲往一处使，用十四亿人的智慧和力量汇聚起不可战胜的磅礴力量，必将实现国家富强、民族振兴、人民幸福的中国梦。 多年来，在党的教育和培养下，我认真学习马克思列宁主义、毛泽东思想、邓小平理论、“三个代表”重要思想、科学发展观和习近平新时代中国特色社会主义思想，加强思想政治修养，真心拥护党的领导，加入党组织的愿望日益强烈、日益迫切。这种政治上的进步与追求转化为进一步学习和工作的不竭动力，为人民服务的素质和能力不断提高，学习上、工作上不断取得新的成绩，得到单位领导和同事的好评。我深刻认识到，作为当代年轻人，要想更好地为人民服务，为国家和民族贡献自己的聪明才智，就应该自觉站到党旗下，加入我们党这样一个伟大、光荣、正确的政治组织中来，积极主动地接受党组织的教育和培养，不断成长、不断进步。	然后如实地说明自己的政治思想、学习工作和作风纪律等方面的情况（我认真学习马克思列宁主义……加强思想政治修养……学习上、工作上不断取得新的成绩，得到单位领导和同事的好评），交代自己的入党动机，即参加中国共产党的目的（要想更好地为人民服务，为国家和民族贡献自己的聪明才智，就应该自觉站到党旗下，……积极主动地接受党组织的教育和培养，不断成长、不断进步）。

续表

今天，我郑重地向党组织递交入党申请书，这是我人生历程中最庄严神圣的一件事，是我在入党前对人生的一次庄严宣誓。但我也知道，自己身上还有许多缺点和不足，比如，对党的认识还不够全面深入，与广大党员相比还有一定差距等。如果党组织在严格审查后吸收我入党，我将时刻按党员标准严格要求自己，自觉接受党组织和同志们的监督，严于律己、勤奋进取，努力做一名合格的共产党员，为党的事业贡献毕生的心力。如果组织上认为我还不符合党员条件，我也将继续努力，严格要求自己，克服缺点，弥补不足，争取早日加入党组织。请党组织在实践中考验我！ 此致 敬礼！ 申请人：××× 20××年×月×日 附件：本人自传 （录自文秘网，收录时有改动）	（3）申请态度——适当评述自己的缺点和不足之处（对党的认识还不够全面深入，与广大党员相比还有一定差距等），向党组织表明自己入党的坚定决心和努力方向（如果党组织在严格审查后吸收我入党，我将时刻按党员标准严格要求自己，自觉接受党组织和同志们的监督……如果组织上认为我还不符合党员条件，我也将继续努力，严格要求自己……争取早日加入党组织）。最后用“请党组织在实践中考验我”收尾。 **4. 结束语** 正文之后，使用表示敬意的惯用语“此致”“敬礼”。 **5. 落款** 篇末右下方注明申请人姓名及成文日期。 **6. 附件说明** 将个人基本情况、家庭成员和主要社会关系等内容写成《本人自传》，附在申请书之后。附件说明标示于落款之后。 该申请书态度诚恳，语言得体，层次清晰，理由充分。

例文②

生源地助学贷款申请书

×× 省 ×× 银行领导：

我是 ×× 大学 ×× 学院 ×× 系 20×× 级的贫困学生，来自 ×× 市 ×× 县的一个偏僻农村。家庭现有五口人，奶奶、爸爸、妈妈、我和弟弟。奶奶年老在家，弟弟在县城读高中，爸爸妈妈在家务农，全家的开支主要靠农作物收成。由于家乡田少人多，加上去年又遇洪水，农作物欠收，全家人均收入不足 500 元。我进大学时的学费大部分是向亲戚朋友借来的，今年要把学费交齐就更加困难了。为了不因经济困难而影响自己的学业，能及时、足额地把所欠学费交清，在此，我特向贵行申请助学贷款。

我申请助学贷款人民币壹万元，计划毕业后 3 年内还清本息。我父母也同意我贷款，并同意承担连带保证责任。贷款后，我保证履行还贷义务，按时归还贷款本息。同时，继续努力学习，争取以优良的成绩来回报贵行对我的关心和扶持。望贵行批准为盼。

申请人：××

20×× 年 ×× 月 ×× 日

附件：1. 尚欠学费证明

2. 新学年学费收费标准

3. 父母承担连带责任保证书

（根据有关材料改写）

评　析

这是一份生活类的助学贷款申请书。标题由“事由（生源地助学贷款）+ 文种（申请书）”构成。称谓为受文单位负责人名称。正文首先介绍自己的个人信息和背景资料，以便主管部门或领导能迅速地了解申请者的背景信息；其次重点阐述申请的缘由（为了不因经济困难而影响自己的学业）以及申请的事项（申请助学贷款人民币壹万元）；最后表明自己的态度和决心（我保证履行还贷义务，按时归还贷款本息……争取以优良的成绩来回报贵行对我的关心和扶持）。结束语表达希望得到批准或答复的意愿（望贵行批准为盼）。落款注明申请人（申请人：××）及成文日期（20××年×月×日）。附件说明标注明晰。全文行文简洁，理由充分，语言平实。

例文③

插班复读申请书

尊敬的××市第一中学校领导：

本人19××年从××大学中文系毕业，把自己最美好的年华都奉献给了教育事业，从教三十八年，为社会培养了不少人才。现在我唯一的孙女×××，原就读××中学，平时学习成绩尚可，高考期间因患流感，影响正常发挥，没有考出理想成绩（文科×××分，录取××学院）。×××本人从八月下旬起强烈要求复读一年，我们作为家长经过反复斟酌，决定尊重她本人的选择。因为家住××路××号××××小区，靠近贵校，希望贵校领导能酌情关照，准许×××到贵校高三年级插班复读一年，在读期间×××的安全责任由家长负责。

此致

敬礼！

申请人：×××

20××年××月××日

（根据有关材料改写）

评　析

这是一份学习类的复读申请书。标题由“事由（插班复读）+文种（申请书）”构成。称谓为受文单位负责人名称。正文首先简要交代自己及孙女的基本情况，其次重点阐述申请的事项（准许孙女×××到××市第一中学高三年级插班复读一年）和申请的理由（自己从教三十八年，为社会培养了不少人才；孙女高考没有考出理想成绩，强烈要求复读一年；家住××小区，靠近××市第一中学等）；最后写出相应的安全保证（在读期间

×××的安全责任由家长负责）。结束语使用通用敬祝语“此致”“敬礼”。落款注明申请人（申请人：×××）及成文日期（20××年××月××日）。全文态度诚恳，语言简朴，简洁明了。

（二）病文评析

公司新员工试用期之后转正申请书

公司领导：

时间到了八月中旬，由于工作需求，我和另外两名同事被派到西南分公司进行为期一年的学习。

目前在西南分公司学习已有半个月的时间，我深刻感受到公司对自己的深切希望，同时也感受到身上的压力和责任。在启程来××市前我就暗下决心，一定要好好学习，不辜负各位领导和公司的厚望。我们三人努力学习，积极工作，使自己能在最短的时间里融入这个新的集体。根据公司的安排，我们首先自学了三维绘图软件AutoPLANT，为今后的工作做好准备。接下来公司会组织一个软件培训学习班，我们将被分派到不同的项目组参与项目设计工作，对于这个安排我们坚决服从。在工作之余，我还主动地寻求更多的学习机会，为前辈员工做一些简单的服务工作，例如打印图纸、收发文件、整理存档等。

总之，在这三个月的试用期里，自己成长了很多，在实际工作、理论知识、待人接物等方面，都变得更加成熟和稳重。本人自认为已达到公司的转正要求。

特此申请转正。

申请人：×××

20××年××月××日

（根据有关材料改写）

评　析

1. 标题

标题格式不合规范。可采用“事由＋文种”形式，改为“试用期满转正申请书”。

2. 称谓

称谓不完整不庄重。应写明受文单位的名称或有关负责人的名称，可改为“尊敬的公司领导”“尊敬的人事部负责人”等。

3. 正文

（1）申请者概况不明晰。应开门见山地介绍申请者的基本信息或基本情况。此文申请者的基本信息交代不清楚，且文中人称代词“我”与“我们”交叉使用，逻辑混乱，个人转正申请只写自己就好，不必牵涉他人。

（2）申请的事项不具体。应直截了当地提出申请的具体内容，即试用期已满，按照公司劳动合同约定，符合转为正式员工的条件，故而申请转正。要写得条理清晰，重点突出。此文表述杂乱无章，泛泛而谈，主题不明。

（3）申请的缘由不充分。应客观充分地陈述申请的理由，包括申请的原因、目的、意义以及对该事项的认识等，即比照公司劳动合同条例，简要介绍自己在试用期间的工作内容与成果，表明自己能严格要求自己、保质保量完成工作、有团队协作精神等，力证自己符合转正条件，应该办理转正手续。此文所述内容几与转正申请无关，逻辑混乱，文不符题。

（4）申请的态度不坚决。应围绕申请事项，再次提出请求，表明转正后自己会更加努力工作的决心。此文结尾表述不够简洁，态度亦不够明确。

4. 结束语

结束用语表述不当。可以写表示祈请的惯用语，如“恳请批准”“希望领导研究批准”“请组织考察”等，也可使用表敬的惯用语“此致”“敬礼”。

【练习】

一、请指出下列申请书存在的问题并改正。

诗歌朗诵协会申请书

校领导：

我校从20×× 年开始，应广大爱好诗歌朗诵的学生要求，在校团委和校学生会的协助下，组建了 ×× 大学诗歌朗诵协会。三年来，本协会成员不断增加，活动也日益频繁。许多诗歌朗诵爱好者迫切需要定期学习和交流，另外一年一度的全校诗歌朗诵比赛也需要固定地点排练及比赛，因此我们协会急需一个固定的场所。为了丰富我校学生的业余生活，使我校的文艺活动更上一层楼，恳请各位校领导给予帮助，批给我们协会一间房间，哪怕再小、再破我们都不计较，只要能让协会有地方排练及交流教学就可以。特此请示，万望同意！

申请人：梁 ××

12 月 20 日

二、请依据合理情境，为自己撰写一份 ×× 大学奖学金申请书。

申请书练习答题要点

第四节　倡　议　书

一、倡议书的定义

倡议书是集体或个人为完成某项工作任务或开展某项公益活动，面向群众公开提出某种建议或意见的一种具有号召性的书信类日常文书。它是贯彻方针和政策、调动群众积极性、倡导文明新风尚的重要手段。

倡议书可以由集体拟定，也可以由个人提出，是日常文书中的一种常用文体，在现实社会中运用十分广泛。

二、倡议书的分类

依据不同的标准，倡议书可以划分为不同的类型。

1. 按照使用对象划分

倡议书可分为个人倡议书、集体倡议书和党政机关或企事业单位倡议书等。

2. 按照公布方式划分

倡议书可分为传单式倡议书、张贴式倡议书、广播式倡议书和登载式倡议书等。

三、倡议书的特点

1. 公开性

倡议书在一定范围内公开发布，目的是引起群众广泛注意，激起人们积极响应，最大限度引起社会共鸣。

2. 群众性

倡议书面向的是广大群众，旨在将自己的意见变成群众的自觉行动。广泛的群众性是倡议书的根本特征。

3. 号召性

倡议书具有较强的号召性，希望有更多的人给予支持和响应，行文富有鼓动性，本身不具有法律约束力。

四、倡议书的写作

（一）倡议书的行文结构

倡议书一般由标题、称谓、正文、结尾、落款等部分组成。

1. 标题

倡议书的标题在第一行居中书写，一般有五种写法：一种单独由文种构成，即以“倡议书”三字为题；一种由“事由 + 文种”构成，如《留在 ×× 过年倡议书》；一种由“发文者 + 事由 + 文种”构成，如《×× 大学诚信考试倡议书》；一种由“发文对象 + 文种”构成，如《致 ×××× 的倡议书》；一种由“正标题 + 副标题”构成，正标题概括倡议的目的和意义，副标题交代发文者、发文对象、事由、文种等，如《让读书成为习惯 让书香浸润校园——××大学课外阅读活动倡议书》。

2. 称谓

称谓在标题下空行后顶格书写。倡议对象单一的，必须写明称谓，如“全校师生们”“广大的青年朋友们”等；倡议对象广泛的，可以省略称谓。

3. 正文

正文是倡议书的核心部分，在称谓之后换行前空两格写起，一般包括以下两部分内容。

（1）倡议理由。交代发出倡议的背景，说明倡议活动的原因，申明发布倡议的目的等。可以用“为此，我们倡议如下”“为此，我们向……发出以下倡议”等过渡句式引出下文内容。

（2）倡议事项。写明倡议活动的具体内容，准备开展什么活动、需要做哪些事情、具体要求如何、活动的意义是什么等均应分条分项地写清楚，具有可操作性。这是倡议书正文的主体部分。

4. 结束语

结束语一般在正文之后单独成段，用以表明倡议者的决心、希望和对倡议对象的召唤，或者写出某种建议等。内容简单、篇幅短小的倡议书可以不写结束语。

5. 落款

落款由署名和成文日期两部分组成。在正文的右下方写明发出倡议的集体名称或个人姓名。如果倡议者较多，可以依次排列。署名下一行注明成文日期，年、月、日要用阿拉伯数字写完整。

（二）倡议书的写作要求

1. 内容要切实可行

倡议书既要符合国家的方针政策，又要体现新时尚和新精神，倡议的目的明确、理由充分，才能具有较强的说服力，倡议的事项切实可行、与时俱进，才能得到更广泛的响应。

2. 语言要有鼓动性

倡议书具有很强的鼓舞性和号召性，行文要简练明快，情感要真诚恳切，措辞要铿锵有力。倡议书语言充满激情、富有感召力，这样才能动员广大群众参与，获得更多公众支持。

五、倡议书写作示例与评析

（一）范文评析

例文①

<table>
<tr><td>

学习回信精神　牢记殷切嘱托　勇担强国使命
——致全国高校全体毕业生的倡议书

全国高校毕业生同学们：

我们是中国石油大学（北京）克拉玛依校区 118 名即将到新疆基层就业的大学生。在离开母校之际，我们给习近平总书记写信汇报了大学四年学习和思想上的收获，表达了立志同各族群众一起奋斗、建设美丽边疆的决心。令我们万分惊喜的是，总书记在百忙之中很快给我们写了回信。拜读总书记回信时，我们亲切地感到总书记好像站在我们面前循循善诱地给我们上了人生重要一课，我们愈加坚定了理想信念、领悟了志向追求、升华了人生境界、强化了奋斗决心，更加深刻领悟到，总书记重要回信既是对我们 118 名同学巨大的关怀和鼓励，也是对全国高校 2020 届毕业生们的指引和期许。为此，我们向全国高校毕业生们发出倡议：

第一，要做志向高远的新时代先锋者。总书记激励我们“实现中华民族伟大复兴的中国梦需要一代一代青年矢志奋斗”。我们深感，生逢其时、肩负重任是历史赋予我们的人生机遇。“为中华民族崛起而读书”激励革命

</td><td>

评析

这是一篇集体倡议书。

1. 标题

结构为：正标题（学习回信精神 牢记殷切嘱托 勇担强国使命）+ 副标题（致全国高校全体毕业生的倡议书）。正标题概述倡议书的目的和意义，副标题交代发文对象（全国高校全体毕业生）和文种（倡议书）。

2. 称谓

即倡议书所号召的对象（全国高校毕业生同学们）。

3. 正文

（1）倡议理由——交代发出倡议的背景（在离开母校之际，我们给习近平总书记写信汇报了大学四年学习和思想上的收获……总书记在百忙之中很快给我们写了回信），说明倡议活动的原因

</td></tr>
</table>

续表

先辈投身解放事业，“强国一代有我在”召唤我们投身强国伟业。我们倡议全国高校毕业生要以习近平新时代中国特色社会主义思想为指导，志存高远、脚踏实地，把小我融入大我，奋战助力 2020，奋勇拼搏 2035，奋斗圆梦 2050。 　　第二，要做不畏艰难的新长征突击手。总书记教导我们要懂得“志不求易者成，事不避难者进”的道理。我们深感，这场突如其来的疫情打破了生活常态，对我们是一场严峻的考验，但也是一次宝贵的经历。青春由磨砺而出彩，人生因奋斗而升华，前进的道路不会一帆风顺，本身就是精神、意志、力量的一次次提升。我们倡议，在新时代的长征路上，全国高校毕业生要遇逆境不馁、迎风雨而上，不做求易者、避难者，要在艰难困苦中求进求成，在挫折坎坷中成长成才，在平凡的岗位上争取为党、为祖国、为人民多作贡献。 　　第三，要做扎根基层的新一代追梦人。总书记支持我们“奔赴新疆基层工作，立志同各族群众一起奋斗”的人生选择，鼓励我们“努力成为可堪大用、能担重任的西部建设者”。我们要向各族人民学习，向实践学习。我们倡议全国高校毕业生，要遵照总书记感召和鼓励，把所学知识奉献给人民，在改造客观世界时改造主观世界，不断完善自我、超越自我，充分展现新时代中国青年的良好作风和昂扬风貌。	（总书记重要回信既是对我们 118 名同学巨大的关怀和鼓励，也是对全国高校 2020 届毕业生们的指引和期许）。并用过渡句式（为此，我们向全国高校毕业生们发出倡议）引起下文。 　　（2）倡议事项——写明倡议活动的具体内容，包括需要做哪些事项、具体要求如何等。采用条款式，清晰地提出倡议的事项（要做志向高远的新时代先锋者、要做不畏艰难的新长征突击手、要做扎根基层的新一代追梦人），具有可操作性，便于他人一起参与。
在这个特殊的毕业季，我们深深感到党和政府为我们顺利毕业就业做出了千方百计的支持和帮助，让我们在即将离开学校之时上了一堂生动的制度自信教育大课。全国高校毕业生要更加不畏艰难险阻，勇担时代使命，以拼搏进取之人生不负伟大时代，以奋发有为之担当投身强国伟业，一步一个脚印走好我们这一代的新时代长征路。	**4. 结束语** 　　表明倡议者的决心、希望和对倡议对象的召唤（全国高校毕业生要更加不畏艰难险阻……一步一个脚印走好我们这一代的新时代长征路），语言充满激情，富有感召力。
中国石油大学（北京）克拉玛依校区 118 名新疆基层就业大学生 2020 年 7 月 10 日 （录自教育部网，收录时有改动）	**5. 落款** 　　写明发出倡议的集体名称和成文日期。 　　全文行文有序，逻辑清晰，语言明快，富有鼓动性。

例文②

倡 议 书

回乡农民工朋友们：

近期，很多地方发生了新型冠状病毒感染肺炎疫情。党中央、国务院对此高度重视，习近平总书记多次作出重要指示批示。现在，疫情防控处于关键时期，农村是防疫的重点之一。特别是农民工朋友常年在外，回乡过年是喜事，但同时也需要注意搞好防控。做好个人防护，就是对社会最大的贡献。为此，我们倡议：

一、早报告。喜庆过年不忘疫情防控，要主动向村委会报告务工地点、回乡路径、接触人群，以及近期的身体状况。一旦出现发热、咳嗽、胸闷等不适症状，及早报告、及时就诊，不能延误最佳的治疗时期，让自身和亲朋好友都有安全保证。

二、戴口罩。出门在外见识多，新生事物接受快。戴口罩是最简单易行有效的防护措施。出家门要戴口罩，这既是保护自己，也是保护家人，更是爱护朋友。

三、勤洗手。流鼻涕、打喷嚏或者用手碰鼻子以后再碰其他物品或者用手接触其他人，极易造成病毒传播。洗手是预防疾病传播的重要手段。在咳嗽或打喷嚏、准备食物、饭前便后，接触动物或者处理动物粪便后，使用肥皂/洗手液和自来水洗手。

四、拒热闹。常年在外，回家不易，亲朋好友、同学同事聚一聚也是常事。但是，人群一聚，说话一多，容易传播病毒。当前疫情防控进入复杂阶段，能不聚就不聚，减少病毒传播。

五、少串门。过年串门，这是习俗，但今年情况特殊，能不串门就不要串门，打个电话拜年就行，用手机录个视频拜年祝福也行。

六、不赶集。农村过年赶集也是一种习俗，更是一种聚会游乐的方式。当前病毒传播较快，人群聚集地方风险更大，尽量不要赶集，少往人多的地方走。

祝回乡农民工朋友春节快乐！幸福安康！

人力资源和社会保障部
国家卫生健康委员会
农业农村部
2020年1月27日

（录自人力资源社会保障部网，收录时有改动）

评　析

这是一份党政机关倡议书。标题单独由文种构成，即以“倡议书”三字为题。称谓是对倡议对象的称呼（回乡农民工朋友们）。正文首先交代发起倡议的背景、原因和目的（现在，疫情防控处于关键时期……农民工朋友常年在外，回乡过年是喜事，但同时也需要注意搞好防控。做好个人防护，就是对社会最大的贡献），接着用过渡句式（为此，我们倡议）转入下文；然后采用分条列款的方式，一一写明具体的倡议事项（早报告、戴口罩、勤洗手、拒热闹、少串门、不赶集）。结束语（祝回乡农民工朋友春节快乐！幸福安康）用来表示美好祝愿。落款写明发出倡议的机关名称（人力资源和社会保障部、国家卫生健康委员会、农业农村部）和成文日期（2020 年 1 月 27 日），三个发文机关依次排列。该文内容紧跟时事，符合国家导向，内容具体可行，用语简明易懂。

例文③

厦门大学消费扶贫倡议书

2020 年是决战脱贫攻坚、决胜全面小康的收官之年。为汇聚更多力量参与消费扶贫爱心行动，学校于第 7 个“国家扶贫日”期间，先后举办了挂职干部和研究生支教团带货直播、精准帮扶特色产品大型展销会，受到了广大师生和校友的好评。

为深入贯彻习近平总书记关于组织开展消费扶贫的重要指示精神，秉承中华民族扶贫济困的传统美德，克服新冠肺炎疫情带来的冲击和影响，促进扶贫产品销售、增加贫困群众收入，同时满足广大师生校友对扶贫产品的消费需求，我们将进一步完善消费扶贫常态化机制，并真诚地向全校师生员工和校友发出倡议：

一、积极参与消费扶贫。全校各单位要积极响应，广大党员干部要主动带头，通过“以购代捐”“以买代帮”等方式，在日常采购中优先购买贫困地区农产品，以实际行动引领全校参与消费扶贫、购买扶贫产品。广大师生员工和校友要积极行动，关注、支持、参与消费扶贫，以个人消费为定点帮扶县群众增收脱贫奉献一片真情、贡献一份力量。

二、大力倡导消费扶贫。广泛传播消费扶贫理念，争做消费扶贫宣传员、代言人，争做传递爱心的使者。主动向身边亲朋好友分享消费扶贫信息资源，把消费扶贫相关信息分享到朋友圈、微信群、微博、QQ 等新媒体平台，推动形成“人人宣传消费扶贫、人人参与消费扶贫、人人支持消费扶贫”的良好校园氛围，助推脱贫攻坚行动提质增效。

众人拾柴火焰高，涓涓细流汇成海。我们坚信，在学校党委的坚强领导下，在广大师生员工和校友的积极参与下，我校定点帮扶县困难群众定能实现增收创收、防止返贫，进一步巩固脱贫成果，过上美好幸福生活。让我们积极行动起来，为消费扶贫尽一份力，从而为全面建成小康社会作出厦大人应有的贡献。

消费扶贫，期盼你我同行！

附件：定点帮扶县特色产品购买方式

学校扶贫办

宣传部学生处

校工会校团委校友总会秘书处

2020 年 10 月 19 日

（录自厦门大学新闻网，收录时有改动）

评　析

这是一份企事业单位倡议书。标题采用“发文者（厦门大学）+ 事由（消费扶贫）+ 文种（倡议书）”形式。不用称谓，而在正文中指出（全校师生员工和校友）。正文开头交代倡议活动的背景（学校先后举办了挂职干部和研究生支教团带货直播、精准帮扶特色产品大型展销会，受到了广大师生和校友的好评）、原因和目的（为深入贯彻习近平总书记关于组织开展消费扶贫的重要指示精神……同时满足广大师生校友对扶贫产品的消费需求），并用过渡语（真诚地向全校师生员工和校友发出倡议）引起下文；接着逐一写出倡议的具体内容和要求（积极参与消费扶贫、大力倡导消费扶贫）。结束语使用充满激情、富于感召力的语言（让我们积极行动起来……作出厦大人应有的贡献），表明倡议者的决心和希望。落款依次写明发出倡议的单位名称（学校扶贫办、宣传部学生处、校工会校团委校友总会秘书处）和成文日期（2020 年 10 月 19 日）。全文结构严谨，逻辑清晰，情感真挚，极具感染力和号召力。

（二）病文评析

公 司 倡 议

各位同事：

人有旦夕祸福，月有阴晴圆缺。只要人人都献出一点爱，世界将变成温暖的人间。我公司 ×× 部的 ×× 同事在 × 月 × 日的事故中不幸受伤入院，这一如晴天霹雳一般突来的消息让他的所有亲人、朋友、同事都万分难过。×× 同事在公司期间，思想进步，尊敬领导，关心同事，乐于助人，在岗位兢兢业业，尽职尽责，是一名优秀的员工。×× 同事因工入院，目前每天的医药费就要上千块，紧紧靠其家庭收入实在无力承受。现 ×× 同事怀着对生命的珍惜、对生活的热爱、对未来的憧憬，正奔走在艰辛的康复之路上。

滴水汇成河，碎石堆成岛，只要人人都能献出一份爱心，美好的生命将会得到挽救！您的爱心和真情，将如春风一般为他的生活送去一缕最温暖的阳光，将像星星之火点燃人们心中希望的曙光。愿你我的点滴付出汇成爱心的暖流，让暗淡的生命重新迸发出灿烂的霞光，让希望的光芒照亮人们的人生前程，相信你我的行动必将带动更多的人们加入捐款的行动之中。

××××公司

2020 年 × 月 × 日

（根据有关材料改写）

评　　析

1. 标题

标题格式不合规范。标题一般由“发文者 + 事由 + 文种”构成，改为“×× 公司捐款倡议书”，也可省略发文者，改为“捐款倡议书”，亦可直接以“倡议书”为题。

2. 称谓

称谓表述过于随意。倡议对象单一的，应顶格写明称谓，可改为“尊敬的同事们”。

3. 正文

（1）倡议理由不够明确。应清楚地交代发出倡议的背景，说明倡议活动的原因，申明发布倡议的目的等，并且用“为此，我们倡议如下”等过渡句式引出倡议的事项。此文倡议的理由冗长啰唆，不够简明扼要。

（2）倡议事项浮泛空洞。应写明倡议活动的具体内容，包括准备开展什么活动、需要做哪些事情、具体要求如何、活动的意义是什么等。捐款倡议书必须写明捐款的金额、方式和截止时间。此文倡议的事项不具可操作性，无法达到预期的目的。

4. 结束语

结束用语不够精练。应表明倡议者的决心和希望，或写出某种建议，情感要真诚恳切，行文要简练明快。此文结束语虽具有鼓动性，但过于赘述和煽情。

【练习】

一、请指出下列倡议书存在的问题并改正。

保护环境倡议书

最近我发现，我们小区地上花花绿绿的包装袋到处飞舞，用电、用水量也是直线上升。在这个科技快速发展、衣食无忧的时代里，人们似乎已经淡忘了从前喝不上水、吃不饱饭的苦日子，完全没有把水、电、食物放在眼里。这也不能完全怪你们，一吨水两块钱，一只塑料袋两角钱，对你们来说确实算不了什么，但是随手关上水龙头、电灯开关，出门前带上环保袋，真的那么难吗？如果大家再不对资源浪费引起重视，后果将会不堪设想。也许有人会说：“反正浪费一点点又没事，还有那么多呢。再说别人也看不见。”但是，一人浪费一点，全球六十多亿人呀，你打算毁掉几条江、几片森林？再这样下去，在不久的将来，地球上的资源必将面临枯竭，人类以及万物的生命也将面临胁迫。而拉弓没有回头箭，所以要从此刻开始，保护环境，珍惜资源，为地球的未来作出贡献。其实保护环境、节约资源都是举手之劳。购物时带上环保袋，拒绝白色垃圾；洗完手随手关上水龙头，不用过量的水洗手；离开房间顺手关上电灯、电风扇，不在没人的房间里开灯。我相信，如果人人都做到这几点，环境必将更整洁，空气必将更清新，世界也将会更美好。

此致

敬礼！

倡议人：小区热心人

2021 年 × 月 × 日

二、节能减排是可持续发展的具体体现，也是落实习近平生态文明思想的必然要求。请以 ×× 大学的名义，写一篇校园节能减排倡议书。

倡议书练习答题要点

第五节 请　　柬

一、请柬的定义

请柬，也称请帖、柬帖，是机关、团体或个人邀请有关单位或人员参加会议、庆典或其他重要活动时所使用的一种言辞简短的礼仪类日常文书。

请柬在社会交际、公共关系活动中用途十分广泛，不管是召开各种会议，还是举行各种典礼、仪式、活动等，都会用到请柬。采用请柬邀请，可以显示主办方或主人的庄重态度及对客人的尊重。请柬与人们的日常生活息息相关。

二、请柬的分类

依据不同的标准，请柬可以划分为不同的类型。

1. 按照内容划分

请柬可以分为生活请柬（如婚礼、寿诞、聚会请柬等）和工作请柬（如会议、参展、庆典请柬等）。

2. 按照形式划分

请柬可以分为横式请柬和竖式请柬；也可分为单面式请柬和折叠式请柬。

3. 按照发出主体划分

请柬可以分为个人发出的请柬和机构、组织发出的请柬。

4. 按照发送对象划分

请柬可以分为发给个人的请柬和发给机构、组织的请柬。

三、请柬的特点

1. 艺术性

请柬措辞典雅，制作精美，个性化强，从内容到形式都极富礼仪特征，具有深厚的传统文化色彩。

2. 邀请性

请柬必须送到被邀请者手中，一是代表着邀请方郑重其事的态度，二是表达了对被邀请者的尊重。

3. 告知性

请柬针对特定的单位或个人，对象明确，要清楚地告知被邀请者会议或活动的时间、地点和内容。

4. 简明性

请柬的主题明确，篇幅短小，语言精练，只需将邀请事项写清楚即可，不会涉及其他冗杂的内容。

四、请柬的写作

（一）请柬的行文结构

请柬一般由标题、称谓、正文、结束语、落款、附注等部分构成。

1. 标题

通常直接以文种名称作为标题。如是单面样式，可在上部居中位置标明“请柬”二字；如是折叠样式，可以将“请柬”二字印写在封面正中位置，也可以标写在封里上部居中位置。

2. 称谓

标题下方空一行，一般顶格书写被邀请的组织名称或个人姓名，姓名后加上尊称用语，如“尊敬的 ××× 先生 / 女士 / 教授 / 校长”“送呈 ××× 先生 / 女士台启”，其后要加冒号。如邀请的是夫妻二人，应并列书写两人姓名，并加“伉俪”二字。

3. 正文

另起一行空两格书写邀请事由、活动内容、时间地点以及注意事项等。

4. 结束语

通常在正文之后紧接着书写“敬请光临”“恭候光临”等礼貌用语，也可以在正文之下换行书写。或者另起一行写上“此致”，下一行顶格写上“敬礼”。

5. 落款

在结尾的右下方（竖式请柬在左下方）署上邀请者的单位名称或个人姓名，再下一行写明发柬的年、月、日。请柬如是单位所发，还需要加盖印章。

6. 附注

如有需要注意的事项，如联系人、联系方式、交通路线等，应在请柬的左下方注明。

（二）请柬的写作要求

1. 内容要简明

请柬的内容要简洁明了，被邀请者的称谓，以及邀请的内容、时间、地点及其他应知事项必须准确无误。

2. 态度要恳切

请柬的语言要典雅得体，发送时间要适时，以体现邀请者的诚恳之心。正文如是手写，字迹宜工整美观。

五、请柬写作示例与评析

（一）范文评析

例文①

	评析
请　柬 送呈 ××× 先生 / 女士台启： 　　谨定于公历 20×× 年 × 月 × 日农历二〇××年 × 月 × 日（星期 ×）为小儿（×××）先生与（×××）小姐举行结婚典礼，敬备喜筵，恭请光临。 　　顺祝 金安！	这是一份以个人名义发出的婚礼请柬，属于生活类请柬。 **1. 标题** 　　直接以文种为标题，上部居中位置标明“请柬”二字。 **2. 称谓** 　　顶格书写被邀请人的姓名及尊称。 **3. 正文** 　　简要交代邀请事由（出席结婚典礼）和出席时间，注明公历日期（用阿拉伯数

续表

×××（父亲名字） 敬邀 ×××（母亲名字） 20×× 年 × 月 × 日 席设：（酒店名称） 时间：（开席时间） （根据有关材料改写）	字表示）、农历日期（用中文数字表示）以及星期几。最后以礼貌用语“恭请光临”结尾。 **4. 结束语** 正文之下，以祝颂语“顺祝”“全安”结束全文。 **5. 落款** 署名处并列书写男方父母二人姓名，后加“敬邀”二字，庄重有礼，发柬时间写在下一行。 **6. 附注** 左下方注明出席活动的详细地址和具体时间。 该请柬内容简洁，措辞雅致，语言谦恭。

例文②

寿宴请柬

亲爱的 ××× 先生 / 女士：

兹定于 20×× 年 × 月 × 日（星期 ×）在我家里举行一场晚宴，庆祝我父亲 90 岁耄耋大寿。值此喜庆大事，我们真诚地邀请您来参加并分享我们的快乐。晚宴将于 6 点开始，首先是畅聊茶话会，之后 7 点左右开始用餐，最后亲朋好友合影留念。

期待您的光临！

您的老朋友：×××

20×× 年 × 月 × 日

（根据有关材料改写）

评　析

这是一份以个人名义发出的寿诞请柬，属于生活类请柬。标题采用“事由（寿宴）+文种（请柬）”形式。称谓注明被邀请人的姓名及尊称。此请柬邀请范围较小，仅限于亲朋好友，相应的内容也就比较简单，风格不像婚礼请柬那样热闹隆重，而是轻松愉快的小清新风格，主要是交代清楚晚宴的主题、时间、地点和具体流程等。此柬语言平实，内容简洁，礼貌得体。

例文③

请　柬

尊敬的 ××× 领导 / 教授：

您好！

为感谢各位领导、专家及同仁们多年来对我院发展的关心和支持，共贺我院新医疗综合大楼的正式启用，兹定于 20×× 年 × 月 × 日（星期 ×）上午 9：00，在我院新医疗综合楼前广场，隆重举行“新起点 新梦想——×× 医院新医疗综合楼乔迁庆典”活动。我们诚意邀请您届时拨冗参加，同叙友谊，共话未来。

顺祝

工作顺利，身体健康！

印章

×× 医院

20×× 年 × 月 × 日

（录自全影网，收录时有改动）

评　析

这是一份以单位名义发出的庆典请柬，属于工作类请柬。直接以文种“请柬”为标题。称谓注明被邀请人的姓名及尊称。正文清楚交代庆典活动的主题和内容（新起点 新梦想——×× 医院新医疗综合楼乔迁庆典），以及活动的具体时间和详细地点；接着书写礼貌用语（我们诚意邀请您届时拨冗参加，同叙友谊，共话未来）。正文之下换行书写祝颂语“顺祝工作顺利，身体健康”。落款署明邀请者单位名称（×× 医院）和发柬日期（20×× 年 × 月 × 日），且加盖单位印章。此请柬内容齐全，行文庄重，用语简洁。

（二）病文评析

请　　柬

各位家长：

您好！

我校定于本月 31 日下午 1:30~3:30 组织开展“×× 小学庆新年暨校园艺术节”活动，特邀请您参加。

希望您为学校的工作提出宝贵意见，并积极踊跃为校园建设捐款。

敬请光临！

×× 小学

2020 年 12 月 10 日

（根据有关材料改写）

评　　析

1. 称谓

称谓不明确不礼貌。应顶格书写被邀请者的个人姓名，姓名后加上尊称用语，改为“尊敬的家长 ××× 先生 / 女士”。

2. 正文

（1）问候语使用不恰当。请柬不需要使用问候语“您好”。

（2）时间地点不够具体。应写清活动的具体时间，日期之后要注明星期几，可改为“2020 年 12 月 31 日（星期 ×）”。还应写明活动的具体地点，可补上“于 ×× 小学 ×× 礼堂”“在 ×× 小学 ×× 操场”等活动地点。

（3）违反一文一事原则。请柬的内容要简洁明了，此文邀请对方参加活动，不宜再要求对方“提意见”“捐款”等。

3. 落款

署名之处印章缺失。此文是单位所发请柬，应在署名之处加盖印章。

【练习】

一、请指出下列请柬存在的问题并改正。

请　　柬

尊敬的 ×× 先生：

现定于 2021 年 4 月 10 日晚，在 ××× 大酒店开个公司新产品发布会暨宴会，请您携夫人准时参加。

×××× 发展有限公司

2021 年 4 月 8 日

二、×× 大学定于 20×× 年 ×× 月 ×× 日下午 × 点 × 分在校 ×× 楼 ×× 厅隆重举行该校电影学院授牌仪式。请代 ×× 大学写一份请柬，邀请 ×× 电影学院著名教授 ××× 出席该活动。

请柬练习答题要点

第六节 邀 请 函

一、邀请函的定义

邀请函，也称邀请信、邀请书，是机关、团体或个人邀请有关单位或人员参加某项重要活动或会议时所使用的、具有较强说明性的一种礼仪类日常文书。

邀请函和请柬都能起到邀请对方参加某项活动或会议的作用，但是邀请函的使用范围更广，内容更为复杂，信息容量更大，制作更为朴实，写法也相对灵活，如学术研讨会、成果鉴定会、经贸洽谈会、体育比赛等会议或活动多使用邀请函来邀约。邀请函广泛适用于国际交往和日常社交活动。

二、邀请函的分类

依据不同的标准，邀请函可以划分为不同的类型。

1. 按照内容划分

邀请函可以分为活动邀请函（如宴请、仪式邀请函等）和会议邀请函（如座谈会、纪念会邀请函等）。

2. 按照发出主体划分

邀请函可以分为个人发出的邀请函和机构、组织发出的邀请函。

3. 按照发送对象划分

邀请函可以分为发给个人的邀请函和发给机构、组织的邀请函。

三、邀请函的特点

1. 礼仪性

邀请函要表达对被邀者的尊重之意，体现相邀恭请的意味，从而达到传播信息、联络情感、促进合作等效果。

2. 说明性

邀请函必须对活动或会议的内容、时间、地点等事项进行详细的说明，以此方便和说服被邀请者前来参加。

3. 确指性

邀请函的发送对象是相关社会组织、企事业单位或亲朋好友、专家名流，即特定的单位或个人，具有确指性。

四、邀请函的写作

（一）邀请函的行文结构

邀请函一般由标题、称谓、正文、结束语、落款、附注等部分组成。

1. 标题

标题一般位于首行居中，通常有以下四种写法：一种单独由文种构成，即以“邀请函”或“邀请信”三字作标题；一种由“事由＋文种”构成，如《第十二届中国国际机床机电展览会邀请函》；一种由“发文机关＋文种”构成，如《中国公文写作研究会邀请函》；一种由“发文机关＋事由＋文种”构成，如《中国自行车运动协会关于举办 2020 年全国性自行车赛事的邀请函》。

2. 称谓

标题下方空一行顶格书写被邀请者（个人或单位）名称。单位名称要用全称，以示尊重。个人姓名后加“先生”“女士”“校长”“总经理”等尊称。也可使用某种统称，如“尊敬的校友”“各位常务理事”等。

3. 正文

称谓下一行空两格书写正文内容。首先要简明扼要地交代活动或会议的目的、主题、意义、时间、地点等基本信息，并向对方发出热情诚挚的邀请。接着详细说明活动或会议的具体内容、日程安排、希望邀请对象承担的工作以及注意事项等，如内容较多，可分条列出，做到条理分明。

4. 结束语

正文结尾使用“恭候光临”“欢迎光临”“敬请莅临”“敬请光临（指导）”等礼貌用语，表示敬意或期待。可以紧接在正文之后书写，也可以另起一行书写。

5. 落款

在结尾的右下方署上邀请者（单位或个人）名称以及成文日期，分两行排列。邀请函若是单位所发，还需要加盖印章。

6. 附注

如有需要注意的其他事项，如联系人、联系方式、交通路线等，应在邀请函的左下方注明。

此外，为了确保工作、任务的顺利完成，邀请函往往还附有回执。回执是被邀请方在收到邀请函后对是否参加主办方活动或会议的书面回复，一般以表格的形式附在邀请函之后。

（二）邀请函的写作要求

1. 内容要周详

邀请函对于活动或会议的说明必须落实到实处，被邀请者的名称、邀请活动的时间和地点等基本信息必须交代清楚，不能模糊甚至遗漏。

2. 语言要精练

邀请函的篇幅不宜过长，要简明扼要地交代邀请活动的基本信息，精练准确地写清邀请活动的具体内容、注意事项等，应做到要言不烦。

3. 措辞要得体

邀请函的措辞应与邀请活动的风格相适应，态度要严肃认真，用语要恳切大方，体现出对被邀请者的尊重，显示出邀请者的修养和热情。

五、邀请函写作示例与评析

（一）范文评析

例文①

邀　请　函 尊敬的 ××× 阁下： “2019 中国民航发展论坛”将于 2019 年 5 月 16 日 ~17 日在北京中国大饭店举行，谨此代表论坛组委会，诚挚邀请国内外嘉宾出席会议。 中国民航发展论坛是由中国民用航空局主办，中国民航管理干部学院承办的民航业内外高层交流平台。每届论坛，均有大量来自美洲、欧洲、亚洲、非洲、大洋洲的高层代表出席，各国政府、国际组织、航空企业、研究机构的领导人和专家们围绕全球民航业可持续发展有关议题展开演讲和讨论，代表之间就热点问题进行广泛交流，届届均取得圆满成功。高层次高质量使本论坛在国内外民航界拥有重大影响力。 2019 年将是本论坛的第十届盛会，邀请新老朋友汇聚一堂，在“智慧民航——新一轮科技革命和产业变革进程中的民航高质量发展”这一主题下共论变革之道、共谋发展之路！ 期待 2019 年 5 月在北京与您相聚！ 2019 中国民航发展论坛 组委会秘书长：刘 ×　孙 ×　周 ×× 2019 年 3 月 29 日	评析 这是一篇发给个人的会议邀请函。 **1. 标题** 直接以文种“邀请函”为题，位居首行正中。 **2. 称谓** 顶格书写被邀请者的姓名，并加尊称“阁下”。 **3. 正文** （1）开门见山地点明会议的名称（2019 中国民航发展论坛）、时间（2019 年 5 月 16 日 ~17 日）、地点（北京中国大饭店）等基本信息，并向被邀请者发出诚挚的邀请。 （2）概括说明会议的性质（民航业内外高层交流平台）、成绩（届届均取得圆满成功）和影响（在国内外民航界拥有重大影响力），以及本届论坛的主题（智慧民航——新一轮科技革命和产业变革进程中的民航高质量发展）。 **4. 结束语** 结尾用礼貌用语“期待……与您相聚”再次邀约。 **5. 落款** 注明论坛邀请方负责人姓名和成文日期。

续表

附注：（会议场所具体地址及交通路线，略） 参会回执 （表格略） （录自中国民用航空网，收录时有改动）	**6. 附注** 写明会议场所的具体地址及交通路线，以便与会人员安全快捷抵达目的地。 **7. 回执** 参会回执附于邀请函之后。 全文内容周详，语言简洁，措辞得体。

例文②

邀 请 函

尊敬的用人单位：

首先感谢您对福州大学就业工作与人才培养的支持和帮助！

为进一步完善以学校为主体的毕业生就业市场，充分发挥高校在毕业生就业工作中的桥梁纽带作用，为学校2020届毕业生提供就业机会，为各用人单位的事业发展提供支持和服务，学校联合各行业人才机构将举办“福州大学2020届毕业生大型双选会”。此次招聘会举办时间恰逢全国研究生考试刚刚结束，许多优秀的考研学生也会投入到找工作的浪潮中，借此契机，真诚欢迎广大用人单位届时到学校选聘英才。

现将有关事项通知如下：

一、招聘会内容

1. 2020届毕业生与用人单位供需见面、双向选择

2. 学生职业生涯指导、就业辅导等

二、招聘会时间、地点及展位安排

1. 时间：2019年12月28日（星期六）9：00—13：00

2. 地点：福州大学旗山校区教学区第二田径场

3. 展位安排：预设320个展位。每个展位规格宽×高为1.5m×3m，配有桌子1张、椅子2把

三、主办、承办单位

1. 主办单位：福州大学学生工作部（处）、研究生工作部（处）

2. 承办单位：福州大学学生就业创业指导中心

3. 网络支持：福建人才联合网

四、招聘会提供的服务项目

1. 为每个参会单位提供 2 名工作人员的午餐、矿泉水

2. 现场开展毕业生就业政策、就业咨询活动

五、用人单位参会办法

用人单位请至福建人才联合网在线报名，网址链接：（略）

报名截止时间：2019 年 11 月 29 日 17：00

注意事项：（略）

六、其他注意事项

1. 本次大会为公益性招聘会，各高校毕业生与用人单位均可免费入场。

2. 交通、食宿费用自理，如需住宿，请直接与酒店联系（附件：部分酒店联系方式）。会务恕不安排接、送站，敬请谅解。

3. 参会单位需自行制作携带海报（海报尺寸：高 1.2m× 宽 1.0m）。

4. 参会单位请妥善保管应聘学生的求职材料，请勿随意丢弃；配合承办单位做好安保工作，并保持会场整洁。

5. 参会单位如有其他需要，请及时与我方联系。

七、联系方式

联系电话：（略）

电子邮箱：（略）

网站：（略）

印章

福州大学学生就业创业指导中心

2019 年 11 月 13 日

（录自福建人才联合网，收录时有改动）

评　　析

这是一篇发给机构、组织的会议邀请函。直接以文种“邀请函”作标题。被邀请单位

的称谓使用统称（尊敬的用人单位）。正文首先表明邀请对方参会的意图（为进一步完善以学校为主体的毕业生就业市场……为各用人单位的事业发展提供支持和服务）以及会议的名称（福州大学2020届毕业生大型双选会），并向对方发出热情而真诚的邀请（真诚欢迎广大用人单位届时到学校选聘英才）；接着分条列项地说明本次会议的具体内容、时间和地点、参会办法及其他注意事项等；最后公布会务人员的联系方式。言尽文止，自然结尾。落款注明邀请者的单位名称（福州大学学生就业创业指导中心）和成文日期（2019年11月13日），并加盖单位印章。全文内容具体而准确，语言恳切而朴实。

例文③

2019年值年返校活动邀请函

亲爱的校友们：

弹指间韶华流逝，尽管您已毕业离校多年，但永恒不变的是母校对您的牵挂，您在母校度过的青春岁月已沉淀为人生中宝贵的回忆，成为母校历史不可分割的一部分。人生最惜同窗日，白首难忘共读时，风雨兼程的您是否还记得曾经的菁菁校园？是否还惦念旧时朝夕相处的恩师同窗？

为密切校友联系，凝聚校友力量，弘扬安工大精神，推进母校与校友共同发展，自2016年学校启动“值年校友返校活动”以来，已有千余名校友陆续返校，“值年返校”已成为学校校园文化品牌活动。

2019年，我们诚挚邀请值年校友返校一起重温校园生活，共叙师生情谊，共谱美好华章！校友值年返校活动采取“校友自发组织，校友会协调配合”的方式。有关活动方案见“附件1”，同时我们提供定制校友卡服务（见“附件2”），欢迎您与学校校友会秘书处或所在学院分会联系，我们将尽心竭力为大家提供贴心、温馨、便利的服务。

再次感谢您长期以来对学校的关心与支持，也期待您继续关注与支持母校的发展与建设！让我们共同祝愿母校的明天更加美好！

印章

安徽工程大学校友会秘书处

2019年4月30日

附注：联系人：（略）

联系电话：（略）

电子邮箱：（略）

附件：1. 2019年校友值年返校活动方案

2. 关于定制安徽工程大学返校校友卡的有关事项

（录自安徽工程大学发展规划与质量评估处网，收录时有改动）

评　析

这是一篇发给个人的活动邀请函。标题采用“事由（2019年值年返校活动）+文种（邀请函）”形式。被邀请个人的姓名使用统称（亲爱的校友们）。正文开篇打动人心，具有先声夺人之效，能激起邀请对象亲眼看见母校变化的迫切心情。接着顺理成章地说明本次活动的性质和意义（为密切校友联系，凝聚校友力量，弘扬安工大精神，推进母校与校友共同发展……“值年返校”已成为学校校园文化品牌活动），以引起邀请对象的兴趣；然后号召大家积极参与，并表达邀请者的诚意（我们诚挚邀请值年校友返校一起重温校园生活，共叙师生情谊，共谱美好华章）；最后具体给出活动方案（附件1），且交代有关事项（附件2），让邀请对象心中有数。结束语再次对广大校友表示敬意和期待。落款注明邀请者的单位名称（安徽工程大学校友会秘书处）和成文日期（2019年4月30日），并加盖单位印章。文后以附注形式注明联系人及联系方式。全文语言精练，主题集中，感情真挚。

（二）病文评析

关于民间文学研讨会的邀请函

尊敬的×××先生/女士：

我们学会决定于2020年10月10日在省城××宾馆举办民间文学研讨会。此次会议由××省民间文学研究会与××大学联合主办，××大学人文学院承办。现将有关事项通知如下：

一、会议议题

1. 民间文学的比较研究。

2. 民间文学大系编写问题。

二、参会条件

参会者原则上须为本会会员，非本会会员者可在学会网站注册申请成为会员，注册网址：（略）。

三、会议费用

会员参会不收取会务费，但需要缴纳本年度会员费100元，可网上缴纳或报名时缴纳。非本会会员参会需给承办方缴纳会务费300元。参会者往返交通与住宿自理。

四、特别提示

1. 请参会会员于2020年9月30日前将参会论文定稿（或发言提纲）发送至会议专用邮箱（××××××@qq.com），以便会务组整理打印论文。

2. 如对食宿等另有要求，烦请在回执中告知会务组，以便做好准备。

3. 疫情期间，参会人员务必做好个人防护。

联系人：（略）

联系电话：（略）

交通路线：（略）

××省民间文学研究会

2020年9月20日

（根据有关材料改写）

评　析

1. 标题

标题格式不合规范。标题可由“事由＋文种”构成，改为“民间文学研讨会邀请函”；可由“发文机关＋文种”构成，改为“××省民间文学研究会邀请函”；可由“发文机关＋事由＋文种”构成，改为“××省民间文学研究会关于举办民间文学研讨会的邀请函”；也可单独由文种构成，改为“邀请函”。

2. 正文

（1）措辞不够得体谦恭。邀请函的措辞应礼貌、得体，文中“我们学会”应改为“×× 省民间文学研究会”，“决定于”应改为“谨定于”“兹定于”等。

（2）时间地点不够具体。应写清会议的具体时间，日期之后要注明会议的起止时间，可改为“2020 年 10 月 10 日 × 时 ~× 时”；还应写明会议的具体地点，可改为“×× 市 ×× 宾馆 ×× 楼 / 厅”。

3. 结束语

结束用语完全缺失。应在正文之后书写“敬请莅临”“恭候您的光临”等礼貌用语。

4. 落款

（1）署名之处印章缺失。此文是单位所发邀请函，应在署名处加盖印章。

（2）发函时间不够恰当。发函时间应适时，以便被邀请人有足够的时间统筹安排，此邀请函时间安排过于仓促，无法体现对被邀请者的尊重。

5. 附注

附注标写位置有误。需要注意的其他事项，例如联系人、联系电话、交通路线等，应在邀请函的左下方注明。

6. 回执

参会回执内容缺失。为了确保工作、任务的顺利完成，邀请函还应附有参会回执，此文回执可以表格的形式附在邀请函之后。

【练习】

一、请指出下列邀请函存在的问题并改正。

邀　请　函

×× 区人力资源和社会保障局诚邀您参加由 ×× 市人力资源和社会保障局主办的“×× 创业我在行”好项目交流活动“投融潮”跨域资源对接会。活动报名时间从 2020 年 6 月 24 日起至 2020 年 7 月 10 日止。报名方式：下载对接会报名表，填写基本信息并发送报名材料至邮箱：××××××@qq.com；联系活动主办方联系人：彭 × 139×××××××× 匀 ×× 0851-286×××××；参赛选手到 ×× 区就业局创业服务科报名。欢迎有优秀项目和团队的创业者、企业踊跃参加！

附件：2020“××创业我在行”好项目交流活动“投融潮”跨域资源对接会报名表

××区人力资源和社会保障局

2020年6月26日

二、为进一步贯彻落实国务院关于《全民健身计划（2016—2020）》的精神，丰富全校广大师生的课余生活，提高身体素质，构建和谐校园，××大学定于2020年10月20日~10月21日举办第十届“××杯”乒乓球比赛。请以××大学体育教学部的名义写一份邀请函，邀请全校乒乓球爱好者报名参加。

邀请函练习答题要点

第七节　启　　事

一、启事的定义

启事是机关团体、企事业单位或个人对某个具体事项作出公开说明，并希望公众关注、参与、协助时所使用的一种宣告类日常文书。

启事在人们的日常生活、工作、学习中起着说明情况、寻求帮助等作用，涉及社会生活的方方面面，使用范围日趋广泛。启事可以张贴在公共场所的墙壁上，也可以登载在报刊杂志上，还可以在电视台、电台播放。

二、启事的分类

依据不同的标准，启事可以划分为不同的类型。

1. 按照公布方式划分

启事可以分为张贴启事、报刊启事、电视启事和广播启事。

2. 按照内容划分

启事可以分为寻领类启事、征招类启事和告知类启事。寻领类启事包括寻人启事、寻物启事、招领启事等；征招类启事包括招聘启事、征文启事、征婚启事等；告知类启事包括开业启事、更名启事、迁移启事等。

三、启事的特点

1. 公开性

启事的内容都是需要向社会大众公开说明的事实及有关事项，为了让大众普遍知悉并给予关注或帮助，启事的发布途径和发布形式灵活多样。

2. 告启性

启事公开陈述的事实及有关事项仅具有向公众告启的性质，不具有强制性和约束力，不能强迫公众知悉和接受，也不能强制公众办理和执行。

3. 简明性

启事是用来张贴、刊登或播放的，对语言的简明性要求十分严格，必须做到目的明确，言简意赅，通俗易懂，便于公众理解，让人一目了然。

四、启事的写作

（一）启事的行文结构

启事一般由标题、正文、落款等部分组成。

1. 标题

标题通常有以下五种写法：一种由“发布者＋事由＋文种”构成，如《××日报社招聘启事》；一种由“事由＋文种”构成，如《失物招领启事》；

一种由“发布者+文种”构成，如《××市不动产登记和交易中心启事》；一种单独由事由构成，如《招软件工程师》；一种单独由文种构成，即以“启事”二字作标题，可根据需要加上“重要”“紧急”等表示紧急程度的词语，如《紧急启事》。

2. 正文

正文一般包括启事事项和联系方式两个部分。

（1）启事事项。不同类型启事的重点和写法有所不同。

寻领类启事：寻人、寻物启事重点是写明所要寻找的人或物的基本特征、走失或丢失的时间与地点以及答谢方法等；招领启事一般只写所拾之物的名称，不罗列细目。

征召类启事：招生、招工启事重点是交代招生或招工的目的、类别、名额、报名条件、时间及地点等，招聘启事尤其要突出招聘的条件以及所提供的待遇；征文启事应写清征文的目的、主要内容、具体要求、截稿时间、投寄方式、出版形式、如何奖励等。

告知类启事：开业启事应重点告知开业单位的名称、开业的具体时间以及经营方针、业务范围、服务项目等；更名启事关键要说明更名的原因、更改后的名称、更名后的服务宗旨及业务范围是否有所变化等。

（2）联系方式。要清楚地写明联系人、联系电话、通讯地址等内容。

3. 落款

落款包括署名和成文日期，位于正文右下方。署名可以是单位名称，也可以是个人姓名。若是标题或正文中已写明单位名称，落款处可以省略不写。署名下一行书写成文日期。若是以单位名义发出的启事，还要加盖印章。

（二）启事的写作要求

1. 内容要严密

启事的标题要醒目明了，事项要具体明确，结构要完整严密，做到一事一启，便于受众把握启事的目的，保证启事的效力。

2. 语言要精练

启事的文字要准确简洁，措辞要礼貌讲究，表意要精准到位，做到通俗易懂，便于受众理解启事的内容，达到预期的效果。

五、启事写作示例与评析

（一）范文评析

例文①

<table>
<tr>
<td>

《党建》杂志社招聘启事

《党建》杂志社是中央宣传部直属事业单位，目前承担两刊（《党建》杂志、《学习活页文选》）、一网（党建网）、一微（党建网微平台）的编辑出版工作。党建网是中央网信办确定的中央重点理论网站，具有新闻采访资质和视频发布职能。现根据事业发展需要，面向社会招聘党建网编辑。

一、招聘条件

文字编辑（1名）

（1）具有良好的政治素质和思想品德，热爱党的新闻事业，恪守新闻工作者职业道德；踏实肯干，吃苦耐劳，具有较强的责任心、团队合作精神和良好的沟通能力，中共党员优先。

（2）遵纪守法，无不良从业行为记录。

（3）具有中共党史、马克思主义哲学、政治学及中文、新闻、哲学、史学、社会学类全日制研究生及以上学历。

（4）具备扎实的文字功底，能胜任各类新闻及评论、理论文稿的撰写、编辑和审校工作，具有一定的研究能力；能熟练使用日常办公软件；具有网站工作经历者优先。

</td>
<td>

评析

这是一份招聘启事，属于征招类启事。

1. 标题

结构为：发布者（《党建》杂志社）+ 事由（招聘）+ 文种（启事）。

2. 正文

（1）简单介绍招聘单位的情况（《党建》杂志社是中央宣传部直属事业单位，目前承担两刊、一网、一微的编辑出版工作），使应聘者有所依据。接着写明招聘的目的（现根据事业发展需要）和招聘对象（面向社会招聘党建网编辑）。

（2）详细说明招聘的条件（具有良好的政治素质和思想品德……年龄在35岁以下，身体健康）、招聘的流程（报名、考试、确定人选）和提供的待遇（实行劳动合同制，签订劳动合同，由杂志社办理“五险一金”）。招聘条件和招聘流程内容较多，因此分条列项式地进行说明。突出交代具体联系方式。

</td>
</tr>
</table>

续表

（5）熟悉网络、微信平台等新媒体语言语境，对时政信息具备高度敏感性，具有对新闻热点的判断和选题策划、标题制作能力；擅长视频、微电影制作者优先。 （6）年龄在 35 岁以下，身体健康，男女不限。如有网站部门领导以上管理经验，年龄可适当放宽。 二、招聘流程 本次招聘严格按照国家机关、事业单位招录聘用人员有关规定进行，具体工作流程为：报名—简历初选—笔试—面试—考察和体检—确定人选—公示—签约和报到。 1. 报名。通过邮箱报名，应聘者将个人简历和相关学历证书、资料电子版发送邮箱：dangjianwang2020@××.com，联系电话：010-6705××××。传真电话：6703××××。报名起止时间为 2020 年 11 月 18 日 ~12 月 18 日。 2. 考试。包括笔试、面试 2 个环节。笔试内容包含党的基本理论知识、网站实际操作技能、专业能力等，具体时间另行通知。笔试结束后，按照所报岗位依成绩由高到低排序，以 1∶3 的比例确定面试名单。 3. 确定人选。面试结束后，依据综合成绩（笔试占 50%、面试占 50%）排序，结合考生的综合素质表现，经考察和体检合格后，择优确定拟聘用人选名单并进行公示。体检标准参照《国家公务员录用体检通用标准（试行）》。 三、聘用及待遇 根据本人条件和岗位工作性质，严格按照《劳动法》规定确定相关待遇。所有聘用人员试用期三个月，试用期满双向选择。实行劳动合同制，签订劳动合同，由杂志社办理“五险一金”。 印章 《党建》杂志社 2020 年 11 月 17 日 （录自党建网，收录时有改动）	**3. 落款** 在正文右下方注明招聘单位名称和成文日期，并加盖印章。成文日期使用阿拉伯数字，年、月、日俱全。 全文标题醒目，事项完备，条理清晰，语言精练。

例文②

“我和我的祖国”征文活动启事

为庆祝中华人民共和国成立70周年，大力弘扬爱国主义精神，中宣部、中央文明办、教育部、文化和旅游部、中国文联、中国作协联合开展“我和我的祖国”大型征文活动，面向全国征集相关作品。

一、活动主题

深入贯彻落实习近平新时代中国特色社会主义思想，特别是习近平总书记关于文艺工作的重要论述和指示精神，紧紧围绕庆祝中华人民共和国成立70周年这一主线，以“个人”与“国家”的关系为视角，用文艺的形式生动展现在中国共产党领导下国家取得的辉煌成就，生动展现中国人民追求幸福生活努力奋斗的精神风貌。用文艺表达人民群众对祖国的赤子之情，激励和鼓舞全国各族人民更加紧密地团结在以习近平同志为核心的党中央周围，为决胜全面建成小康社会、实现中华民族伟大复兴的中国梦而不懈奋斗。

二、征集时间

征文启事发布之日起至2019年6月30日。

三、征集体裁及投稿办法

（一）文学类：中短篇小说、中短篇报告文学、散文（1万字以内）和诗歌。

投稿方式：

投稿邮箱：（略）

邮寄地址：（略）

邮编：（略）

联系电话：（略）

所有以邮寄方式来信来函投稿，均需提供U盘或光盘word文档电子版，稿件需注明作者姓名、笔名、性别、联系地址、邮政编码、手机或电话。

（二）摄影类：作品要求为近几年创作且未经发表的记录类影像，允许适度调整亮度，但不允许修改图片内容；彩色、黑白均可，题材需符合征集内容，单幅、组照均可（组照4幅至8幅），每组组照按一幅作品计算。

投稿方式：（略）

（三）短视频类：时长15分钟以内的视频短片，分辨率：1920×1080，编码：H264，码率：9000kpbs以上，格式：Quick Time，字幕：简体中文（/英文），语言：中文标准普通话。

投稿方式：（略）

四、注意事项

1. 来稿作品需拥护党的领导，拥护社会主义，弘扬社会主义核心价值观，传播社会正能量，突出思想性和艺术性。

2. 来稿作品必须为原创作品，且此前未在国家正式出版物发表，符合体裁要求，用少数民族文字创作的作品请译成汉语投稿。

3. 投稿者应对作品拥有完整的著作权，并保证其所投送的作品不侵犯第三人的包括著作权、肖像权、名誉权、隐私权等在内的合法权益。

4. 来稿版权归活动主办方所有，活动主办方有权对征集作品公开发表、结集出版、播出推送、展览展示等。

5. 本征稿启事解释权属于主办单位。凡投稿者，即视为已同意本征稿启事所有规定。

五、组织推荐

本次征文征集活动成立组委会，组委会办公室设在中国文联理论研究室，负责统筹协调活动开展。所征集作品由组委会办公室邀请相关艺术门类专家学者分别组成评委会进行评审，并按照不同艺术门类进行奖励。征集作品将择优在人民日报、光明日报、中国文化报、中国旅游报、中国教育报、中国艺术报、文艺报、人民文学、中国作家、诗刊、民族文学、中国摄影、大众摄影和“学习强国”学习平台、人民网、新华网、中国文明网、中国文艺网、中国作家网等媒体刊发，优秀作品将结集出版。摄影类、短视频类将结合重大活动及重要节庆进行展览展示。

印章

“我和我的祖国”征文活动组委会

2019 年 1 月 1 日

（录自《中国文化报》，收录时有改动）

评　析

这是一则征文启事，属于征召类启事。标题采用“事由（“我和我的祖国”征文活动）+文种（启事）”形式。正文开头写清征文的目的（为庆祝中华人民共和国成立 70 周年，大力弘扬爱国主义精神）和主办单位（中宣部、中央文明办、教育部、文化和旅游部、中国文联、中国作协联合开展）；然后采用分条列项的方式对活动的主题、征集时间、征集体裁及投稿办法、注意事项、组织推荐等事项进行详细说明；最后注明征文的单位名称（“我和我的祖国”征文活动组委会）和成文日期（2019年1月1日），并加盖印章。全文结构完整，层次明晰，语言简明。

例文③

寻人启事

被寻人：×××，19××年×月×日出生，身高155cm左右，身材偏瘦，湖南人，说普通话和湖南话，20××年×月×日在湛江市霞山区荣基国际广场走失。被寻人有轻度的老年认知障碍，精神不太正常，走失时上身穿灰白色运动外套，下身穿深灰色长裤，脚穿蓝色平底鞋。如有提供线索找寻回家者，酬谢5000元！

联系人：（略）

联系电话：（略）

20××年××月××日

（录自寻人启事网，收录时有改动）

评析

这是一则寻人启事，属于寻领类启事。标题采用“事由（寻人）+文种（启事）”形式。正文首先写清所寻对象的主要特征、走失的时间与地点，接着写明酬谢方式，最后交代联系人及电话号码。落款注明成文日期（20××年×月×日）。全文篇幅短小，简洁明晰，通俗易懂。

（二）病文评析

更名启示

××××实业有限公司紧急公告，根据工作需要，决定更名。现将具体情况说明如下：

位于××市××区××街××号的城市商业综合体大楼的名称从即日起由“××××商业城”更名为“××××广场”，该商业综合体更名后，业务主体和法律关系不变，原签订的合同继续有效，原有的业务关系和服务承诺保持不变。

××××实业有限公司

2021年4月20日

（根据有关材料改写）

评　析

1. 标题

“启事”误作“启示”。作为文种的“启事”是“公开陈述事实”的意思，与“启示”的“启发提示”没有关系，二者不可混淆。

2. 正文

（1）正文开头表述累赘。启事的文字要准确简洁，表意要精准到位。此文开头冗长啰唆，且与其他文种（公告）杂糅，可改为“根据工作需要，本公司决定更名”。

（2）更名原因未做交代。更名启事应说明更名的原因、更改后的名称、更名后的服务宗旨及业务范围是否有所变化等。此文可补上“因品牌推广需要”之类的更名原因。

3. 落款

署名之处印章缺失。以单位名义发布的启事，一般还应加盖印章。

【练习】

一、请指出下列启事存在的问题并改正。

公司启事

为适应业务需要，××区房地产开发公司想要招聘电工，要求：男性，35岁以下，有电工证和上岗证，本地户口优先，熟悉制冷和供水技术，有两年以上相应工作经验。

如有应聘，请于20×× 年 × 月 × 日前，到 ×× 路 ×× 商业大厦六楼报名面试，请提供简历、电工证复印件、身份证复印件、相片，联系电话：186××××××××。

二、“学习强国”×× 省学习平台从即日起面向全省青少年学生开展“爱国心·报国情·强国志”主题征文活动。请代此平台写一则征文启事，要求写清征文目的、主题，以及作品要求、截稿时间、投稿方式、奖励形式等。

启事练习答题要点

第八节 声 明

一、声明的定义

声明是机关团体、企事业单位或个人就某些重要问题或重大事项向社会公开表明自己的立场、态度、观点的一种宣告类日常文书。

声明在人们的日常工作或生活中起着表明主张、警告他人、维护权益等作用，其应用范围十分广泛，可以张贴在公共场所，也可以登载在报刊杂志上，还可以通过电视、电台播发。

二、声明的分类

依据不同的标准，声明可以划分为不同的类型。

1. 按照公布方式划分

声明可以分为张贴声明、报刊声明、电视声明和广播声明。

2. 按照内容性质划分

声明可以分为政治性声明和一般性声明两种。政治性声明是指国家、政党、团体及其领导人就政治上的某些重大问题表明立场和态度时发表的声明，如《"一带一路"国际合作高级别视频会议联合声明》；一般性声明是单位或个人就某些重要事项向公众作出说明或澄清时发表的声明，包括维护权益的声明、表明自律态度的声明、委托授权声明、遗失（挂失）声明等，如《××有限公司严正声明》。本节主要介绍的是一般性声明。

三、声明的特点

1. 公开性

声明针对有关事项、问题向社会大众披露或澄清事实，为了引起公众的关注，往往采取灵活多样的途径和形式予以发布。

2. 表态性

声明除了陈述事实、告知事项外，还要态度鲜明地表明立场、表达观点、披露问题、澄清事实。表态性是其本质特征。

3. 严肃性

声明所言事项真实而重要，具有警示和警告他人、维护自身合法权益的作用，郑重而严肃，有一定的法律效力和震慑力。

四、声明的写作

（一）声明的行文结构

声明一般包括标题、正文、结束语、落款等部分。

1. 标题

标题可以有以下四种写法：一种由"发布者＋事由＋文种"构成，如《××有限公司关于××××问题的声明》；一种由"事由＋文种"构成，如

《产权证遗失声明》；一种由“发布者＋文种”构成，如《××××公司声明》；一种单独由文种构成，即以“声明”二字作标题，可根据需要加上“重要”“紧急”“郑重”“严正”等表示急迫性、严肃性的词语，如《郑重声明》。

2. 正文

正文一般简明扼要地写清楚发布声明的原因以及对有关事项的立场和态度等，可以由以下两个部分组成：一是交代发布声明的原因或背景，直接陈述需要有关方面或个人知晓的相关事项；二是阐明对某个问题或事件的立场和态度，有时还应写明下一步将采取的措施等。正文是声明的核心部分，写作时应注意层次分明、细节清楚，使人一目了然。

3. 结束语

结尾通常以“特此声明”或“特此严正声明”等惯用语结束全文。有的声明可以省略结束语。

4. 落款

落款包括署名和成文日期。署名可以是单位名称，也可以是个人姓名。若是标题或正文中已写明单位名称，落款处可以省略不写。署名下一行书写成文日期。若是以单位名义发出的声明，还要加盖印章。

有的声明写有希望或恳请公众检举揭发侵权者等内容，则应在正文或附注中写清联系人和联系方式等，以便联系。

（二）声明的写作要求

1. 事实要清楚

声明应直截了当、郑重严肃地宣布所声明事项，事项表述清楚、确凿，才能利于公众了解情况，进而办理有关事项。

2. 观点要明确

声明的目的是维护自身权益和信誉，写作时要有针对性，态度、观点或主张应鲜明准确，但不能侵犯他人合法权益。

3. 语言要得体

声明是用来说明真相或表明态度的，语言风格应适应文种性质，行文要简洁，语气要果断，措辞要严谨，格调要庄重。

五、声明写作示例与评析

（一）范文评析

例文①

关于从未以“教育部推荐”“新课标指定”等名义出版、推荐图书的声明

近日，有出版社出版的普通图书，封面使用“教育部新课标推荐书目”“教育部新课标指定书目”“中小学生语文新课标必读书系”“新课标课外指定阅读丛书”“教育部重点推荐”“教育部推荐”或“新课标重点推荐”“新课标推荐”等名称，传递有关图书是教育部推荐的虚假信息，严重误导学生和家长。

在此，严正声明：教育部从未以“教育部推荐”“新课标指定”“统编教材必读书目、推荐书目”“统编教材延伸阅读”以及类似名义出版、推销有关图书。请各地、学校及相关人员提高警惕，谨防上当。今后如遇到类似情况，请直接向当地市场监督部门举报（12315）。

特此声明。

印章

教育部教材局

2020 年 7 月 28 日

（录自教育部网，收录时有改动）

评析

这是一则维护权益的声明。

1. 标题

结构为：事由（关于从未以“教育部推荐”“新课标指定”等名义出版、推荐图书）+ 文种（声明）。

2. 正文

（1）交代发表声明的原因，陈述需要有关方面或个人知晓的相关事项（近日，有出版社出版的普通图书……传递有关图书是教育部推荐的虚假信息，严重误导学生和家长），接着以“在此，严正声明”的句式引出下文内容。

（2）澄清事实真相，阐明立场和态度（教育部从未以“教育部推荐”……以及类似名义出版、推销有关图书。今后如遇到类似情况，请直接向当地市场监督部门举报）。

3. 结束语

以惯用语“特此声明”结束全文。

4. 落款

注明单位名称和成文日期，并加盖印章。

全文事实清楚，措辞严谨，行文简约。

例文②

中国广告协会关于加强社会化营销自律 促进健康发展的声明

近日，我们注意到有媒体报道和公众热议，周某因多次盗窃获刑，并在盗窃被抓获时称“不会去打工”而被网络关注，在释放时受到一些网红经纪公司迎接，有直播机构表示想与其签约。中国广告协会对某些网红经纪公司为“流量变现”而丧失道德底线、有悖社会主义价值观和良好风尚、损害社会化营销产业业态形象的行为表示反对。对于犯法已经受到法律惩罚，重新回归社会，开始正常生活的人，社会应该给予接纳包容，但不应以错误的世界观、价值观为卖点，以此博眼球、引流量，实现所谓的商业变现。中国广告协会倡议行业各类主体在运营中自觉弘扬真善美，抵制假恶丑，反对庸俗、低俗、媚俗，积极传播正能量，体现社会责任。

以短视频和电商直播为代表的社会化营销已成为经济发展新业态，对促进消费扩容提质、形成强大国内市场起到了积极作用，但是在社会治理和规范发展方面也亟待加强。社会化营销业态要素很大程度上体现了广告活动特征，带有强烈的广告活动属性，中国广告协会作为全国性的广告行业组织，关注社会化营销业态的发展，专门成立了社会化营销分会，积极推进行业自律。在倡导营销活动坚持正确导向，坚守道德底线的同时，中国广告协会将积极参与对社会化营销活动全方位的社会治理，探索全面有效自律机制，进一步提供自律公共服务和引导各类市场主体自治，出台行业自律准则、倡议，建立多维度指数的行业发展质量评估标准，抵制“刷单”、刷量、刷评价等任何形式的数据造假，对损害消费者权益、虚假夸大等行为进行公开点评，公布网红经纪公司及“网红”红黑榜单，促进社会化营销业态的健康发展，服务诚信社会和精神文明建设。

印章
中国广告协会
2020年4月20日

（录自中国广告协会网，收录时有改动）

评　析

这是一份表明自律态度的声明。标题采用“发布者（中国广告协会）+事由（关于加

强社会化营销自律 促进健康发展）+ 文种（声明）”的形式。正文首先交代发布声明的背景（某些网红经纪公司为“流量变现”而丧失道德底线、有悖社会主义价值观和良好风尚、损害社会化营销产业业态形象）；接着表明发布声明的目的（倡议行业各类主体在运营中自觉弘扬真善美，抵制假恶丑……积极传播正能量，体现社会责任）；最后阐述发布者的立场和态度（以短视频和电商直播为代表的社会化营销在社会治理和规范发展方面亟待加强），写明下一步将采取的具体措施（积极参与对社会化营销活动全方位的社会治理，探索全面有效自律机制……服务诚信社会和精神文明建设）。落款注明单位名称（中国广告协会）及成文日期（2020 年 4 月 20 日），并加盖印章。全文事项清晰，观点鲜明，语气果断。

例文③

个人证件遗失声明

我单位 ××× 于 2017 年 × 月 × 日不慎将湖南省行政执法证遗失，证件编号：湘 ×××××××××××，执法类别：人力资源和社会保障，发证机关岳阳市人民政府，特此声明作废。

印章

岳阳市工伤保险基金管理服务处

2018 年 2 月 9 日

（录自岳阳市人力资源和社会保障局网，收录时有改动）

评　　析

这是一份遗失（挂失）声明。遗失声明一旦合法刊登，即确定了该证件无效，解除了遗失者的社会责任。标题采用“事由（个人证件遗失）+ 文种（声明）”形式。正文将证件的信息一一交代清楚，主要包括：遗失人姓名（×××）、遗失时间（2017 年 × 月 × 日）、遗失的物品（湖南省行政执法证）及相关号码（湘 ×××××××××××）等内容，最后以“特此声明作废”作结。落款注明单位名称（岳阳市工伤保险基金管理服务处）和成文日期（2018 年 2 月 9 日），并加盖印章。该文语言简洁，态度严肃，格式规范。

（二）病文评析

严 正 申 明

近期，我公司发现相关企业及个人未经我公司任何授权和许可，擅自使用我公司名称进行虚假宣传，侵害了我公司的名称权；在使用我公司简介材料时有误导他人的虚假行为，侵犯了我公司的名誉权，并给我公司造成了损失。在此，我公司要求相关企业及个人立即停止以我公司名义进行虚假宣传。

现在社会上仍有一些企业利用我公司名义进行非法集资活动。因此，我公司再次提醒广大投资者谨防上当，不要轻信不实宣传进行投资，并协助公司进行监督。如发现虚假信息及非法账号，请及时向公司进行反映。

特此说明。

××××（集团）有限公司

20×× 年 ×× 月 ×× 日

（根据有关材料改写）

评 析

1. 标题

标题文种使用有误。“申明”不能作为文种使用，不可与“声明”混淆，应改为“严正声明”。

2. 正文

（1）阐明态度不够严肃。为保护自身合法权益并起到警示作用，应对侵权者发出严正警告，要求对方停止一切侵权行为。此文观点不够鲜明，宜补充“否则我公司将通过法律途径追究其法律责任”等内容。

（2）联系方式内容缺失。如希望公众检举揭发侵权者，还应在正文或附注中写明公司官方热线等联系方式。

3. 结束语

结束用语使用不当。应使用“特此声明”“特此严正声明”等惯用语作结，也可以省略结束语。

4. 落款

署名之处印章缺失。以单位名义发布的声明，一般还应加盖印章。

【练习】

一、请指出下列声明存在的问题并改正。

紧急声明

本报在20××年×月×日A07版刊登的《××××××》一文，本意是想通过专题报道的形式提醒家长和考生不能只关注成绩，而是要培养孩子德、智、体、美等全面发展，提高其综合素质。但在报道的过程中未经其中一位状元××本人同意，将其人生经历予以报道，××本人认为其人生经历中有些部分属于个人隐私，给他精神上造成一定的伤害，本报对此深表歉意。

特此声明并道歉。

××报社

20××年××月

二、假设××××公司不慎丢失了公司营业执照正本，统一社会信用代码：91440×××××××××××××。请代公司写一则声明，声明已丢失的营业执照正本作废。

声明练习答题要点

第九节 条 据

一、条据的定义

条据是人们用来处理日常临时性事务或交流、传递日常信息的一种简单便捷的应用文书。

条据在日常工作和生活中应用十分广泛，使用也极为方便。

二、条据的分类

条据种类繁多，主要有说明式条据和凭证式条据两大类。

1. 说明式条据

说明式条据主要用于向对方告知某个事项或说明某种情况，主要包括请假条、留言条、催款条等。

2. 凭证式条据

凭证式条据主要是在经济活动中作为凭证使用，具有一定的法律效力，主要包括收条、借条、欠条、领条等。

三、条据的特点

1. 简便性

条据一般篇幅短小，形式简便，不需要分段表述。

2. 单一性

条据一般内容单一，一文一事，叙事应简明扼要。

3. 时效性

条据都有着明确的适用时间范围，不得含混不清。

四、条据的写作

（一）条据的行文结构

条据一般由标题、称呼、正文、结束语、落款等部分组成。

1. 标题

在首行居中位置书写条据的具体种类，如“请假条”“留言条”“借条（借据）”“欠条”“领条”等。

2. 称谓

凭证式条据一般不写称谓；说明式条据通常顶格书写受文者姓名（称呼）或单位全称。

3. 正文

凭证式条据通常在第二行空两格处直接写明条据的性质或关系，如“今借到”“今收到”“今领到”等，接着交代钱物的名称、种类、规格、数量、时间要求等情况；请假条要写明请假的原因和请假的起止日期；留言条、催款条等要将告知或说明的事项写清楚。

4. 结束语

凭证式条据通常以惯用语“此据”作为结束语，也可以不写；请假条的结尾应写上“恳请批准”“请予批准”“望批准”等惯用语，其他说明式条据一般不写。

5. 落款

落款由署名和日期两部分组成，写在篇末右下方。署名应写明单位名称或个人姓名，下一行注明开具条据的日期。凭证式条据还应在名称或姓名处加盖印章或指印。

（二）条据的写作要求

1. 表述要精准

条据的表述要一清二楚，受文者、具体事项、发文者、发文时间等要素需明确无误，应避免歧义。

2. 行文要简洁

无论何种条据，均应一文一事，语言表达应简洁明了，朴实无华，同时注意文字工整，文面清洁。

五、条据写作示例与评析

（一）范文评析

例文①

请 假 条 ××培训中心： 因我行于×月×日晚举行员工大会，任何人不得缺席，所以本人×月×日晚不能回中心参加培训。特此请假，恳请批准！ 此致 敬礼！ ××银行××支行营业部刘×× 2020年××月××日	评析 这是一则事假请假条，属于说明式条据。 **1. 标题** 以文种“请假条”为题。 **2. 称谓** 顶格书写受文单位名称（××培训中心）。 **3. 正文** （1）交代请假原因。直截了当地说明请假的理由（因我行于×月×日晚举行员工大会，任何人不得缺席）。 （2）写清起止日期。说明自己某时间段内不得不请假（本人×月×日晚不能回中心参加培训）。

续表

	4. 结束语 正文之后书写惯用语“特此请假，恳请批准”，同时换行书写惯用语“此致”“敬礼”。 **5. 落款** 注明个人姓名及书写日期。 全文事项明晰，理由充分，态度诚恳。

例文②

留 言 条

尊敬的 × 教授：

您好！我是 ×× 科技有限公司技术员，今天下午特来拜访您，想请教一些技术问题。可是不巧，您没在家，只好留言给您。如蒙不弃，明天下午 4 点半后再来拜访，万分打扰！

×× 科技有限公司李 ××

2020 年 × 月 × 日

评 析

这是一则日常留言条，属于说明式条据。直接以文种“留言条”为题。称谓注明受文者称谓（尊敬的 × 教授）。因为留言人与对方之前没有交往，所以正文首先进行自我介绍（我是 ×× 科技有限公司技术员）；接着说明来访的原因或目的（今天下午特来拜访您，想请教一些技术问题）；最后表达再来拜访的意图（如蒙不弃，明天下午 4 点半后再来拜访，万分打扰）。落款写明留言者姓名（×× 科技有限公司李 ××）及留言时间（2020 年 × 月 × 日）。全文语气委婉，言简意明。

例文③

借 条

今借到 ××× 同学人民币叁仟元整，壹年内归还。

此据

借款人：张 ×（印章）

2021 年 1 月 10 日

评 析

这是一则借条，属于凭证式条据。直接以文种“借条”为题，不写称谓。正文开门见山地交代条据的性质关系（今借到），接着写明所借金钱的大写金额（人民币叁仟元整），然后写明归还的大致时间（壹年内归还）。如果是向单位借款，还要写明钱款用途。正文之后，以惯用语“此据”作为结语。篇末右下方写明借款人姓名（借款人：张 ×）和书写借条的日期（2021 年 1 月 10 日），姓名处加盖印章或指印。全文表述明晰，简明扼要。

（二）病文评析

借 条

原借李 ×× 同志 10000 元整，还欠款 6000 元，余款 4000 元尽快还清。

此据

钱 ××

2020 年 12 月 20 日

评　　析

1. 标题

标题文种选用错误。应改为“欠条”，欠条是已归还部分财物，而对所欠部分开具的一种凭证式条据。

2. 正文

（1）金额表述不够规范。金钱要写明币种，金额必须大写，数字前不留空格，以防涂改，应改为“人民币壹万元整”。

（2）文字表述存在歧义。“还欠款”既可以理解为已还款 6000 元，也可以理解为仍欠款 6000 元，为避免引起纠纷，应改为“已还款陆仟元”。

（3）期限表述不够严谨。不能用“尽快还清”这样的模糊概念，必须写清还款期限，以免无理拖延，可改为“余款肆仟元壹年内还清”。

3. 落款

署名之处印章缺失。凭证式条据应在名称或姓名处加盖印章或指印。

【练习】

一、请指出下列条据存在的问题并改正。

收　　条

今天收到了福建省 ×× 县 ×× 村村长张 ×× 人民币 5800 元。

此据

收款单位：××××

经手人：××

2021 年 × 月 × 日

二、李 × 向赵 × 借款 8000 元，约定上月还款，但至今仍未归还。请代赵 × 给李 × 写一份催款条。

条据练习答题要点

第四章　毕业文书

第一节　毕业文书概述

一、毕业文书的概念

毕业文书主要是指高等院校的应届毕业生在老师的指导下，综合运用所学的理论知识和专业技能，为解决本学科领域的某一个问题或是对其毕业设计进行解释和说明而撰写的、具有一定学术价值或应用价值的一种科技文书。此外，对自己的实习经历进行概括和分析，用简洁的语言汇报实习的过程、收获和心得的书面报告也属于毕业文书。

毕业文书是高等院校大学生在毕业前需要独立完成的大型的综合性作业，毕业文书写作是高等院校实践教学的重要环节，也是对高等院校大学生学习情况的综合检验。

二、毕业文书的特点

毕业文书具有如下主要特点。

1. 学术性

毕业文书的任务是如实地揭示客观事物及其发展规律，因此学术性是毕业文书的本质属性。真实是学术研究的生命，学术研究来不得任何虚假和伪造，同样的，毕业文书的写作目的不是审美需要，而是为了突破专业学科的某个学术问题或培养某项专业技能。因此必须内容真实、数据准确，同时还应反映出本学科领域已达到的学术水平。

2. 条理性

毕业文书的体裁已大致成熟，均形成了各自独有的写作规范，有着必须遵守的规定格式。在结构上的显著特点是条理性强，从方法上说，可以由总到分，或由分到总，或由因及果，或由近及远，或由表及里，或由浅入深，或由此及彼，或由共同点到区别特征。要尽量做到条分缕析，层次清晰，言之有序，并用严谨的逻辑形式表达出来。

三、毕业文书的分类

毕业文书通常包括毕业实习报告和毕业论文（设计）两类。

1. 毕业实习报告

毕业实习报告是大学生在校期间，根据所学专业的培养要求，参与到与所学专业要求基本一致的某项实习活动中，用简洁而准确的语言把实习时间、实习地点、实习目的、实习单位和部门、实习过程、实习体会和收获等如实写出来的书面报告。

2. 毕业论文（设计）

毕业论文（设计）是大学生在毕业前，综合运用自己所掌握的专业理论和实践技能，就本学科领域内的某一问题进行分析和探讨，或是对其毕业设计进行解释和说明，能够反映自己的学习成果和研究能力，具有一定学术价值或应用价值的文章。

四、毕业文书的作用

毕业文书写作是普通高等院校教学环节中的必要步骤，是大学生获得毕业条件的重要环节，也是高校检验教学质量和专业教育成果的重要手段。主要具有以下两个作用。

1. 提升学生专业能力素养

专业素养的提升需要有一个扎实和完整的基础知识结构，知识结构的完整性要从学科基础开始，然后逐渐拓展，此外还需不断提高大学生的实践能力，而这些方面能力的培养，都有赖于毕业文书的写作训练。

2. 促进高校教学质量提升

毕业文书写作是检验高等院校教学质量的重要手段，高等院校可以在大学生毕业文书的写作过程中及时发现教学中存在的问题，有哪些需要改进、有哪些需要提升等，从而更好地促进高等院校教学质量的提升。

五、毕业文书的写作要求

毕业文书写作要求内容具有一定的原创性，严防造假和抄袭等“学术不端”行为的出现。科学研究是很严肃的事情，必须严格遵守学术伦理道德，坚守学术诚信，规范学术行为。因此，我们应该牢记以下六点，作为毕业文书写作的航向标[①]：

第一，任何大论断均要注明出处，没有出处，须自行证明，不能以“我以为”“众所周知”“事实上”等客套话语一带而过。

第二，任何证明或论证均须有说理，有论证，不能想当然、凭感觉。

第三，说理、论证时，语言要合乎规范，要有逻辑，要措辞谨慎，不可让思维肆意驰骋、胡乱跳跃。

第四，论证要有理有据，必须要有因果联系，不许东拉西扯、偷梁换柱，更不能简单以“因此”“所以”等替代理论的论证。

第五，要随时、随处注明别人的观点及自己的贡献，哪怕是采用了别人的术语或概念，也要加以说明和解释，不能据为己有。

第六，著书立说，尽量用浅白而平实又符合学术规范的话语，力求用文

---

① 贾洪伟，耿芳：《方法论：学术论文写作》，中国传媒大学出版社 2016 年版，第 245-246 页。

章自身的优美论证吸引读者，感染读者，从而起到影响读者的目的。

第二节 毕业实习报告

一、毕业实习报告的定义

毕业实习是我国高等院校教学实践过程中理论联系实际的不可缺少的一个重要环节，也是培养应用型、综合型人才必要的训练活动。毕业实习报告是大学生在校期间根据所学专业的培养要求，参与到与所学专业要求基本一致的毕业实习活动中，用简洁而准确的言语把实习时间、实习地点、实习目的、实习单位和部门、实习过程、实习体会和收获等如实书写而成的一种科技文书。毕业实习报告是大学生根据自己切身的经历所撰写的毕业实习成果，是应用文的重要文体之一。

毕业实习报告的撰写是一个知识系统化的吸收和升华的过程，要求大学生掌握相应的专业基础理论知识，以及具备从事本专业实践工作的基本素养和技能。

二、毕业实习报告的分类

依据不同的标准，毕业实习报告可以划分为不同的类型。

1. 根据学科性质划分

毕业实习报告可以分为理科类毕业实习报告、工科类毕业实习报告和文科类毕业实习报告。理科类包括数学类、物理学类、化学类、生命科学类、电子信息科学类等；工科类包括机械类、材料类、土建类、水利类、交通运输类等；文科类包括文学类、外语类、法律类、历史类、政治类、哲学类、艺术类等。

2. 根据实习内容划分

毕业实习报告可以分为综合性毕业实习报告和专题性毕业实习报告两类。综合性毕业实习报告是根据本专业的特点，对某项毕业实习活动进行全面、综合描述的书面报告；专题性毕业实习报告是根据毕业实习内容确定某一个局部的工作，将某一个专题作为重点描述对象的书面报告。

三、毕业实习报告的特点

1. 总结性

毕业实习报告要求学生利用所学专业知识去分析和研究某一个具体问题，对实习的具体内容进行深入且具有一定规律性的总结，这是一个专业知识系统化的吸收和升华的过程。

2. 针对性

学生进行毕业实习时，一般都会针对自己所学专业来选择实习单位或岗位。因此，实习报告的写作具有较强的专业针对性和内容针对性，是针对具体的实习内容而进行的写作。

3. 学术性

毕业实习报告在把握丰富而真实的实习资料的基础上，对个人实习经历进行提炼、概括和深化，将专业理论知识与实践经历相结合，逻辑严密，论证充分，具有一定的学术性。

四、毕业实习报告的写作

（一）毕业实习报告的行文结构

毕业实习报告通常由标题、正文、结束语和落款等部分组成。

1. 标题

标题通常有以下三种写法：一种由“实习内容＋文种”构成，如《办公室文员毕业实习报告》；一种由“实习地点＋文种”构成，如《××有限公司××分公司毕业实习报告》；一种单独由文种构成，即以“毕业实习报告”六字为题。此外，还可以直接以实习期间某个项目的名称为题。

2. 正文

正文根据专业特点或实习过程的不同，既可以系统、全面地写，也可以将某一个专题作为重点描述对象。一般包括以下几部分内容。

（1）实习基本情况。应用简洁的语言介绍此次毕业实习的背景和缘由，交代毕业实习的时间、地点，提纲挈领地说明此次毕业实习的目的和要求等，引出毕业实习的主题。

（2）实习完成情况。重点说明实习过程、实习环节、实习内容和具体做法等。这部分是正文的重点，应做到内容翔实，层次清晰，重点突出，字数在3000字左右为宜。

（3）实习心得体会。对以往工作的经验和教训进行总结，既要肯定成绩，突出自己学到了什么，也要找出缺点，指出自己还有哪些不足，提出改进措施等。也可对专业教学提出自己的建议。

3. 结束语

用简短的语言点明此次毕业实习的意义和今后努力的方向等。

4. 落款

落款写在结束语的右下方，包括署名和写作时间，也可将实习生姓名写在标题之下。

此外，一些工科类的毕业实习报告还有附文部分，通常是对毕业实习期间所做的项目进行情况介绍。

（二）毕业实习报告的写作要求

1. 内容应全面

毕业实习的时间、地点、目的要交代清楚，实习的内容要全面系统地予以反映。丰富而真实的实习材料是写好毕业实习报告的基础。

2. 重点要突出

毕业实习报告要将专业知识与实践经历相结合，详细地记述典型工作实绩，尽量列举一些重要数据，这是写好毕业实习报告的关键。

3. 语言宜简练

毕业实习报告的叙述语言要言简意赅，准确凝练，注意将严谨性与通俗性结合起来，具有可读性，符合自身学科及专业的写作要求。

五、毕业实习报告写作示例与评析

（一）范文评析

<table>
<tr>
<td>

报社记者毕业实习报告

一、实习基本概况

毕业实习是大学生涯极其重要的实践性学习环节，是大学生实现角色转换的一次试炼，也是人生不可或缺的一段经历。在临近毕业之际，根据汉语言文学专业的学科性质，结合自身实际情况，我选定了适合自己的毕业实习岗位。

2020年×月×日至2020年×月×日，本人在闽西日报社进行了为期两个月的毕业实习。选择报社作为实习单位，是因为自己曾担任福州大学中文系系刊主编，积累了一定的实践经验，报社的工作也是我十分向往的。希望通过此次实习能够将所学的专业理论知识运用于实践，锻炼独立分析和解决实际问题的能力，同时拓宽知识面，积累经验，为今后的职业生涯助力。

《闽西日报》系中共龙岩市委机关报，是闽西唯一公开发行的报纸，以“鲜明党性，闽西特色”作为办报宗旨，其在龙岩当地的影响力与权威性不言而喻。在与新闻部的范主编联系好后，我正式开始了毕业实习。

</td>
<td>

评析

这是一份毕业实习报告模板。

1. 标题

结构为：实习内容（报社记者）+ 文种（毕业实习报告）。

2. 正文

（1）实习基本情况——首先简要说明毕业实习的背景，开章明义；接着交代毕业实习的时间、地点、目的；然后介绍实习单位的基本情况，简明扼要。

</td>
</tr>
</table>

续表

二、实习主要过程 在报社实习的第一天，主编拿给我几期报纸，让我重点阅读其中关于红色文化的报道，学习其他记者的写作方法，为未来的实习工作打下基础。在接下来的时间里，我与主编和其他实习生一起探访了古田、上杭才溪等红色旅游基地。毛泽东同志曾三赴才溪从事革命实践，在这里写下了光辉著作——《才溪乡调查》，并亲笔题写“光荣亭”，亲自改名“发坑村”。这两次的外出采访不仅是为了宣传、发扬红色文化，更重要的是要助力中央苏区更好地发展。在此过程中，我一遍遍地翻阅古田和才溪的材料，字斟句酌，终于写完了两篇报道。第一次写稿还略显生疏，主编给了我许多帮助，他先是肯定了我的文笔，同时也提醒写作时要注意详略得当，内容上要将革命精神与现代社会发展融合在一起。其中有一处才溪乡“光荣亭”建成时间的细节，在不同的资料中有着不同的记载，主编经过多方考证，最终确定了准确时间。这也让我明白了媒体人应该注重细节，做事要一丝不苟。 在新闻部的那段时间是忙碌且充实的，我经常跟着主编外出工作，有幸参加了市里的许多重要活动和会议，接触了一些从未涉及的领域。印象最深的是参观位于上杭县城的融媒体中心。“融媒体”是充分利用媒介载体，把广播、电视、报纸等既有共同点又存在互补性的媒体在人力、内容、宣传等方面进行全面整合，实现“资源通融、内容兼融、宣传互融、利益共融”的新型媒体。在现代社会飞速发展的今天，新媒体异军突起，传统媒体面临巨大考验，许多报社的生存岌岌可危。通过这次参观，我深刻地感受到，将传统媒体与新媒体相结合是现代媒体发展的一个重要趋势，能有效促进报纸等传统媒体的发展。 在新闻部实习了三周多后，我被调到了民生部，这是一个更贴近群众、贴近生活的部门。期间，我们采访了一个困难家庭，家中有三个孩子，长女25岁，罹患精神疾病，幼女还在襁褓中。孩子的母亲告诉我们，她们的父亲前年因患癌症花光了家里所有积蓄，最后还是去世了。母亲因为身体不好，只能干一些最简单的活，	（2）实习完成情况——重点阐述毕业实习的内容、实习环节和具体做法等，按阶段详细阐述自己参加了哪些具体工作，如何灵活运用专业知识，了解和掌握了哪些知识和技能，以及取得了哪些成绩等，层次井然，务实深刻。这部分是实习报告的中心，目的是肯定成绩，找出缺点。 具体介绍实习项目中存在的一些问题以及不同的解决方法。着重叙述自己观察周围同事如何处理和解决问题，如何将专业所学灵活运用到实际工作之中等内容。

续表

家里的状况可想而知。好在次女很懂事，全靠她寒暑假去打零工帮补家用。这是我第一次深入接触一个生活如此困难的家庭，这个跟我年龄相仿的女孩却要背负整个家庭的压力，采访过程中同行的记者也几度落泪。通过这次采访，我深刻体会到，新闻不仅要客观，也要有温度，只有真正在采访中投入感情，写出的报道才具有人情味儿。 …… 三、实习心得体会 两个月的实习生活一晃而过，本人较好地完成了报社安排的各项工作任务，积累了一定的工作经验，学到了很多课本中无法学到的东西，锻炼和提高了新闻采写的能力。同时，也认识了许多行业前辈与各界精英，从他们身上学习到了许多宝贵的品质，使我受益匪浅。心得体会主要有以下四点： 首先，是要有随机应变的能力。记者是一个需要面对面与人沟通的职业，永远不知道下一秒会发生什么事，即使作了充分的准备，依然有很多不可控因素。在实习过程中，我学会了如何倾听与表达，从跟在前辈后面默默记笔记，到最后能独立进行一次采访，这种进步让我很开心，也是这次实习最大的收获。 其次，是要有吃苦耐劳的精神。记者总是需要在外奔波，非常辛苦，对于我而言更是一个巨大的考验，期间一度想过放弃。但既然选择了这个实习岗位，就要坚持下去，这也督促着我在今后要更加注重身体健康，加强体育锻炼。 再次，是要有丰富的知识储备。作为记者，总是会接触到不同行业形形色色的人，在采访前需要对被采访的对象有一个清晰的认知，在解决纠纷时需要知晓相关的法律法规。因此，要不断地学习，努力拓展自己的知识面，多读、多学、多思考。 最后，也是最重要的一点，就是要有高度的社会责任感。新闻应当是客观公正的，不能为了利益或者私欲而放弃职业道德。当今社会有部分记者为了“蹭热度”而写一些没有内涵的文章，更有甚者虚构事实以夺人眼球，这些都是没有职业操守的表现。	（3）实习心得体会——在阐述实习收获与体会时，能将实习工作与学校生活进行对比，强调学习理论知识与参加社会实践的重要性，能对以往工作的经验和教训进行反省与总结，有经验也有教训，不夸大成绩，不回避缺点，字里行间透露着作者对实习工作认真和严谨的态度。

续表

当然，在实习过程中遇到的一些困难也暴露出本人自身存在的一些问题，比如考虑问题时不够全面，处理工作不够细心，不是主动学习而是被动完成任务等，需要在今后的工作中不断加以改善。 经过此次短暂的毕业实习，本人初步接触了职场生活，收获了许多宝贵的经验。同时也认识到“打铁还需自身硬”，只有自己变得更强，才有机会站在更高的舞台上。在今后的学习、工作、生活中，我会改正自身不足，掌握更多技能，提升个人素养，为将来激烈的竞争打下坚实的基础，努力做一个对社会、对国家有用的人。	**3. 结束语** 用简短的语言点明此次毕业实习的意义和今后努力的方向。
张 ×× 2020 年 × 月 × 日	**4. 落款** 注明实习人和写作时间。
（作者系福州大学汉语言文学专业本科生，收录时有改动）	全文内容全面，结构合理，感情真挚，脉络分明，重点突出。

（二）病文评析

实习报告

古人曰：“逝者如斯夫，不舍昼夜。”短暂又难忘的实习旅程就像白驹过隙般飞速而逝，而这期间的感受也像五味瓶，酸、甜、苦、辣、咸一应俱全。在每日紧张充实的工作环境中不觉已经走过了两个月的实习，回首这两个多月的毕业实习，我内心充满着激动，也有着无限的感慨。实习时间虽然很短，但我们却可以体会一下工作的辛苦，锻炼一下意志品质，同时积累一些社会经历和工作经验。这些经验是一个大学生所拥有的“无形资产”，真正到了关键时刻，它们的作用就会显现出来。大学生要在社会实践中培养独立思考、独立工作和独立解决问题能力。通过参加一些实践性活动巩固所学的理论，增长一些书本上学不到的知识和技能。面对日益严峻的就业形势和日新月异的社会，我觉得大学生应该转变观念，不要简单地把毕业实习作为挣钱或者是积累社会经验的手段，更重要的是借机培养自己的创业和社会实践能力。

作为一名即将走出校园的大学生，我深知自己要学的东西有很多很多，我满怀着信心和期待去迎接它。当我来到酒店实习时，我才发现自己并没有太多的优势，学校所学的理论知识和现实还有很大的差距，一切都需要重新开始学习摸索。当让我选择实习岗位的时候，我选择了收银员这一岗位，因为它接触客人比较多，工作时间也比较紧凑，这对于我来说是一个绝好的锻炼机会。在工作中，虽然我只是一名普通的收银员，但我的工作也绝不仅仅是收钱那么简单。在这两个月的工作中，我深刻认识到，无论工作是繁忙还是清闲，都要用积极的态度去完成。

实习工作中我刻苦学习业务知识，在领班的培训指导下，我很快地熟悉了酒店的基本情况和收银的工作流程，从理论知识到实际操作，一点一滴的学习积累，在很短的时间内我就掌握了收银员应具备的各项业务技能。作为酒店的一员，我穿上了制服，就要处处维护酒店的权益，要把我和酒店紧密联系起来，要熟悉酒店的信息，我的一言一行都代表着酒店的利益，时刻为酒店做宣传。

×××

20×× 年 × 月 × 日

（根据有关材料改写）

评　　析

1. 标题

标题主题不够突出。实习活动分为认识实习、生产实习和毕业实习，此文既然反映的是毕业实习的完成情况，则题目应改为“毕业实习报告”。

2. 正文

（1）基本情况交代不清。应开门见山地介绍毕业实习的背景和缘由，交代毕业实习的时间和地点，说明此次毕业实习的目的和要求。此文毕业实习的时间、地点、目的等要素交代不清，而参加毕业实习的必要性等常识性内容则叙述过多。

（2）完成情况语焉不详。应重点说明实习过程、实习环节、实习内容和具体做法等，要将专业知识与实践经历相结合，详细地记述典型工作实绩。此文未能全面而系统地反映毕业实习的完成情况，内容浅显单薄，层次不够清晰，重点不够突出。

（3）心得体会浮泛空洞。应对以往工作的经验和教训进行总结，既要肯定成绩，突出自己学到了什么，也要找出缺点，指出自己还有哪些不足，提出改进措施等。此文将叙述的重点放在对毕业实习的认识和体会上，总结不够深刻，态度不够恳切，用语略显煽情。

（4）语言不够准确凝练。毕业实习报告的叙述语言应言简意赅，要将严谨性与通俗性结合起来。此文过多地出现“我”如何如何，一般情况下，在介绍完实习时间、地点、任务之后，下文尽量少用第一人称代词。

3. 结束语

结语部分完全缺失。应用简洁的语言点明此次毕业实习的意义以及今后努力的方向。此文结束语缺失，过于突兀，结构不够严谨。

【练习】

一、请指出下列毕业实习报告存在的问题并改正。

毕业实习报告

××市××××客车工地占地约有2500亩，场地中回填了厚约6～10 m的填土，拟采用强夯法进行地基加固。为预测强夯法的处理效果，场地中规划了夯击能分别为2000、4000、6000、8000的试验区。我到达现场实习时，4000夯击能试验区正采用标准贯入试验、圆锥动力触探试验、平板载荷试验等手段进行效果检测施工。这些试验手段老师在课堂上都讲过，一些重要的知识点也反复强调过，但与工地现场情况还是有许多不同。比如，在学习原位测试时，老师播放过现场试验的视频，对于操作过程我还是比较清楚的，但是在现场听着林工对工人说着“一米一个标贯”“两米一个标贯”，我还是有些概念模糊。通过查看工人现场记录表，结合现场岩芯的摆放，我经过反复琢磨，终于真正理解了这些概念的内涵。我此次实习的重点是学习强夯法。这是第一次在现场近距离地观看强夯法施工，我会仔细查看工人的记录表，因为表中有一项为最后两击的平均夯沉量，这个数据是判断一个夯击点是否完成夯击的决定性因素。我也会根据记录表上的夯锤重量、落距等基本参数去反推设计时的一些考虑，通过查询地基处理规范来确定强夯法的有效加固深度。

毕业实习带给我很大的触动。我深深意识到，从事我们这个行业不仅需要积累大量的工程经验，而且一定要去现场看看，留心观察，深入思考。比如，与林工去场地周边勘察时，我发现一些未开挖的小山包是黑色的，和周围其他地方颜色不一样，还能看到一些植物残骸。结合在实习中所学，我作出判断，此处原来应为湖泊，而后坡积土堆积于此，于是形成现在所看到的现象；再如，在另一处被钩机开挖的地方，由于雨水的冲刷，土体中的砂土从钩机的爪牙中流出，堆积在下部。我仔细观察堆积物，发现靠近开挖处的颗粒比较粗，而随着距离的增加，颗粒越来越细，于是我判断出，这应该是一种小型的可以反映河流搬运特点的地质现象。这些认识都是我在现场认真观察和思考后得出的，也是在课本上学不到的。

对于一个工程技术人员而言，不仅要有扎实的理论知识、丰富的工程实践经验，还需要具有独当一面的能力。在实习后期，由于林工有事，有一段时间我一个人在现场负责所有事务。需要自己去安排钻机的调度问题，需要和工人沟通交代相关事宜，需要做好详勘场地的收尾等工作。由于一个点位位于场地中的水塘，而无法放样，还需要协调挖机帮忙把水排干。不巧的是，平板载荷试验场地由于连续强降雨导致部分点位丢失，场地电源也出现了问题。不仅需要尽快解决电源问题，还需要重新放样和做好防水措施。一系列问题都需要我与施工方、业主方进行协调，保证工程得以继续下去。

毕业实习虽然已经结束了，但是未来的学习还未结束。在接下来的学习中，我将不断地充实和完善自己，朝着成为一名合格的岩土工程师而不懈地努力。

二、苏 ×× 是 ×× 大学化学化工专业四年级学生，大四上学期他来到 ×× 化工有限公司实习三个月。在实习过程中，他将学习到的理论知识融会贯通到生产实践，通过此次实习，他对化学化工专业有了更为深刻的认知。请你以苏 ×× 的身份，写一份毕业实习报告。

毕业实习报告练习答题要点

第三节 毕业论文（设计）

一、毕业论文（设计）的定义

毕业论文（设计）写作是高等院校培养学生思辨能力、实践能力、科学精神和理性精神的重要教学环节与实践过程，也是一次对学生在校期间学习成果的综合检验。毕业论文（设计）是高等院校的学生毕业之前在教师的指导下，综合运用自己所掌握的专业理论和实践技能，就本学科领域内的某一问题进行分析和探讨，或是对其毕业设计进行解释和说明，能够反映自己的学习成果和研究能力，具有一定学术价值或应用价值的一种科技文书。

毕业论文（设计）是学生学业成绩考核与评定的一种重要方式，毕业论文（设计）的质量是衡量一所高校教学科研水平高低的重要依据。

二、毕业论文（设计）的分类

由于毕业论文（设计）的研究对象、领域、方法、表现形式等各不相同，因此有着不同的分类方法。

1. 按照研究对象和方法划分

毕业论文（设计）可以分为设计型毕业论文（设计）、描述性毕业论文（设计）、实验型毕业论文（设计）、理论型毕业论文（设计）等。前三种主要是理工科学生选择的毕业论文（设计）形式，后一种主要是文科学生选择的毕业论文（设计）形式。

2. 按照研究问题的大小划分

毕业论文（设计）可以分为宏观型毕业论文（设计）和微观型毕业论文（设计）。宏观型毕业论文（设计）以全局性、普遍性的问题作为研究对象，研究范畴较广；微观型毕业论文（设计）以局部性、特殊性的问题作为研究对象，研究范畴较窄。

3. 按照议论问题的性质划分

毕业论文（设计）可以分为立论型毕业论文（设计）和驳论型毕业论文（设计）。立论型毕业论文（设计）是从正面阐述、论证自己的观点和主张；驳论型毕业论文（设计）则是通过反驳他人的论点来阐述自己的观点和主张。

三、毕业论文（设计）的特点

1. 学术性

毕业论文（设计）研究的内容具有专业性和系统性，要求学生针对研究对象的性质和特点，运用专业理论知识和科学研究方法，对收集的材料进行充分论述，得出科学的结论，从而解决本学科、本专业的一些理论和实际问题。学术性是毕业论文（设计）的首要特点。

2. 创新性

毕业论文（设计）的选题、论点、方法和结论都力求创新，要求学生探索新领域，运用新材料，提出新论点，使用新方法，得出新结论。或者对前人论述的问题进行拓展和补充，或者就某一具体问题提出自己独到的见解。创新性是毕业论文（设计）的生命和目标。

3. 理论性

毕业论文（设计）立论的观点不仅要正确，符合事物客观规律，而且还要有一定的深度，要求学生运用专业的理论知识和缜密的逻辑推理，从准确材料、一般原理以及实践经验中，提炼出富有创见性的观点，总结出带有规律性的认识，从感性认识上升到理性认识。

4. 专业性

高等院校的各个专业都有着自己的专业知识、理论体系和科学术语，不同专业的毕业论文（设计）所研究分析的对象一般都是不同领域内的专业性现象或问题，它们在选题、材料、结构以及研究方法、论证方法、语言表达等方面均有所不同，具有明显的专业性特点。

5. 应用性

毕业论文（设计）写作是学生对专业基础知识的运用和深化，有时要求他们将所学基础理论、专业知识以及实践技能等融会贯通，进行设计或解决一些实际难题，得出相应的处理方法、技巧或流程等，将学科的专业知识转化为专业技术或生产技术，直接服务于社会。

6. 规范性

毕业论文（设计）具有专业性和学术性的特点，这就要求学生必须遵循学术论文的文体规范，能熟练运用基本学术论文格式，不违背写作惯例而标新立异。规范性也体现在学术态度的端正严谨上，必须尊重学术研究程序，尊重他人研究成果，不剽窃与重复前人研究。

四、毕业论文（设计）的写作

（一）毕业论文（设计）的行文结构

一般来说，毕业论文（设计）由前置部分、主体部分、结尾部分、附录部分组成。

1. 前置部分

毕业论文（设计）前置部分包括标题、署名、摘要、关键词、目录等。

（1）标题。又称题目、题名，是对毕业论文（设计）的高度概括。标题应拟得简洁、醒目、新颖，有单行标题和双行标题两种类型：单行标题即标题只有一行，一般不超过 20 个字，有的直接反映作者对问题的看法，概括文章论点，如《开放设立民间银行的可行性与必要性》。有的反映文章所要证明或说明的问题，不涉及作者看法，如《网上销售管理系统的系统分析与设计》。双行标题即采用正、副双行标题，正标题揭示文章论点或研究范围，副标题对正标题进行补充、限制或说明。如《跨文化戏曲的创造与失落——以京剧版〈巴黎圣母院〉为例》。

（2）署名。是作者拥有著作权的声明，根据文责自负的原则，毕业论文（设计）应在标题之下署上作者姓名，所在院系、专业、班级的名称以及指导老师的姓名等内容。

（3）摘要。又称提要，是对毕业论文（设计）内容要点的概述，一般应介绍论文的研究目的、研究方法，概括论文的研究内容，说明论文的研究结论等；或是对毕业设计的解释、说明，主要介绍设计任务来源、设计标准、设计原则和主要技术资料等。摘要宜用第三人称叙述，不做自我评价，语言力求精练，以300字左右为宜，一般不使用公式、图表，不标注引用文献。摘要一般置于标题之下，空一二行书写。中文摘要之后，另起一页编写英文摘要，内容上应与中文摘要保持高度一致，形式上应具有英文语言习惯和思维逻辑。

（4）关键词。是为了文献索引与检索的方便，从论文（设计）标题或正文中选取的能够表现毕业论文（设计）内容的主题词。一般以3～5个为宜，关键词之间可加逗号或分号，也可中空一格。关键词置于摘要之下，另起一行书写。为了便于国际交流，应在英文摘要之下标注与中文关键词对应的英文关键词。

（5）目录。是毕业论文（设计）各项内容要点所处页码的具体显现，具有导读的作用，包括论文（设计）中全部章、节的标题及页码。目录必须与全文纲目相一致，即各级标题要与目录一一对应，清楚无误。目录应独立成页。

2. 主体部分

毕业论文（设计）主体部分包括绪论、本论和结论。

（1）绪论。又称引言或前言，是毕业论文（设计）主体的开头部分，起到引导读者领会论文主体内容的作用。作者在绪论中，可以说明研究工作的目的、内容、思路、方法和意义；可以陈述国内外相关领域已取得的研究成果，指出已有研究的贡献和不足；可以说明研究工作的指导思想、理论基础、研究设想以及预期结果；可以交代本设计项目的性质、目的、原理和设计过程等。应开宗明义，条分缕析，言简意赅。

（2）本论。是毕业论文（设计）的核心部分，是通过论据对论点进行的分析和论证。作者在本论中，可以确定论题，论证理论，批驳谬说；可以分析问题，说明影响，提出解决问题的方案；可以描述观察、调查或实验的方法和结果；可以综述某一论题的研究概况，分析发展趋势，提出观点和建议；可以论证设计原理和设计方案，表述工程特点或产品性能等。

本论的结构通常采用三种形式：一种是横式结构，即论文（设计）的分论点（各层次）分别从不同的角度、侧面对论题加以阐述，各部分的关系是平列的；一种是纵式结构，即论文（设计）的分论点（各层次）对论题进行由浅入深、由表及里的论证，各部分的内容是层层深入的；一是综合式结构，即论文（设计）以某一种结构安排为主，另一种结构安排为辅，纵中有横，横中有纵。无论采用哪些结构形式，都应层次分明，逻辑清晰，重点突出。

（3）结论。是毕业论文（设计）的结尾部分，是对论文（设计）论点、结果进行的归纳和总结，也是作者在认识上的进一步深化。要突出毕业论文（设计）的创新点，对开展的主要工作进行评价。作者在结论中，可以报告研究取得的结果或通过研究提出的观点；可以比较类似研究成果的异同或对有关技术问题作出补充；可以阐释研究结果对于理论和实践的意义；可以交代目前尚待解决的问题或预测未来的研究方向等。应首尾一贯，准确简练。

3. 结尾部分

毕业论文（设计）结尾部分主要包括注释、参考文献和致谢。

（1）注释。是对毕业论文（设计）中引文出处的交代说明，或是对某一特定内容的进一步解释或补充说明。通常采用尾注形式，即在需要注释之处标示注码，然后将注释内容置于正文之末；也可采用脚注形式，即在需要注释之处标示注码，然后将注释内容置于本页下端。

（2）参考文献。毕业论文（设计）撰写过程中参考过的主要文献（专著或论文）均要列入参考文献，注明作者、篇名、版本等信息。参考文献书写格式应按国家标准 GB7714—2015《信息与文献　参考文献著录规则》规定执行，著录格式如下：

①普通图书

[序号] 作者 . 题名 [M] . 版本（第一版不标注）. 出版地：出版者，出版年：起止页码（任选）.

②期刊

[序号] 作者 . 题名 [J] . 刊名，出版年份，卷号（期号）：起止页码 .

③会议论文集

[序号] 作者 . 题名 [A]// 编者（任选）. 论文集名 [C]. 出版地：出版者，

出版年：起止页码.

④学位论文

［序号］作者.题名［D］.保存地：保存单位，年份：起止页码（任选）.

⑤科技报告

［序号］作者.题名［R］.报告地：报告会主办单位，年份.

⑥专利文献

［序号］专利所有者.专利题名：专利号［P］.发布日期.

⑦报纸中析出文献

［序号］作者.题名［N］.报纸名，出版日期（版次）.

⑧标准文献

［序号］标准制定者.标准名称：标准代号［S］.出版地：出版者，出版年.

⑨电子资源

［序号］作者.题名［文献类型标识/载体类型标识］.发表或更新日期/引用日期（任选）.电子文献网址.

（3）致谢。致谢中主要感谢指导自己毕业论文（设计）写作的教师，还应感谢在论文（设计）写作或研究工作中给予自己帮助、提供便利条件的单位或个人。应谦虚诚恳，恰如其分。

4. 附录部分

对于一些需要收录于毕业论文（设计）但又不适合放入正文的内容，如年谱、年鉴、数据表格、详细公式推导、计算机程序等，可编入附录部分。

（二）毕业论文的写作要求

1. 选题要得当

选题是毕业论文（设计）写作的第一步，也是论文（设计）写作能否成功的关键。选题得当与否，将直接影响毕业论文（设计）质量的高低。应该选择有科学价值和现实意义的题目，选择自己感兴趣、能体现专业特长的题目，选择容易出新意、能有所创造突破的题目。

2. 选材要精心

毕业论文（设计）题目一旦确定，就要通过各种途径搜集有关材料，只有充分占有材料，论文（设计）的写作才能有坚实的基础。搜集材料要讲究方法，尽量使用第一手材料，要将搜集来的材料理出眉目，找出对表现主题有用的材料，并从中提炼出具有规律性的认识。

3. 纲目要清晰

毕业论文（设计）写作是非常严谨的科研工作，在正式动笔之前，需要拟定好写作提纲，然后根据提纲进行撰写。提纲是论文（设计）写作的初步框架，能够反映论文（设计）的逻辑关系、脉络走向和最终结论，有了提纲，写作时才能思路清晰，条理分明，中心突出。

4. 论证要严密

论证是毕业论文（设计）写作的核心工作，是通过概念、判断、推理来反映事物的本质或规律的写作过程。围绕论题，可以层层深入地阐发，也可以多方面地展开讨论，努力做到立论科学，论据翔实，论证严密，符合逻辑规则，实现由感性认识上升到理性认识的飞跃。

5. 语言要精确

毕业论文（设计）的语言要精确地表达文义，正确地反映自己的观点，力求通顺畅达，简练生动。要恰当地使用由图形、表格、符号、公式等构成的书面辅助语言。引用资料要少而恰当，避免断章取义，要核对引文原文，做到精准无误，要明确标示来源，遵循学术规范。

五、毕业论文（设计）写作示例与评析

例文①

<table>
<tr>
<td>

睡虎地秦简文字形体混同现象研究

摘　要

秦系文字上承商周金文下启汉魏隶楷，是汉字隶变和字体演进的重要环节，在汉字发展史上具有重要地位，

</td>
<td>

评析

这是一篇文科类毕业论文的格式模板。

中文摘要包括论文题目、摘要内容和关键词。摘要内容置于标题之下，空一二行书写。

</td>
</tr>
</table>

续表

其中睡虎地秦简文字具有较强的代表性。睡虎地秦简文字处于古文字发生转变而今文字尚未定形的特殊过渡阶段，受隶变趋势和求简求快心理的影响，相当数量的文字字形出现了形体混同的现象。 基于现有权威文字材料，本文对睡虎地秦简文字中的形体混同情况进行全面的描写和分析。首先从基本构件、特殊构件和单独整字三个方面，从单向混同和双向混同两个角度，梳理分析了170个混同类别、317个混同字例；其次从混同的数量、方向和选择三个方面，总结出睡虎地秦简文字形体混同的特点：趋强性与无理性、收束性与分散性、形近性与偶然性；最后探究了引起睡虎地秦简文字形体混同的客观因素和主观因素，指出其字形演变受到文字系统化追求、形义关系疏远、象形构件重塑、书写载体限制、主观书写偏误和求简求快心理等因素的影响。 本文通过穷尽性的梳理分析系统地呈现了睡虎地秦简文字形体混同现象的整体状况，以期为学界秦系文字的研究提供有益的借鉴。 关键词：睡虎地秦简文字，形体混同，单向混同，双向混同	摘要说明研究对象、研究方法、研究内容和研究意义等。采用第三人称叙述，主题明确，语言精练。 关键词置于摘要之下，另起一行书写。关键词是从标题或正文中选取的能够表现论文内容的主题词，用逗号或分号隔开。
目　录 摘要 Abstract 一、绪论 （一）研究概况 （二）研究内容 （三）研究方法 （四）研究价值 （五）形体混同界定 二、睡虎地秦简文字基本构件混同 （一）单项混同 （二）双向混同	目录独立成页，使用“一”“（一）”“1.”“（1）”等来表示论文的层次，大层次与大层次、小层次与小层次之间逻辑清晰，条理分明。

续表

三、睡虎地秦简文字特殊构件混同 （一）象形构件混为成字构件 （二）成字构件混为象形构件 四、睡虎地秦简文字单独整字混同 （一）单向混同 （二）双向混同 五、睡虎地秦简文字形体混同的特点 （一）数量特点：趋强性与无理性 （二）方向特点：收束性与分散性 （三）选择特点：形近性与偶然性 六、睡虎地秦简文字形体混同的原因 （一）客观原因 （二）主观原因 结语 参考文献 附录 致谢	
一、绪论 （一）研究概况 睡虎地秦简文字在整理与收录方面的研究主要分为以下几个方面： 专门文字编方面，陈振裕主编的《睡虎地秦简文字编》（湖北出版社 1993 年版）一书收录了睡虎地秦简、少量青川木牍以及龙岗秦简的文字，共收字例 1752 个，以部首为单位排序。张守中主编的《睡虎地秦简文字编》（文物出版社 1994 年版）单纯收录睡虎地秦简文字，共收字例 1763 个，按《说文》部首排列，各字下注明来源和出现频率，书末附笔画检字表。本文是以张守中《睡虎地秦简文字编》作为睡虎地秦简文字的取材来源。	论文主体包括绪论、本论和结论三个部分。 绪论部分说明研究的背景、范围、目的和意义等。

续表

各类秦系文字编方面，睡虎地秦简文字常作为秦文字的一部分被收录其中。例如，陈伟主编的《秦简牍合集》（武汉大学出版社 2014 年版）、王辉主编的《秦出土文献编年订补》（三秦出版社 2014 年版）和《秦文字编》（中华书局 2015 年版）以及黄德宽主编的《秦文字字形表》（上海古籍出版社 2017 年版）等均属此类。 …… （五）形体混同界定 关于“形体混同”，有的学者将其称为“讹混”。例如，刘钊在《古文字构形学》一书中提出：“‘讹混’是指一个文字构形因素与另一个与其形体接近的构形因素之间产生的混用现象。”[①]他认为发生讹混的构形因素可以是单独存在的字，也可以是构成字的偏旁。 ……	
二、睡虎地秦简文字基本构件混同 本文下面将对睡虎地秦简文字中的基本构件混同现象进行描述和分析，主要分为单向混同与双向混同两种类型。 （一）单向混同 “单向混同”是指一构件出于某种原因讹混为另一构件，但后者并不讹混为前者。单向混同是睡虎地秦简文字基本构件混同的主要类型。例如： 1.“凡”作“用”——（旁） “旁”本为形声字，从凡，方声，金文作“”，之后“凡”下移，与“方”共用一横，写作“”。在“凡”之上部加一短横为饰笔而混为“用”形。另有字例将“方”的笔画拉直，写为“”，颇有混为“元”形之趋势。 …… ① 刘钊 . 古文字构形学［M］. 福州：福建人民出版社，2006：139。	本论部分展开论题，或分析论证，或解释说明等。 各层标题均单独占行书写。第一级标题居中书写，第二级标题、第三级标题序数均顶格书写。各级标题末尾不加标点。 注释采用脚注形式，在需要注释之处标示注码，然后将注释内容置于本页下端，注明引文的详细出处（包括作者、题名、出版地、出版者、出版年以及页码）。

续表

（二）双向混同 “双向混同”是指一构件混为另一构件的同时，又可见后者混为前者的情况。睡虎地秦简中，双向混同相对于单向混同较少。例如： 1.“口”作“厶”——（祠） 2.“厶”作“口”——（公） “口”像人张口之形，即为嘴巴。“厶”是“私”之初文，作闭合状，常写成倒置的三角形，表示以自我为中心的自私之义。 “口”“厶”二字都是极为常用的构件，且在作为构件参与造字时“口”常混为“厶”，这种混同现象大量出现在睡虎地秦简中，当是因古人书写时追求效率，而对二者不作区分。另外，两字在单独书写时并无相混之例，同时组成“台”字时二者区分也十分明显。 ……	
结　语	结语单独作为一章排写，不加章号。
本文以张守中主编的《睡虎地秦简文字编》为语料来源，对书中收录的字例进行了逐一梳理。本文首先对“形体混同”的概念进行了界定；其次对睡虎地秦简文字中的基本构件混同情况进行了分析，将其分为单向混同与双向混同两种类型，其中122个混同类别为单向混同，10个混同类别为双向混同，且选取典型字例进行了说明；再次对睡虎地秦简文字中的特殊构件混同情况进行了阐释，将其分成不成字构件混为成字构件与成字构件混为不成字构件两种类型，前者共有17个混同类别，后者共有2个混同类别；然后关注到了睡虎地秦简文字中的单独整字混同情况，主要从单向混同与双向混同两个方面进行论述，其中15个混同类别为单向混同，4个混同类别为双向混同；最后从数量、方向、选择三个角度，总结出睡虎地秦简文字混同的趋强性与无理性、收束性与分散性、形近性与偶然性等特点，并进一步分析了睡虎地秦简文字混同的客观因素和主观因素等。 由于学力尚浅，本课题的研究还存在一些不足之处。例如，研究语料主要来源于文字编，未能直接选用竹简	结论收束全文，或综述全文，或总结观点，或作出补充等。

续表

照片等一手材料；字例形体分析不免有所偏误，数据统计或未能全然准确；全文材料分析有余而理性总结不足，所得结论或缺乏系统性等。希望在今后的学习中能将这些问题加以改善。	
参考文献 专著类： [1] 陈振裕．睡虎地秦简文字编［M］．武汉：湖北人民出版社，1993. [2] 段玉裁．说文解字注［M］．上海：上海古籍出版社，1981. [3] 刘钊．古文字构形学［M］．福州：福建人民出版社，2006. [4] 裘锡圭．文字学概要［M］．北京：商务印书馆，2013. [5] 唐兰．古文字学导论［M］．济南：齐鲁书社，1981. [6] 张守中．睡虎地秦简文字编［M］. 北京：文物出版社，1994. 论文类： [1] 顾青青．睡虎地秦简文字部件研究［D］．杭州：杭州师范大学，2018. [2] 黄文杰．睡虎地秦简文字形体的特点［J］．中山大学学报（社会科学版），1994（02）：123—131. [3] 姜慧．秦简牍文字构件系统定量研究［D］．上海：华东师范大学，2017. [4] 楼兰．睡虎地秦简文字中的形体混同现象调查［J］．中国文字研究，2007（02）：160—164. [5] 孙合肥．战国文字形体研究［D］．合肥：安徽大学，2014. [6] 朱颖星．秦系金文整理与研究［D］．上海：华东师范大学，2015. …… （作者系福州大学汉语言文学专业本科生，收录时有改动）	普通图书的著录格式：［序号］作者．题名［M］．版本（第一版不标注）. 出版地：出版者，出版年：起止页码（任选）. 学术期刊的著录格式：［序号］作者．题名［J］．刊名，出版年份，卷号（期号）：起止页码． 学位论文的著录格式：［序号］作者．题名［D］. 保存地：保存单位，年份：起止页码（任选）.

例文②

<table>
<tr>
<td>

基于 Quartus Ⅱ的多功能数字时钟设计

摘　要

随着数字集成电路的发展，数字时钟的精度越来越高，具有显示直观、能耗低、体积小等优点。数字时钟的设计方法很多，利用 EDA（Electronic Design Automation）设计电路，使得硬件设计如同软件设计那样方便快捷，极大地提高了电路设计的效率和可操作性。本课题正是基于 Quartus Ⅱ软件平台设计一个多功能数字时钟。

本课题采用自上而下的设计方法，电路主要分为以下模块：计时模块、校时模块、整点报时模块、闹钟模块和显示模块。在校时模块中利用 D 触发器的锁存功能设计开关，并手动控制输入时钟脉冲来进行校时。在设计闹钟模块时，为简化电路，节约资源，与校时模块复用开关，只需要引入一个闹钟使能开关以示区分即可。在设计闹钟时，显示界面随之改变，当设置完成之后又恢复计数显示界面，采用数据选择器来完成两者的切换。

本设计完成了对模块电路的仿真调试，将模块电路连通后完成了总电路，仿真结果表明所设计的数字时钟满足设计要求。

关键词：EDA，Quartus Ⅱ，数字时钟，仿真

</td>
<td>

评析

这是一份理工类毕业设计的格式模板。

中文摘要包括设计题目、摘要内容和关键词。摘要内容置于标题之下，空一二行书写。

摘要说明设计的背景，介绍设计任务来源、设计标准、设计原则和主要技术资料等。采用第三人称叙述。

关键词置于摘要之下，另起一行书写。关键词是从标题或正文中选取的能够表现设计内容的主题词，用逗号或分号隔开。

</td>
</tr>
<tr>
<td>

目　录

摘要
Abstract

绪论
　　0.1　本课题的研究内容和意义
　　0.2　国内外的发展概况
　　0.3　本课题应达到的要求

</td>
<td>

目录独立成页，使用“1”“1.1”“1.1.1”“1.1.1.1”等来表示章节的层次，章与章、节与节之间逻辑关系清晰，层次分明。

</td>
</tr>
</table>

续表

第 1 章　总体设计 　1.1　设计背景 　1.2　总电路框图 　1.3　设计方案 　1.4　本章小结 第 2 章　模块电路设计 　2.1　计时模块 　2.2　校时模块 　2.3　整点报时模块 　2.4　闹钟模块 　2.5　显示模块 　2.6　本章小结 第 3 章　电路实现与仿真 　3.1　计时电路 　3.2　校时电路 　3.3　闹钟电路 　3.4　本章小结 结论 参考文献 附录 致谢	
绪　　论 0.1　本课题的研究内容和意义 　　随着人们对时间的重视度越来越高，生活节奏的加快，处于忙碌中的人们似乎忘记了时间，甚至因此耽误重要事情，造成损失。此时需要一个可以自动提醒的计时系统，让人们的生活更加便捷有效。显然，传统的机械钟表已无法满足人们对时间的控制需求。 　　当今社会，晶体振荡器和数字集成电路的不断发展和应用使得多功能钟表更加精准。在现代社会中，多功能数字时钟有显著的营销价值，钟表的数字化带给人们更加轻松的生活，同时在顺始功能的基础上扩展了一些	毕业设计的主体部分包括绪论、本论和结论三个部分。 绪论说明设计的背景、内容、目的、意义和思路等。

续表

新功能。例如，定时自动报警、按时自动打铃、定时广播、自动起闭路灯等，这些都是以钟表数字化为基础的，因此对数字时钟的研究有着很现实的意义。与传统的机械钟相比，数字时钟具有走时精准、方便携带、显示直观、功耗小等优点，并且其使用寿命远远高于传统机械时钟。 多功能数字时钟从原理上看是一种典型的数字电路，包括了组合逻辑电路和时序逻辑电路，在设计过程中不仅可以了解数字时钟的构造原理，而且可结合实际，进一步掌握各种组合逻辑电路和时序逻辑电路的应用。本课题利用 EDA（Electronic Design Automation）工具进行设计仿真，选用 Quartus Ⅱ开发软件设计一个多功能数字时钟。采用自上而下的模块化设计理念，先确定电路原理框图，再设计各模块电路，经编译、仿真、引脚锁定无误后，组成完整的总电路。利用 Quartus Ⅱ实现的多功能数字时钟具有编程灵活、电路结构清晰简明、功率耗损小，功能扩展容易实现等优点。 ……	
第1章 总体设计 …… 1.3 设计方案 本设计主要通过手动控制开关来实现校准、清零和选择。开关具体包括校分钟开关 k_1、校小时开关 k_2、校星期开关 k_3、闹钟使能端 k_4、清分钟开关 k_5 和清小时开关 k_6。输入脉冲包括秒脉冲 f_1、校准脉冲 f_2、整点报时的低音输入脉冲 f_3 和高音输入脉冲 f_4。计数功能可显示时、分、秒和星期数，都是通过 74160 的同步置数功能来实现。分和秒电路由六十进制计数器组成，小时电路由二十四进制计数器组成，星期电路由七进制计数器组成。以秒电路为例，它由两片 7160 组成，一片为低位，计数到“9”，另一片为高位，计数到“5”，每来一个 f_1，秒电路的低位就从 0 开始计数到 9，当计数到 9 时，秒高位加 1 计数，直到计数到“59”，产生进位脉冲，传送	本论展开论题，或分析论证，或解释说明等。

续表

到分电路的输入脉冲端，分电路开始计数，以此类推。为了校准分钟、小时和星期，在分和小时电路中设置清零开关 k_5 和 k_6，并在开关中加入D触发器，以消除打开或关闭时的抖动。进位脉冲输出和校准脉冲输出通过或门分别连接到分钟、小时和星期电路的脉冲输入端。以分钟校准为例，当校分钟开关 $k_1=0$ 时，校准电路输出秒进位脉冲，进行正常计数；当 $k_1=1$ 且闹钟使能开关 $k_4=0$ 时，输出 f_2，进行快速校准。整点报时电路是根据59分、53秒、55秒、57秒和59秒的二进制数设计组合逻辑电路来实现的。闹钟电路仍然基于74160计数，利用校分钟开关 k_1、校小时开关 k_2 以及使能开关 k_4 切换设置与显示界面，通过7485比较计数时刻和闹钟设置时刻是否一致。最后，用7片共阴极显示译码器7448完成显示。 控制开关的逻辑功能如下：k_1 为校分钟开关，当 $k_1=0$ 时，正常计数，当 $k_1=1$ 时，快速校分钟；k_2 为校小时开关，当 $k_2=0$ 时，正常计数，当 $k_2=1$ 时，快速校小时；k_3 为校星期开关，当 $k_3=0$ 时，正常计数，当 $k_3=1$ 时，快速校星期；k_4 为闹钟使能端，当 $k_4=0$ 时，正常计数或者校时并显示，当 $k_4=1$ 时，进入闹钟设置界面；k_5、k_6 为分钟和小时清零开关，当 k_5、k_6 为0时正常计数，当 k_5、k_6 为1时实现清零。 ……	
结　论 本课题是基于Quartus Ⅱ软件设计一个多功能数字时钟。根据电路方案，先将各模块电路原理图设计出来，并进行调试仿真，若调试出现错误，可以根据软件中的注释进行修改，若调试成功则进行仿真，并分析仿真结果与预期波形是否相同，若不同则返回原理图继续分析、修改。经过不断的调试仿真，最终设计出可以在数码管上显示00：00：00—23：59：59和星期数，并在控制电路作用下借助外部按钮可实现快速校分钟、校小时、校星期，且具有整点报时和闹钟设置等多个功能的数字时钟。	结论（语）单独作为一章排写，不加章号。 结论收束全文，或综述全文，或总结经验，或提出建议等。

续表

结合所学知识，自己动手在 Quartus Ⅱ软件上尝试进行原理图的设计，将书本上抽象的理论知识用直观生动的图形展示出来，自上而下设计，由浅入深分析，层层递进，将理论和实际相结合，加深了对所学知识的理解，进一步掌握了数字时钟的结构与工作原理。同时，自己分析问题、解决问题的能力也得到了提高。 在本次设计中积累了以下经验： （1）在进行系统设计之前一定要查阅大量相关资料，切不可盲目动手，没有目的性； （2）设计中每一个细节都要考虑全面，要对特殊情况进行处理； （3）模块化设计方法简捷有效，对每一个模块调试仿真，出现错误时方便修改； （4）遇到自己无法解决的问题，一定要学会请教别人。 在本次设计过程中，由于自身知识储备的不足，仅设计了数字时钟在人们日常生活中必需的一些功能，还可增添如铃声提醒、测温等功能模块。另外，在仿真波形中发现电路产生了竞争－冒险现象，并没彻底解决。 未来多功能数字时钟，将借助新一代信息技术逐步向智能化方向发展，可综合多种数字产品功能于一体，如通过无线网络预报天气，连接移动终端进行时间设置，设置个性化图像界面等。这些功能值得后续进一步研究和扩展。	
参 考 文 献 [1] 刘娟花，厉谨．基于 FPGA 的数字日历设计［J］．现代电子技术，2014，37（3）：137—140. [2] 刘允峰．基于 Multisim 的数字时钟设计［J］．现代电子技术，2012，35（10）：184—185. [3] 王龙飞．基于 FPGA 的视频采集系统设计［D］. 西安：西安工业大学，2013. [4] GRAY P R，MEYER R G.Analysis and Design of Analog Integrated Circuits（Fifth Edition）［M］.John Wiley&Son Inc，2009：201—225.	学术期刊的著录格式： ［序号］作者．题名［J］. 刊名，出版年份，卷号（期号）：起止页码． 学位论文的著录格式： ［序号］作者．题名［D］. 保存地：保存单位，年份：起止页码（任选）．

续表

[5] E-DIN A F, KRAD H. Enhancing Classroom Experience for Computer Architecture Education with FPGAs [A]// International Conference on Computer Science and Information Technology [C]. China: China Academic Journal Electronic Publishing House: 2011: 65—71. [6] ZOU F H, LI N F.Application of Quartus Ⅱ and FPGA Technology in Experiment of Principles of Computer Composition [A] //International Conference on Broadcast Technology and Multimedia Communication [C] .China: China Academic Journal Electronic Publishing House, 2010: 408—410. …… （录自《应用型本科工科专业毕业设计指导与案例分析》，收录时有改动）①	普通图书的著录格式：[序号] 作者. 题名 [M]. 版本（第一版不标注）. 出版地：出版者，出版年：起止页码（任选）. 会议论文集的著录格式：[序号] 作者. 题名 [A] // 编者（任选）. 论文集名 [C]. 出版地：出版者，出版年：起止页码.

【练习】

一、请指出下列毕业论文存在的问题并改正。

浅论藏语中的外来词汇
——以汉语外来词等为例

摘　要：语言和文字是民族文化的特征。为了在世界语言、文化中更好地保持并且发展具有特色的藏语与文字，我们既要保持固有的词汇，又要创造与时代跟进的新词汇。大量的外来词在藏语词汇中融会，让藏族语言更加多姿多彩。本文论述了藏语外来词的概念、分类、形成的原因，研究了藏语外来词的不同来源、外来语言对藏语词汇发展的影响等相关问题。全文分五个部分进行了论述。第一部分讨论了藏语外来词汇研究的现状、意义，

① 杨敏，李莎：《应用型本科工科专业毕业设计指导与案例分析》，西安电子科技大学出版社 2021 年版，第 141—154 页。

以及本文的研究方法、研究目的等；第二部分探讨了外来词的概念、分类和外来词形成的原因；第三部分是本文的核心部分，论述了对藏语产生极大影响的各个地方与藏族文化的关系，举例说明了藏语中的汉语、印度语、尼泊尔语、西方语等外来词；第四部分结合了藏语外来词汇的历史变化进程，论述了藏语外来词的特征和发展趋势；第五部分论述了外来词汇对藏语发展的促进作用以及外来词与藏语的兼容性。

关键词：语言，藏语，外来词，影响，发展

……

参考文献

[1] 罗世洪．现代汉语词汇［M］．甘肃人民出版社，1984年版，1—38.

[2] 旦增桑布，旦增次仁．藏语拉萨方言中英语外来词的音调变化特点［J］．文化创新比较研究，2019，3（27）第105页至106页．

[3] 王红旗．语言学概论．修订本．北京：北京大学出版社，2008.4—25.

[4] 王浩．现代汉语中的英源外来词研究［D］．新疆师范大学，2008年第37页．

二、结合自己的专业，提出一个有研究价值的毕业论文（设计）题目，并拟写一份论证提纲。

毕业论文（设计）练习答题要点

第五章　申论

第一节　申论概述

一、申论的概念

申论，意即“引申论证”，它是当代国家和地方党政机关招录公务员考试时所使用的专用文体。申论写作主要包括两个方面：一是对“给定资料”中反映的问题加以“引申”得出自己的观点；二是利用“给定资料”对自己的观点加以“论证”。申论最早出现于2000年中央国家机关公务员录用考试，从此以后，每年都是我国公务员录用考试的公共科目之一。

申论的历史可以追溯到中国古代科举考试时所使用的策论。策论是古代封建社会朝廷招录各级官员的科举考试用文体，要求就当时的政治问题加以论说，并提出对策。在文体特征上，申论与策论之间有着相同性和继承性，均具有较强的针对性。其实，不管是古代的策论还是今天的申论，本质上都是针对政府机关选拔人才的考试而书写的文章，考试模拟的是政府机关的日常行政管理工作，考察的是在具体情境中解决实际问题的能力。应试者想要写出一篇优秀的申论，需要追踪时事热点问题，培养自己的阅读理解能力、提出问题能力、解决问题能力、综合分析能力、文字表达能力和贯彻执行能力。

二、“给定资料”的属性

“给定资料”在申论写作中占据着至关重要的地位，申论的观点直接来源于“给定资料”，对观点的论证也大都要依据“给定资料”。其内容多为当前社会的热点、难点和焦点问题，申论写作要求在准确理解材料内容的基础上，全面归纳、总结、分析材料的主旨、倾向和意图，形成自己的观点、思路和对策，并用简洁准确的文字将其完整清晰地表达出来。应试者审读“给定资料”时，必须清晰地了解材料的属性，把握申论主题，明确作答目的，做到全面而细致，准确而深刻。

一般而言，“给定资料”可以分为以下两类。

1. 案例性材料

案例性材料即“给定资料”为具体案例。应试者需要从案例性材料中概括总结出观点或主题。还应从正面案例中推断出经验、启示，提出对策；从负面案例中找到问题产生的原因，总结出不足、教训，提出对策。如 2019 年联考福建卷“给定资料 1”：

“这儿要是高速公路修通了，我们可怎么办？”十几年前，年迈的“背二哥”（山区的力夫）老秦问我。他的脸上写满疲惫和沧桑。老秦家在地处川鄂茶盐古道上的 L 村。该村的人祖祖辈辈都是“背二哥”，靠背背篼卖力气吃饭。因为深度贫困和交通闭塞，L 村在当地非常“有名”。是啊，公路一通，车轮一转，“背二哥”们靠什么吃饭？老秦看我没有回答，深叹了一口气，用嘶哑的喉咙唱起了歌：“长江呃，河来哟，三峡哦，峡来哟，我是三峡哟，‘背二哥’罗哈，太阳送我哟上巫山，月亮陪我哟下江河……”这就是“背二歌”。原来，三峡两岸，山高路陡，行走艰难，“背二哥”一声吼起，“背二歌”高亢激昂，以翻山越岭、穿云破雾之势，响彻川鄂茶盐古道。“背二歌”不是刻意唱给谁听的，它本身就是“背二哥”劳动的一部分。它是他们为了消除寂寞，缓解疲劳而唱的，是寂寞和艰辛之中自然升华出的歌。“背二歌”调子是豪迈、高亢、激越的，但是不得不承认，在这调子背后，它却有着沉郁、悲凉的本质：“背二歌”承载着“背二哥”的艰辛、无奈与哀怨，承载着三峡两岸的陡峭与苍凉，承载着道路的漫长与寂寞，也包含着他们对幸福生活的希冀。在抬头见天、低头见峡的山谷里，“背二歌”和三峡古韵中的民歌、情歌、哭嫁歌、花轿歌一起，在悠长的日子里飘扬，成为包括“背二哥”在内的三峡人们心中疗伤与温养的良药。那是对自然伟力的祭歌，对顽强生命的赞歌，对爱情和生活的颂歌。

2018 年，高速公路延伸到这儿了，曾经害怕路通地平影响生计的“背二哥”们，如今又是何般模样？走进 L 村，我发现它和三峡两岸所有村一样公路纵横。更为惊讶的是，一条条水泥铺就的人行便道从公路两边伸向每一户村民家中，除了上坡下田的路，村里几乎看不到一条土路。见到老秦时，他正在家里教儿子和一群年轻人唱“背二歌”。“调子是老样子，但歌词被儿子他们这些年轻人改啦。”老秦告诉我，村里通了公路，河上修起了水库，老家改天换地了。儿子不再外出打工，而是回到老家买了一艘小游艇，搞起了“农家乐”，日子过得红红火火。生活好起来了，但关于“背二哥”的记忆不能淡漠。那种在如苦水般的日子里依旧坚强乐观、努力生活的精神不能丢。为了让更多的人来到这方古道，为了留住关于古道的深刻记忆，儿子还专门要他们这些老“背二哥”教他们唱“背二歌”。他们学会了，要唱给游客们听，让新的欢快的“背二歌”飞扬到更远的地方。

“小小游艇荡碧波，我是年轻‘背二哥’，背山背水背太阳，古道春风唱新歌……”“背二歌”在以前是一种苦吟。在新时代，它以另一种方式被新的“背二哥”们唱响。时代向前，总有新歌要唱，也总有新人要上场。

这段“给定资料”叙述的是高速公路修通前后“背二哥”生活的转变，他们所唱的“背二歌”由悲凉到欢快体现了从担忧到欣喜的心情，是一则典型的案例性材料。

2. 观点性材料

观点性材料即“给定资料”全部或大部分为观点。应试者需要从观点性材料中分辨出观点正确与否。对于正确观点，可以从中逆推出问题产生的原因；对于错误观点，可以从中找出问题所在，分析问题产生的原因，并提出对策。如 2019 年联考福建卷“给定资料 5”：

人们建起了墙，关上了门，是维护，是保卫；人们开起了窗，修起了路，是凿通，是交流。与人交流，有得不到回应的尴尬；打开窗户，有被盗的可能；走出去，还有迷路的风险。事事有风险。有人说：有风险，我害怕。然而最大的风险是一点风险都不冒。走出去是风险，也是机遇。只有走出自我的时间和空间，你才会有一份阅历、一份沉淀、一份气质，才不会有动不动就说“这世界居然可以这样”的大惊小怪，才不会有永远偏守“这世界就只是那样”的固执狭隘。只有与时代脉搏同频共振，我们的乡村才有诗和远方，才不会成为泛黄相片里的凋零的乡愁；只有以开放的姿态，与世界同呼吸、共命运，共发展、同分享，我们才能一起迈向更加美好的明天。应该说，我们与世界相交，与时代相通，才能让一切保值增值，更添赋流通的美。

“其实，‘交通’本有好几层意思，既包括道路运输，也指通信通讯，更有人际沟通交流之意。”一位交通主管部门负责人说道，“不管是道路运输工程建设，还是通信通讯技术的发展，它们的本质和目的都在第三层——‘勾连’。”逢山开路，遇水架桥。港珠澳大桥、兰渝铁路、海南环岛高铁、京新高速、川藏公路北线、北斗导航、5G 技术、中国国际进口博览会、海南自贸试验区……它们让天堑变通途，让歧路成坦道；让海蓝与绿洲惊艳相逢，让雪域同水乡美丽邂逅；让天涯若比邻，让新朋成故交。它们打通了一个个偏远断点，让中国经济血脉变得更加畅通，并正在重塑中国经济地理的新标志，勾勒出中国经济运行效率的新版图。

一个国家的形象气质，显于它的自然山水，更融于它的交通之中。而这交通，既是道路桥梁、码头港湾、通信基建此类“骨肉皮”的塑造，更是民族性格培育、国家对外开放这样的“精气神”的铸就。事实证明，40 多年来，走出去的改革开放让我们在经济全球化进程中受益，而发展中的中国也为世界的发展提供着动力。一个流动的中国，充满了繁荣发展的活力。发展未有穷期。所以，我们要一直在路上。在路上，脚下也许还有泥泞，但前方必是美景。

这段“给定资料”阐述的是“交通”的重要性，也就是作者的观点，应试者可以从中提炼出文章的主题，是一则典型的观点性材料。

三、申论考试的基本题型

自2000年在国家公务员考试中首次出现申论科目后，申论考试的题目越来越新颖。不过，无论考察形式如何变化，考试测试的还是应试者的阅读材料、概括问题、分析问题、解决问题、论述问题以及文字表达等基本能力。按照申论考试的作答要求，申论的基本题型大体可以分为以下四类。

1. 概括类题型

概括类题型主要考察的是概括问题的能力，要求应试者用简洁的语言、扼要的叙述提炼出“给定资料”所反映的某一共同问题，这是申论考试中最基础的题型。

有的直接要求对“给定资料”进行概括总结，如2018年国考（副省级）第1题：

根据“给定资料1”，对调研组的调研材料，从成绩、问题和建议三方面进行概述。（15分）

要求：（1）准确、全面；（2）恰当提炼，条理清晰；（3）不超过350字。

有的在题目中不出现“概括”“总结”字样，需要应试者自己来判断，如2016年国考（地市级）第1题：

请你根据“给定资料1”的内容，将与会人员关于“好政策”的有关见解，汇总整理成一份简报。（20分）

要求：（1）内容全面，紧扣材料；（2）观点明确，简明扼要；（3）语言流畅，条理清晰；（4）不考虑格式要求，不超过400字。

2. 对策类题型

对策类题型主要考察的是解决问题的能力，要求应试者从限定的角度或以特定的身份立场，分析“给定资料”中问题产生的原因，且提出可行的解决方案。

此类题型有的要求分析原因，有的要求提出对策，有的既要分析原因又要提出对策。应试者在作答时一般需要遵循“概括总结——分析原因——提出对策”的解题步骤。如 2020 年联考北京卷（区级及以上）第 3 题：

结合“给定资料”，请从政府部门的角度，就标准化工作如何助推公共服务质量的提升提出对策建议。（25 分）

要求：建议合理可行，针对性强，条理清晰，语言简练，不超过 400 字。

3. 分析类题型

分析类题型考察的是分析问题的能力，要求应试者在概括相关问题的基础上进一步分析提炼，揭示“给定资料”中所蕴含的意义、启示、经验、教训等。

此类题型通常要求理解、评价、阐释材料中的某一句话、某一种现象或某一做法，应试者在作答时一般需要遵循“概括总结——推断引申——组织成章”的解题步骤。如 2020 年联考江苏卷（A 类）第 2 题：

“给定资料 2”中的张先生与小胡通过自身在互联网世界的经历，总结出各自的职业观，请对他们的职业观分别进行评析。（15 分）

要求：观点正确，分析透彻。篇幅 250 字左右。

4. 论证类题型

论证类题型考察的是论述问题的能力，要求应试者针对“给定资料”反映的社会现象或某些问题，在分析的基础之上提出对策建议，全面阐发、论证自己的观点和见解。

此类题型在申论考试中分值最高、字数最多、难度最大，是能全面考察应试者的理解思辨能力、谋篇布局能力、理论联系实际能力、文字表达能力的一种题型，在申论试卷中占据着举足轻重的地位。如 2020 年联考江苏卷（A 类）第 4 题：

“给定资料 5”中提到：想象一种语言就意味着想象一种生活方式，网络世界为这种想象提供了无限可能。请结合对这句话的理解，围绕“网追正能量

担当新时代”这一主题，联系实际，写一篇议论文。（40 分）

要求：（1）自选角度，自拟标题；（2）参考给定资料，不拘于给定资料；（3）观点明确，内容充实，结构完整；（4）篇幅 1000 字左右。

第二节　申论考题解答方法

申论考试的命题形式灵活多样，应试者遵循以下步骤进行解答，可以有效提升答题的质量。

一、明确题目要求

申论考试阅读量大，时间有限，阅读“给定资料”前审好题是避免无效阅读的有效方式。审题时，可以按照以下顺序进行：

1. 明确题目范围是全部“给定资料”还是部分“给定资料”。
2. 辨别考试题型属于哪一类基本题型。
3. 明确字数要求。
4. 明确题目有无虚拟身份要求。

明确以上几点，才能更快、更准确地锁定关键信息，从而高效地阅读“给定资料”。

【案例】

2020 年国考（副省级）第 5 题：

假设你是 S 省省委人才发展局的工作人员，请根据“给定资料 5”，以“海纳百川聚四方之才”为题，为 S 省省委人才发展局有关负责人撰写宣讲会上的推介讲话稿。（30 分）

要求：（1）角色定位准确；（2）内容切合主题；（3）语言流畅，有感染力；（4）字数 800 ～ 1000 字。

解析：

1. 题目的范围是“给定资料 5”，而非全部“给定资料”。
2. 题目要求写讲话稿，属于分析类题型。
3. 字数要求在 800 ～ 1000 字。
4. 题目有虚拟身份要求：S 省省委人才发展局工作人员。

明确以上要求，即可站在 S 省省委人才发展局工作人员的角度，围绕撰写讲话稿这一写作要求，针对性地阅读“给定资料 5”。与盲目阅读全部材料相比，其效率自然会更高。

二、锁定关键信息

锁定关键信息即找到“给定资料”中与文章主题相关的关键信息。虽然部分材料可以运用中心句分析、关键词分析、关联词分析等方法从中提取出关键信息，但大多数材料需要首先明确其主题，然后再去寻找与主题相吻合的关键信息。

【案例】

2018 年国考（副省级）第 4 题：

根据“给定资料 4”，谈谈你对“想象力经济”的理解。（10 分）
要求：（1）准确、全面；（2）不超过 200 字。

给定资料 4：

以下是专家意见摘录。

人类经过了农业时代，工业时代，进入了现在的互联网时代，接下来的时代应该是“想象力经济时代”。设计师将是那一个时代的主人。【1】

2016 年，一场以“创造不可能”为主题的全球创新设计大会走入了人们的视野。数十位设计大咖通过对时代痛点与未来发展趋势的解读与畅想，让我们第一次了解了“新物种”“爆款计划”以及“想象力经济”这些概念中隐含

的巨大价值。中国领先的创新设计平台，则以“众创”的模式推动想象力向生产力转化，致力于用设计创造更多经济价值。【2】

这里面所体现的“共享设计”的理念，激发了个人创造力的觉醒，并由此引领设计新风潮。这一全新理念，意在打造一个集企业、用户、设计师为一体的共享生态圈，同时将设计上升到了一个“众创”的维度，赋予每个参与者以创造者和受益者的双重身份，由此推动想象力的价值链实现最大化的延展。【3】

让想象力产生价值乘数效应，这正是“众创”所希望的结果。共享价值的实现，激发了更多人加入共享设计生态圈。【4】

设计师可以通过与用户进行交流汲取全新的创意灵感，与企业沟通将设计转变为惠及大众的创新产品。企业家也有了机会向用户展现自身的创意产品，聆听他们的想象进而洞察他们的需求，让具有创造力的设计师助力企业的产品创新，进而创造更大的商业价值。【5】

当用户需求被设计师解读，并对产品进行重新创作，优秀的产品便产生了，这个产品再造并走向市场形成商业价值的过程，就是想象力经济的落地体现。想象力经济的本质正是将人的创新精神转化为商业价值的一个过程。【6】

想象力是消费升级的原动力，消费升级反映了消费水平和发展趋势，让消费者为内心的归属感买单，其突破口在于找到消费者真正的欲求。【7】

每个时代都会出现某种经典产品来推动社会的发展和变革，互联网时代的是手机、电脑等终端产品，智能时代的是智能机器人。智能机器人普及后，对人类来说，想象力将会成为下一个时代的主导，设计师将成为推动社会进步的重要力量。【8】

互联网技术的进步使万物产生共联，共享经济的产生让社会资源得到优化配置。个体创造力的连接与共享是想象力经济发挥价值的基础。个人创造力的觉醒、企业创新力的横空出世推动想象力成为未来经济发展的新驱动力。而创造力共享让每一个天马行空的创意设计变现，从而创造更多颠覆时代的爆款产品，充分挖掘设计师个体的价值。【9】

只要拥有想象力，敢于创新，就有可能迎来想象力经济的时代。【10】

解析：

此则“给定资料”的主题是“你对想象力经济的理解”，寻找出的关键信息必定要与“想象力经济”有关，解题的重点应放在你对案例的“理解”上。

“给定资料”中寻找到的与主题相吻合的关键信息就是想象力经济指的是什么、包括什么、作用是什么等。因此，可以锁定的关键信息如下：

【1】接下来的时代应该是“想象力经济时代”。设计师将是那一个时代的主人。

【2】以“众创”的模式推动想象力向生产力转化，致力于用设计创造更多经济价值。

【3】这里面所体现的“共享设计”的理念，……意在打造一个集企业、用户、设计师为一体的共享生态圈，同时将设计上升到了一个“众创”的维度，赋予每个参与者以创造者和受益者的双重身份，由此推动想象力的价值链实现最大化的延展。

【4】让想象力产生价值乘数效应，这正是“众创”所希望的结果。共享价值的实现，激发了更多人加入共享设计生态圈。

【5】让具有创造力的设计师助力企业的产品创新，进而创造更大的商业价值。

【6】想象力经济的本质正是将人的创新精神转化为商业价值的一个过程。

【7】想象力是消费升级的原动力。

【8】想象力将会成为下一个时代的主导，设计师将成为推动社会进步的重要力量。

【9】个体创造力的连接与共享是想象力经济发挥价值的基础。个人创造力的觉醒、企业创新力的横空出世推动想象力成为未来经济发展的新驱动力。

【10】只要拥有想象力，敢于创新，就有可能迎来想象力经济的时代。

三、提炼关键信息

提炼关键信息即对已经锁定的关键信息进行加工、整合，从而得到能够反映问题本质的抽象信息。应试者必须对锁定的关键信息逐条概括，归类整合，提炼出隐藏在事物表象背后的共通本质。

【案例】

2018年国考（副省级）第4题（即上一案例）。

解析：

首先需要对锁定的关键信息进行概括。

【1】概括为：设计师是“想象力经济时代”的主人。

【2】概括为：想象力经济的内涵：以“众创”的模式推动想象力向生产力转化，致力于用设计创造更多经济价值。

【3】概括为：想象力经济的具体表现：打造一个集企业、用户、设计师为一体的共享生态圈，赋予每个参与者以创造者和受益者的双重身份，由此推动想象力的价值链实现最大化的延展。

【4】概括为：让想象力产生价值乘数效应，激发更多人加入共享设计生态圈。

【5】概括为：让具有创造力的设计师助力企业的产品创新，进而创造更大的商业价值。

【6】概括为：想象力经济的本质正是将人的创新精神转化为商业价值的一个过程。

【7】概括为：想象力是消费升级的原动力。

【8】概括为：想象力将会成为下一个时代的主导，设计师将成为推动社会进步的重要力量。

【9】概括为：个体创造力的连接与共享是想象力经济发挥价值的基础，想象力是未来经济发展的新驱动力。

【10】概括为：只要拥有想象力，敢于创新，就有可能迎来想象力经济的时代。

然后需要对经过概括的关键信息进行整合。

【1】【8】【9】【10】可以合并，论点是想象力、设计师、创新是下一个“想象力经济时代”的主导。对其进一步引申，即想象力和创新对社会发展非常重要。

【2】“想象力经济”的内涵。

【3】【4】【5】可以合并，论点是“想象力经济”的具体表现：打造一个集企业、用户、设计师为一体的共享生态圈，赋予每个参与者以创造者和受益者的双重身份，让想象力产生价值乘数效应，激发更多人加入共享设计生态圈，创造更大的商业价值。

【6】【7】可以合并，论点是“想象力经济”的本质，即将人的创新精神转化为商业价值，促进消费升级。

综上，可以提炼出的关键信息如下：

（1）想象力和创新对社会发展很重要。

（2）想象力经济的内涵。

（3）想象力经济的具体表现。

（4）想象力经济的本质。

四、组织文章结构

在已提炼出主题和关键信息的情况下，如何来谋篇布局是写好申论的关键。而组织文章结构最有效的方式之一，就是采用高杉尚孝在《麦肯锡教我的写作武器：从逻辑思考到文案写作》中所提到的“金字塔结构”。

所谓“金字塔结构”，就是按照层级来配置文章主题或信息的结构。塔顶是文章的主题，每个分支就是文章的一个论点，论点之下再列出若干分论点。在“金字塔结构”中，一个主题需要几个论点支撑，每个论点需要几条支撑信息，均要视具体情况而定[①]。如图 5–1 所示：

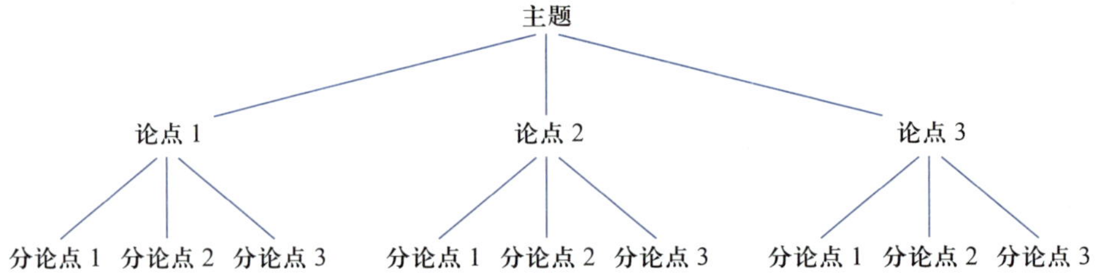

图 5–1 “金字塔结构”示意图

【案例】

2018 年国考（副省级）第 4 题（即上一案例）。

① 参见［日］高杉尚孝：《麦肯锡教我的写作武器》，郑舜珑译，北京联合出版社 2013 年版，第 69—70 页。

解析：

可以采用“金字塔结构”梳理文章结构。“给定资料”的主题是“想象力经济”对社会发展十分重要，支撑这一主题的论点分别为：

1. 想象力经济的内涵。
2. 想象力经济的本质。
3. 想象力经济的具体表现。

三个论点的支撑信息分别是：

1. 以“众创”的模式推动想象力向生产力转化，致力于用设计创造出更多的经济价值。
2. 将人的创新精神转化为商业价值，促进消费升级。
3. 打造一个集企业、用户、设计师为一体的共享生态圈，赋予每个参与者以创造者和受益者的双重身份，让想象力产生价值乘数效应，激发更多人加入共享设计生态圈，创造更大的商业价值。

如图 5–2 所示：

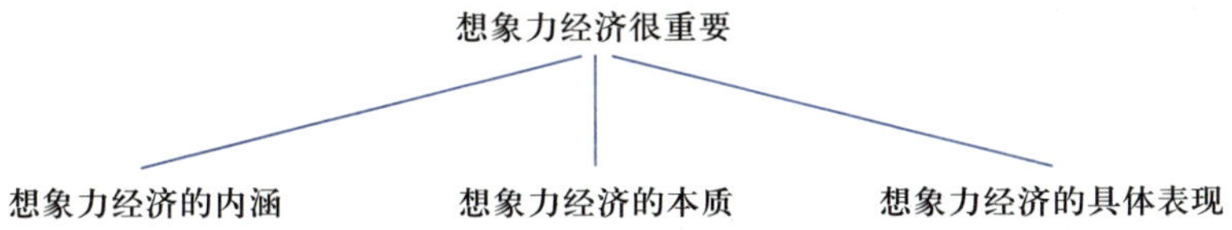

图 5–2　“想象力经济很重要”金字塔结构

综上所述，关于对“想象力经济”的理解，具体解答如下：

想象力经济在未来的社会发展中至关重要。

想象力经济是指通过众创模式实现想象力向生产力转化，以设计创造经济价值。

想象力经济的本质在于解读用户需求，重新创作产品，将人的创新精神转化为商业价值，实现消费升级。

想象力经济具体表现在打造企业、用户、设计师参与的共享设计生态圈，赋予参与者以创造者和受益者的双重身份，实现想象力价值的乘数效应。

因此，要挖掘社会的想象力，形成敢于创新的氛围。

在解答申论题目时，需按照明确题目要求、锁定关键信息、提炼关键信息、组织文章结构的顺序进行解答，如此写出的文章才能真正紧扣“给定资料”，才是对“给定资料”的概括、分析和总结。对于字数要求五百字以上的题目，采用“金字塔结构”组织文章结构是必要且有效的一种方法。

第三节 申论基本题型解析

一、概括类题型解析

概括类题型要求应试者用简洁的语言、扼要的叙述提炼出“给定资料”所反映的某一共同问题。这类题目一般需要清晰辨别材料与材料之间的关系，正确把握单则材料内部的逻辑关系，客观总结出隐藏在事物表象之后的共通本质。应试者在作答时，应紧紧围绕“给定资料”，审题要全面深刻，用精准简练的语言提炼概括出材料的要点。

【案例 1】

2019 年国考（副省级）第 1 题：

根据“给定资料 1”，概括 S 市在乡风文明建设方面的举措。（10 分）
要求：全面、准确，不超过 150 字。

给定资料 1：

S 市积极响应十九大报告中“要坚持农业农村优先发展，按照产业兴旺、生态宜居、乡风文明、治理有效、生活富裕的总要求”，坚持将乡风文明建设放在全市发展大局中进行谋划，大力推动农村综合改革、美丽文明村居建设、基层大治理等工作，把乡风文明建设作为重要内容加以部署。为加强基层治理，推动乡村振兴，今年 3 月 13 日，S 市召开工作大会，对村居建设作了整体部署：到今年年底完成 30 个美丽文明和谐示范村建设，到 2020 年年底完成

50个示范村居、5个标杆村居建设，按照典型引领、整体推进、总体提升的方针，将乡风文明建设进一步推向深入。【1】

S市一直重视基层党建工作，大力实施固本强基工程，突出村级党组织领导核心作用，按照“党领导一切”原则出台了一系列政策，努力健全以党建为统领、以法治为核心的基层治理体系，通过党组织的有力领导，促进矛盾纠纷的化解和法治观点的强化，逐步提高乡风文明水平。【2】

今年S市选派了104名机关干部任村居第一书记，公开招考205名优秀大学生担任村干部，并推进基层党建下沉到村民小组，落实支部建在小组上。该市党建工作示范村A村牢记习近平总书记“农村党建要让群众更满意”的殷切期望，积极探索“党建+”融合基层治理发展模式，以党建引领基层自治、共治、法治、德治。【3】

S市注重提升城市形态，大力推动城市升级，“美城行动”从中心城区延伸到村居社区。在乡风文明建设过程中，S市以改造乡村人居环境为核心，深入推进农村环境综合治理和生态文明建设，全面提升农村整体环境，取得了明显成效，绿化、美化水平显著提升。【4】

S市共投入2000多万元用于文化遗存的修缮和活化。全市现有国家级、省级、市级非物质文化遗产共28项，国家级、省级、市级非遗传承人共27人。S市坚持“一村居一品牌”的工作思路，挖掘提炼村居历史文化特色，打造村居文化品牌活动。【5】

目前全市已建成30个村居主题公园，143个农村公民道德讲堂，每个村居都设置了善行义举榜或好人榜，让核心价值观随处可见、随时可学、随心可感。

S市不断加强核心价值观宣传教育，推进主题公园、标识景观、公益广告建设，开展农村道德模范和身边好人学习宣讲活动，引导村民树立正确价值观念。同时，S市还大力加强农村思想道德建设，深入挖掘农村传统道德教育资源，引导村民在思想观念、道德规范、知识水平、素质修养、行为操守等方面继承和弘扬优良传统，形成积极、健康、向上的社会风气和精神风貌。【6】

解析：

1. 明确题目要求

（1）题目限定的范围是“给定资料1”，作答本题的依据即为“给定资料1”。

（2）题目明确要求“概括S市在乡风文明建设方面的举措”，属于概括类题型。

（3）题目明确要求不超过150字。

（4）题目无虚拟身份要求。

2. 锁定关键信息

锁定的关键信息如下：

【1】S市把乡风文明建设作为重要内容加以部署。

【2】S市一直重视基层党建工作，……通过党组织的有力领导，促进矛盾纠纷的化解和法治观点的强化，逐步提高乡风文明水平。

【3】S市积极探索“党建+”融合基层治理发展模式，以党建引领基层自治、共治、法治、德治。

【4】S市以改造乡村人居环境为核心，深入推进农村环境综合治理和生态文明建设，全面提升农村整体环境，取得了明显成效，绿化、美化水平显著提升。

【5】S市共投入2000多万元用于文化遗存的修缮和活化。……S市坚持“一村居一品牌”的工作思路，挖掘提炼村居历史文化特色，打造村居文化品牌活动。

【6】S市不断加强核心价值观宣传教育，推进主题公园、标识景观、公益广告建设，开展农村道德模范和身边好人学习宣讲活动，引导村民树立正确价值观念。同时，S市还大力加强农村思想道德建设……形成积极、健康、向上的社会风气和精神风貌。

3. 提炼关键信息

对锁定的关键信息概括如下：

【1】不是具体措施，可以忽略。

【2】【3】都与党建相关，可以概括为：重视基层党建工作，探索“党建+”融合基层治理发展模式，以党建引领基层自治、共治、法治、德治。

【4】可以概括为：以改造乡村人居环境为核心，深入推进农村环境综合治理和生态文明建设。

【5】可以概括为：挖掘提炼村居历史文化特色，打造村居文化品牌活动。

【6】可以概括为：引导村民树立正确价值观，大力加强农村思想道德建设。

本题通过提炼关键信息即可直接得出结论，按照一般的逻辑顺序稍做调整即可。

综上，S市在乡风文明建设方面的举措概括如下：

（1）重视基层党建工作，探索“党建+”融合基层治理发展模式，以党建引领基层自治、共治、法治、德治。

（2）以改造乡村人居环境为核心，深入推进农村环境综合治理和生态文明建设。

（3）挖掘提炼村居历史文化特色，打造村居文化品牌活动。

（4）引导村民树立正确价值观，大力加强农村思想道德建设。

【案例2】

2019年国考（副省级）第2题：

假如你是被派到Y县的调研组的一员，请根据“给定资料2”中的调研记录，就山岔村值得肯定的做法写一份调研报告提纲。（20分）

要求：1. 紧扣材料，重点完整；2. 内容具体，条理清晰；3. 不超过500字。

给定资料2：

有着良好区位优势和自然条件的Y县城关镇山岔村，多年来却受人多地少、农业基础薄弱、产业结构单一等因素制约，2012年全村人均纯收入仅为3800元，约三成的人口处在贫困线下。在各方努力下，该村2013年实现了整村脱贫，2015年建成省级美丽乡村，2016年被评为市级卫生村，2017年列入小康村建设项目。日前，调研组对山岔村进行了调研，以下是调研记录：

村党支部书记L介绍说，为了彻底改变贫困面貌，2013年，村上联系帮扶单位省环保厅、相关银行，反映发展意见，争取帮扶资金。山岔村通过整合帮扶资金，建成了180平方米的文化宣传基地，安装太阳能路灯10盏，硬化村内道路3公里，硬化西环路至山岔村道路3.5公里，还积极争取财政、建设、文化、扶贫等部门资金，实施了清溪小学及幼儿园新建工程。【1】

该村还积极鼓励农户成立合作社，通过土地流转，形成合作社式的劳作模式，发展现代设施农业、养殖业，并引导群众有计划地种植经济作物。【2】

杨自龙家以前是村里有名的贫困户。原本东奔西走做临时工的他，在村党支部的鼓励下，争取到帮扶贷款90万元以及村级发展互助资金协会所注入的资金30万元，牵头成立了吉隆田农产品产销专业合作社，先后搭建起17座大棚种植草莓。因为绿色环保，来采摘的人很多，经济收入年年增长。

据记载，山岔村以前有九盘水磨，它们在清朝同治年间被焚烧殆尽。清光绪初年，本村村民王生贵、王好存父子重新修建一盘水磨，用于解决老百姓无处磨面的问题，加工场面十分红火。这盘具有传奇色彩的水磨保留到了今天，它不但让后人了解先辈生活，也激励了大家齐心奔小康的勇气，被Y县人民政府授为县文物保护单位。

"我们确立了'一心多景、一轴三廊、四片联动'发展格局。"城关镇党委书记X如是说。他介绍，山岔村2014年被纳入了市级美丽乡村建设行列，城关镇抓住这一机遇，积极为该村出良策，确定以"传承九磨文化、做足山水文章"为主线，因地制宜发展乡村旅游业。该村下决心把发展乡村旅游作为带动全村致富的一个新举措，依托自然资源，发挥山岔村天然水源的优势，彰显历史印记，融合文化元素，做活水的文章，打造避暑休闲的美丽村庄。【3】

L书记说，该村2014年修建了占地650平方米的老年文化活动广场，2015年利用省市县三级配套资金打造了占地7800平方米的水磨文化广场，2016年建成了2000平方米的人造草坪球场并精心打造了400米长的历史文化艺术墙。这些设施不仅丰富了群众文化生活，而且使村民在潜移默化中受到教育，社会风气也越来越好。【4】

山岔村古时就因县里八景之一的"烽火夕照"而负盛名。夕阳将落未落之时，晚霞赤红如血，涂遍半边天空，如一幅色彩溢漾的油画。置身此处，山川河流尽收眼底，其景象在夏日最为艳丽壮观。据此，山岔村2016年建成烽火夕照长城墙、山神庙观景平台和小游园，同时恢复了重阳民俗文化活动。【5】

"我们村已通过省、市美丽乡村建设验收，打造了一个不要门票的乡村旅游景点。到这里来，能品野菜、听蛙声、忆水磨、体验农耕文化，看得见山，望得见水，留得住乡愁。”L书记高兴地告诉我们。

依托美丽乡村建设，部分村民办起了农家乐。周云是村里的致富带头人，2014年市级美丽乡村建设时，他看到了商机，有效利用自家宅院，开办“农家乐”。“道路全部硬化，环境干净整洁，景观美丽还有故事，这吸引来了不少游客，生意一天比一天好，1个月纯利润有1万多元。”周云笑呵呵地说。【6】

L书记介绍说：“周云的农家乐开办为山岔村的乡村旅游业发展开了个好头，好多村民纷纷效仿，家庭收入开始增长，生活条件明显好转了。可是新的问题出现了，男人们一闲下来就喝酒，女人们一闲下来就传闲话。镇、村都意识到了这个问题。习近平总书记说：‘实施乡村振兴战略要物质文明和精神文明一起抓，特别要注重提升农民精神风貌。’我们全面落实习近平总书记的有关指示，大力倡导文明树新风。”他指着一些农家大门边墙说：“精神文明建设的第一步就是从每一家找家训、立家规，然后制作成漂亮的牌子挂在门口，时时提醒着进出的每一个人。”他强调，家和万事兴，家庭和睦、邻里亲近，做任何事都容易。【7】

山岔村把家训作为优秀传统文化传承发扬，在全村范围内从家谱村史、牌匾楹联、经典家训中广泛征集好家训，使该村成为户户挂家训、家家立家规的“家训村”，以文明家风推动良好社会风气形成。周云家的大门口贴的是“家庭和谐、邻里相亲”，对于周云来说，好的家训是他家庭和睦、创业致富的根本。周云说：“自从挂上了家训牌，全村的人就开始讨论张家或者李家的家风，不但监督别人，而且反观自己、要求自己、教育孩子。大家和睦相处，邻里亲近。”【8】

解析：

1. 明确题目要求

（1）题目限定的范围是“给定资料2”，要求“紧扣材料”，作答本题的依据即为“给定资料2”。

（2）题目要求根据调研记录写一份调研报告提纲，考察的主要是对“给定资料”的概括总结能力，属于概括类题型。

（3）题目要求不超过500字。

（4）题目有虚拟身份要求，即要以 Y 县调研组成员的身份完成这份调研报告提纲。

2. 锁定关键信息

锁定的关键信息如下：

【1】争取帮扶资金。山岔村通过整合帮扶资金，建成了 180 平方米的文化宣传基地，安装太阳能路灯 10 盏，硬化村内道路 3 公里，硬化西环路至山岔村道路 3.5 公里，还积极争取财政、建设、文化、扶贫等部门资金，实施了清溪小学及幼儿园新建工程。

【2】鼓励农户成立合作社，通过土地流转，形成合作社式的劳作模式，发展现代设施农业、养殖业，并引导群众有计划地种植经济作物。

【3】确定以“传承九磨文化、做足山水文章”为主线，因地制宜发展乡村旅游业。该村下决心把发展乡村旅游作为带动全村致富的一个新举措，依托自然资源，发挥山岔村天然水源的优势，彰显历史印记，融合文化元素，做活水的文章，打造避暑休闲的美丽村庄。

【4】修建了……老年文化活动广场，打造了……水磨文化广场，建成了……人造草坪球场并精心打造了……历史文化艺术墙。

【5】建成烽火夕照长城墙、山神庙观景平台和小游园，同时恢复了重阳民俗文化活动。

【6】依托美丽乡村建设，部分村民办起了农家乐。

【7】倡导文明树新风。

【8】山岔村把家训作为优秀传统文化传承发扬，在全村范围内从家谱村史、牌匾楹联、经典家训中广泛征集好家训，使该村成为户户挂家训、家家立家规的“家训村”，以文明家风推动良好社会风气形成。

3. 提炼关键信息

对锁定的关键信息概括如下：

【1】可以概括为：积极争取帮扶资金，建成了文化宣传基地、路灯、道路等基础设施；还积极争取财政、建设、文化、扶贫等部门资金，实施新建工程。

【2】可以概括为：鼓励农户成立合作社，通过土地流转，形成合作社式的劳作模式，发展现代设施农业、养殖业，并引导群众有计划地种植经济

作物。

【3】【4】【5】【6】可以概括为：因地制宜发展乡村旅游业。首先，确定了“传承九磨文化、做足山水文章”这一主线，把发展乡村旅游作为带动全村致富的一个新举措；其次，依靠当地的自然资源，发挥山岔村天然水源的优势，作活水的文章，打造避暑休闲的美丽村庄。为此，修建了老年文化活动广场、水磨文化广场、人造草坪球场、历史文化艺术墙等；再次，依托当地历史资源，建成烽火夕照长城墙、山神庙观景平台和小游园，同时恢复了重阳民俗文化活动；最后，依托美丽乡村建设，部分村民办起了农家乐。

【7】【8】可以概括为：传承弘扬优秀文化传统。征集好家训，挂家训，立家规。

本题通过提炼关键信息即可直接得出结论，按照一般的逻辑顺序稍做调整即可。同时，还要注意应以 Y 县调研组成员身份作答。

综上，本题具体解答如下：

关于山岔村的调研报告提纲

山岔村在实现整村脱贫的过程中有很多值得借鉴的做法和经验，经过调研，报告如下：

一、积极争取帮扶资金，建成了文化宣传基地、路灯、道路等基础设施；此外，还积极争取财政、建设、文化、扶贫等部门资金，实施新建工程。

二、鼓励农户成立合作社，通过土地流转，形成合作社式的劳作模式，发展现代设施农业、养殖业，并引导群众有计划地种植经济作物。

三、依托当地自然与历史资源，因地制宜发展乡村旅游业。首先，确定了“传承九磨文化、做足山水文章”这一主线，把发展乡村旅游作为带动全村致富的一个新举措；其次，依靠当地的自然资源，发挥山岔村天然水源的优势，作活水的文章，打造避暑休闲的美丽村庄。为此，修建了老年文化活动广场、水磨文化广场、人造草坪球场、历史文化艺术墙等；再次，依托当地历史资源，建成烽火夕照长城墙、山神庙观景平台和小游园，同时恢复了重阳民俗文化活动；最后，依托美丽乡村建设，部分村民办起了农家乐。这不但让他们实现了自身富裕，也为乡村旅游的发展提供了必要的保障。

四、传承弘扬优秀文化传统。征集好家训，挂家训，立家规。

二、对策类题型解析

对策类题型要求应试者从限定的角度或以特定的身份立场，分析“给定资料”中问题产生的原因，提出切实可行的解决方案。这类题目一般分为分析原因类、提出对策类、分析原因并提出对策类三种。应试者在作答时，应细致地筛选、梳理、整合相关材料，明确主要问题或矛盾，分析其背后的原因，提出具有针对性、可操作性的对策建议。

【案例】

2018 年联考福建卷（乡镇）第 2 题：

请根据“给定资料 2”，为农村电商的发展提出合理建议。（20 分）

要求：（1）紧扣资料，内容全面；（2）语言准确简明，有条理；（3）字数不超过 300 字。

给定资料 2：

2017 年的网络购物节，是电商和网友们共同的狂欢。据统计，2017 年购物节期间农村实现网络零售额 846.08 亿元，其中购物节当天实现网络零售额 392.40 亿元，同比增长 6.53%，完全可以说得上“涨势喜人”。但同时，购物节期间，农村网络零售额在全国占比仅为 15.55%，比前三季度的占比（17.14%）还低 1.59 个百分点，这显然与农村地区在集中品牌营销活动期间，竞争力有待提升有关；东部、中部和西部农村地区在销售额中的贡献分别为：67%、18%、15%。农村电商，本来应该是一根网线串联城乡，形成“工业品下乡”“农产品进城”的双向物流。但令人遗憾的是，目前下乡的工业品汹涌澎湃、高歌猛进，而进城的农产品却步履蹒跚、跌跌撞撞。农民们说，他们不懂网上销售，少人帮忙；网上卖农产品要打知名度，他们经济实力不够，烧不起钱。农产品大多是又占地方又重，走不起按重量计费的快递。要是用大宗物流，可能货还没到就变质变味了，这反而影响产品口碑，砸了招牌。【1】

一位电商从业人员则抱怨，一些农户的土特农产品，看着确实不错，但是没有商标、没有产品质量证书、没有大型仓库，根本不能在网上商店推销。“农产品必须要有身份证啊。”她总结道，“你从哪来，是什么品种，用了什么肥料，长了多长时间，谁是你的父母，这些清清楚楚的，我们才敢销售啊。”【2】

农产品进城，目前正遭遇多重障碍，怎样破除这些障碍，需要有关部门认真研究、大力扶持，需要政府、电商企业来帮助，也需要农户积极创造条件。【3】

开业不到两年，Z区“乡村之家”农产品电商平台就逐渐萎缩了，流量少，销售业绩下滑，线下体验店少人光顾。无奈之下，只能关闭了，线上商城也同时关闭。农产品电商平台不成功的原因很多，除去客观原因外，平台知名度低、宣传推广力度不够是一个重要原因。现在无论是PC端，还是智能手机网页，区域电商平台数量众多，一个新创建的本地电商平台很难会在短时期内获得众人关注，这需要大量的宣传推介，需要烧钱打知名度。虽然“乡村之家”也烧钱做了一些推介，但由于种种原因没能持续下去，因而在农产品电商平台的汪洋大海里逐渐沉没了。【4】

电商研究专业人士W介绍，一些地方的农产品不能登上大型电商平台，还有一个重要原因是产品没有商标、没有品质认证，深加工的产品更没有QS认证，所以很多大型电商平台根本不敢销售，因为产品质量不可控。一些农产品为何不愿进行产品认证呢？原因有二：一是生产者缺乏认证意识；二是农产品质量认证需要时间较长，费用较高，很多农户不愿认证。【5】

还有一些农户的合同意识不强，农产品一旦线下热卖，他们就私自从电商平台上撤下产品，让电商平台猝不及防。现在很多生鲜电商都需要提前预卖，需要提前跟农户签订收购合同，但是一旦丰收季节线下售价高于原来的合同价，有些农户和企业便会不履行之前签订的合同，让电商平台苦不堪言。【6】

自建农产品电商平台知名度低，跟全国性知名电商大佬合作，情况又如何？目前，多家全国性的知名电商平台都建有农产品专卖店，但销售的大都是全国知名的优质农产品，且都是跟一些大型企业集团合作，原因是产品知名度大，企业实力强，不惧怕烧钱搞推广。一般来讲，个体农户或者单一的农民专业合作社的农产品想在这些大的电商平台立足是相当困难的，即使进去也很难

有良好的销售业绩，原因是需要大把烧钱做宣传。【7】

Z 区微政通电商平台经理 Q 告诉记者，不管是自建电商平台还是跟全国性电商大平台合作，农村电商人才匮乏是一个不争的事实。他们很想扩大平台网购规模，帮助农户、农民专业合作社、涉农企业把优质农产品在网上销售，但遗憾的是人才不足，无暇服务更多的农户。现在是科班出身的大学生根本不愿意下乡从事电商，本土的青年人又没接触过电商，所以人才急缺。【8】

解析：

1. 明确题目要求

（1）题目限定的范围是“给定资料 2”，作答本题的依据即为“给定资料 2”。

（2）题目要求“为农村电商的发展提出合理建议”，属于对策类题型。虽然仅要求提出合理建议，但解题时仍要遵循先找出原因、再提出对策的思路。

（3）题目要求不超过 300 字。

（4）题目无虚拟身份要求。

2. 锁定关键信息

“给定资料 2”反映的是农村电商竞争力不足的问题，锁定的关键信息如下：

【1】材料前面讲的是电商涨势喜人，但农村电商却竞争力不足，这属于现象描述，要找出产生问题的原因，可直接锁定关键信息为：不懂网上销售，少人帮忙；网上卖农产品要打知名度，他们经济实力不够，烧不起钱。农产品大多是又占地方又重，走不起按重量计费的快递。要是用大宗物流，可能货还没到就变质变味了，这反而影响产品口碑，砸了招牌。

【2】据电商从业人员说法，不敢在网上商店推销农产品的原因为农产品没有身份证，故锁定关键信息为：农产品必须要有身份证。

【3】农产品进城，……需要政府、电商企业来帮助，也需要农户积极创造条件。

【4】农产品电商平台不成功的原因很多，除去客观原因外，平台知名度低、宣传推广力度不够是一个重要原因。……虽然“乡村之家”也烧钱做了一些推介，但由于种种原因没能持续下去。

【5】一些地方的农产品不能登上大型电商平台，还有一个重要原因是产品没有商标、没有品质认证，深加工的产品更没有 QS 认证。……一些农产品为何不愿进行产品认证呢？原因有二：一是生产者缺乏认证意识；二是农产品质量认证需要时间较长，费用较高。

【6】还有一些农户的合同意识不强，农产品一旦线下热卖，他们就私自从电商平台上撤下产品，让电商平台猝不及防。

【7】跟全国性知名电商大佬合作，……需要大把烧钱做宣传。

【8】不管是自建电商平台还是跟全国性电商大平台合作，农村电商人才匮乏是一个不争的事实。

3. 提炼关键信息

首先，需要对锁定的关键信息进行概括。

【1】农村电商竞争力不足原因有：①农民不懂网上销售，少人帮忙；②农民经济实力不够打知名度；③农产品走不起快递，又无法使用大宗物流。

【2】农产品必须要有身份证。这里的“必须”，提示这就是解决方案。

【3】农产品进城，需要政府、电商企业和农民三方面的共同努力。

【4】农产品电商平台因种种原因宣传推广力度不够。

【5】农产品没有商标、没有品质认证，深加工的产品更没有 QS 认证，无法登上大型电商平台。农民之所以不愿进行产品认证，一是缺乏认证意识；二是认证需要时间较长，费用较高。

【6】农户的合同意识不强。农户的合同意识不强导致的结果是什么呢？电商平台不愿意与其合作。

【7】跟全国性知名电商大佬合作，需要大把烧钱做宣传。这导致的结果就是，农户不能与知名电商大佬合作。

【8】农村电商人才匮乏。

然后，需要将概括出的关键信息进行整合。

【2】【5】讲的是农产品认证问题，农产品没有认证与【6】农户的合同意识不强是共同导致大型电商平台不愿接受普通农产品的主要原因。

【1】中的②③与【4】【7】讲的是农民经济实力不足导致无法提高产品知名度等问题。

【1】中的①与【8】讲的是农村电商人才匮乏问题。

通过以上分析，可以提炼出的关键信息如下：

（1）农产品没有身份认证，无法登上大型电商平台。

（2）农民经济实力不足，无法加大宣传推广力度。

（3）农村电商人才匮乏。

（4）农户合同意识不强。

（5）大型电商平台不愿接纳普通农户的农产品。

最后，需要由问题本身反推出对策。【3】指出农产品进城，需要政府、电商企业和农民三方面的共同努力，可以从此入手找出对策，具体如下：

（1）农产品没有身份认证，无法登上大型电商平台。针对此点提出的建议是：政府要引导农民加强农产品身份认证，要出台政策减少农产品认证时间和费用，促进农产品登上大型电商平台。

（2）农民经济实力不足，无法加大宣传推广力度。针对此点提出的建议是：政府要引导村里成立合作组织，聚集各家资源和财富，加大在电商平台的宣传推广力度。

（3）农村电商人才匮乏。针对此点提出的建议是：加强对农村电商人才的培养。

（4）农户合同意识不强。针对此点提出的建议是：政府相关部门要加强对农民诚信意识的教育和培养，提高农民自身的素质，适应现代化农业发展的需求。

（5）大型电商平台不愿接受普通农户的农产品。针对此点提出的建议是：政府给接纳普通农户农产品的大型电商平台一定的优惠政策，促进普通农产品进入大型电商平台。

题目要求“紧扣资料”，必须紧紧围绕“给定资料”，从中提炼出问题的解决方案。

综上，本题具体解答如下：

针对农村电商发展不足的问题，可提供的合理化建议如下：

(1) 政府要引导农民加强农产品身份认证，要出台政策减少农产品认证时间和费用，促进农产品登上大型电商平台。

(2) 政府要引导村里成立合作组织，聚集各家资源和财富，加大在电商平台的宣传推广力度。

（3）政府要加强对农村电商人才的培养，如聘请专业人士开设相关课程，进行相关专业培训等。

（4）政府相关部门要加强对农民诚信意识的教育和培养，提高农民自身的素质，以适应现代化农业发展的需求。

（5）政府应给接纳普通农户农产品的大型电商平台一定的优惠政策，促进普通农产品进入大型电商平台。

三、分析类题型解析

分析类题型要求应试者在概括相关问题的基础上进一步分析提炼，揭示“给定资料”中所蕴含的意义、启示、经验、教训等。这类题目一般分为启示型分析类、阐述型分析类、评论型分析类三种。应试者在作答时，立意应高远新颖，论证应紧扣主题，见解应独到深刻，结构应合理完整，或立足材料、得出启示，或阐述本质、表明观点，或评论现象、提出对策。

【案例 1】

2019 年国考（副省级）第 4 题：

根据“给定资料 4”，谈谈你对“作为精神资源的乡村文化”的理解。（10 分）

要求：准确、全面、有条理。不超过 250 字。

给定资料 4：

关于如何重新认识乡村生活的意义，有学者撰文指出：

美国作家梭罗曾经倡导一种简朴的物质生活和丰富的精神生活，他 28 岁时只身一人来到家乡城外的瓦尔登湖，自建小木屋，自耕自食两年有余，“过一种经过省察的生活，去面对人生最本质的问题”。可以说，梭罗在乡村生活中重新发现了我们在城市的现代文明中过分重视物质资源而失去的东西，进而启发我们思考“作为精神资源的乡村文化”对人类所具有的重要意义。【1】

人在乡村中，最能感受到大自然的熏陶。“人在自然中”，真正地“脚踏大地，仰望星空”，这本身就是一个最基本、最重要、最理想的生存状态，同时也是最基本、最重要、最理想的教育状态。别的不说，单是在乡居生活中能够每天“按时看日出”（这是作家福楼拜提出的一个著名的生命命题），就足以使我们感悟生命的意义，尽享生命的欢乐了。梭罗曾因看早晨的阳光，而产生“黎明的感觉”，即每天都以新的眼光，以一种新鲜感去重新观察、重新发现已经司空见惯的生活，从而获得新生。作家M说，在大自然中，“体验阳光，体验美，体验幸福，体验纯净，体验温馨，体验柔情，体验思念和怀想，这样的精神生活，这样的心理空间，实在太有魅力”。正是在大自然中，我们成为一个“精神明亮的人”，这才是一个健康的人。【2】

“仁厚黑暗的地母呵，愿在你怀里永安她的魂灵！”鲁迅在《阿长与〈山海经〉》的结尾书写的“地母”，很容易让人联想到希腊神话里的英雄安泰，他在失败之时总是投向大地，从母亲那里获得力量。鲁迅对故乡民间世界的依恋也颇类似于此。民间文化伴随着童年记忆构成他回忆中极具温情的人生体验，他对民间风俗的津津乐道，对民间人物不无温情的回顾都表现出民间文化对他的吸引力。鲁迅正是在他家乡的民俗、民间文化的熏陶下被培育出来的。【3】

在中国，有一位当代作家H，他也在农村建屋，自由游走、生活在城市与乡村之间。H认为，人们对乡村的“投奔”，实质上是在投奔乡村所呈现的“文明意义”，这种“文明意义”有三：其一是自然造化的“没有一片叶子是完全相同”的“个异性”，而这样的个异性在严格雷同的“技术高精度”和大量重复的“规模经济”中已经被完全屏除。其二是“永恒”的感觉，“除了不老的青山、不废的江河、不灭的太阳，还有什么东西更能构建与不朽精神相对应的物质形式”。其三是“共有共享”的理想，“大自然无比高远和辽阔的主体，至少到目前为止还无法被任何人专享与收藏，只可能处于人类共有和共享的状态”。【4】

解析：

1. 明确题目要求

（1）题目限定的范围是“给定资料4”，作答本题的依据即为“给定资料4”。

（2）题目要求谈谈对“作为精神资源的乡村文化”的理解，这是要求应试者在对“给定资料”概括总结的基础上进一步分析引申，得出自己的结论，属于分析类题型。

（3）题目明确要求不超过 250 字。

（4）题目没有虚拟身份设定。

2. 锁定关键信息

锁定的关键信息如下：

【1】过一种经过省察的生活，去面对人生最本质的问题。……在乡村生活中重新发现了我们在城市的现代文明中过分重视物质资源而失去的东西。

【2】人在乡村中，最能感受到大自然的熏陶。……感悟生命的意义，尽享生命的欢乐。……正是在大自然中，我们成为一个“精神明亮的人”，这才是一个健康的人。

【3】他在失败之时总是投向大地，从母亲那里获得力量。……民间文化伴随着童年记忆构成他回忆中极具温情的人生体验。

【4】这种“文明意义”有三：其一是自然造化的“个异性”，……其二是“永恒”的感觉，……其三是“共有共享”的理想。

3. 提炼关键信息

对锁定的关键信息概括如下：

【1】可以概括为：乡村生活让我们发现城市的现代文明中过分重视物质资源而失去的精神价值和生命意义。

【2】可以概括为：感受大自然的熏陶，感悟生命的意义，尽享生命的欢乐，成为一个精神明亮、健康的人。

【3】可以概括为：乡村文化可以让人在失败时获得重生的力量、丰富人生体验。

【4】可以概括为：“文明意义”有三：保留自然造化的“个异性”，拥有“永恒”的感觉，大自然承载着人类“共有共享”的理想。

综上，可以从“给定资料”中引申出对于作为精神资源的乡村文化的理解，具体解答如下：

乡村文化是作为现代人精神资源的一种存在。

乡村生活让我们发现城市的现代文明中过分重视物质资源而失去的精神价值和生命意义。

这主要表现在，我们可以在乡村生活中感受大自然的熏陶，感悟生命的意义、尽享生命的欢乐，成为一个精神明亮、健康的人。乡村的民间文化可以让我们在失败时获得重生的力量、丰富人生体验。

乡村文化的“文明意义”在于：保留自然造化的“个异性”、拥有“永恒”的感觉、大自然承载着人类“共有共享”的理想。

因此，我们要重视作为精神资源的乡村文化。

【案例2】

2019年国考（副省级）第3题：

某省政府办了一个农村发展战略研习班，其中一项研习内容是“卢作孚的乡村建设构想”。假如你是工作人员，请根据“给定资料3”，围绕卢作孚的乡村建设理念及现实意义，写一份导学材料，以指导学员更好地学习。（20分）

要求：（1）内容全面准确；（2）层次清楚，分条作答；（3）不超过600字。

给定资料3：

某学者发表文章，介绍了中国现代史上著名实业家卢作孚在乡村建设方面作出的历史贡献。该文章摘录如下：

卢作孚于1893年出生在原四川省合川县一个世代农耕的家庭。作为一个没有念过大学的农家子弟，他却创造了中国现代经济史、社会史、文化史、教育史上的奇迹。卢作孚创办的民生公司是中国近现代最大最有影响的民营企业集团之一。

1927年，卢作孚开始在中国西部开展以北碚为中心的嘉陵江三峡乡村建设实验，被誉为“北碚之父”，和晏阳初、梁漱溟并称中国现代史上“乡村建设三杰”。他的核心思想是：中国的现代化，基础在“乡村现代化”。他认为：“乡村是不断供给城市人口的地方。如因教育缺乏，供给的都是无知识的人口，那不惟于城市文明没有帮助，反而妨碍不小。乡村教育不发达，不但是乡村问题，而且变成城市问题了。”而“乡村经济事业如没有（和城市）同样的速度进展，亦必引起城市原料的恐慌”，大量农村人口涌向城市，“城市人口无休止地逐渐增多，更会成了城市问题”。——这些近百年前说的话，仿佛针对的就是当下的现实。他始终抓住城市与乡村发展的关系，来思考中国的发展问题，从而突出乡村建设的基础意义，抓住了要害。【1】

“乡村现代化”，既是一个奋斗目标，更规定了推动乡村运动的范围与方法。这也是最具启发性之处：从事乡村运动，既要落实为一个个具体问题（教育问题、经济问题等）的解决，但又不能局限于此，要有一个“乡村现代化”的大视野、大目标，既立足局部，又着眼全局。【2】

卢作孚在设计嘉陵江三峡乡村建设时，一开始就提出了“要将嘉陵江三峡布置成为一个生产的区域、文化的区域、游览的区域”的目标，并且具体规划为经济建设、文化教育建设、社会建设、环境建设、自治建设等几个方面。这表明，卢作孚的“乡村现代化”是一个“全面现代化”的概念，并不局限为物质的建设，而追求乡村政治、经济、文教、社会、环境的全方位的改革。其一，卢作孚规划中的文化教育建设，不仅以“教育事业”为中心，而且把“研究事业”放在突出的位置。在他看来，乡村建设必须建立在科学研究的基础上，他因此强调服务于乡村建设的研究，“要注意应用的方面，有生物的研究，有理化的研究，有农林的研究，有医药的研究，有社会科学的研究”。后来北碚建立了西部科学院，就具体体现了他的这一思想。在城镇设立研究机构，当时这在全国是一个独创。其二，卢作孚特别重视社会建设。他不仅积极发展公共文化娱乐建设，创办博物馆、图书馆、运动场，而且大力推动“公共事业”，开展“社会工作的运动”，这背后又是“人”的建设。他要通过这些公共事业，培育新的“人民”：“皆有职业，皆受教育，皆能为公众服务，皆无（不良）嗜好，皆无不良习惯。”其三，他对环境建设也倾注极大热情，提出“凡有市场必有公园，凡有山水雄胜的地方必有公园”，他的理想是把北碚乡村建设实验区建设成“皆清洁，皆美丽，皆有秩序，皆可居住”的人间净土、乐园。其四，他在推动乡村社会建设时，特别关注的是，所有的公共事业，都要“大众出钱，大众出力，而且是大众支持。由这些具体的活动引起大众管理公共事务的兴趣，以形成大众管理公共事务的方式”。【3】

如何着手乡村现代化？卢作孚的回答是：“政治、经济、文化这三方面的建设诚当并重，但更当以经济建设为中心，更当集中一切力量于经济建设。”只有经济建设的发展，才能“增进人们的富力”，人民富裕了，才能增进其“完纳赋税的负担力”，从而增强国力。而卢作孚更要强调的，是“经济活动为国家最大多数人所必须参加的活动”，经济建设是最能动员最广泛的民众参与的。【4】

他自己也身体力行，以民生实业公司总经理和北碚峡防局局长的双重身份，动员民生实业公司的财力、物力和人才、技术优势，全力支持北碚峡区的乡村建设，着手五大工程建设，即投资煤业，开创峡区煤矿业；投资交通业，修筑铁路；投资纺织业，建立大明染织厂；投资科学研发，创建科学院、博物馆；投资教育，创办兼善实业股份有限公司，以企业养学校。而民生公司自身也从中获得了发展新机遇：不仅获得经济利益，而且利用乡村建设所提供的良好的社会、学习环境，培训了近千名的建设骨干人才。卢作孚力图构建一个“以工辅农，工（工商业）农（乡村建设）互动”的发展模式，其意义和影响是深远的。这一点在强调以工辅农，建设新农村的今天，就看得更加清楚了。【5】

卢作孚乡村建设思想最核心的一个层面，即他所提出的“训练人是一切问题的中心问题”的命题与任务。他提出以“人人都能自立，人人都能立人”为乡村建设的根本目标。这应该包含两层意思：一是乡村现代化建设最终要落实到“立人”，即我们今天所说的“人的现代化”。二是乡村现代化建设又要依靠“人人都能自立”的建设者去推动。【6】

解析：

1. 明确题目要求

（1）题目限定的范围是“给定资料 3”，作答本题的依据即为“给定资料 3”。

（2）题目要求围绕卢作孚的乡村建设理念及现实意义写一份导学材料，其主题为“卢作孚的乡村建设理念及现实意义”，文种为导学材料，属于分析类题型。

（3）题目要求不超过 600 字。

（4）题目有虚拟身份设定，要站在省政府工作人员这一虚拟身份立场上来写这份导学材料。

（5）题目要求层次清楚，分条作答。

2. 锁定关键信息

锁定的关键信息如下：

【1】卢作孚……创造了中国现代经济史、社会史、文化史、教育史上的奇迹。卢作孚创办的民生公司是中国近现代最大最有影响的民营企业集团之一。1927年，卢作孚开始在中国西部开展以北碚为中心的嘉陵江三峡乡村建设实验，……和晏阳初、梁漱溟并称中国现代史上“乡村建设三杰”。他的核心思想是：“中国的现代化，基础在‘乡村现代化’。……乡村教育不发达，不但是乡村问题，而且变成城市问题了。”而“乡村经济事业如没有（和城市）同样的速度进展，亦必引起城市原料的恐慌”，……这些近百年前说的话，仿佛针对的就是当下的现实。他始终抓住城市与乡村发展的关系，来思考中国的发展问题，从而突出乡村建设的基础意义，抓住了要害。

【2】从事乡村运动，既要落实为一个个具体问题（教育问题、经济问题等）的解决，但又不能局限于此，要有一个“乡村现代化”的大视野、大目标，既立足局部，又着眼全局。

【3】卢作孚的“乡村现代化”是一个“全面现代化”的概念，并不局限为物质的建设，而追求乡村政治、经济、文教、社会、环境的全方位的改革。其一，卢作孚规划中的文化教育建设，不仅以“教育事业”为中心，而且把“研究事业”放在突出的位置。……其二，卢作孚特别重视社会建设。他不仅积极发展公共文化娱乐建设，创办博物馆、图书馆、运动场，而且大力推动“公共事业”，开展“社会工作的运动”，这背后又是“人”的建设。……其三，他对环境建设也倾注极大热情，提出“凡有市场必有公园，凡有山水雄胜的地方必有公园”，他的理想是把北碚乡村建设实验区建设成“皆清洁，皆美丽，皆有秩序，皆可居住”的人间净土、乐园。其四，他在推动乡村社会建设时，特别关注的是，所有的公共事业，都要“大众出钱，大众出力，而且是大众支持。由这些具体的活动引起大众管理公共事务的兴趣，以形成大众管理公共事务的方式”。

【4】如何着手乡村现代化？卢作孚的回答是：“政治、经济、文化这三方面的建设诚当并重，但更当以经济建设为中心，更当集中一切力量于经济建设。”

【5】他自己也身体力行，……力图构建一个“以工辅农，工（工商业）农（乡村建设）互动”的发展模式，其意义和影响是深远的。这一点在强调以工辅农，建设新农村的今天，就看得更加清楚了。

【6】卢作孚乡村建设思想最核心的一个层面，即他所提出的“训练人是一切问题的中心问题”的命题与任务。他提出以“人人都能自立，人人都能立人”为乡村建设的根本目标。……一是乡村现代化建设最终要落实到“立人”，即我们今天所说的“人的现代化”。二是乡村现代化建设又要依靠“人人都能自立”的建设者去推动。

3. 提炼关键信息

对锁定的关键信息概括整合如下：

【1】可以概括为：卢作孚是中国近现代著名的实业家，是“乡村建设三杰”之一，他创造了中国现代经济史、社会史、文化史、教育史上的奇迹。1927年，他在以北碚为中心的三峡乡村建设实验中，提出了“中国的现代化，基础在‘乡村现代化’”的核心理念；卢作孚重视乡村教育、乡村经济事业；卢作孚的乡村建设构想启发我们，应该始终抓住城市与乡村发展的关系来思考中国的发展问题，要重视乡村建设的基础意义。

【2】可以概括为：要有一个“乡村现代化”的大视野、大目标，既立足局部，又着眼全局。可以进一步引申为：局部与全局并重。这也是指导性的核心理念，可以与【1】中的核心理念合并。

【3】可以概括为：卢作孚的“乡村现代化”是一个“全面现代化”的概念，追求乡村政治、经济、文教、社会、环境的全方位的改革。包括：文化教育方面以研究为中心；社会建设方面积极发展公共文化娱乐建设和公共事业；重视环境建设；公共事业要大众参与。

【4】可以概括为：卢作孚着手乡村现代化建设的方式是政治、经济、文化并重，以经济建设为中心。

【5】可以概括为：卢作孚力图构建一个“以工辅农，工农互动”的发展模式，这在强调以工辅农，建设新农村的今天尤其具有现实意义。

【1】【4】【5】均讲到经济建设，可以合并，概括为：卢作孚着手乡村现代化建设的方式是政治、经济、文化并重，其中尤其要以经济建设为中心。他身体力行，力图构建一个“以工辅农，工（工商业）农（乡村建设）互动”的发

展模式。另外，从现实意义上看，以工辅农也是建设新农村的重点。

【6】可以概括为：卢作孚乡村建设思想最核心的一个层面是以人为一切问题的核心。

4. 组织文章结构

本题要求字数较多，可以采用“金字塔结构”组织文章结构。第一层就是文章的主题——卢作孚的乡村建设理念及现实意义；第二层则是建设理念和现实意义，作答时应以建设理念为论述的重点。建设理念论点下包括全方位的改革、以经济建设为重、以人为核心三个分论点。现实意义论点下包括抓住城市与乡村发展的关系、局部与全局并重、以工辅农、以人为核心四个分论点。如图 5–3 所示：

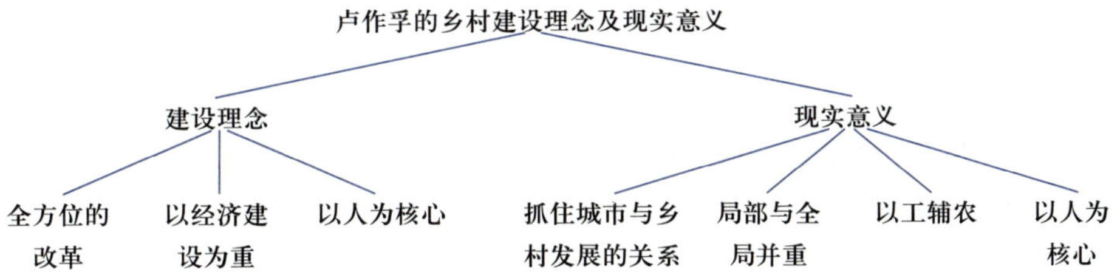

图 5–3 “卢作孚的乡村建设理念及现实意义”金字塔结构

综上，本题具体解答如下：

关于卢作孚乡村建设理念及现实意义的导学材料

卢作孚是中国近现代著名的实业家，是“乡村建设三杰”之一，他创造了中国现代经济史、社会史、文化史、教育史上的奇迹。1927 年，他在以北碚为中心的三峡乡村建设实验中，提出了“中国的现代化，基础在乡村现代化”的核心理念，并指出从事乡村运动，既要落实为一个个具体问题的解决，但又不能局限于此，要有一个“乡村现代化”的大视野、大目标，既立足局部，又着眼全局。

首先，卢作孚的“乡村现代化”是一个“全面现代化”的概念，追求乡村政治、经济、文教、社会、环境的全方位的改革。包括：文化教育方面以研究为中心；社会建设方面积极发展公共文化娱乐建设和公共事业；重视环境建设；公共事业要大众参与。

其次，卢作孚着手乡村现代化建设的方式是政治、经济、文化并重，其中尤其要以经济建设为中心。他身体力行，力图构建一个“以工辅农，工（工商业）农（乡村建设）互动”的发展模式。

最后，卢作孚乡村建设思想最核心的一个层面是以人为一切问题的核心。

卢作孚的乡村建设构想今天仍旧具有强烈的现实意义，它启发我们，应该始终抓住城市与乡村发展的关系来思考中国的发展问题，要重视乡村建设的基础意义。乡村建设要局部与全局并重，既要进行全方位的改革，又要以经济建设为重心，以工辅农，建设社会主义新农村。而作为这一切的核心，是我们要建立以人为一切问题的中心的观念。

四、论证类题型解析

论证类题型要求应试者针对“给定资料”反映的社会现象或某些问题，在分析的基础之上提出对策建议，全面阐发、论证自己的观点和见解。这类题目一般分为给出题目类、给出主题类、给出话题类、给出素材类四种。应试者在作答时，要明确表达主题，合理安排结构，严密组织论证，精心锤炼语言，做到观点明确，结构完整，论证充分，语言规范。

【案例】

2019 年国考（副省级）第 5 题：

“给定资料 5”结尾写道：“城市文明和乡村文明，人造文明和自然文明，都是应该而且可以互补的；理想的生活状态可能还是在城、乡之间自由游走。”请结合你对这句话的思考，自选角度，联系实际，自拟题目，写一篇文章。（40 分）

要求：（1）观点明确，见解深刻；（2）参考“给定资料”，但不拘泥于“给定资料”；（3）思路明晰，语言流畅；（4）总字数 1000 ～ 1200 字。

给定资料 5：

“城市和农村要互补发展，”某官员日前指出，“有些经济学家总是简单地认为，只要把农村的人口搬到城市里来，就完成了城镇化，生产效率会自动提高、社会分工会自动推进，这其实是有问题的。”该官员特别强调，要避免一个认识误区，即将城乡一体化变为城乡“一样化”。当前，村庄大量被拆，数量急剧减少，部分基层干部梦想一步就把农村变成城市。其所造成的后果不是城乡互补发展，而是城乡“一样化”，这不仅可能导致宝贵的乡土旅游资源的丧失，也不利于现代化农业的建设。【1】

据此，该官员认为，未来的城镇化发展应该坚持“两条腿”并行，城市、农村协调统一，宜城则城、宜乡则乡，统筹区域发展、体现地方特色、做好产业支撑、保证公共服务、保护生态环境，让农村和城市同样美丽。【2】

有专家指出，我们在城乡关系认识上存在一些误区。他认为，不是城市文明高于农村文明，也不是农村文明高于城市文明，两者是相互依存、功能互补的关系，所以既不能把城市文明凌驾于乡村文明之上，也不能把乡村文明凌驾于城市文明之上。【3】

城市文明和乡村文明，人造文明和自然文明，都是应该而且可以互补的；理想的生活状态可能还是在城、乡之间自由游走。【4】

解析：

1. 明确题目要求

（1）题目限定的范围是“给定资料5”，但强调“联系实际”。通过阅读材料，可以确定此则资料的主题为：城市文明与乡村文明应该互补。但实际上，除了“给定资料5”，其他四则“给定资料”（见本节概括类题型【案例1】【案例2】和分析类题型【案例1】【案例2】）均与这一主题密切相关，因而作答本题的依据应是全部“给定资料”。

（2）题目要求自选角度，自拟题目，观点明确，见解深刻。属于论证类题型。根据主题，可拟定题目为：“城市文明与乡村文明应该互补”“城市与乡村应互补发展”等，也可采用正、副双行标题，如“游走于城乡之间——关于城乡互补”。

（3）参考“给定资料”，但不拘泥于“给定资料”。即要求将“给定资料”与自己的生活体验、知识储备结合起来进行论述。

（4）题目要求字数在1000 ~ 1200字之间。

2. 锁定关键信息

锁定的关键信息如下：

【1】城市和农村要互补发展……该官员特别强调了一个认识误区，即将城乡一体化变为城乡“一样化”……这不仅可能导致宝贵的乡土旅游资源的丧失，也不利于现代化农业的建设。

【2】未来的城镇化发展应该坚持“两条腿”并行，城市、农村协调统一，宜城则城、宜乡则乡，统筹区域发展、体现地方特色、做好产业支撑、保证公共服务、保护生态环境，让农村和城市同样美丽。

【3】城乡关系……相互依存、功能互补的关系。

【4】城市文明和乡村文明，人造文明和自然文明，都是应该而且可以互补的；理想的生活状态可能还是在城、乡之间自由游走。

3. 提炼关键信息

“给定资料 5”【1】【2】【3】【4】阐述的是城市与乡村为什么要互补发展以及二者应如何互补发展。【1】提到的城乡关系认识的误区“城乡一样化”可作为反面材料，由此引申出正确的论点。而阐述“城市与乡村应互补发展”这一主题时，应该从“为什么”和“如何做”两个方面进行论述。

其他“给定资料”中可以提炼的关键信息如下：

（1）“给定资料 1”中全面提升农村整体环境、加强农村思想道德建设等内容与“城市与乡村应互补发展”这一主题相关，可作为文章的分论点。

（2）“给定资料 2”中因地制宜发展旅游业、全面提升农村整体环境、加强农村思想道德建设等内容与“城市与乡村应互补发展”这一主题相关，可作为文章的分论点。

（3）“给定资料 3”中乡村是基础、以工辅农、以人为核心等内容与“城市与乡村应互补发展”这一主题相关，可作为文章的分论点。

（4）“给定资料 4”中乡村文化在城市与乡村互补发展中具有重要的意义等内容与“城市与乡村应互补发展”这一主题相关，可作为文章的分论点。

4. 组织文章结构

可以采用“金字塔结构”梳理文章结构如下：

主题：城市与乡村应互补发展

论点：（1）城市与乡村为什么要互补发展

分论点：① 城市文化特点：人造、物质资源发达

② 乡村文化特点：自然、精神资源发达

③ 错误看法：城乡一样化

④ 理想状态：自由游走于城乡之间

（2）城市与乡村如何互补发展

分论点：① 乡村是基础，是重中之重

② 以工辅农，工农互动

③ 因地制宜发展旅游业

④ 全面提升农村整体环境

⑤ 加强农村思想道德建设

如图 5–4 所示：

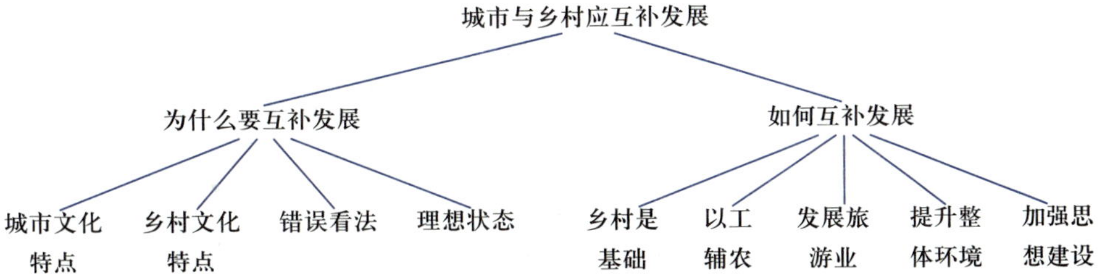

图 5–4　“城市与乡村互补发展”金字塔结构

综上，本题具体解答如下：

【参考答案 1】

城市与乡村应互补发展

城市与乡村是两个完全相对的概念，城市生活与乡村生活是两种完全不同的生活方式。城市文明是人造文明，乡村文明则是自然文明，乡村生活让我们发现城市的现代文明中过分重视物质资源而失去的精神价值和生命意义。我们可以在乡村生活中感受大自然的熏陶，感悟生命的意义，尽享生命的欢乐，成为一个精神明亮、健康的人。乡村的民间文化可以让我们在失败时获得重生

的力量、丰富人生体验。乡村文明还保留着自然造化的“个异性”，让我们拥有“永恒”的感觉，并且，大自然也承载着人类“共有共享”的理想。因此，理想的城乡关系，应该是城市充分发挥其物质丰富、高效忙碌的特点，乡村展示其自然悠闲、精神休憩的功能，二者互补发展。

不过，现在人们的认识有一个误区，即将城乡一体化变为城乡“一样化”。事实上，城市文明和乡村文明都具有其独特的价值，不是城市文明高于乡村文明，也不是乡村文明高于城市文明，而是两者相互依存，功能互补，理想的生活状态应该是自由游走于城乡之间。

那么，城乡之间如何互补发展呢？

首先，我们要认识到，在城市和乡村之间，乡村是基础，是重中之重。正如卢作孚所言，“中国的现代化，基础在‘乡村现代化’”，“乡村经济事业如没有（和城市）同样的速度进展，亦必引起城市原料的恐慌”，乡村问题就是城市问题，这些近百年前的见解，同样适用于今天的城乡关系建设，我们要始终认识到乡村经济发展在城乡关系中的基础意义。

其次，以乡村经济建设为城乡关系发展的基础，我们可以从以下几个方面入手：

第一，以工辅农，工农互动。这里所谓的“工”，指的是工商业；“农”，也就是乡村建设。正如对山岔村的调研报告中所显示的那样，政府要鼓励农户将财富聚集起来共同发展，如通过合作社式的劳作模式发展现代设施农业、养殖业，并引导群众有计划地种植经济作物。

第二，利用乡村独特的自然资源优势，融合当地的历史文化元素，因地制宜发展旅游业。山岔村的乡村旅游业布局就充分利用了当地的自然和历史资源，将山岔村打造成了一个不要门票的乡村旅游景点。而依托美丽乡村建设，部分农民办起了农家乐，既实现了自身富裕，又为乡村旅游提供了保障，“到这里来，能品野菜、听蛙声、忆水磨、体验农耕文化，看得见山，望得见水，留得住乡愁”，真正实现了城市与乡村的互补发展。

第三，改造乡村人居环境，推进农村环境综合治理和生态文明建设，全面提升农村整体环境。只有农村整体环境的提升，才能为城乡的互补融合提供一个可能的基础。

第四，加强农村思想道德建设。在所有的建设中，核心都是人，提升乡村整体的思想道德素质是城乡互补发展的必要条件。像 S 市的乡风文明建设、山岔村的家风家训建设等都是很好的经验。

城市文明与乡村文明的互补，为我们生活品质的提升提供了保障，在新时代乡村振兴战略的实践中，我们要坚持城市文明与乡村文明互补发展，真正实现“城乡一体化”。

【参考答案2】

城市和农村应互补发展

城市文明是理性化、统一化、标准化、技术化、规模化的洪流，集中了“人造”的力量。乡村文明则是感性的，是建立在独特地理山川、四季更替、历史传承上的多样化生活方式，氤氲着自然气息，人情温暖。城市和乡村，就如人的身体和心灵，是相互依存、功能互补的有机统一体。理想的城乡生活，应有城市的高效和忙碌，也要有乡村的自然和休憩。

然而现在经常出现一些错误的城乡关系观。有些经济主义者以城市经济发展的高效去贬低乡村文明的种种价值。比如片面追求城市化，忽视乡村生态价值、旅游价值，无视百年传承的乡社祠堂文化、民俗文化等独特精神价值。也有一些文化主义者爱乡心切，反对城市文明，甚至呼吁恢复宗族家法、封建迷信等乡村糟粕。我认为，城市、乡村文明都有其独特价值，应该坚持城市、农村协调统一，互补发展，宜城则城，宜乡则乡。

城市文明追求理性、统一、高效的技术文明，应该和乡村感性的、讲究多样化、个性化的自然文明互补。城市人口的集中化，在聚集力量的同时，也聚集了风险，有极大的脆弱性。除了会出现城市资源、环境、交通、公共空间等不堪重负的情况外，饮食居住环境的一体化，使得疫病、自然灾害、战争等城市灾难一旦发生，就会造成致命破坏。古罗马庞贝城文明、古中国楼兰文明的一夜毁灭即是警钟。而乡村人口的分散，环境、饮食、文化等的多样性，则可以分散城市风险。讲究人情伦理，手工细活的乡村生活形态也为城里人逃离同质乏味的生活提供了更多选择。

城市经济和乡村生态、乡村精神文明可以互补。城市升级改造、新型城镇化建设、乡村建设战略等都为此提供了条件和契机。我们可以在城市升级改造和新型城市化建设中，引入城乡功能互补的观念，在城市发展高科技、高端制造等产业，在乡村发展现代农业、旅游文化、养老休闲等产业。在这种策略下，发展城市综合体、特色的小城镇。城市追求效率，乡村休闲舒适；城市高楼林立，成熟发达；乡村工业落后，环境优美。这种天然的资源禀赋差异也为城乡的互补发展提供了良好契机。

最终要实现城市和乡村同步发展、城乡互通，让人在城、乡之间自由游走。重中之重是着力发展农村，推动乡村现代化，从而实现城乡全面现代化。一方面，城市要为农民进城畅通渠道，提供便利。要为农民进城就业创业提供便利，让户口、住房等公共服务也惠及进城农民。另一方面，推动城市人才和资源下乡，为市民到农村安居乐业，旅游休憩提供条件。这就需要大力加强乡村文明建设，着力实现乡村就地现代化。要尊重地方特色、保护生态环境，做好产业规划，让农村和城市同样便利且美丽。要以乡村建设战略为契机，大力推动美丽乡村建设，实现乡村基础设施、生态、经济、教育、文化的综合发展。尤其要特别重视乡村生态保护，以及精神文明和乡贤文明传承。

城市文明是国家力量的重心，乡村则是公民肉身和灵魂的休憩之所。在推动城乡一体化发展的进程中，在新时代乡村振兴战略的实践中，我们坚持走城乡文明和谐共生、协同发展的道路。

（录自公考资讯网，收录时有改动）

总之，应试者必须在准确理解“给定资料”的基础上，紧扣主题，恰当立意，运用合理的论述手法进行全面而深刻的阐释。做到立场坚定，观点明确，论据新颖，见解独到，并体现时代性。

【练习】

以下是20××年××省公务员考试申论试卷，请将其作为模拟试卷进行解答。

20×× 年 ×× 省公务员考试申论试卷

一、注意事项

（略）

二、给定资料

资料 1：“故乡”是一个温馨的词语，那里的山水草木、乡音乡俗、饭食茶饮、家人亲友，都会在内心深处留下“月是故乡明”的亲切记忆，凝聚成“悠悠天宇旷，切切故乡情”的思念和盼望。在中华文化传统中，“离乡”“望乡”往往包含着无奈和感伤，眷恋家乡被喻为“胡马依北风，越鸟巢南枝”“羁鸟恋旧林，池鱼思故渊”，而还乡归来总是令人兴奋、喜悦。特别是回报故土、造福乡梓的善行，一直受到高度赞誉。进入新时代，心怀故土的悠久传统又增加了新的内涵、新的形态。

资料 2：Y 县 16 万在外务工人员，最近几天收到了由县委书记、县长共同署名的返乡就业邀请信。这封信不但有明明白白的返乡就业政策介绍，还有情真意切的呼唤；不但有实实在在的岗位供选择，更有亲情的感召。“年初外出年尾回，妻儿老小盼亲归……”Y 县常年在外务工人员达 15.92 万人，占全县总人口的 14.7%，占全县劳动力人口的 45%，留下十多万个留守家庭和近 2.5 万名留守儿童。近年来，随着大企业、大项目不断入驻，Y 县就业岗位更加丰富，仅开发区和产业园就有各类企业近 700 家，已吸纳 8 万余人就业，预计 2018 年上半年，全县 100 多家企业将缺少 1.2 万名工人，信中还说到了留在家乡就业的诸多好处，如，与在外打工相比，实际收入更实惠，生活成本更低，一家人团聚可以更好地照顾孩子和父母等。这封信在当地媒体及朋友圈中迅速传播，引起了极大反响。春节刚过，已有 2500 余人到该县各类企业应聘，其中 1300 多人签订了意向就业协议，860 多人已上岗。

据《人民日报》报道，2016 年，中国农民返乡创业人数累计已超过 450 万，还有约 130 万的城镇科技人员、中高等院校毕业生等下乡创业。在中国社会科学院某研究中心万主任看来，过去由农村到城市的单向流动格局已开始发生改变。“这是中国城乡结构调整的过程。要吸引更多人回乡、下乡创业，除了要有产业，还要有‘情感引力’。”万主任说。

近期，S 县组织 35 名本地籍重点高校大学生开展“桑梓情深 放飞梦想”家乡行活动。县委书记说，县里每年都有数百位学子考入本科院校，这对家乡而言是一笔宝贵财富。一方面，乡亲们乐见他们走出大山，在更广阔的天地展翅高飞；另一方面，也期待着有朝一日，这些青年才俊愿意回归故里，发挥专长，干事创业。他寄语学子们：“希望大家能够记住这份桑梓之情，关注家乡、关心家乡、关爱家乡，跟家乡的联系不要断，对家乡的感情不要淡，回馈家乡的心意不要变。家乡为你们而骄傲，也请你们努力成为家乡的骄傲！”县委书记说，家乡对在外的学子，除了提供良好的环境，一定要打好情感牌，让他们乐于回乡贡献才智。

资料 3：在某网络社区上，一位网友留言说：“为了孩子不再走我的老路。纠结了一年，终于还是决定回农村。我应该是‘80 后’第一批留守儿童，我 7 岁的时候，爸爸妈妈就外出打工了。成长过程中的辛酸，只有我这样曾经的留守儿童才能真切体会。没有爸妈陪伴的童年，我特别害怕黑夜的来临，我害怕村子里那些老人口中所说的神神鬼鬼；没有爸妈陪伴的童年，别家的孩子回来是热饭热菜，我回家都是冷锅冷灶；没有爸妈陪伴的青春期，来例假了，我以为得了羞死人的绝症，……我大专毕业后在外打工多年，也成了家，孩子依然像我当年一样留在家里。经过一年的思考，已经当了妈妈的我，心里只有一个最基本的想法：想陪在孩子身边，想等她放学回来有热饭热菜，不想错过她成长的每一个时刻……”

今年春节，家住西部某县西乡镇的小郝，一直在老家和附近的小山村里忙活。除了去医院照顾爷爷，帮父母在小超市里卖菜，他还参加了几场返乡青年的论坛。小郝说，在参加“文化认同 · 乡情故土——大美西乡青年论坛”的时候，全镇许多在外地的青年都来了。“团县委、乡镇、各村干部的讲话，都在鼓励召唤我们回乡创业就业，我心里挺激动的，希望能为家乡做点贡献。”今年 24 岁的他，2017 年大学毕业后考上了北京某科研院所的农业工程专业研究生。然而，这个好不容易飞出山沟沟的“金凤凰”，却打起了毕业后飞回家乡的主意。小郝说，大城市对年轻人的诱惑真的很多，但作为一个从山村走出来的学农的研究生，美丽的家乡承载着自己太多的回忆。他留恋这里的乡音，热爱这里的一草一木，怀念这里的老人，喜爱这里的孩子，……他对记者说：“当年向往到城市读书，是为了实现人生价值，现在回乡发展同样也能让青春闪光。而且，远离家乡所疏远了的乡情、亲情都可以再找回来，对家乡的爱心也接上了地气，这样的人生不是得到的更多吗？”

资料 4：“在外漂泊这么久，一直觉得自己是个‘孤独人’，口袋里多了点钱，总是想着回来为家乡做点事。”西南某省 H 县大岩村村民老杨对记者说。他初中毕业后就外出务工，在沿海多个省份辗转了多年。父母老了，孩子大了，思念家乡的心情越来越强烈。2016 年，在沿海家具厂打工的老杨，发现来自本省的订单越来越多，原来，家乡旅游业的发展带动了餐饮业的新需求，具有复古风又环保的碳化木餐桌椅很受餐馆青睐。这让他看到了巨大的商机，毅然决定回乡创业，当地生产，就近销售。当年，老杨通过政府贴息贷款，投入 30 万元开办了木制品厂，生产加工专为餐馆设计的碳化木餐桌椅，员工全是当地农民。短短三个月的时间，工厂每月利润就达 2 万元。处于创业起步阶段的他，对这样的成绩很满意，也看到了未来更大的发展空间。

2008 年，已经在 G 市拥有线路板产业的 E 县人涂先生开始将目光转向家乡，投资 7500 万元成立了覆铜板有限公司，成为当年 E 县最大的一笔投资项目，吸收了数百名本地人来企业就业。十年后，已发展为西南地区最大的覆铜板生产企业，很多打工乡亲已被培养成生产加工线上的技术能手。涂先生说，电子信息产业是支柱产业，他计划未来追加 2 亿元投资，打通电子信息产业的前端配套产业链，成为当地最重要的原材料供货商，而且准备把厂房建设和维修、产品运输、外包装制作等相关业务承包给当地乡亲。E 县劳务产业办公室袁主任说，涂先生的企业扩大规模后，不仅可以再吸纳 1500 名当地人就业，而且将在 E 县形成一个贯通上下游产业的产业链。

K 县人武先生上世纪 90 年代怀揣 60 元钱只身远赴 M 市，从服装厂的学徒做起，吃尽千辛万苦，一步步发展到自己建厂并闻名当地。2015 年，迫于东部外向型劳动密集型产业遭遇寒冬，他敏锐地将眼光投向家乡，在 K 县赵家产业园区投资建厂。原以为西部农村拥有大量劳动力，但他没有想到，在 160 多万人口的老家竟然招不到工。他在一番调查后发现，虽然 K 县每年返乡农民工超过 1 万人，但回来的大多是五六十岁的“第一代农民工”，他们主要是为了照顾家庭，不会再离开村镇到园区打工。武先生想出奇招：为了享受物流、财税等服务便利，公司总部放在园区，厂区“前靠”劳动力所在的乡镇，直接把缝纫机、布料打包给工人带回家生产，实行“闲时务工、忙时务农，想来就来、想走就走”的灵活用工制度。这一下，用工问题不但迎刃而解，而且用工成本比沿海低一半，这种“总部在县城、车间在乡镇、作坊在家庭”的全新产业组织模式已经在不少地方的农村普遍出现。

小刘是 M 县某畜禽养殖有限公司总经理，他曾在 Z 市的一家轨道建设公司担任技术总监。2009 年，小刘到荷兰参观了全欧洲最先进的养鸡场。他发现，养殖规模达 40 万只的养鸡场一共只有 5 名员工，上料、温度湿度控制以及捕杀全部实现自动化，这让他萌生了返乡创业的想法。如今，返乡养鸡的小刘十分自豪，他的养鸡场达到了年产 5 万只无公害生态鸡的规模。他的养鸡技术在当地是最先进的，不仅做到了给饲料、给水、孵化的自动化，还联合原本分散的养殖户，探索出了技术共享的联合体运营模式。

在近日举行的中国经济发展高层论坛上，某著名经济学家指出，好产业加新技术的组合必将在农村产生从量变到质变的生产力革新效应，中国过去的人口红利渐渐消失，新的人口红利正在形成。

资料 5：“村民的所需所盼，就是指引我努力工作的方向。”全国人大代表、L 省 N 县小市村党支部书记小程立志带领村民逐步改变全村贫穷落后的面貌。小程是土生土长的小市村人，大学毕业后在沿海G市有一份高薪工作。2014年5月，她辞去了在G市的工作，回村参加村党支部书记的选举。这让乡亲们和乡镇组织换届的干部既盼又忧：盼的是小市村当时有25名党员，绝大多数年龄都超过了50岁，村里急需年轻党员挑大梁，组织开展工作；忧的是一个90后女孩能否有恒心扎根农村，是否有能力带领村民脱贫致富。为此，乡镇相关领导连续找小程谈了五次话，反复征求她的意见。小程说："我回来的原因很简单，我热爱家乡，想为改变家乡面貌做点事。我是个执着的人，主意拿定，不会改变。"

当时的小市村基础设施薄弱，集体经济空白，是有名的贫困村。小程在竞选时向村民承诺，将完善村里的各项基础设施建设，加强环境保护，做好民生工程，为村民多办实事。成功当选为小市村党支部书记后，她提出将兴建一个党群服务中心，打造村民精神文化乐园，还要寻找一个能让小市村振兴和发展的支柱产业。她对村情做了分析：小市村人口资源不占优势，1700多人的村子，平时常住人口只有五六百人，年轻人都外出打工了，留在村子里的以老人、妇女和儿童居多。但村子也有优势，自然风光优美。有山有水，还有地下溶洞；历史上曾是繁华的商贸市场，出土过2000多年前的古代铜鼓，还有象征着工匠精神和愚公精神的小市渡槽及一些古民居、古树等文化资源，发展旅游业应该会有不错的效果。有了旅游产业的支撑，村民们就可以就近做生意，年轻人也不用再外出打工了，在家门口上班，能照顾家人，免去了亲人间的相互牵挂。经过调研论证，小程和村民们坚定了发展旅游业的信心。他们还请专家制订了旅游发展整体规划，并主动和一些有意向的企业联系，争取早日吸引企业前来投资。

2018年，小程当选为全国人大代表。"两会"召开前夕，她早早就开始准备材料，打算把村民的期盼带到"两会"上去，希望能让更多的代表委员看看小市村的旅游发展规划，让他们为小市村的旅游发展出出主意、提提意见，也希望有意向的企业能到小市村投资发展。"我当初承诺村民要发展一个好产业，就一定要做到。"谈到将来的工作，小程书记信心满满。

资料6："这两年，我们村能有这样的变化，都是靠了'青农创客空间'带来的新思维。"鸣雁村村支书说。鸣雁村地处C市尚田镇西南，这里山清水秀，空气清新，但几年前还鲜为外人所知。那时走进村里，一片"空心"老房子显得特别"破旧"。2016年3月，村里第一家民宿开业，"破旧老屋"成了"美景古宅"。现在，鸣雁村变成了一个拥有3座主题公园、充满魅力的花园森林村庄。

"青农创客空间"是当地几位回乡大学生创办的一个综合性平台，负责人小赵是位90后小伙子，大学毕业后在外地做了多年乡村旅游策划。两年前，他怀着对家乡的眷恋，联合了同村几位在外工作的青年伙伴，一起回村里创业，这群年轻人认为，原先乡亲们一直觉得深山里的农村奔小康只有一条路，即离开大山出去闯荡市场，其实，家乡的山水、森林就是珍贵的审美资源。但长期“藏在深闺人未识”，如果绿水青山与都市里的消费需求相对接，深山老林也可以形成旺盛的市场。小赵说：“我们爱这里的山山水水、乡情民俗，也要吸引外面的人来领略山村美好的风景风情。”他们做的第一件事情就是梳理鸣雁村和尚田镇的特色，对几个有潜力的村庄进行提升。他们对鸣雁村的两幢破旧农房进行了修整，刷白了墙面，铺起了鹅卵石小道，配上木材和竹子装饰，“拾贝”“海归”“鹭溪”等极具文化气息的民宿令人眼前一亮，月营业额也突破了10万元。

小赵向记者介绍说，在试运营的一年里，不仅是鸣雁村，尚田镇许多小村庄都有了大变化：冷西村的草莓，变成了一个个精致的“草莓礼盒”和一把把漂亮的“草莓花束”，提升了农产品的附加值，也火爆了当地人的朋友圈；拥有3D立体化墙体的王家岭村成为小朋友节假日最喜欢去的“童话村”；“姿色平平”的鹤岙村，在创客们的妙想下，一方“四季花海”呼之欲出，知识青年的回归，激活了乡野的创业热情，也让住了大半辈子的村民恍然大悟——原来老房子也能挣钱！一场激烈的“化学反应”开始在乡民内心涌动。经过一个多月的策划，“青农创客空间”又在2018年春节组织了“中外友人尚田过大年”活动，主场就设在鸣雁村。活动以富有乡土风味的形式，穿插舞龙大赛、年味集市等传统民俗文化节目，不仅让游客们尽情尽兴，还将鸣雁村推向了更宽阔的平台。小赵兴奋地告诉记者：“刚才就有一位外国友人对我说，要向家人朋友们推荐我们这里的乡村旅游呢！”

据尚田镇团委书记小金介绍，目前镇人才库中已收录返乡创业青年109人，他们分散在各个村庄，用创意妙招激活乡村，用知识助力农村发展，就像星火燎原，青年创业风潮席卷了整个尚田镇。“青农创客”们的创业项目盘活了尚田镇的乡村资源，农民的生活随之变得红火起来。谈到对乡村民居环境的改造出新，小赵向记者表达了创客们的共同愿望：“爱家乡，就是要让它更美好！”小赵说，我们回家乡，不仅要“塑新貌”，更要“塑新人”，要让越来越多的乡亲们意识到，老村镇、老房子所承载的乡村文化是有重要价值的。

资料7：近日，《人民日报》对B市的机关干部回老家开展群众工作进行了报道并给予高度评价：“回老家开展群众工作是服务群众的创新举措”“回老家看看是联结、加深干群关系的活宝典！”

高先生是该市A县政府部门的一名干部。以前，每逢春节或父母生日，他才回一次老家，每次都来去匆匆，很少与邻居、村组干部交谈。他在电视里看到一位省级领导退休回原籍帮助乡亲走致富之路的事迹，深受感动，决定落实为实际行动。现在，每到节假日、休息天，他常常回老家，在前后邻村串门，和乡亲聊天，走访贫困户，记录下一些情况，回县城帮助乡亲办一些事情。他了解到同村罗婆婆因病瘫痪，就给罗婆婆送去棉被、衣服、食用油、大米等生活物资。回县城后，还帮她办了残疾证。高先生还把自己所见、所感写成专题发到网上，发动网友帮助罗婆婆家度过困境。“我以前还和他妈妈吵过架，但他一点都没放在心上。现在我瘫痪了，他还这么关心我、帮助我，这份情我到什么时候都忘不了！”罗婆婆激动地说。

该市F县农林局干部老杜的老家在本县偏远山区，以前家里来人到县城，他总是喜欢问家乡张家如何、李家怎样等等。这几年，用他的话说，人年龄越大，越能体会到古人所说“君自故乡来，应知家乡事”的心情。但是这两年他改变了做法，不再是坐在县城“听人说”，而是回到家乡“现场看实况”“田头话桑麻”。除了特殊情况，基本保证每月抽出一个双休日回老家一趟。他的家乡还不通公交车，每次都是推上自行车就出发了。他对记者说，只有实地看了、谈了，才能真正摸到家乡发展的脉络，知道优势在哪里、“堵点”在哪里。经过调研，他发现家乡的黄豆产量大、质量好是一张好牌。以前家里人带给他黄豆，他和同事们分享，大家都夸磨成豆浆特别香。但只卖黄豆没有附加值，老杜想到了黄豆制品加工这个产业，于是他与县里的一家食品企业联系，由企业垫资，在家乡建立了榨油、腐竹生产、豆腐干加工等工厂。企业在技术标准上给予指导，产品检验合格后由企业收购外销。现在，“F县金色大豆系列产品”已经给他的家乡带来了丰厚的收益，乡亲们赞扬他一辆自行车骑来骑去，“把老家的黄豆变成了黄金”！

资料8：“为什么我的眼里常含泪水？因为我对这片土地爱得深沉。”半个多世纪前，诗人艾青对国家之情做了最生动的诠释。因乡情而渴望归来，因机遇而选择留下，因“落地归根”而获得更多幸福，……在中国广袤的乡野大地上，这样的归乡故事还在继续上演。通过发挥地缘、人缘、血缘优势，利用乡情、亲情、友情资源，乡土人才回乡创业，奉献自己的聪明才智，带领乡亲致富，已经成为一股新的热潮，归乡者的爱乡护乡之情正成就着乡村的美好。

三、问题及答题要求

问题一：“给定资料4～7”展现了归乡者们给乡村带来的可喜变化，成效显著。请对这些成效分别加以归纳概括。（15分）

要求：紧扣给定材料，准确全面，条理清楚。篇幅不超过200字。

问题二：“给定资料2”中，Y县县委书记、县长联名给16万在外务工人员发出了返乡就业邀请。如果你是该县县委办公室的一名工作人员，请拟写该邀请信。（25分）

要求：1. 内容完整，条理清晰；

2. 结构严谨，语言流畅；

3. 情感真挚，有感染力；

4. 涉及人名用“×××”代替，篇幅350字左右。

问题三：请就“给定资料6”中“我们回乡，不仅要‘塑新貌’，更要‘塑新人’”这句话，谈谈你的理解。（20分）

要求：理解准确，分析透彻，条理清晰。篇幅250字左右。

问题四：根据你对“给定资料8”中划线句子的理解，以“乡情是心中永难割舍的牵挂”为主题，联系实际，自拟标题，写一篇议论文。（40分）

要求：1. 观点明确，见解深刻，内容充实；

2. 结合给定材料，但不拘泥于给定资料；

3. 思路清晰，结构完整，语言流畅；

4. 符合议论文写作要求，篇幅1000字左右。

（录自公考资讯网，收录时有改动）

申论练习答题要点